政府会计实务

全过程操作指南

主　编：曹文莉
副主编：韩丹丹　王冀茹　仝永刚

中国财经出版传媒集团
中国财政经济出版社

图书在版编目（CIP）数据

政府会计实务全过程操作指南／曹文莉主编．--北京：中国财政经济出版社，2019.10
ISBN 978-7-5095-9297-7

Ⅰ.①政… Ⅱ.①曹… Ⅲ.①单位预算会计-会计制度-中国-指南 Ⅳ.①F810.6-62

中国版本图书馆CIP数据核字（2019）第226136号

责任编辑：陈志伟　　责任印制：史大鹏
封面设计：陈宇琰

中国财政经济出版社 出版

URL：http：//www.cfeph.cn

E-mail：cfeph@cfemg.cn

社址：北京市海淀区阜成路甲28号　邮政编码：100142

营销中心电话：010-88191537

北京时捷印刷有限公司印刷　各地新华书店经销

710×1000毫米　16开　28.5印张　442 000字

2019年10月第1版　2019年10月北京第1次印刷

定价：98.00元

ISBN 978-7-5095-9297-7

（图书出现印装问题，本社负责调换）

本社质量投诉电话：010-88190744

编委会名单

主　　编：曹文莉

副 主 编：韩丹丹　王冀茹　仝永刚

编写人员（按姓氏笔画排序）：

王　烁　吴文会　杨飞燕　张县平　陈香维

党江艳　黄书娟　隋春侠　常　莹

前言

QIAN YAN

为了加快建立现代财政制度，更好地发挥财政在国家治理中的基础和重要支柱作用，党的十八届三中全会明确提出要求“建立权责发生制的政府综合财务报告制度”，行政事业单位会计制度改革拉开了新的大幕。2014 年 12 月 12 日，国务院同意批转财政部《权责发生制政府综合财务报告制度改革方案》，加快推进政府会计改革，建立具有中国特色的政府会计准则体系和权责发生制政府综合财务报告制度。

2015 年 10 月，财政部颁发了《政府会计准则——基本准则》（以下简称“基本准则”），根据基本准则制定的相关具体准则截至目前已相继发布了 9 项。2017 年 10 月，财政部制定了《政府会计制度——行政事业单位会计科目和报表》（简称“政府会计制度”）。为了确保新制度得到有效贯彻实施，财政部自 2018 年 7 月起陆续印发了 9 类不同的事业单位执行《政府会计制度——行政事业单位会计科目和报表》的衔接规定和补充规定。自 2019 年 1 月 1 日起，新的政府会计制度在全国行政事业单位全面实施，原有的行政单位会计制度、事业单位会计制度及各个事业单位的行业会计制度不再执行。

与原有制度相比较，新的政府会计制度具有的最鲜明特点，集中表现在创新性地构建“财务会计和预算会计适度分离并相互衔接”的会计核算模式。

“适度分离”是指适度分离政府预算会计和财务会计功能、决算报告和财务报告功能，全面反映政府会计主体的预算执行信息和财务信息。主要体现在三个方面：一是“双功能”，在同一会计核算系统中实现财务会计和预算会计双重功能，通过资产、负债、净资产、收入、费用五个要素进行财务会计核算，通过预算收入、预算支出和预算结余三个要素进行预算会计核算；二是“双基础”，一般来说财务会计采用权责发生制，预算会计采用收付实现制；三是“双报告”，通过财务会计核算形成财务报告，通过预算会计核算形成决算报告。

“相互衔接”是指在同一会计核算系统中政府预算会计要素和相关财务会计要素相互协调，决算报告和财务报告相互补充，共同反映政府会计主体的预算执行信息和财务信息。主要体现在两个方面：一是对纳入部门预算管理的现金收支进行“平行记账”。对于纳入部门预算管理的现金收支业务，在进行财务会计核算的同时也应当进行预算会计核算，对于其他业务，仅需要进行财务会计核算；二是财务报表与预算会计报表之间存在勾稽关系。通过编制“本期预算结余与本期盈余差异调节表”并在附注中进行披露，反映单位财务会计和预算会计因核算基础和核算范围不同所产生的本年盈余数与本年预算结余数之间的差异，从而揭示财务会计和预算会计的内在联系。

这种会计核算模式兼顾了现行部门决算报告制度的需要，又能满足部门编制权责发生制财务报告的要求，对于规范政府会计行为，夯实政府会计主体预算和财务管理基础，强化政府绩效管理具有深远的影响。

制度的生命力在于执行。提高制度的执行力，就要坚持问题导向，在务实、管用上下功夫，切实保证制度的落地生根。本书根据政府会计准则的基本准则、具体准则和政府会计制度及相关补充规定，结合现行财政管理相关制度和财务管理实践，全真模拟各类行政事业单位主要的、经常的经济业务和事项，按照会计实务工作人员的实际需求和现实要求进行编写，是一线会计人员学习掌握新制度的首选用书，也可作为大中专学生进行会计实践活动的教学用书。

在本书的编写过程中，着重关注财政制度实际环境、对最新准则制度的提炼汲取和实务操作的应用指导。本书的特点主要体现在以下几个方面：

1. 完整性。本书的内容既包括了政府会计制度的基本内容，也涵盖了不同行业执行政府会计制度的具体规定，还反映了具体财政管理环境的管理要求，使读者对行政事业单位的会计实务获得完整认知。

2. 可理解性。在体系构架上，本书在文字叙述的基础上，大量采用表格的方式对相关知识进行讲解，财务会计和预算会计的业务处理相互对照，简明清晰，更加便于读者学习、理解和掌握。

3. 可检验性。从不同行业的会计实务出发，在日常经济业务中淬炼出具有代表性的业务作为设计案例，整体展现了从编制分录到科目汇总表、再到各种报表的编报，可以通过“回看”对整个核算过程进行检验，加深对“财务会计和预算会计适度分离并相互衔接”这一精髓的把握，使整个学习过程便捷高效。

4. 实用性。在内容安排上，注重会计业务的实际操作，列举例题切合实际，紧扣行业特点，对完整的会计业务流程包括会计分录编写、年结和报表编制等都做了详尽介绍，重点关注年终财务决算和财务报告的报表编制，并强调了“本期预算结余与本期盈余差异调节表”的编制。本书全真模拟会计实际工作，可按图索骥，易于掌握，对实际工作有较强的指导意义。

本书由曹文莉担任主编，负责设计框架结构、拟定编写提纲、审定最终内容等工作。由韩丹丹、王冀茹、仝永刚担任副主编，负责部分章节撰写、统纂各章内容等工作。各章的执笔情况具体如下：黄书娟、仝永刚撰写第一章，陈香维、曹文莉撰写第二章，隋春侠、韩丹丹撰写第三章，吴文会、党江艳撰写第四章，张县平、王烁撰写第五章，王冀茹、常莹撰写第六章，杨飞燕、隋春侠撰写第七章。

为了使《政府会计制度》在基层单位得到更好的贯彻实施，充分发挥会计领军人才的作用，以其专业特长服务基层，回馈社会，解决一线财务人员的实际难题，在陕西省会计领军人才（行政二期）曹文莉的带领下，组织11位陕西会计领军人员和2位工作经验丰富的业务骨干，他们分别来自高等院校、中小学校、医院、财政部门、林业系统和会计师事务所等不同类型的行政事业单位。编写团队理论知识扎实、实践经验丰富，紧贴实际，围绕重点和难点，共同完成本书的编纂。

由于经验和水平有限，本书难免存在一定的不足与疏漏，敬请广大读者批评指正。

本书编写组

2019年8月15日

目录

MULU

附录 / 282

第一章　行政单位会计实务操作案例

第一节　单位基础资料

一、单位基本情况与重点会计科目介绍

某单位为一般性的市级行政单位，在2019年初，按照《〈政府会计制度——行政事业单位会计科目和报表〉与〈行政单位会计制度〉有关衔接问题的处理规定》完成了新旧会计制度衔接工作，自2019年1月1日起执行《政府会计制度》。该单位纳入财政国库集中支付系统。本章对经济业务发生的具体时间不加区分和限定，所列举的事项尽可能涵盖一般行政单位常见的主要的经济业务。

根据《政府会计制度》，行政单位增加了“固定资产累计折旧”“无形资产累计摊销”“公共基础设施”“公共基础设施累计折旧”“政府储备物资”“文物文化资产”“保障性住房”“保障性住房累计折旧”“行政支出”等会计科目。以下简要介绍这些新增科目的会计核算。

（一）固定资产累计折旧

1. 核算内容：计提的固定资产累计折旧。

2. 明细科目设置：应当按照所对应的固定资产的明细分类进行明细核算。

3. 主要账务处理：按月计提折旧时，借记“业务活动费用”“加工物品”“在建工程”等科目，贷记本科目。

“公共基础设施累计折旧”“保障性住房累计折旧”与此类似，在此不再赘述。

（二）无形资产累计摊销

1. 核算内容：对使用年限有限的无形资产计提的累计摊销。

2. 明细科目设置：应当按照所对应的无形资产的明细分类进行明细核算。

3. 主要账务处理：按月计提摊销时，借记“业务活动费用”“加工物品”“在建工程”等科目，贷记本科目。

（三）公共基础设施

1. 核算内容：核算单位控制的公共设施的原值。

2. 明细科目设置：应当按照公共设施的类别、项目等进行明细核算。

3. 主要账务处理：区分情况而有所不同。其中，如为自行建造，交付使用时，借记本科目，贷记“在建工程”；如为接受其他单位无偿调入，借记本科目，贷记“无偿调拨净资产”，按照发生的费用，贷记“财政拨款收入”“零余额账户用款额度”“银行存款”等科目。

（四）政府储备物资

1. 核算内容：核算单位控制的政府储备物资的成本。

2. 明细科目设置：应当按照政府储备物资的类别、品种、存放地点等进行明细核算。

3. 主要账务处理：区分情况而有所不同。其中，如购入并验收入库，借记本科目，贷记“财政拨款收入”“零余额账户用款额度”“银行存款”等科目；如为接受捐赠，借记本科目，按单位承担的税费，贷记“零余额账户用款额度”“银行存款”等科目，按照差额，贷记“捐赠收入”。

（五）文物文化资产

1. 核算内容：核算单位为满足社会公共需要而控制的文物文化资产的成本。

2. 明细科目设置：应当按照文物文化资产的类别、项目等进行明细核算。

3. 主要账务处理：区分情况而有所不同。其中，如为外购取得，借记本科目，贷记“财政拨款收入”“零余额账户用款额度”“银行存款”等科目；如为接受其他单位无偿调入，借记本科目，贷记“无偿调拨净资产”，按照发生的费用，贷记“财政拨款收入”“零余额账户用款额度”“银行存款”等科目。

（六）保障性住房

1. 核算内容：核算单位为满足社会公共需要而控制的保障性住房的原值。

2. 明细科目设置：应当按照保障性住房的类别、项目等进行明细核算。

3. 主要账务处理：区分情况而有所不同。其中，如为自行建造，交付使用时，借记本科目，贷记“在建工程”；如为接受其他单位无偿调入，借记本科目，贷记“无偿调拨净资产”，按照发生的费用，贷记“财政拨款收入”“零余额账户用款额度”“银行存款”等科目。

（七）行政支出

1. 核算内容：行政单位履行其职责实际发生的各项现金流出。

2. 明细科目设置：应当分别按照“财政拨款支出”“非财政专项资金支出”和“其他资金支出”，“基本支出”和“项目支出”等进行明细核算。

3. 主要账务处理：区分情况而有所不同。其中，如为支付单位职工薪酬，借记本科目，贷记“财政拨款预算收入”“资金结存”科目；如为购买存货、固定资产、无形资产等以及在建工程支付相关款项时，借记本科目，贷记“财政拨款预算收入”“资金结存”科目。

（八）重点科目明细科目设置树形结构图（如图1－1至图1－4所示）

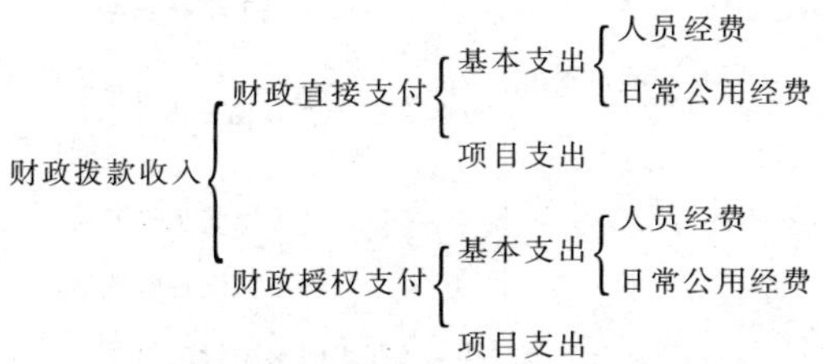

图1－1　“财政拨款收入”明细科目设置示意图

- 业务活动费用
  - 工资福利费用
  - 商品和服务费用
  - 对个人和家庭补助费用
  - 固定资产折旧费
  - 无形资产摊销费
  - 公共基础设施折旧（摊销）
  - 保障性住房折旧费
  - 税金及附加费用
  - 其他费用

图 1－2 “业务活动费用”明细科目设置示意图

- 财政拨款预算收入
  - 财政直接支付
    - 基本支出
      - 人员经费
      - 日常公用经费
    - 项目支出
  - 财政授权支付
    - 基本支出
      - 人员经费
      - 日常公用经费
    - 项目支出

图 1－3 “财政拨款预算收入”明细科目设置示意图

- 行政支出
  - 基本支出
    - 工资福利支出
      - 基本工资
      - 津贴补贴等
    - 商品和服务支出
      - 办公费
      - 印刷费等
    - 对个人和家庭补助支出
      - 离休费
      - 抚恤费等
    - 资本性支出
      - 房屋建筑物购建
      - 办公设备购置等
  - 项目支出
    - 工资福利支出
      - 基本工资
      - 津贴补贴等
    - 商品和服务支出
      - 办公费
      - 印刷费等
    - 对个人和家庭补助支出
      - 离休费
      - 抚恤费等
    - 资本性支出
      - 房屋建筑物购建
      - 办公设备购置等
    - 其他支出
      - 国家赔偿支出等

图 1－4 “行政支出”明细科目设置示意图

二、单位会计科目余额情况

单位年初财务会计科目如表 1－1 所示。

表 1－1　　　**年初财务会计科目余额表**

编制单位：××　　　××年 1 月 1 日　　　单位：元

科目名称	年初余额		科目名称	年初余额	
	方向	余额		方向	余额
流动资产：			**流动负债：**		
银行存款	借	200 000	短期借款		
短期投资			应交增值税		
财政应返还额度	借	3 000 000	其他应交税费	贷	15 000
应收票据			应缴财政款	贷	200 000
应收账款净额			应付职工薪酬	贷	90 600
预付账款	借	2 000 000	应付票据		
应收股利			应付账款	贷	2 000 000
应收利息			应付政府补贴款	贷	100 000
其他应收款净额	借	300 000	应付利息		
库存物品	借	1 800 000	预收账款		
待摊费用			其他应付款	贷	3 000 000
一年内到期的非流动资产			预提费用		
其他流动资产			一年内到期的非流动负债		
流动资产合计	借	7 300 000	其他流动负债		
非流动资产：			**流动负债合计**	贷	5 405 600
长期股权投资			**非流动负债：**		
长期债券投资			长期借款		
固定资产原值	借	19 000 000	长期应付款	贷	3 000 000
减：固定资产累计折旧	贷	7 000 000	预计负债		
固定资产净值	借	12 000 000	其他非流动负债		
工程物资	借	3 000 000	**非流动负债合计**	贷	3 000 000
在建工程	借	50 000 000	受托代理负债	贷	250 000
无形资产原值	借	10 000 000	**负债合计**	贷	8 655 600
减：无形资产累计摊销	贷	4 000 000			
无形资产净值	借	6 000 000			

续表

科目名称	年初余额		科目名称	年初余额	
	方向	余额		方向	余额
研发支出					
公共基础设施原值	借	12 300 000			
减：公共基础设施累计折旧（摊销）	贷	4 900 000			
公共基础设施净值	借	7 400 000			
政府储备物资	借	3 800 000			
文物文化资产	借	5 000 000			
保障性住房原值	借	5 000 000			
减：保障性住房累计折旧	贷	2 500 000	**净资产：**		
保障性住房净值	借	2 500 000	累计盈余	贷	88 594 400
长期待摊费用			专用基金		
待处理财产损溢			权益法调整		
其他非流动资产			无偿调拨净资产		——
非流动资产合计	借	89 700 000	本期盈余		——
受托代理资产	借	250 000	**净资产合计**	贷	88 594 400
资产总计	借	97 250 000	**负债和净资产合计**	贷	97 250 000

附注：财政拨款结转结余为0元，其他资金结转结余为500 000元（项目支出）。

第二节　主要经济业务与账务处理

单位2019年发生以下经济业务，账务处理如下：

【例1-1】 年初收到银行额度恢复到账通知书（零余额），恢复财政授权支付额度300万元。

财务会计账务处理	预算会计账务处理
借：零余额账户用款额度　3 000 000 　贷：财政应返还额度——财政授权支付 　　　3 000 000	借：资金结存——零货币资金　50 000 　贷：资金结存——零余额账户用款额度 　　　50 000

【例1-2】单位从零余额账户提取现金5万元。

财务会计账务处理	预算会计账务处理
借：库存现金　50 000 　贷：零余额账户用款额度　50 000	借：资金结存——货币资金　50 000 　贷：资金结存——零余额账户用款额度　50 000

【例1-3】单位收到银行利息104 000元。

财务会计账务处理	预算会计账务处理
借：银行存款　104 000 　贷：利息收入　104 000	借：资金结存——货币资金　104 000 　贷：其他预算收入　104 000

【例1-4】单位业务部门员工王洪斌出差，在财务室预借差旅费5 000元。

财务会计账务处理	预算会计账务处理
借：其他应收款——王洪斌　5 000 　贷：库存现金　5 000	不做账务处理

【例1-5】单位收到代理银行转来的《财政授权支付额度到账通知书》，收到项目财政授权支付额度200万元。

财务会计账务处理	预算会计账务处理
借：零余额账户用款额度　2 000 000 　贷：财政拨款收入——财政授权支付——项目支出　2 000 000	借：资金结存——零余额账户用款额度　2 000 000 　贷：财政拨款预算收入——财政授权支付——项目支出　2 000 000

【例1-6】单位业务部门员工王洪斌出差回来，报销差旅费8 000元，以库存现金支付。

财务会计账务处理	预算会计账务处理
借：业务活动费用——商品和服务费用　8 000 　贷：其他应收款——王洪斌　5 000 　　库存现金　3 000	借：行政支出——基本支出——商品和服务支出——差旅费　8 000 　贷：资金结存——货币资金　8 000

【例 1－7】以财政授权支付方式支付会议费金额 23 000 元。

财务会计账务处理	预算会计账务处理
借：业务活动费用——商品和服务费用 23 000 贷：零余额账户用款额度 23 000	借：行政支出——基本支出——商品和服务支出——会议费 23 000 贷：资金结存——零余额账户用款额度 23 000

【例 1－8】单位收到代理银行转来的《财政授权支付额度到账通知书》，收到用于单位公用经费支出的财政授权支付额度 100 万元，人员经费支出的财政授权支付额度 150 万元。

财务会计账务处理	预算会计账务处理
借：零余额账户用款额度 2 500 000 贷：财政拨款收入——财政授权支付——基本支出——人员经费 1 500 000 财政拨款收入——财政授权支付——基本支出——日常公用经费 1 000 000	借：资金结存——零余额账户用款额度 2 500 000 贷：财政拨款预算收入——财政授权支付——基本支出——人员经费 1 500 000 财政拨款预算收入——财政授权支付——基本支出——日常公用经费 1 000 000

【例 1－9】单位收到房租收入 60 万元，以银行存款收讫。

财务会计账务处理	预算会计账务处理
借：银行存款 600 000 贷：应缴财政款——应缴财政专户 600 000	不做账务处理

【例 1－10】单位预付 A 公司专用设备购置款 20 000 元，以财政授权支付方式支付，列入项目支出。

财务会计账务处理	预算会计账务处理
借：预付账款——A 公司 20 000 贷：零余额账户用款额度 20 000	借：行政支出——项目支出——资本性支出——专用设备购置费 20 000 贷：资金结存——零余额账户用款额度 20 000

【例 1－11】单位支付 D 单位预付材料款 10 000 元，用于日常维修，通过银行转账支付。

财务会计账务处理	预算会计账务处理
借：预付账款——D单位　10 000 　贷：银行存款　10 000	借：行政支出——基本支出——商品和服务支出——维修费　10 000 　贷：资金结存——货币资金　10 000

【例1-12】 单位购入一台业务用电脑，以财政授权支付方式支付6 000元，已验收使用。

财务会计账务处理	预算会计账务处理
借：固定资产　6 000 　贷：零余额账户用款额度　6 000	借：行政支出——基本支出——资本性支出——办公购置费　6 000 　贷：资金结存——零余额账户用款额度　6 000

【例1-13】 单位将收到的房租收入60万元上缴财政专户。

财务会计账务处理	预算会计账务处理
借：应缴财政款——应缴财政专户　600 000 　贷：银行存款　600 000	不做账务处理

【例1-14】 单位收到卫计局转来补助款20万元。

财务会计账务处理	预算会计账务处理
借：银行存款　200 000 　贷：非同级财政拨款收入　200 000	借：资金结存——货币资金　200 000 　贷：非同级财政拨款预算收入　200 000

【例1-15】 购入一批物品B价值3万元，用于某项目，使用财政授权支付方式支付。另有相关运杂费3 000元未支付给天安公司，物品已经到货并验收入库。

财务会计账务处理	预算会计账务处理
借：库存物品——B　33 000 　贷：零余额账户用款额度　30 000 　　应付账款——天安公司　3 000	借：行政支出——项目支出——商品和服务支出——专用材料费　30 000 　贷：资金结存——零余额账户用款额度　30 000

【例1-16】 支付天安公司运杂费3 000元。

财务会计账务处理	预算会计账务处理
借：应付账款——天安公司　3 000 　贷：零余额账户用款额度　3 000	借：行政支出——项目支出——商品和服务支出 　——专用材料费　3 000 　贷：资金结存——零余额账户用款额度 　3 000

【例 1－17】单位银行账户收到某企业捐赠款 3 万元，捐赠的物品市场价 1.5 万元。

财务会计账务处理	预算会计账务处理
借：银行存款　30 000 　库存物品　15 000 　贷：捐赠收入　45 000	借：资金结存——货币资金　30 000 　贷：其他预算收入——捐赠收入　30 000

【例 1－18】单位购买了一台大型信息设备 1 台，价值 20 万元，运杂费 2 万元，以财政直接支付 21 万元，剩余 1 万元作为质量保证金，约定一年后没有问题再予以支付。

财务会计账务处理	预算会计账务处理
借：固定资产——专用设备　220 000 　贷：财政拨款收入——财政直接支付——项目支出　210 000 　　长期应付款——质量保证金　10 000	借：行政支出——项目支出——资本性支出——信息网络及软件购置　210 000 　贷：财政拨款预算收入——财政直接支付——项目支出　210 000

【例 1－19】经批准捐赠 5 台电脑给农村小学，该批电脑原价 60 000 元，已提折旧 50 000 元，发生相关税费 5 000 元。

财务会计账务处理	预算会计账务处理
借：资产处置费用　15 000 　固定资产累计折旧　50 000 　贷：固定资产——通用设备　60 000 　　零余额账户用款额度　5 000	借：其他支出——相关税费支出　5 000 　贷：资金结存——零余额账户用款额度 　5 000

【例 1－20】按月计提折旧 3 万元，其中，房屋及构筑物 1 万元，通用设备 9 000 元，专用设备 6 000 元，家具、装具及用具 5 000 元。

财务会计账务处理	预算会计账务处理
借：业务活动费用——固定资产折旧费　30 000 　贷：固定资产累计折旧——房屋及构筑物　10 000 　　——通用设备　9 000 　　——专用设备　6 000 　　——家具、装具及用具　5 000	不做账务处理

【例 1 - 21】 单位购入为大型修缮工程项目准备的物资 C，以财政授权支付方式支付 5 万元。

财务会计账务处理	预算会计账务处理
借：工程物资——C　50 000 　贷：零余额账户用款额度　50 000	借：行政支出——项目支出——资本性支出——大型修缮　50 000 　贷：资金结存——零余额账户用款额度　50 000

【例 1 - 22】 将单位一处办公用楼进行改扩建，该办公用房原值为 1 500 万元，累计折旧 600 万元。

财务会计账务处理	预算会计账务处理
借：在建工程——建筑安装工程投资　9 000 000 　固定资产累计折旧——房屋及构筑物　6 000 000 　贷：固定资产——房屋及构筑物　15 000 000	不做账务处理

【例 1 - 23】 单位委托 F 公司开发一个业务信息系统，该项信息系统总计 60 万元，采用财政授权方式支付。

财务会计账务处理	预算会计账务处理
借：无形资产——软件　600 000 　贷：零余额账户用款额度　600 000	借：行政支出——项目支出——资本性支出——信息网络及软件购置　600 000 　贷：资本结存——零余额账户用款额度　600 000

【例 1－24】 上述信息系统预计使用期限为 10 年，当月计提摊销。

财务会计账务处理	预算会计账务处理
借：业务活动费用——无形资产摊销　5 000 　贷：无形资产累计摊销——信息系统　5 000	不做账务处理

【例 1－25】 单位从同一系统内另外一家单位无偿调入一公园绿地归其维护管理，对方账面记载该绿地价值 40 万元，同时发生相关税费 2 万元，用财政授权支付方式支付。

财务会计账务处理	预算会计账务处理
借：公共基础设施——公园绿地　420 000 　贷：零余额账户用款额度　20 000 　　无偿调拨净资产　400 000	借：其他支出——相关税费支出　20 000 　贷：资金结存——零余额账户用款额度 　20 000

【例 1－26】 单位管理的室外公共健身器材每月计提折旧 2 000 元。

财务会计账务处理	预算会计账务处理
借：业务活动费用——公共基础设施折旧 　2 000 　贷：公共基础设施累计折旧　2 000	不做账务处理

【例 1－27】 公园发生日常维修费用 1 万元，用财政授权支付方式支付。

财务会计账务处理	预算会计账务处理
借：业务活动费用——商品和服务费用 　10 000 　贷：零余额账户用款额度　10 000	借：行政支出——基本支出——商品和服务支出——维修费　10 000 　贷：资金结存——零余额账户用款额度 　10 000

【例 1－28】 单位所属的市政桥梁进行改扩建，原值 1 200 万元，累计折旧 400 万元。

财务会计账务处理	预算会计账务处理
借：在建工程——市政桥梁　8 000 000 　公共基础设施累计折旧——市政桥梁 　4 000 000 　贷：公共基础设施——市政桥梁　12 000 000	不做账务处理

【例 1-29】单位市政桥梁改扩建中发生支出 500 万元，通过财政直接支付方式支付。

财务会计账务处理	预算会计账务处理
借：在建工程——市政桥梁　5 000 000 　贷：财政拨款收入——财政直接支付——项目支出　5 000 000	借：行政支出——项目支出——资本性支出——大型修缮　5 000 000 　贷：财政拨款预算收入——财政直接支付——项目支出　5 000 000

【例 1-30】上述市政桥梁竣工验收后，交付使用。

财务会计账务处理	预算会计账务处理
借：公共基础设施——市政桥梁　13 000 000 　贷：在建工程——市政桥梁　13 000 000	不做账务处理

【例 1-31】单位购入一批救灾物资，已经验收入库，用财政授权方式支付货款 80 万元，并支付相关运输费、保管费等 1 000 元。

财务会计账务处理	预算会计账务处理
借：政府储备物资——救灾物资　801 000 　贷：零余额账户用款额度　801 000	借：行政支出——项目支出——商品和服务支出——物资储备　801 000 　贷：资金结存——零余额账户用款额度　801 000

【例 1-32】单位接受捐赠一批农产品储备物资，已经验收入库，市场上同类物资价值 40 000 元，并支付相关运输费、保管费等 600 元，使用财政授权支付方式支付。

财务会计账务处理	预算会计账务处理
借：政府储备物资——农产品　40 600 　贷：零余额账户用款额度　600 　　捐赠收入　40 000	借：其他支出——运杂费　600 　贷：资金结存——零余额账户用款额度　600

【例 1-33】单位因紧急救灾需要，发出一批储备物资，价值 50 000 元。

财务会计账务处理	预算会计账务处理
借：业务活动费用——商品和服务费用 50 000 贷：政府储备物资——救灾物资 50 000	不做账务处理

【例 1－34】 单位将库存价值 30 000 元的救灾储备物资调拨给另一事业单位管理。

财务会计账务处理	预算会计账务处理
借：无偿调拨净资产 30 000 贷：政府储备物资——救灾物资 30 000	不做账务处理

【例 1－35】 单位销售一批储备医药品，价值 10 万元，取得收入 15 万元，发生其他税费 5 000 元，用银行存款支付，余款上缴财政。

财务会计账务处理	预算会计账务处理
借：资产处置费用 100 000 贷：政府储备物资——医药品 100 000 借：银行存款 150 000 贷：银行存款 5 000 应缴财政款——应缴国库款 145 000	不做账务处理

【例 1－36】 单位购入一批文物和陈列品，价值 7 万元，运杂费 300 元，均以财政授权支付方式支付。

财务会计账务处理	预算会计账务处理
借：文物文化资产 70 300 贷：零余额账户用款额度 70 300	借：行政支出——项目支出——资本性支出——文物和陈列品购置 70 300 贷：资金结存——零余额账户用款额度 70 300

【例 1－37】 单位从外单位调入一批文物和陈列品，对方账面记载价值 20 000 元，运杂费 400 元，以财政授权支付方式支付。

财务会计账务处理	预算会计账务处理
借：文物文化资产　20 400 　贷：无偿调拨净资产　20 000 　　零余额账户用款额度　400	借：其他支出——运杂费　400 　贷：资金结存——零余额账户用款额度　400

【例 1－38】单位接受个人捐赠一批文物 60 000 元，运杂费 500 元，以财政授权支付方式支付。

财务会计账务处理	预算会计账务处理
借：文物文化资产　60 500 　贷：捐赠收入　60 000 　　零余额账户用款额度　500	借：其他支出——运杂费　500 　贷：资金结存——零余额账户用款额度　500

【例 1－39】单位将一批文化资产对外无偿捐赠给外单位，账面金额为 30 000 元，运杂费 300 元，用财政授权支付方式支付。

财务会计账务处理	预算会计账务处理
借：资产处置费用　30 300 　贷：文物文化资产　30 000 　　零余额账户用款额度　300	借：其他支出——运杂费　300 　贷：资金结存——零余额账户用款额度　300

【例 1－40】单位将一批文化资产对外无偿调出给同一系统另一家事业单位，账面价值 9 万元，发生相关税费 1 000 元，用财政授权支付方式支付。

财务会计账务处理	预算会计账务处理
借：无偿调拨净资产　90 000 　贷：文物文化资产　90 000 借：资产处置费用　1 000 　贷：零余额账户用款额度　1 000	借：其他支出——相关税费支出　1 000 　贷：资金结存——零余额账户用款额度 　　1 000

【例 1－41】单位购买 80 套保障性住房，每套价值 15 万元，用财政直接支付方式支付。

财务会计账务处理	预算会计账务处理
借：保障性住房　12 000 000 　贷：财政拨款收入——财政直接支付——项目支出　12 000 000	借：行政支出——项目支出——资本性支出——房屋建筑物购建　12 000 000 　贷：财政拨款预算收入——财政直接支付——项目支出　12 000 000

【例 1－42】 单位出租保障性住房 60 套，每月租金 1 000 元，以银行存款收讫。

财务会计账务处理	预算会计账务处理
借：银行存款 60 000 　贷：应缴财政款——应缴国库款 60 000	不做账务处理

【例 1－43】 承例 1－41，假设保障性住房使用年限为 50 年，按月计提折旧。

财务会计账务处理	预算会计账务处理
借：业务活动费用——保障性住房折旧费 20 000 　贷：保障性住房累计折旧 20 000	不做账务处理

【例 1－44】 无偿调出 10 套保障性住房，原值每套 15 万元，已提折旧 4 个月 1 万元，另支付相关税费 5 万元，使用财政授权支付方式支付。

财务会计账务处理	预算会计账务处理
借：无偿调拨净资产 1 490 000 　保障性住房累计折旧 10 000 　贷：保障性住房 1 500 000	不做账务处理
借：资产处置费用 50 000 　贷：零余额账户用款额度 50 000	借：其他支出——相关税费支出 50 000 　贷：资金结存——零余额账户用款额度 50 000

【例 1－45】 出售 5 套保障性住房，已提折旧 8 个月 1 万元，获得收入 100 万元，另以银行存款支付相关税费 2.5 万元，余款上缴财政。

财务会计账务处理	预算会计账务处理
借：资产处置费用 740 000 　保障性住房累计折旧 10 000 　贷：保障性住房 750 000 借：银行存款 1 000 000 　贷：应缴财政款——应缴国库款 975 000 　　银行存款 25 000	不做账务处理

【例 1－46】 单位预付一年的设备租金 6 万元，以财政授权支付方式支付。

财务会计账务处理	预算会计账务处理
借：待摊费用——预付租金　60 000 　贷：零余额账户用款额度　60 000	借：行政支出——基本支出——商品和服务支出——租赁费　60 000 　贷：资金结存——零余额账户用款额度　60 000

【例1-47】单位租赁一办公楼，租期2年，租金24万元，通过财政直接支付方式支付完毕，按月摊销。

财务会计账务处理	预算会计账务处理
借：长期待摊费用——租赁费　240 000 　贷：财政拨款收入——财政直接支付——项目支出　240 000	借：行政支出——项目支出——商品和服务支出——租赁费　240 000 　贷：财政拨款预算收入——财政直接支付——项目支出　240 000

【例1-48】承例1-47，按月摊销租赁办公楼租金。

财务会计账务处理	预算会计账务处理
借：业务活动费用——商品和服务费用　10 000 　贷：长期待摊费用——租赁费　10 000	不做账务处理

【例1-49】单位接受其他单位委托保管一批物资，根据委托单位提供的凭据，该批物资价值2万元；双方约定由该行政单位承担相关运杂费1 000元。

财务会计账务处理	预算会计账务处理
借：受托代理资产——受托存储保管物资　20 000 　贷：受托代理负债　20 000	不做账务处理
借：其他费用——运杂费　1 000 　贷：银行存款　1 000	借：其他支出——运杂费　1 000 　贷：资金结存——货币资金　1 000

【例1-50】单位委托保管物资2万元结束，根据委托人要求，发出该批保管物资。

财务会计账务处理	预算会计账务处理
借：受托代理负债 20 000 贷：受托代理资产——受托存储保管物资 20 000	不做账务处理

【例1－51】单位在执法过程中获得一批罚没物资，根据对方单位提供的凭据，该批物资价值15万元，验收入库。

财务会计账务处理	预算会计账务处理
借：受托代理资产——罚没物资 150 000 贷：受托代理负债 150 000	不做账务处理

【例1－52】承例1－51，按照有关规定，该批物资按程序进行处置，获得处置收益25万元。

财务会计账务处理	预算会计账务处理
借：受托代理负债 150 000 贷：受托代理资产——罚没物资 150 000 借：银行存款 250 000 贷：应缴财政款——应缴国库款 250 000	不做账务处理

【例1－53】单位计算应发放的政府补贴款30万元。

财务会计账务处理	预算会计账务处理
借：业务活动费用——基本支出——对个人和家庭补助费用 300 000 贷：应付政府补贴款 300 000	不做账务处理

【例1－54】单位购买一项专利权 价值3万元，以财政授权支付方式支付。

财务会计账务处理	预算会计账务处理
借：无形资产 30 000 贷：零余额账户用款额度 30 000	借：行政支出——项目支出——资本性支出——无形资产购置 30 000 贷：资金结存——零余额账户用款额度 30 000

【例1－55】承例1－53，支付应付政府补贴款30万元。

财务会计账务处理	预算会计账务处理
借：应付政府补贴款　300 000 　贷：零余额账户用款额度　300 000	借：行政支出——基本支出——对个人和家庭的补助——其他对个人和家庭的补助　300 000 　贷：资金结存——零余额账户用款额度　300 000

【例 1－56】单位职工甲某用公务卡报销差旅费 3 000 元，取得发票并报销。

财务会计账务处理	预算会计账务处理
借：业务活动费用——商品和服务费用　3 000 　贷：其他应付款——待清算报销额度——待清算公务卡报销额度　3 000	不做账务处理

【例 1－57】职工甲某公务卡报销差旅费 3 000 元。

财务会计账务处理	预算会计账务处理
借：其他应付款——待清算报销额度——待清算公务卡报销额度　3 000 　贷：零余额账户用款额度　3 000	借：行政支出——基本支出——商品和服务支出——差旅费　3 000 　贷：资金结存——零余额账户用款额度　3 000

【例 1－58】单位每月预提办公用房房屋租金 5 000 元，下月初支付。

财务会计账务处理	预算会计账务处理
借：业务活动费用——商品和服务费用　5 000 　贷：预提费用　5 000	不做账务处理

【例 1－59】月初以银行存款支付计提的房屋租金 5 000 元。

财务会计账务处理	预算会计账务处理
借：预提费用　5 000 　贷：银行存款　5 000	借：行政支出——基本支出——商品和服务支出——租赁费　5 000 　贷：资金结存——货币资金　5 000

【例 1-60】 单位接到法院起诉，单位预计要支付赔偿费 25 万元。

财务会计账务处理	预算会计账务处理
借：其他费用 250 000 贷：预计负债 250 000	不做账务处理

【例 1-61】 承例 1-60，单位用财政直接支付方式偿付赔偿费 25 万元。

财务会计账务处理	预算会计账务处理
借：预计负债 250 000 贷：财政拨款收入——财政直接支付——项目支出 250 000	借：行政支出——项目支出——其他支出——国家赔偿支出 250 000 贷：财政拨款预算收入——财政直接支付——项目支出 250 000

【例 1-62】 单位接待地方单位检查指导工作人员，以财政授权支付方式结算工作餐费 300 元。

财务会计账务处理	预算会计账务处理
借：业务活动费用——商品和服务费用 300 贷：零余额账户用款额度 300	借：行政支出——基本支出——商品和服务支出——公务接待费 300 贷：资金结存——零余额账户用款额度 300

【例 1-63】 被接待人员离开时支付了就餐费 200 元，单位开具了收款收据。

财务会计账务处理	预算会计账务处理
借：库存现金 200 贷：业务活动费用——商品和服务费用 200	借：资金结存——货币资金 200 贷：行政支出——基本支出——商品和服务支出——公务接待费 200

【例 1-64】 承例 1-10，单位收到 A 公司专用设备并通过验收，设备总价为 5 万元，以财政授权支付方式支付剩余设备款 3 万元，列入项目支出。

财务会计账务处理	预算会计账务处理
借：固定资产　50 000 　贷：预付账款——A 公司　20 000 　　零余额账户用款额度　30 000	借：行政支出——项目支出——资本性支出——专用设备购置　30 000 　贷：资金结存——零余额账户用款额度　30 000

【例 1－65】单位发放专家咨询费（税后）2 000 元，代扣个人所得税 300 元，以银行存款支付。

财务会计账务处理	预算会计账务处理
借：业务活动费用——商品和服务费用　2 300 　贷：其他应交税费——应交个人所得税　300 　　银行存款　2 000	借：行政支出——基本支出——商品和服务支出——劳务费　2 000 　贷：资金结存——货币资金　2 000

【例 1－66】单位经批准捐赠专用设备一台，该设备原价 5 万元，已计提折旧 4 万元，捐赠过程中发生的归属于捐出方的相关费用 300 元，以现金支付。

财务会计账务处理	预算会计账务处理
借：固定资产累计折旧　40 000 　资产处置费用　10 000 　贷：固定资产　50 000 借：资产处置费用　300 　贷：库存现金　300	借：其他支出——相关税费支出　300 　贷：资金结存——货币资金　300

【例 1－67】单位购买日常工作用专用设备一台，价值 2.5 万元，通过财政直接支付方式支付，设备已验收并交付使用。

财务会计账务处理	预算会计账务处理
借：固定资产——专用设备　25 000 　贷：财政拨款收入——财政直接支付——基本支出　25 000	借：行政支出——基本支出——资本性支出——专用设备购置　25 000 　贷：财政拨款预算收入——财政直接支付——基本支出　25 000

【例 1－68】单位根据月工资发放表计发工资 56.7 万元，其中代扣职

工住房公积金1万元，代扣养老保险费5万元，代扣医疗保险3 000元，个人所得税4 000元，实发工资50万元。

财务会计账务处理	预算会计账务处理
借：业务活动费用——工资福利费用 567 000 贷：应付职工薪酬——工资 567 000 借：应付职工薪酬——工资 67 000 贷：应付职工薪酬——住房公积金 10 000 ——养老保险费 50 000 ——医疗保险费 3 000 其他应交税费——应交个人所得税 4 000	不做账务处理

【例1-69】单位发放本月职工工资。

财务会计账务处理	预算会计账务处理
借：应付职工薪酬——工资 500 000 贷：零余额账户用款额度 500 000	借：行政支出——基本支出——工资和福利支出 500 000 贷：资金结存——零余额账户用款额度 500 000

【例1-70】单位以财政授权支付方式购入一台项目专用设备价值6万元，支付货款90%，另10%作为质保金一年之后支付。

财务会计账务处理	预算会计账务处理
借：固定资产——专用设备 60 000 贷：零余额账户用款额度 54 000 长期应付款——质保金 6 000	借：行政支出——项目支出——资本性支出——专用设备 54 000 贷：资金结存——零余额账户用款额度 54 000

【例1-71】用财政直接支付方式发放本月单位职工公务交通补贴58万元。

财务会计账务处理	预算会计账务处理
借：业务活动费用——商品和服务费用 580 000 贷：财政拨款收入——财政直接支付——基本支出——日常公用经费 580 000	借：行政支出——基本支出——商品和服务支出——其他交通费用 580 000 贷：财政拨款预算收入——财政直接支付——基本支出——日常公用经费 580 000

【例1－72】计提考核奖实发数60万元，个人所得税5 000元。

财务会计账务处理	预算会计账务处理
借：业务活动费用——工资福利费用 605 000 贷：应付职工薪酬——奖金 600 000 其他应交税费——应交个人所得税 5 000	不做账务处理

【例1－73】用零余额账户发放考核奖60万元。

财务会计账务处理	预算会计账务处理
借：应付职工薪酬——奖金 600 000 贷：零余额账户用款额度 600 000	借：行政支出——基本支出——工资福利支出——奖金 600 000 贷：资金结存——零余额账户用款额度 600 000

【例1－74】缴纳代扣预缴个人所得税5 000元。

财务会计账务处理	预算会计账务处理
借：其他应交税费——应交个人所得税 5 000 贷：零余额账户用款额度 5 000	借：行政支出——基本支出——工资福利支出——奖金 5 000 贷：资金结存——零余额账户用款额度 5 000

【例1－75】发放劳务派遣人员工资，将款项支付给派遣公司并收到派遣公司开具的票据12万元，以财政授权支付方式支付。

财务会计账务处理	预算会计账务处理
借：业务活动费用——商品和服务费用 120 000 贷：零余额账户用款额度 120 000	借：行政支出——基本支出——商品和服务支出——劳务费 120 000 贷：资金结存——零余额账户用款额度 120 000

【例1－76】单位收到S公司的履约保证金5 000元。

财务会计账务处理	预算会计账务处理
借：银行存款　　5 000 　贷：其他应付款——保证金　　5 000	不做账务处理

【例 1－77】单位领用工程物资 250 万元，用于工程建设。

财务会计账务处理	预算会计账务处理
借：在建工程　　2500 000 　贷：工程物资　　2 500 000	不做账务处理

【例 1－78】单位改扩建办公楼，在履行相关的政府采购程序后，与 E 公司签订合同，改扩建办公楼价款为 600 万元，购入需要安装的配电设备 150 万元，安装费用 60 万元，用财政直接支付方式支付。

财务会计账务处理	预算会计账务处理
借：在建工程——建筑安装工程投资（办公楼） 6 000 000 ——设备投资（配电设备） 1 500 000 ——建筑安装工程投资（配电设备） 600 000 　贷：财政拨款收入——财政直接支付——项目支出　　8 100 000	借：行政支出——项目支出—资本性支出——大型修缮　　8 100 000 　贷：财政拨款预算收入——财政直接支付——项目支出　　8 100 000

【例 1－79】单位收到通知支付水费 3 000 元，电费 5 000 元，以财政授权支付方式支付。

财务会计账务处理	预算会计账务处理
借：业务活动费用——商品和服务费用 8 000 　贷：零余额账户用款额度　　8 000	借：行政支出——基本支出——商品和服务支出——水费　　3 000 行政支出——基本支出——商品和服务支出——电费　　5 000 　贷：资金结存——零余额账户用款额度 8 000

【例 1－80】单位购买 3 万元办公用品，已验收，以财政授权方式支付。

财务会计账务处理	预算会计账务处理
借：库存物品　30 000 　贷：零余额账户用款额度　30 000	借：行政支出——基本支出——商品和服务支出——办公费　30 000 　贷：资金结存——零余额账户用款额度　30 000

【例 1－81】 单位报销保留公务用车加油费 0.2 万元，以财政授权支付方式支付。

财务会计账务处理	预算会计账务处理
借：业务活动费用——商品和服务费用　2 000 　贷：零余额账户用款额度　2 000	借：行政支出——基本支出——商品和服务费用——公务用车运行维护费　2 000 　贷：资金结存——零余额账户用款额度　2 000

【例 1－82】 单位委托律师事务所支付法律服务费 50 000 元，款项从零余额账户支付。

财务会计账务处理	预算会计账务处理
借：业务活动费用——商品和服务费用　50 000 　贷：零余额账户用款额度　50 000	借：行政支出——基本支出——商品和服务支出——委托业务费　50 000 　贷：资金结存——零余额账户用款额度　50 000

【例 1－83】 单位在清理固定资产时报废一批，原值 30 万元，累计折旧 25 万元，变卖残值 2 万元，发生相关费用 2 000 元。

财务会计账务处理	预算会计账务处理
借：固定资产累计折旧　250 000 　　待处理财产损溢　50 000 　贷：固定资产　300 000 借：资产处置费用　50 000 　贷：待处理财产损溢　50 000 借：银行存款　20 000 　贷：待处理财产损溢　20 000 借：待处理财产损溢　2 000 　贷：银行存款　2 000 借：待处理财产损溢　18 000 　贷：应缴财政款——应缴国库款　18 000	不做账务处理

【例1-84】单位收到银行转来的代扣本月电话费3 000元。

财务会计账务处理	预算会计账务处理
借：业务活动费用——商品和服务费用 3 000 贷：银行存款 3 000	借：行政支出——基本支出——商品和服务支出——邮电费 3 000 贷：资金结存——货币资金 3 000

【例1-85】单位报销业务系统培训会8万元，以财政授权支付方式支付。

财务会计账务处理	预算会计账务处理
借：业务活动费用——商品和服务费用 80 000 贷：零余额账户用款额度 80 000	借：行政支出——项目支出——商品和服务支出——培训费 80 000 贷：资金结存——零余额账户用款额度 80 000

【例1-86】单位用其他资金捐赠扶贫单位2万元。

财务会计账务处理	预算会计账务处理
借：其他费用 20 000 贷：银行存款 20 000	借：其他支出——对外捐赠 20 000 贷：资金结存——货币资金 20 000

【例1-87】单位维修设备报销1.5万元，以财政授权支付方式支付。

财务会计账务处理	预算会计账务处理
借：业务活动费用——商品和服务费用 15 000 贷：零余额账户用款额度 15 000	借：行政支出——基本支出——商品和服务支出——维修费 15 000 贷：资金结存——零余额账户用款额度 15 000

【例1-88】单位召开业务会议，以财政授权支付方式支付3万元。

财务会计账务处理	预算会计账务处理
借：业务活动费用——商品和服务费用 30 000 贷：零余额账户用款额度 30 000	借：行政支出——基本支出——商品和服务支出——会议费 30 000 贷：资金结存——零余额账户用款额度 30 000

【例1－89】 单位收到第四季度银行存款利息0.5万元。

财务会计账务处理	预算会计账务处理
借：银行存款　5 000 　贷：利息收入　5 000	借：资金结存——货币资金　5 000 　贷：其他预算收入——利息收入　5 000

【例1－90】 单位缴纳代扣职工住房公积金1万元，代扣养老保险费5万元，代扣医疗保险3 000元，以财政授权支付方式支付。

财务会计账务处理	预算会计账务处理
借：应付职工薪酬——住房公积金　10 000 　——养老保险费　50 000 　——医疗保险费　3 000 　贷：零余额用款额度　63 000	借：行政支出——基本支出——工资和福利支出——住房公积金　10 000 　行政支出——基本支出——工资和福利支出——养老保险费　50 000 　行政支出——基本支出——工资和福利支出——医疗保险费　3 000 　贷：资金结存——零余额用款额度　63 000

【例1－91】 承例1－46，单位摊销本月设备租金5 000元。

财务会计账务处理	预算会计账务处理
借：业务活动费用——商品和服务费用　5 000 　贷：待摊费用——预付租金　5 000	不做账务处理

【例1－92】 单位报销宣传用印刷费用1.5万元，以财政授权支付方式支付。

财务会计账务处理	预算会计账务处理
借：业务活动费用——商品和服务费用　15 000 　贷：零余额账户用款额度　15 000	借：行政支出——基本支出——商品和服务支出——印刷费　15 000 　贷：资金结存——零余额账户用款额度　15 000

【例1－93】 承例1－22、例1－78，改扩建办公楼验收，各项指标达到设计要求，在建工程完工，同时转入固定资产。

财务会计账务处理	预算会计账务处理
借：固定资产——办公楼　　17 100 000 　贷：在建工程——建筑安装工程投资（净值）　　9 000 000 　　在建工程——建筑安装工程投资（办公楼）　　6 000 000 　　在建工程——设备投资（配电设备）　　1 500 000 　　在建工程——建筑安装工程投资（配电设备）　　600 000	不做账务处理

【例 1-94】 单位本年度财政授权支付项目预算指标数为 300 万元，零余额账户实际收到用款额度为 295 万元，当年未下达财政授权支付额度 5 万。

财务会计账务处理	预算会计账务处理
借：财政应返还额度　　50 000 　贷：财政拨款收入——财政授权支付——项目支出　　50 000	借：资金结存——财政应返还额度　　50 000 　贷：财政拨款预算收入——财政授权支付——项目支出　　50 000

【例 1-95】 单位根据固定资产折旧和无形资产摊销表，计提固定资产折旧和无形资产摊销，其中，折旧费用为 5 万元，累计摊销 1 万元。

财务会计账务处理	预算会计账务处理
借：业务活动费用——固定资产折旧费　　50 000 　业务活动费用——无形资产摊销费　　10 000 　贷：固定资产累计折旧　　50 000 　　无形资产累计摊销　　10 000	不做账务处理

【例 1-96】 单位年终盘点固定资产，发现盘亏某专用设备一台，价值 6 000 元，已提折旧 5 000 元，属正常原因，按规定程序报批后批准核销。

财务会计账务处理	预算会计账务处理
借：待处理财产损溢　　1 000 　固定资产累计折旧　　5 000 　贷：固定资产——专用设备　　6 000 借：资产处置费用　　1 000 　贷：待处理财产损溢　　1 000	不做账务处理

【例 1－97】将单位库存现金 1 万元存银行。

财务会计账务处理	预算会计账务处理
借：银行存款　10 000 　贷：库存现金　10 000	不做账务处理

【例 1－98】单位盘点现金库发现，现金库比账面溢余 1 000 元，无法查明原因，报经批准后转作收入。

财务会计账务处理	预算会计账务处理
借：库存现金　1 000 　贷：待处理财产损溢　1 000 借：待处理财产损溢　1 000 　贷：其他收入——现金盘盈收入　1 000	借：资金结存——货币资金　1 000 　贷：其他预算收入——现金盘盈收入　1 000

【例 1－99】单位盘盈一项固定资产，确定的成本为 3 万元，经核实，为以前年度取得，未予入账，按规定报经批准后，作为前期重要差错，做更正处理。

财务会计账务处理	预算会计账务处理
借：固定资产　30 000 　贷：待处理财产损溢　30 000 借：待处理财产损溢　30 000 　贷：以前年度盈余调整　30 000	不做账务处理

【例 1－100】单位 3 年前财政拨款办公楼修缮改造，因政府采购公开招标确定的采购中标价格低于财政拨款预算金额，形成结余资金 13 万元，工程于 2 年前已完工投入使用，上述结余款一直挂账未使用，也未编入下年预算，该项目为财政授权支付，本年按照审计整改要求上缴该项财政拨款结余资金。

财务会计账务处理	预算会计账务处理
借：累计盈余　130 000 　贷：零余额账户用款额度　130 000	借：财政拨款结余——归集上缴　130 000 　贷：资金结存——零余额账户用款额度 　130 000

【例1－101】 上年末，审计发现，单位非财政拨款结转资金中有4年前的专项经费6万元，项目已完成，资金一直挂账。本年按照审计整改要求，将上述资金退回。

财务会计账务处理	预算会计账务处理
借：累计盈余 60 000 贷：银行存款 60 000	借：非财政拨款结转——缴回资金 60 000 贷：资金结存——货币资金 60 000

【例1－102】 上年单位用基本户的项目经费支付审计费，应付对方单位4 500元，因工作失误，误付5 000元；经协商本年收到对方单位退还的500元。

财务会计账务处理	预算会计账务处理
借：银行存款 500 贷：以前年度盈余调整 500	借：资金结存——货币资金 500 贷：非财政拨款结转——年初余额调整 500

【例1－103】 本年底，单位收到财政授权支付职工抚恤金到账通知13万元。

财务会计账务处理	预算会计账务处理
借：零余额账户用款额度 130 000 贷：财政拨款收入——财政授权支付——基本支出——人员经费 130 000	借：资金结存——零余额账户用款额度 130 000 贷：财政拨款预算收入——财政授权支付——基本支出——人员经费 130 000

【例1－104】 用财政授权支付方式支付职工家属抚恤金13万元。

财务会计账务处理	预算会计账务处理
借：业务活动费用——对个人和家庭的补助费用 130 000 贷：零余额账户用款额度 130 000	借：行政支出——基本支出——对个人和家庭的补助支出——抚恤金 130 000 贷：资金结存——零余额账户用款额度 130 000

【例1－105】 年末注销零余额账户用款额度。

财务会计账务处理	预算会计账务处理
借：财政应返还额度 3 633 600 　贷：零余额账户用款额度 3 633 600	借：资金结存——财政应返还额度3 633 600 　贷：资金结存——零余额账户用款额度 3 633 600

第三节　年末结转

一、单位年末财务会计结转

根据单位发生的经济业务所做的账务处理，得出单位12月末财务会计各科目余额，见表1－2、表1－3。

根据表1－3，进行单位财务会计年末结转：

【例1－106】财务会计结转收入。

财务会计账务处理	预算会计账务处理
借：财政拨款收入 31 085 000 　非同级财政拨款收入 200 000 　捐赠收入 145 000 　利息收入 109 000 　其他收入 1 000 　贷：本期盈余 31 540 000	不做账务处理

【例1－107】财务会计结转费用。

财务会计账务处理	预算会计账务处理
借：本期盈余 4 007 000 　贷：业务活动费用 2 738 400 　　资产处置费用 997 600 　　其他费用 271 000	不做账务处理

【例1－108】将本期盈余转入本年盈余分配。

财务会计账务处理	预算会计账务处理
借：本期盈余 27 533 000 　贷：本年盈余分配 27 533 000	不做账务处理

表 1－2

12 月末财务会计类科目余额表

编制单位：××　　××年 12 月 31 日　　单位：元

科目名称	期初余额	本期发生额		期末余额	科目名称	期初余额	本期发生额		期末余额
		借方	贷方				借方	贷方	
库存现金		51 200	18 300	32 900	短期借款				
银行存款	200 000	2 434 500	733 000	1 901 500	其他应交税费	15 000	5 000	9 300	19 300
短期投资					应缴财政款	200 000	600 000	2 048 000	1 648 000
零余额账户用款额度		7 630 000	7 630 000		应付职工薪酬	90 600	1 230 000	1 230 000	90 600
财政应返还额度	3 000 000	3 683 600	3 000 000	3 683 600	应付账款	2 000 000	3 000	3 000	2 000 000
应收账款					应付政府补贴款	100 000	300 000	300 000	100 000
预付账款	2 000 000	30 000	20 000	2 010 000	应付利息				
应收股利					其他应付款	3 000 000	3 000	8 000	3 005 000
其他应收款	300 000	5 000	5 000	300 000	预提费用		5 000	5 000	0
应收利息					长期借款				
库存物品	1 800 000	78 000		1 878 000	长期应付款	3 000 000		16 000	3 016 000
待摊费用		60 000	5 000	55 000	受托代理负债	250 000			250 000
一年内到期的非流动资产					预计负债		250 000	250 000	0
固定资产	19 000 000	17 491 000	15 416 000	21 075 000	负债小计	8 655 600	2 396 000	3 869 300	10 128 900
减：固定资产累计折旧	7 000 000	6 345 000	80 000	735 000					
工程物资	3 000 000	50 000	2 500 000	550 000	累计盈余	88 594 400	190 000		88 404 400
在建工程	50 000 000	32 600 000	30 100 000	52 500 000	专用基金				
无形资产	10 000 000	630 000		10 630 000	本期盈余		4 007 000	31 540 000	27 533 000

续表

科目名称	期初余额	本期发生额		期末余额	科目名称	期初余额	本期发生额		期末余额
		借方	贷方				借方	贷方	
无形资产累计摊销	4 000 000		15 000	4 015 000	以前年度余额调整			30 500	30 500
研发支出					无偿调拨净资产		1 610 000	420 000	-1 190 000
公共基础设施	12 300 000	13 420 000	12 000 000	13 720 000					
减：公共基础设施累计折旧	4 900 000	4 000 000	2 000	902 000					
政府储备物资	3 800 000	841 600	180 000	4 461 600					
文物文化资产	5 000 000	151 200	120 000	5 031 200					
保障性住房	5 000 000	12 000 000	2 250 000	14 750 000					
减：保障性住房累计折旧	2 500 000	20 000	20 000	2 500 000					
长期待摊费用		240 000	10 000	230 000					
待处理财产损溢		102 000	102 000						
其他非流动资产									
受托代理资产	250 000	170 000	170 000	250 000	净资产小计	88 594 400	5 807 000	31 990 500	114 777 900
资产合计	97 250 000	81 303 100	74 142 300	124 906 800	负债及净资产合计	97 250 000	8 203 000	35 859 800	124 906 800

表 1－3 **12 月末收入费用类科目余额表** 单位：元

科目名称	本期发生额		科目名称	本期发生额	
	借方	贷方		借方	贷方
财政拨款收入		31 085 000.00	业务活动费用	2 738 600	200
非同级财政拨款收入		200 000	资产处置费用	997 600	
捐赠收入		145 000	其他费用	271 000	
利息收入		109 000			
租金收入					
其他收入		1 000			
合计		31 540 000	合计	4 007 200	200

【例 1－109】 将本年盈余分配余额转入累计盈余。

财务会计账务处理	预算会计账务处理
借：本年盈余分配 27 533 000 　　贷：累计盈余 27 533 000	不做账务处理

【例 1－110】 将无偿调拨净资产转出累计盈余。

财务会计账务处理	预算会计账务处理
借：累计盈余 1 190 000 　　贷：无偿调拨资产 1 190 000	不做账务处理

【例 1－111】 将以前年度盈余调整转入累计盈余。

财务会计账务处理	预算会计账务处理
借：以前年度盈余调整 30 500 　　贷：累计盈余 30 500 （“累计盈余”年末贷方余额 = 88 404 400 + 27 533 000 − 1 190 000 + 30 500 = 114 777 900）	不做账务处理

二、单位年末预算会计结转

根据单位发生的经济业务所做的账务处理，得出 12 月末预算会计余额，如表 1－4 所示。

表 1－4　　**12 月末预算会计收支科目余额表**　　单位：元

科目名称	本期发生额		科目名称	本期发生额	
	借方	贷方		借方	贷方
财政拨款收入		31 085 000	行政支出	30 171 600	200
其中：基本支出		3 235 000	其中：基本支出	2 603 300	200
项目支出		27 850 000	项目支出	27 568 300	
非同级财政拨款收入		200 000	非同级财政拨款预算支出	0	
其他预算收入		140 000	其他支出	99 100	
合计		31 425 000	合计	30 270 700	200

依据表 1－4，单位进行预算会计年末结转：

【例 1－112】 结转财政拨款预算收入。

财务会计账务处理	预算会计账务处理
不做账务处理	借：财政拨款预算收入——基本支出 3 235 000 财政拨款预算收入——项目支出 27 850 000 贷：财政拨款结转——本年收支结转 31 085 000

【例 1－113】 结转财政拨款预算支出。

财务会计账务处理	预算会计账务处理
不做账务处理	借：财政拨款结转——本年收支结转——基本支出 2 603 300 财政拨款结转——本年收支结转——项目支出 27 568 300 贷：行政支出——财政拨款支出 30 171 600

【例 1－114】 年末冲销财政拨款结转账户。

财务会计账务处理	预算会计账务处理
不做账务处理	借：财政拨款结转——本年收支结转（基本支出结转） 631 900(3 235 000－2 603 100) 财政拨款结转——本年收支结转（项目支出结转） 281 700(27 850 000－27 568 300) 贷：财政拨款结转——累计结转　　913 600

【例 1－115】结转非同级财政拨款收支。

财务会计账务处理	预算会计账务处理
不做账务处理	借：非同级财政拨款收入　200 000 　贷：非财政拨款结转——本年收支结转　200 000

【例 1－116】非财政拨款结转。

财务会计账务处理	预算会计账务处理
不做账务处理	借：非财政拨款结转——本年收支结转　200 000 　贷：非财政拨款结转——累计结转　200 000

【例 1－117】经批准，非同级财政拨款结转入非财政拨款结余管理和核算。

财务会计账务处理	预算会计账务处理
不做账务处理	借：非财政拨款结转——累计结转　200 000 　贷：非财政拨款结余——结转转入　200 000

【例 1－118】结转其他预算收入。

财务会计账务处理	预算会计账务处理
不做账务处理	借：其他预算收入　140 000 　贷：其他结余　140 000

【例 1－119】结转其他支出。

财务会计账务处理	预算会计账务处理
不做账务处理	借：其他结余　99 100 　贷：其他支出　99 100

【例 1－120】将其他结余转入非财政拨款结余管理和核算。

财务会计账务处理	预算会计账务处理
不做账务处理	借：其他结余 40 900（140 000 －99 100） 贷：非财政拨款结余——累计结余 40 900

第四节 会计报表

根据单位年末结转后的余额，编制会计报表，见表1－5至表1－11所示：

表1－5 **资产负债表**

会政财01表

编制单位：××单位 ××年12月31日 单位：元

资产	期末余额	年初余额	负债和净资产	期末余额	年初余额
流动资产：			**流动负债：**		
货币资金	1 934 400	200 000	短期借款		
短期投资			应交增值税		
财政应返还额度	3 683 600	3 000 000	其他应交税费	19 300	15 000
应收票据			应缴财政款	1 648 000	200 000
应收账款净额			应付职工薪酬	90 600	90 600
预付账款	2 010 000	2 000 000	应付票据		
应收股利			应付账款	2 000 000	2 000 000
应收利息			应付政府补贴款	100 000	100 000
其他应收款净额	300 000	300 000	应付利息		
存货	1 878 000	1 800 000	预收账款		
待摊费用	55 000		其他应付款	3 005 000	3 000 000
一年内到期的非流动资产			预提费用		
其他流动资产			一年内到期的非流动负债		
流动资产合计	9 861 000	7 300 000	其他流动负债		
非流动资产：			**流动负债合计**	6 862 900	5 405 600
长期股权投资			**非流动负债：**		
长期债券投资			长期借款		

续表

资产	期末余额	年初余额	负债和净资产	期末余额	年初余额
固定资产原值	21 075 000	19 000 000	长期应付款	3 016 000	3 000 000
减：固定资产累计折旧	735 000	7 000 000	预计负债		
固定资产净值	20 340 000	12 000 000	其他非流动负债		
工程物资	550 000	3 000 000	**非流动负债合计**	3 016 000	3 000 000
在建工程	52 500 000	50 000 000	受托代理负债	250 000	250 000
无形资产原值	10 630 000	10 000 000	**负债合计**	10 128 900	8 655 600
减：无形资产累计摊销	4 015 000	4 000 000			
无形资产净值	6 615 000	6 000 000			
研发支出					
公共基础设施原值	13 720 000	12 300 000			
减：公共基础设施累计折旧（摊销）	902 000.00	4 900 000			
公共基础设施净值	12 818 000	7 400 000			
政府储备物资	4 461 600	3 800 000			
文物文化资产	5 031 200	5 000 000			
保障性住房原值	14 750 000	5 000 000			
减：保障性住房累计折旧	2 500 000	2 500 000	**净资产：**		
保障性住房净值	12 250 000	2 500 000	累计盈余	114 777 900	88 594 400
长期待摊费用	230 000		专用基金		
待处理财产损溢			权益法调整		
其他非流动资产			无偿调拨净资产＊		—
非流动资产合计	114 795 800	89 700 000	本期盈余＊		—
受托代理资产	250 000	250 000	**净资产合计**	114 777 900	88 594 400
资产总计	124 906 800	97 250 000	**负债和净资产合计**	124 906 800	97 250 000

注：＊标识项目为月报项目，年报中不需列示。

附注：

注1：表中货币资金余额＝库存现金余额＋银行存款余额＝32 900＋1 901 500＝1 934 400（元）

注2：存货余额＝库存物品余额＋其他物品余额＝1 878 000＋0＝1 878 000（元）

表 1－6　　**收入费用表**

会政财 02 表

编制单位：××单位　　××年 12 月　　单位：元

项　目	本年数	上年数
一、本期收入	**31 540 000**	（略）
（一）财政拨款收入	31 085 000	
其中：政府性基金收入		
（二）事业收入		
（三）上级补助收入		
（四）附属单位上缴收入		
（五）经营收入		
（六）非同级财政拨款收入	200 000	
（七）投资收益		
（八）捐赠收入	145 000	
（九）利息收入	109 000	
（十）租金收入		
（十一）其他收入	1 000	
二、本期费用	**4 007 000**	
（一）业务活动费用	2 738 400	
（二）单位管理费用		
（三）经营费用		
（四）资产处置费用	997 600	
（五）上缴上级费用		
（六）对附属单位补助费用		
（七）所得税费用		
（八）其他费用	271 000	
三、本期盈余	**27 533 000**	

表 1－7　　**净资产变动表**

会政财 03 表

编制单位：××单位　　××年 12 月　　单位：元

项　目	本年数				上年数			
	累计盈余	专用基金	权益法调整	净资产合计	累计盈余	专用基金	权益法调整	净资产合计
一、上年年末余额	88 594 400			88 594 400	（略）			
二、以前年度盈余调整（减少以“－”号填列）	－159 500		—	－159 500		—	—	

续表

项目	本年数				上年数			
	累计盈余	专用基金	权益法调整	净资产合计	累计盈余	专用基金	权益法调整	净资产合计
三、本年年初余额	88 434 900			88 434 900				
四、本年变动金额（减少以“－”号填列）	26 343 000			26 343 000				
（一）本年盈余	27 533 000		—	27 533 000		—	—	
（二）无偿调拨净资产	－1 190 000		—	－1 190 000		—	—	
（三）归集调整预算结转结余			—			—	—	
（四）提取或设置专用基金			—				—	
其中：从预算收入中提取			—		—		—	
从预算结余中提取			—				—	
设置的专用基金			—		—		—	
（五）使用专用基金			—				—	
（六）权益法调整					—	—		
五、本年年末余额	**114 777 900**			**114 777 900**				

注：“—”表示单元格不需要填列。

附注：表中的以前年度盈余调整＝累计盈余累计发生额＋以前年度盈余调整累计发生额＝－190 000＋30 500＝－159 500（元）。

表 1－8　　　　预算收入支出表

会政预 01 表

编制单位：××单位　　　　××年 12 月　　　　单位：元

项　　目	本年数	上年数
一、本年预算收入	**31 425 000**	（略）
（一）财政拨款预算收入	31 085 000	

续表

项　　目	本年数	上年数
其中：政府性基金收入		
（二）事业预算收入		
（三）上级补助预算收入		
（四）附属单位上缴预算收入		
（五）经营预算收入		
（六）债务预算收入		
（七）非同级财政拨款预算收入	200 000	
（八）投资预算收益		
（九）其他预算收入	140 000	
其中：利息预算收入	109 000	
捐赠预算收入	30 000	
租金预算收入		
二、本年预算支出	**30 270 500**	
（一）行政支出	30 171 600	
（二）事业支出		
（三）经营支出		
（四）上缴上级支出		
（五）对附属单位补助支出		
（六）投资支出		
（七）债务还本支出		
（八）其他支出	99 100	
其中：利息支出		
捐赠支出		
三、本年预算收支差额	**1 154 500**	

表 1－9　　　　预算结转结余变动表

会政预 02 表

编制单位：××单位　　　　××年 12 月　　　　单位：元

项　　目	本年数	上年数
一、年初预算结转结余	**500 000**	（略）
（一）财政拨款结转结余		

续表

项 目	本年数	上年数
（二）其他资金结转结余	500 000	
二、年初余额调整（减少以“-”号填列）	**500**	
（一）财政拨款结转结余		
（二）其他资金结转结余	500	
三、本年变动金额（减少以“-”号填列）	**964 500**	
（一）财政拨款结转结余	783 600	
1. 本年收支差额	913 600	
2. 归集调入		
3. 归集上缴或调出	-130 000	
（二）其他资金结转结余	180 900	
1. 本年收支差额	240 900	
2. 缴回资金	-60 000	
3. 使用专用结余		
4. 支付所得税		
四、年末预算结转结余	**1 465 000**	
（一）财政拨款结转结余	783 600	
1. 财政拨款结转	783 600	
2. 财政拨款结余		
（二）其他资金结转结余	681 400	
1. 非财政拨款结转		
2. 非财政拨款结余	681 400	
3. 专用结余		
4. 经营结余（如有余额 以“-”号填列）		

附注：

注 1：其他资金结转结余本年收支差额 = 200 000 + 40 900 = 240 900（元）

注 2：非财政拨款结余 = 500 000 + 500 + 180 900 = 681 400（元）

表 1-10

财政拨款预算收入支出表

会政预 03 表

编制单位：××单位　　××年 12 月　　单位：元

项目	年初财政拨款结转结余		调整年初财政拨款结转结余	本年归集调入	本年归集上缴或调出	单位内部调剂		本年财政拨款收入	本年财政拨款支出	年末财政拨款结转结余	
	结转	结余				结转	结余			结转	结余
一、一般公共预算财政拨款								31 085 000	30 171 400	913 600	
（一）基本支出								3 235 000	2 603 100	631 900	
1. 人员经费								1 630 000	1 598 000	32 000	
2. 日常公用经费								1 605 000	1 005 100	599 900	
（二）项目支出					-130 000			27 850 000	27 568 300	151 700	
1. ××项目											
2. ××项目											
……											
二、政府性基金预算财政拨款											
（一）基本支出											
1. 人员经费											
2. 日常公用经费											
（二）项目支出											
1. ××项目											
2. ××项目											
……											
总计											

附注：年末财政拨款结转结余项目支出结转 = 284 700 - 130 000 = 154 700（元）

表 1-11　　本年盈余与预算结余的差异情况说明表

编制单位：××单位　　××年12月31日　　单位：元

项　目	金额	备注（例题序号）
一、本年预算结余（本年预算收支差额）	1 154 500	
二、差异调整		
（一）重要事项的差异		
加：1. 当期认为收入但没有确认为预算收入	115 000	
（1）应收款项、预收账款确认的收入		
（2）接受非货币性资产捐赠确认的收入	115 000	例1-17、例1-32、例1-38
2. 当期确认为预算支出但没有确认为费用	29 116 800	
（1）支付应付款项、预付账款的支出	2 059 000	例1-10、例1-11、例1-16、例1-46、例1-47、例1-55、例1-57、例1-59、例1-61、例1-69、例1-73、例1-74、例1-90
（2）为取得存货、政府储备物资等计入物资成本的支出	881 600	例1-15、例1-31、例1-80、例1-25、例1-32
（3）为购建固定资产等的资本性支出	26 176 200	例1-12、例1-18、例1-21、例1-23、例1-29、例1-36、例1-37、例1-38、例1-41、例1-54、例1-64、例1-67、例1-70、例1-78
（4）偿还借款本息支出		
减：1. 当期确认为预算收入但没有确认为收入		
（1）收到应收款项、预收账款确认的预算收入		
（2）取得借款确认的预算收入		
2. 当期确认为费用但没有确认为预算支出	2 853 000	
（1）发出存货、政府储备物资等确认的费用	50 000	例1-33
（2）计提的折旧费用和摊销费用	117 000	例1-20、例1-24、例1-26、例1-43、例1-95
（3）确认的资产处置费用（处置资产价值）	1 191 000	例1-19、例1-35、例1-39、例1-45、例1-60、例1-66、例1-83、例1-96
（4）应付款项、预付账款确认的费用	1 495 000	例1-48、例1-53、例1-56、例1-58、例1-68、例1-72、例1-91

续表

项　目	金额	备注（例题序号）
（二）其他事项差异		
三、本年盈余（本年收入与费用的差额）	27 533 000	

附注：本表反映单位财务会计和预算会计因核算基础和核算范围不同所产生的本年盈余数与本年预算结余数之间的差异。

第二章　乡镇财政所会计实务操作案例

第一节　单位基础资料

一、单位基本情况与重点会计科目介绍

乡镇财政所代理乡镇人民政府和村集体经济部分业务（村级转移支付资金及上级单位拨付村级项目资金）的会计核算，适用政府会计制度行政类会计科目，2019 年 1 月 1 日起执行政府会计制度。单位已实行财政国库集中支付改革。

财政所是代理乡镇人民政府和村集体经济组织进行会计核算的机构，所以在科目设置上需按部门核算或者明细核算，加之乡镇人民政府和村集体经济组织资金量大，资金类别繁杂，如扶贫专项资金、一事一议资金、救灾救济类资金、各类拆迁补偿类资金、各类建设性资金、公益性资金等，这些资金都须在预算会计收入、支出和结余科目进行明细核算，明确资金的流入、流出，确保账务核算清晰、明了。现就乡镇财政所收入类科目及费用（支出）类明细科目的设置做如下说明，以实现会计核算规范化。

1. 财政拨款收入和财政拨款预算收入。

这两个科目核算乡镇人民政府和村集体经济组织从同级财政部门取得的各类财政资金，也就是说凡通过国库集中支付的资金均通过“财政拨款收入”和“财政拨款预算收入”核算。其明细科目的设置如下：

（1）两者均设置二级明细科目“基本支出”和“项目支出”。

（2）两者均在二级科目“基本支出”科目下设三级明细科目“人员经费”“公用经费”“村干部工资”“村级公用经费”。

（3）两者均在二级科目“项目支出”下设三级明细科目“财政拨款项目支出”和“非财政拨款项目支出”。

（4）“财政拨款预算收入”科目在三级科目“财政拨款项目支出”和“非财政拨款项目支出”下按具体的项目或资金的功能科目设四级明细科目，而“财政拨款收入”科目不需要设四级明细科目。

2. 业务活动费用和行政支出。

“业务活动费用”是归集乡镇人民政府和村集体经济组织为实现其职能，运行过程中发生的各项费用；“行政支出”是归集乡镇人民政府和村集体经济组织履行其职责实际发生的各项现金流出。

因两者归集的内容不同，所以明细科目的设置略有不同，确保各自核算能够真实反映单位实际情况。

（1）“业务活动费用”明细科目设置。

①设二级明细科目“工资福利费用”“商品和服务费用”“对个人和家庭补助费用”“固定资产折旧费”“无形资产摊销费”“其他费用”和“项目支出”。

②在二级科目“商品和服务费用”下设三级科目“镇机关商品和服务费用”“村级商品和服务费用”三级科目；在二级科目“对个人和家庭补助费用”下设“镇机关对个人和家庭补助费用”和“村级对个人和家庭补助费用”三级科目；在二级科目“项目支出”下设“财政拨款项目支出”和“非财政拨款项目支出”三级明细科目。

（2）“行政支出”明细科目设置。

①设置二级明细科目“基本支出”和“项目支出”。

②在二级科目“基本支出”下按经济分类分别设“工资福利支出”“商品和服务支出”“对个人和家庭补助支出”“资本性支出”三级科目。

③三级科目“工资福利支出”严格按经济分类科目工资福利的组成设四级明细科目；在三级科目“商品和服务支出”下设四级明细科目“镇机关商品和服务支出”“村级商品和服务支出”，在上述四级明细科目下按经济分类科目设五级明细科目；在三级科目“对个人和家庭补助支出”下设四级科目“生活补助”和“救济金”，在“生活补助”四级明细科目下设“机关生活补助”“村级生活补助”五级明细科目。

④在二级科目“项目支出”下设三级明细科目“财政拨款项目支出”和“非财政拨款项目支出”。

⑤在三级科目“财政拨款项目支出”和“非财政拨款项目支出”下按

具体的项目或资金的功能科目设四级明细科目。与收入类的项目支出科目一一对应。

3. 财政拨款结转。

本科目须按明细科目核算，才能在年终明确反映乡镇人民政府和村集体经济组织各类项目资金的结转、滚存情况。

“财政拨款结转”明细科目设置如下：

（1）设置二级明细科目“基本支出”和“项目支出”。

（2）“项目支出”下按具体的项目或资金的功能科目设三级明细科目。与收入类、支出类的项目支出科目一一对应。

4. 重点科目明细科目设置树形结构图（如图2－1至图2－4所示）

- 财政拨款收入
  - 一般公共财政拨款
    - 基本支出
      - 人员经费
      - 公用经费
      - 村干部工资
      - 村级公用经费
    - 项目支出
      - 财政拨款项目支出
      - 非财政拨款项目支出
  - 政府性基金预算财政拨款

图2－1 “财政拨款收入”明细科目设置示意图

- 业务活动费用
  - 工资福利费用
  - 商品和服务费用
    - 镇机关商品和服务费用
    - 村级商品和服务费用
  - 对个人和家庭补助费用
    - 镇机关对个人和家庭补助费用
    - 村级对个人和家庭补助费用
  - 固定资产折旧费
  - 无形资产摊销费
  - 项目支出
    - 财政拨款项目支出
    - 非财政拨款项目支出

图2－2 “业务活动费用”明细科目设置示意图

- 财政拨款预算收入
  - 基本支出
    - 人员经费
    - 公用经费
    - 村干部工资
    - 村级公用经费
  - 项目支出
    - 财政拨款项目支出
      - 扶贫专项资金
      - 村级一事一议资金
    - 非财政拨款项目支出
      - 村级征地补偿资金
      - 村级一事一议自筹资金

图2－3 “财政拨款预算收入”明细科目设置示意图

- 行政支出
  - 基本支出
    - 工资福利支出
      - 基本工资
      - 津贴补贴
      - 基本养老保险缴费
      - 基本医疗保险缴费
    - 商品和服务支出
      - 镇机关商品和服务支出
        - 办公费
        - 电费
      - 村级商品和服务支出
        - 办公费
        - 水费
    - 对个人和家庭补助支出
      - 救济金
      - 生活补助
        - 镇机关生活补助
        - 村级生活补助
    - 资本性支出
  - 项目支出
    - 财政拨款项目支出
      - 扶贫专项资金
      - 村级一事一议资金
    - 非财政拨款项目支出
      - 村级征地补偿资金
      - 村级一事一议自筹资金

图 2-4　"行政支出"明细科目设置示意图

说明：

（1）本章财政所会计实例中，因收入无政府性基金预算财政拨款，全部是一般公共预算财政拨款，所以在二级科目设置中未设置"一般公共预算财政拨款"和"政府性基金预算财政拨款"，在财政拨款收入直接设"基本支出"和"项目支出"二级科目。

（2）基层财政所资金来源两方面，一是同级财政部门按照年初预算通过国库集中支付系统拨付资金；二是财政所代管村级各类征地补偿款及其他单位转拨非财政部门拨付资金（如：企业拨付协调费等）。为了管好用好这部分资金，县级财政部门专设单位往来户，将这部分资金全部转到往来户，县财政部门通过国库集中支付系统指标进行管理和支付，这部分资金在会计核算上主要体现在"非财政拨款项目支出"，所以在"项目支出"科目下设明细科目"财政拨款的项目支出"和"非财政拨款项目支出"。

二、单位会计科目余额情况

单位 11 月末财务会计科目和预算会计科目余额如表 2-1 和表 2-2 所示。

表 2－1　　11 月末财务会计科目余额表　　单位：元

科目名称	期末余额		科目名称	期末余额	
	方向	余额		方向	余额
库存现金	借	9 449.81	其他应交税费	贷	
银行存款	借		应付账款	贷	
其中：受托代理资产	借		预收账款	贷	
零余额账户用款额度	借	1 341 138.00	其他应付款	贷	
财政应返还额度	借	10 000.00	预提费用	贷	
预付账款	借		长期借款	贷	
其他应收款	借		长期应付款	贷	
坏账准备	贷		受托代理负债	贷	
库存物品	借				
待摊费用	借		负债小计	贷	
固定资产	借	5 411 410.00			
固定资产累计折旧	贷	2 214 203.41	累计盈余	贷	3 790 934.84
工程物资	借		专用基金	贷	
在建工程	借		本期盈余	贷	856 859.57
无形资产	借		无偿调拨净资产	贷	
无形资产累计摊销	贷				
受托代理资产	借		净资产小计	贷	4 647 794.41
资产合计	借	4 647 794.41	负债及净资产合计	贷	4 647 794.41

表 2－2　　11 月末预算会计科目余额表　　单位：元

科目名称	期末余额		科目名称	期末余额	
	方向	余额		方向	余额
财政拨款预算收入	贷	6 021 229.19	行政支出	借	5 219 369.62
其中：基本支出	贷	3 543 569.19	其中：基本支出	借	3 330 209.62
项目支出	贷	2 477 660.00	1. 财政支出	借	3 330 209.62
事业预算收入	贷		2. 非财政支出	借	
其中：项目资金收入	贷		项目支出	借	1 889 160.00
非同级财政拨款预算收入	贷		1. 财政支出	借	1 204 660.00
其他预算收入	贷	55 000.00	2. 非财政支出	借	684 500.00
	贷		其他支出	借	
财政拨款结转	贷	792 090.00	资金结存	借	1 648 949.57
合计	贷	6 868 319.19	合计	借	6 868 319.19

说明：为全面展示会计实务操作全过程，本案例虚拟单位 11 月末会计科目余额，以便进行年末结转和报表填制。

第二节　主要经济业务与账务处理

单位12月份发生以下经济业务，账务处理如下：

【例2-1】12月1日，单位收到代理银行转来的上年财政应返还的额度到账通知单100 000元。

财务会计账务处理	预算会计账务处理
借：零余额账户用款额度　100 000 　贷：财政应返还额度　100 000	借：资金结存——零余额账户用款额度　100 000 　贷：资金结存——财政应返还额度　100 000

【例2-2】12月1日，单位收到代理银行转来的财政授权支付额度通知单168 449.38元，其中：机关公用经费30 000元、职工各类保险42 193.38元、村干部工资46 256元、村级公用经费50 000元。

财务会计账务处理	预算会计账务处理
借：零余额账户用款额度　168 449.38 　贷：财政拨款收入——基本支出 　　——人员经费　42 193.38 　　——公用经费　30 000 　　——村干部工资　46 256 　　——村级公用经费　50 000	借：资金结存——零余额账户用款额度　168 449.38 　贷：财政拨款预算收入——基本支出 　　——人员经费　42 193.38 　　——公用经费　30 000 　　——村干部工资　46 256 　　——村级公用经费　50 000

【例2-3】12月1日，收到代理银行转来的财政授权支付额度通知单1 150 000元，其中：农村集体产权制度改革工作经费650 000元、农村环境卫生整治经费500 000元。

财务会计账务处理	预算会计账务处理
借：零余额账户用款额度　　1 150 000 　贷：财政拨款收入——项目支出——财政拨款项目支出　　1 150 000	借：资金结存——零余额账户用款额度　　1 150 000 　贷：财政拨款预算收入——项目支出——财政拨款项目支出——农村集体产权改革经费　　650 000 　——农村环境卫生整治经费　　500 000

【例 2-4】12 月 2 日，单位从零余额账户提取现金 100 000 元。

财务会计账务处理	预算会计账务处理
借：库存现金——零余额户现金　　100 000 　贷：零余额账户用款额度　　100 000	借：资金结存——货币资金　　100 000 　贷：资金结存——零余额账户用款额度　　100 000

【例 2-5】12 月 3 日，单位职工小王去外地出差，在财务室预借差旅费 8 000 元。

财务会计账务处理	预算会计账务处理
借：其他应收款——小王　　8 000 　贷：库存现金——零余额户现金　　8 000	不做账务处理

【例 2-6】12 月 5 日，单位小王出差回来，报销差旅费 5 000 元，剩余现金 3 000 元交回财务室。

财务会计账务处理	预算会计账务处理
借：业务活动费用——商品和服务费用——镇机关商品和服务费用　　5 000 　库存现金——零余额户现金　　3 000 　贷：其他应收款——小王　　8 000	借：行政支出——基本支出——商品和服务支出——镇机关商品和服务支出——差旅费　　5 000 　贷：资金结存——货币资金　　5 000

【例 2-7】12 月 5 日，通过财政授权支付偿还办公室小李公务卡欠款 3 000 元，12 月 10 日，小李报销用公务卡购买的办公用品 3 000 元。

财务会计账务处理	预算会计账务处理
借：其他应收款——小李 3 000 贷：零余额账户用款额度 3 000 借：业务活动费用——商品和服务费用——机关商品和服务费用 3 000 贷：其他应收款——小李 3 000	不做账务处理 借：行政支出——基本支出——商品和服务支出——镇机关商品和服务支出——办公费 3 000 贷：资金结存——零余额户用款额度 3 000

【例2-8】12月7日，单位收到代理银行转来的财政授权支付额度到账通知书，村级一事一议自筹款166 800元，村级征地补偿款186 762元。

财务会计账务处理	预算会计账务处理
借：零余额账户用款额度 353 562 贷：财政拨款收入——项目支出——非财政拨款项目支出 353 562	借：资金结存——零余额账户用款额度 353 562 贷：财政拨款预算收入——项目支出——非财政拨款项目支出——村级征地补偿资金——××村 186 762 ——村级一事一议自筹资金——××村 166 800

【例2-9】12月8日，向阳光公司出售报废的固定资产获得1 000元，款项未收，按照资产管理要求，该款项需上缴财政。

财务会计账务处理	预算会计账务处理
借：应收账款——阳光公司 1 000 贷：应缴财政款 1 000	不做账务处理

【例2-10】12月11日，单位支付电费34 773.82元、办公费2 100元、公车保险费2 798.33元、租车费1 800元，以财政授权支付方式支付。

财务会计账务处理	预算会计账务处理
借：业务活动费用——商品和服务费用——镇机关商品和服务费用 41 472.15 贷：零余额账户用款额度 41 472.15	借：行政支出——基本支出——商品和服务支出——镇机关商品和服务支出——电费 34 773.82 ——办公费 2 100 ——公务车辆运行费 4 598.33 贷：资金结存——零余额账户用款额度 41 472.15

【例 2－11】 12 月 11 日，单位支付机关 12 月份遗属补助 4 800 元。

财务会计账务处理	预算会计账务处理
借：业务活动费用——对个人和家庭补助费用——镇机关对个人和家庭补助费用 4 800 贷：库存现金 4 800	借：行政支出——基本支出——对个人和家庭补助支出——生活补助——机关生活补助 4 800 贷：资金结存——货币资金 4 800

【例 2－12】 12 月 11 日，单位收到阳光公司款项 1 000 元，并及时上缴财政。

财务会计账务处理	预算会计账务处理
借：库存现金——非零余额户现金 1 000 贷：应收账款——阳光公司 1 000 借：应缴财政款 1 000 贷：库存现金——非零余额户现金 1000	不做账务处理

【例 2－13】 12 月 12 日，单位通过代发户代发村干部工资 46 580 元，付××村级办公费 4 040 元，通过财政授权支付方式支付。

财务会计账务处理	预算会计账务处理
借：业务活动费用——对个人和家庭补助费用——村级对个人和家庭补助费用 46 580 业务活动费用——商品和服务费用——村集体商品和服务费用 4 040 贷：零余额账户用款额度 50 620	借：行政支出——基本支出——对个人和家庭补助支出——生活补助——村级生活补助 46 580 行政支出——基本支出——商品和服务支出——村级商品和服务支出——办公费 4 040 贷：资金结存——零余额账户用款额度 50 620

【例 2－14】 12 月 12 日，单位购入一台业务用打印机，以财政授权支付方式支付 5 000 元，已验收使用。

财务会计账务处理	预算会计账务处理
借：固定资产——通用设备 5 000 贷：零余额账户用款额度 5 000	借：行政支出——基本支出——商品和服务支出——镇机关和商品服务支出——办公费 5 000 贷：资金结存——零余额账户用款额度 5 000

【例 2－15】 12 月 12 日，单位预付下一年度期刊杂志费 10 000 元，款项通过财政授权支付方式支付。

财务会计账务处理	预算会计账务处理
借：待摊费用　10 000 　贷：零余额账户用款额度　10 000	借：行政支出——基本支出——商品和服务支出——镇机关商品和服务支出——办公费　10 000 　贷：资金结存——零余额账户用款额度　10 000

【例 2－16】 12 月 12 日，单位收到门面房承租人预交的下年租金 60 000元。

财务会计账务处理	预算会计账务处理
借：库存现金——非零余额户现金　60 000 　贷：应缴财政款　60 000	不做账务处理

【例 2－17】 12 月 13 日，单位将收到的租金 60 000 元上缴财政。

财务会计账务处理	预算会计账务处理
借：应缴财政款　60 000 　贷：库存现金——非零余额户现金　60 000	不做账务处理

【例 2－18】 12 月 20 日，单位收到代理银行转来的财政授权支付额度到账通知书，门面房租金 60 000 元。

财务会计账务处理	预算会计账务处理
借：零余额账户用款额度　60 000 　贷：应收账款——房屋租金　60 000	借：资金结存——零余额账户用款额度 60 000 　贷：其他预算收入——租金收入　60 000

【例 2－19】 12 月 20 日，单位通过财政直接支付方式支付某村扶贫专项资金 150 000 元。

财务会计账务处理	预算会计账务处理
借：业务活动费用——项目支出——财政拨款项目支出　150 000 　贷：财政拨款收入——项目支出——财政拨款项目支出　150 000	借：行政支出——项目支出——财政拨款项目支出——扶贫专项资金　150 000 　贷：财政拨款预算收入——项目支出——财政拨款项目支出——扶贫专项资金　150 000

【例2－20】12月20日，单位收到代理银行转来的财政授权支付额度到账通知书460 000元，其中：幸福院建设补助310 000元、临时救助100 000元、社区服务中心建设补助50 000元。

财务会计账务处理	预算会计账务处理
借：零余额账户用款额度 460 000 贷：财政拨款收入——项目支出——财政拨款项目支出 460 000	借：资金结余——零余额账户用款额度 460 000 贷：财政拨款预算收入——项目支出——财政拨款项目支出——幸福院建设补助 310 000 ——临时救助 100 000 ——社区服务中心建设补助 50 000

【例2－21】12月20日，单位支付各村卫生治理费用458 000元，通过财政授权支付方式支付。

财务会计账务处理	预算会计账务处理
借：业务管理费用——项目支出——财政拨款项目支出 458 000 贷：零余额账户用款额度 458 000	借：行政支出——项目支出——财政拨款项目支出——卫生治理费用 458 000 贷：资金结余——零余额账户用款额度 458 000

【例2－22】12月20日，单位以财政授权支付方式支付购入一台项目专用设备，价值6万元，支付货款90%，另10%作为质保金一年之后支付。

财务会计账务处理	预算会计账务处理
借：固定资产——专用设备 60 000 贷：零余额账户用款额度 54 000 长期应付款——质保金 6 000	借：行政支出——项目支出——财政拨款项目支出——专用设备购置费 54 000 贷：资金结存——零余额账户用款额度 54 000

【例2－23】12月22日，单位以财政授权支付方式支付困难群众慰问品33 498.6元，支付困难群众过冬棉被31 860元，支付社区服务中心装修费用43 290元，支付山王村幸福院建设补助110 000元、河东村幸福院建设补助100 000元、桂张村幸福院建设补助100 000元。

财务会计账务处理	预算会计账务处理
借：业务活动费用——项目支出——财政拨款项目支出　418 648.6 　贷：零余额账户用款额度　418 648.6	借：行政支出——项目支出——财政拨款项目支出——临时救助　65 358.6 　——社区服务中心建设补助　43 290 　——幸福院建设补助　310 000 　贷：资金结存——零余额账户用款额度　418 648.6

【例 2－24】 12 月 22 日，单位经国有资产管理部门批准报废通用设备一台，该通用设备账面原值 14 000 元，已计提折旧 12 000 元，支付清理费用 600 元，残料出售取得收入 1 800 元。

财务会计账务处理	预算会计账务处理
借：待处置财产损溢——固定资产　2 000 　固定资产累计折旧——通用设备 12 000 　贷：固定资产——通用设备　14 000 借：资产处置费用　2 000 　贷：待处置财产损溢——固定资产　2 000 借：库存现金——非零余额户现金　1 800 　贷：待处置财产损溢——固定资产　1 800 借：待处置财产损溢——固定资产　600 　贷：库存现金——非零余额户现金　600 借：待处置财产损溢——固定资产　1 200 　贷：应缴财政款　1 200 借：应缴财政款　1 200 　贷：库存现金——非零余额户现金　1200	不做账务处理

【例 2－25】 12 月 23 日，单位通过财政授权支付方式预付 2020 年度社区服务中心办公用房租金 24 000 元。

财务会计账务处理	预算会计账务处理
借：待摊费用——预付租金　24 000 　贷：零余额账户用款额度　24 000	借：行政支出——基本支出——商品和服务支出——镇机关商品和服务支出——租赁费　24 000 　贷：资金结存——零余额账户用款额度　24 000

【例 2－26】 12 月 24 日，单位接到法院起诉，单位预计支付赔偿金额在 100 000 元至 160 000 元之间，按平均数 130 000 元预计单位负债。

财务会计账务处理	预算会计账务处理
借：业务活动费用——基本支出——商品和服务费用——镇机关商品和服务费用 130 000 贷：预计负债 130 000	不做账务处理

【**例 2－27**】12 月 26 日，单位收到工程结算单 150 000 元，其中：手续齐全 50 000 元，其余挂预付账款，均使用基建项目资金，以财政授权支付。

财务会计账务处理	预算会计账务处理
借：在建工程 150 000 贷：零余额账户用款额度 50 000 预付账款——基建工程款 100 000	借：行政支出——项目支出——财政拨款项目支出——基建工程款 50 000 贷：资金结存——零余额账户用款额度 50 000

【**例 2－28**】12 月 24 日，单位通过财政授权支付方式支付某村征地补偿款 186 762 元，一事一议村级自筹款 166 800 元，通过转账方式支付。

财务会计账务处理	预算会计账务处理
借：业务活动费用——项目支出——非财政拨款项目支出 353 562 贷：零余额账户用款额度 353 562	借：行政支出——项目支出——非财政拨款项目支出——某村征地补偿费 186 762 ——村级一事一议自筹资金 166 800 贷：资金结存——零余额账户用款额度 353 562

【**例 2－29**】12 月 25 日，单位通过财政直接支付方式支付村一事一议奖补资金 135 000 元。

财务会计账务处理	预算会计账务处理
借：业务活动费用——项目支出——财政拨款项目支出 135 000 贷：财政拨款收入——项目支出——财政拨款项目支出 135 000	借：行政支出——项目支出——财政拨款项目支出村级——村级一事一议奖补资金 135 000 贷：财政拨款预算收入——项目支出——财政拨款项目支出——村级一事一议资金 135 000

【**例 2－30**】12 月 26 日，单位通过财政授权支付方式支付各行政村产权制度改革房屋修缮 458 307. 94 元。

财务会计账务处理	预算会计账务处理
借：业务活动费用——项目支出——财政拨款项目支出　458 307.94 贷：零余额账户用款额度　458 307.94	借：行政支出——项目支出——财政拨款项目支出——村集体产权制度改革经费　458 307.94 贷：资金结存——零余额账户用款额度　458 307.94

【例2－31】12月26日，单位通过财政直接支付方式支付行政村C、D危房改造资金699 000元。

财务会计账务处理	预算会计账务处理
借：业务活动费用——项目支出——财政拨款项目支出　699 000 贷：财政拨款收入——项目支出——财政拨款项目支出　699 000	借：行政支出——项目支出——财政拨款项目支出——C、D危房改造资金　699 000 贷：财政拨款预算收入——项目支出——财政拨款项目支出——C、D危房改造资金　699 000

【例2－32】12月27日，单位购买行政用软件30 000元，通过财政授权支付方式支付。

财务会计账务处理	预算会计账务处理
借：无形资产——软件　30 000 贷：零余额账户用款额度　30 000	借：行政支出——基本支出——资本性支出——无形资产购置　30 000 贷：资金结存——零余额账户用款额度　30 000

【例2－33】12月28日，单位收到代理银行转来的财政授权支付额度到账通知单，基建工程款400 000元。

财务会计账务处理	预算会计账务处理
借：零余额账户用款额度　400 000 贷：财政拨款收入——项目支出——财政拨款项目支出　400 000	借：资金结存——零余额账户用款额度　400 000 贷：财政拨款预算收入——项目支出——财政拨款项目支出——基建工程款　400 000

【例2－34】12月30日，收到财政统发12月份单位工资表，应发工资160 996元，扣住房公积金7 556元，实发工资153 440元。

财务会计账务处理	预算会计账务处理
借：业务活动费用——工资福利费用 160 996 贷：财政拨款收入——基本支出——人员经费 160 996	借：行政支出——基本支出——工资福利支出——基本工资 83 598 行政支出——基本支出——工资福利支出——津贴补贴 61 168 行政支出——基本支出——商品和服务支出——镇机关商品和服务支出——其他交通费用 16 230 贷：财政拨款预算收入——基本支出——人员经费 160 996

【例 2-35】12 月 25 日，单位摊销本月报刊费 1 000 元。

财务会计账务处理	预算会计账务处理
借：业务活动费用——商品和服务费用——镇机关商品和服务费用 1 000 贷：待摊费用 1 000	不做账务处理

【例 2-36】12 月 30 日，单位通过财政授权支付方式缴纳职工 12 月份由单位承担的各类保险 42 193.38 元，其中：工伤保险 1 321.02 元、生育保险 1 321.02 元、大额医疗保险 2 568 元、基本养老保险 36 983.34 元。

财务会计账务处理	预算会计账务处理
借：业务活动费用——工资福利费用 42 193.38 贷：零余额账户用款额度 42 193.38	借：行政支出——基本支出——工资福利支出——基本养老保险缴费 36 983.34 ——基本医疗保险缴费 2 568 ——其他社会保障缴费 2 642.04 贷：资金结存——零余额账户用款额度 42 193.38

【例 2-37】12 月 30 日，单位确认 12 月份门面房收入 5 000 元。

财务会计账务处理	预算会计账务处理
借：应收账款——租金收入 5 000 贷：租金收入 5 000	不做账务处理

【例 2-38】12 月 30 日，单位通过财政授权支付的方式支付法院起诉的赔偿金 140 000 元。

财务会计账务处理	预算会计账务处理
借：预计负债　130 000 业务活动费用——基本支出——商品和服务费用——镇机关商品和服务费用 10 000 贷：零余额账户用款额度　140 000	借：行政支出——基本支出——商品和服务支出——镇机关商品和服务支出——赔偿支出 140 000 贷：资金结存——零余额账户用款额度 140 000

【例 2-39】12 月 30 日，单位收到基建工程结算单 110 万元，挂预付账款 20 万元，扣回工程质保金 5 万元，余款通过财政授权支付方式支付。

财务会计账务处理	预算会计账务处理
借：在建工程　1 100 000 贷：预付账款　200 000 其他应付款——质保金　50 000 零余额账户用款额度　850 000	借：行政支出——项目支出——财政拨款项目支出——基建工程　850 000 贷：资金结存——零余额账户用款额度 850 000

【例 2-40】12 月 31 日，月末，按月计提固定资产折旧，其中：房屋及构筑物 15 000 元，通用设备 7 500 元，专用设备 500 元，家具、用具、装具 1 600 元。

财务会计账务处理	预算会计账务处理
借：业务活动费用——固定资产折旧费 24 600 贷：固定资产累计折旧——房屋及构筑物折旧　15 000 ——通用设备折旧 7 500 ——专用设备折旧 500 ——家具、用具、装具折旧　1 600	不做账务处理

【例 2-41】12 月 31 日，月末计提无形资产摊销 500 元。

财务会计账务处理	预算会计账务处理
借：业务活动费用——无形资产摊销　500 贷：无形资产累计摊销　500	不做账务处理

【例 2-42】12 月 31 日，月底盘点库存现金，发现零余额户现金多出 100

元，经核实，其中70元属于应该支付给单位小王，剩余30元无法查明原因。

财务会计账务处理	预算会计账务处理
借：库存现金——零余额户现金 100 贷：待处理财产损溢——货币资金 100 借：待处理财产损溢——货币资金 70 贷：其他应付款——小王 70 借：其他应付款——小王 70 贷：库存现金——零余额户现金 70 借：待处理财产损溢——货币资金 30 贷：其他收入——现金盘盈收入 30	借：资金结存——货币资金 100 贷：其他预算收入——现金盘盈收入 100 不做账务处理 借：其他预算收入——现金盘盈收入 70 贷：资金结存——货币资金 70

【例2－43】 12月31日，单位对固定资产进行盘点，发现盘盈通用设备一台，市场价值50 000元，四成新，经批准作为本单位固定资产入账。

财务会计账务处理	预算会计账务处理
借：固定资产 ——通用设备 20 000 贷：待处理财产损溢——固定资产 20 000	不做账务处理

【例2－44】 接例2－32，12月31日，因账号有误，单位收到购买软件30 000元银行退票。

财务会计账务处理	预算会计账务处理
借：零余额账户用款额度 30 000 贷：其他应付款——软件公司 30 000	不做账务处理

【例2－45】 承例2－44，12月31日，单位重新转软件公司软件款30 000元。

财务会计账务处理	预算会计账务处理
借：其他应付款——软件公司 30 000 贷：零余额账户用款额度 30 000	不做账务处理

【例2－46】 12月31日，单位委托保管一笔民政部门现金50 000元。

财务会计账务处理	预算会计账务处理
借：库存现金——受托代理资产 50 000 贷：受托代理负债 50 000	不做账务处理

【例 2-47】12 月 31 日，年末，收到代理银行提供的对账单注销财政授权支付额度 944 345.31 元。

财务会计账务处理	预算会计账务处理
借：财政应返还额度——财政授权支付额度 944 345.31 贷：零余额账户用款额　944 345.31	借：资金结存——财政应返还额度 944 345.31 贷：资金结存——零余额账户用款额度 944 345.31

第三节　年末结转

一、单位年末财务会计结转

根据单位 12 月发生的经济业务所做的账务处理，得出单位 12 月末财务会计科目余额，如表 2-3 所示。

依据表 2-3 "12 月末财务会计科目余额表" 进行财务会计年末结转。

【例 2-48】12 月 31 日，单位年终收入转本期盈余。

财务会计账务处理	预算会计账务处理
借：财政拨款收入——基本支出——人员经费　203 189.38 ——公用经费　30 000 ——村干部工资　46 256 ——村级公用经费　50 000 财政拨款支出——项目支出——财政拨款项目支出 2 994 000 ——非财政拨款项目支出 353 562 租金收入 5 000 其他收入 30 贷：本期盈余　3 682 037.38	不做账务处理

表 2－3　　**12 月末财务会计科目余额表**　　单位：元

科目编码	科目名称	期初余额		本月发生额		期末余额	
		借	贷	借	贷	借	贷
1001	库存现金	9 449.81		215 900.00	75 670.00		
100101	非零余额现金			62 800.00	62 800.00		
100102	零余额现金	9 449.81		103 100.00	12 870.00		
100103	受托代理现金			50 000.00			
1011	零余额账户用款额度	1 341 138.00		2 722 011.38	3 118 804.07		
1201	财政应返还额度	100 000.00			100 000.00		
120102	财政授权支付	100 000.00			100 000.00		
1212	应收账款			6 000.00	61 000.00		
121201	租金			5 000.00	60 000.00		
121202	阳光公司			1 000.00	1 000.00		
1214	预付账款				300 000.00		
121401	基建工程款				300 000.00		
1218	其他应收款			11 000.00	11 000.00		
121801	其他应收款——小王			8 000.00	8 000.00		
121802	其他应收款——小李			3 000.00	3 000.00		
1401	待摊费用			34 000.00	1 000.00		
1601	固定资产	5 411 410.00		85 000.00	14 000.00		
160101	房屋及构筑物	4 915 238.00					
160101	通用设备	308 728.00		25 000.00	14 000.00		

续表

科目编码	科目名称	期初余额		本月发生额		期末余额	
		借	贷	借	贷	借	贷
160101	专用设备	50 310.00		60 000.00			
160101	家具、用具、装具及动植物	137 134.00					
1602	固定资产累计折旧		2 214 203.40	12 000.00	24 600.00		
160201	房屋及构筑物折旧		1 827 423.00		15 000.00		
160202	通用设备折旧		269 000.00	12 000.00	7 500.00		
160203	专用设备折旧		35 500.00		500.00		
160204	家具、用具、装具		82 280.40		1 600.00		
1613	在建工程			1 250 000.00			
1701	无形资产			30 000.00			
170102	软件			30 000.00			
1702	无形资产累计摊销				500.00		
170202	软件				500.00		
1902	待处理财产损益			3 900.00	23 900.00		
190201	贷币资金			100.00	100.00		
190202	固定资产			3 800.00	23 800.00		
	资产类合计	**6 861 997.81**	**2 214 203.40**	**4 369 811.38**	**3 730 474.07**		
2103	应缴财政款			62 200.00	62 200.00		
2307	其他应付款			70.00	50 070.00		
230701	小王			70.00	70.00		

续表

科目编码	科目名称	期初余额		本月发生额		期末余额	
		借	贷	借	贷	借	贷
230702	质保金				50 000.00		
2401	预提费用						
2502	长期应付款				6 000.00		
2601	预计负债			130 000.00	130 000.00		
2901	受托代理负债				50 000.00		
	负债合计			**192 270.00**	**298 270.00**		
3001	累计盈余		3 790 934.84				
3301	本期盈余		856 859.57				
3302	本年盈余分配						
3401	无偿调拨净资产						
3501	以前年度盈余调整						
	净资产合计	**0**	**4 647 794.41**	**0**	**0**		
4001	财政拨款收入				3 677 007.38		
400101	基本支出				329 445.38		
40010101	人员经费				203 189.38		
40010102	公用经费				30 000.00		
40010103	村干部工资				46 256.00		
40010104	村级公用经费				50 000.00		
400102	项目支出				3 347 562.00		
40010201	财政拨款项目支出				2 994 000.00		

续表

科目编码	科目名称	期初余额		本月发生额		期末余额	
		借	贷	借	贷	借	贷
40010202	非财政拨款项目支出				353 562.00		
4605	租金收入				5 000.00		
4609	其他收入				30.00		
	收入合计				**3 682 037.38**		
5001	业务活动费用			3 146 700.07			
500101	工资福利费用			203 189.38			
500102	商品和服务费用			194 512.15			
50010201	镇机关商品和服务费用			190 472.15			
50010201	村级商品和服务费用			4 040.00			
500103	对个人和家庭的补助费用			51 380.00			
50010301	镇机关对个人和家庭补助费用			4 800.00			
50010302	村集体对个人和家庭补助费用			46 580.00			
500104	固定资产折旧费			24 600.00			
500105	无形资产摊销费			500.00			
500107	其他支出						
500108	项目支出			2 672 518.54			
50010801	财政拨款项目支出			2 318 956.54			
50080102	非财政拨款项目支出			353 562.00			
5301	资产外置费用			2 000.00			
	费用合计			**3 148 700.07**			
合　计		**6 861 997.81**	**6 861 997.81**	**7 710 781.45**	**7 710 781.45**		

【例 2－49】12 月 31 日，单位年终支出转本期盈余。

财务会计账务处理	预算会计账务处理
借：本期盈余　3 148 700.07 贷：业务活动费用——工资福利支出　203 189.38 ——商品和服务费用——镇机关商品和服务费用　190 472.15 ——商品和服务费用——村级商品和服务费用　4 040 ——对个人和家庭补助费用——镇机关对个人和家庭补助费用　4 800 ——对个人和家庭补助费用——村级对个人和家庭补助费用　46 580 ——固定资产折旧费　24 600 ——无形资产摊销费　500 ——项目支出——财政拨款项目支出　2 318 956.54 ——项目支出——非财政拨款项目支出　353 562 ——资产处置费用　2 000	不做账务处理

【例 2－50】12 月 31 日，本期盈余转本年盈余分配。

财务会计账务处理	预算会计账务处理
借：本期盈余　1 390 196.88 贷：本年盈余分配　1 390 196.88	不做账务处理

【例 2－51】12 月 31 日，本年盈余分配转累计盈余。

财务会计账务处理	预算会计账务处理
借：本期盈余分配　1 390 196.88 贷：累计盈余　1 390 196.88	不做账务处理

附注：本期盈余 1 390 196.88 元等于 12 月份本期盈余 533 337.31 元加上 11 月末本期盈余的余额 856 859.57 元。

二、单位年末预算会计结转

根据单位 12 月发生的经济业务所做的账务处理，得出单位 12 月末预算会计科目余额，如表 2－4 所示。

表 2－4

12 月末预算会计科目余额表

科目编码	科目名称	期初余额		当月发生额		期末余额	
		借	贷	借	贷	借	贷
6001	**财政拨款预算收入**		**6 021 229.19**		**3 677 007.38**		**9 698 236.57**
600101	**基本支出**		**3 543 569.19**		**329 445.38**		**3 873 014.57**
60010101	人员经费		2 234 753.19		203 189.38		2 437 942.57
60010102	公用经费		200 000.00		30 000.00		230 000.00
60010103	村干部工资		508 816.00		46 256.00		555 072.00
60010104	村级公用经费		600 000.00		50 000.00		650 000.00
600102	**项目支出**		**2 477 660.00**		**3 347 562.00**		**5 825 222.00**
60010201	**财政拨款项目支出**		**1 793 160.00**		**2 994000.00**		**4 787 160.00**
6001020101	扶贫专项资金		450 000.00		150 000.00		600 000.00
6001020102	村级一事一议资金		300 000.00		135 000.00		435 000.00
6001020103	环境卫生治理资金				500 000.00		500 000.00
6001020104	农村集体产权改革经费				650 000.00		650 000.00
6001020105	幸福院建设补助				310 000.00		310 000.00
6001020106	临时救助		130 000.00		100 000.00		230 000.00
6001020107	社区服务中心建设				50 000.00		50 000.00
6001020108	基建工程款		560 500.00		400 000.00		960 500.00
6001020109	C、D危房改造资金		298660.00		699 000.00		997660.00
6001020110	专用设备购置费		54 000.00				54 000.00
60010202	**非财政拨款项目支出**		**684 500.00**		**353 562.00**		**1 038 062.00**

续表

科目编码	科目名称	期初余额		当月发生额		期末余额	
		借	贷	借	贷	借	贷
6001020201	村级征地补偿款		450 000.00		186 762.00		636 762.00
6001020202	村级一事一议自筹资金		234500.00		166 800.00		401 300.00
6609	其他预算收入		55 000.00	70.00	60 100.00	70.00	115100.00
660901	租金预算收入		55 000.00		60 000.00		115 000.00
660902	现金盘盈预算收入			70.00	100.00	70.00	100.00
	收入类合计		6 076 229.19	70.00	3 737 107.38	70.00	9 813 336.57
7101	**行政支出**	**5 219 369.62**		**4 143 600.07**		**9 362 969.69**	
710101	**基本支出**	**3 330 209.62**		**517 081.53**		**3 847 291.15**	
71010101	**工资福利支出**	**2 056 553.18**		**186 959.38**		**2 243 512.56**	
7101010101	基本工资	919 578.00		83 598.00		1 003 176.00	
7101010102	津贴补贴	672 848.00		61 168.00		734 016.00	
7101010105	基本养老保险缴费	406 816.74		36 983.34		443 800.08	
7101010107	基本医疗保险缴费	28 248.00		2 568.00		30 816.00	
7101010108	其他社会保障缴费	29 062.44		2 642.04		31 704.48	
71010102	**商品和服务支出**	**708 476.44**		**248 742.15**		**957 218.59**	
7101010201	**机关商品和服务支出**	**684 976.44**		**244 702.15**		**929 678.59**	
710101020101	办公费	255 000.00		20 100.00		275 100.00	
710101020102	租赁费			24 000.00		24 000.00	
710101020104	电费	125 321.44		34 773.82		160 095.26	

续表

科目编码	科目名称	期初余额		当月发生额		期末余额	
		借	贷	借	贷	借	贷
710101020105	邮电费						
710101020106	差旅费	56 780.00		5 000.00		61 780.00	
710101020107	会议费	30 000.00				30 000.00	
710101020109	公务车辆运行维护费	39 675.00		4 598.33		44 273.33	
710101020110	国家赔偿支出			140 000.00		140 000.00	
710101020111	其他交通费用	178 200.00		16 230.00		194 430.00	
7101010202	**村级商品和服务支出**	**23 500.00**		**4 040.00**		**27 540.00**	
710101020201	办公费	23 500.00		4 040.00		27 540.00	
71010103	**对个人与家庭补助支出**	**565 180.00**		**51 380.00**		**616 560.00**	
7101010301	**生活补助**	**565 180.00**		**51 380.00**		**616 560.00**	
710101030101	机关生活补助	52 800.00		4 800.00		57 600.00	
710101030102	村级生活补助	512 380.00		46 580.00		558 960.00	
71010104	资本性支出			30 000.00		30 000.00	
7101010401	无形资产购置费			30 000.00		30 000.00	
710102	**项目支出**	**1 889 160.00**		**3 626 518.54**		**5 515 678.54**	
71010201	**财政拨款项目支出**	**1 204 660.00**		**3 272 956.54**		**4 477 616.54**	
710102010	扶贫专项资金	450 000.00		150 000.00		600 000.00	
7101020102	村级一事一议资金	300 000.00		135 000.00		435 000.00	
7101020103	环境卫生治理资金			458 000.00		458 000.00	

续表

科目编码	科目名称	期初余额		当月发生额		期末余额	
		借	贷	借	贷	借	贷
7101020104	农村集体产权改革经费			458 307. 94		458 307. 94	
7101020105	幸福院建设补助			310 000. 00		310 000. 00	
7101020106	临时救助	156 000. 00		65 358. 60		221 358. 60	
7101020107	社区服务中心建设			43 290. 00		43 290. 00	
7101020108	专用设备购置费			54 000. 00		54 000. 00	
7101020109	基建工程款			900 000. 00		900 000. 00	
71010201010	C、D 危房改造资金	298 660. 00		699 000. 00		997 660. 00	
71010202	**非财政拨款项目支出**	**684 500. 00**		**353 562. 00**		**1 038 062. 00**	
7101020201	村级征地补偿资金	450 000. 00		186 762. 00		636 762. 00	
7101020202	村级一事一议自筹资金	234 500. 00		166 800. 00		401 300. 00	
支出类合计		**5 219 369. 62**		**4 143 600. 07**		**9 362 969. 69**	
8001	资金结存	1 648 949. 57		2 792 111. 38	3 198 674. 07	1 242 386. 88	0
800101	零余额账户用款额度	1 345 938. 00		2 692 011. 38	3 093 604. 07	944 345. 31	
800102	贷币资金	203 011. 57		100 100. 00	5 070. 00	298 041. 57	
800103	财政应返还额度	100 000. 00			100 000. 00	0	0
8101	财政拨款结转		792 090. 00				792 090. 00
8001	年初余额调整						
结存类合计		**1 648 949. 57**	**792 090. 00**	**2 792 111. 38**	**3 198 674. 07**	**1 242 386. 88**	**792 090. 00**
合计		**6 868 319. 19**	**6 868 319. 19**	**6 935 781. 45**	**6 935 781. 45**	**10 605 426. 57**	**10 605 426. 57**

依据表2－4“12月末预算会计科目余额表”进行预算会计年末结转。

【例2－52】12月31日，单位年终将财政预算收入基本支出转财政拨款结转。

财务会计账务处理	预算会计账务处理
不做账务处理	借：财政拨款预算收入——基本支出——人员经费　2 437 942.57 ——公用经费　230 000 ——村干部工资　555 072 ——村级公用经费　650 000 其他预算收入——租金预算收入　115 000 ——现金盘盈预算收入　100 贷：财政拨款结转——本年收支结转——基本支出　3 988 044.57 其他预算收入——现金盘盈预算收入　70

【例2－53】12月31日，单位年终将行政支出基本支出转财政拨款结转。

财务会计账务处理	预算会计账务处理
不做账务处理	借：财政拨款结转——本年收支结转——基本支出　3 847 291.15 贷：行政支出——基本支出——工资福利支出——基本工资　1 003 176 ——津贴补贴　734 016 ——基本养老保险缴费　443 800.08 ——基本医疗保险缴费　30 816 ——其他社会保障缴费　31 704.48 行政支出——基本支出——商品和服务支出——镇机关商品和服务支出——办公费　275 100 ——租赁费　24 000 ——电费　160 095.26 ——差旅费　61 780 ——会议费　30 000 ——公务车辆运行维护费　44 273.33 ——国家赔偿支出　140 000 ——其他交通费用　194 430 行政支出——基本支出——商品和服务支出——村级商品和服务支出——办公费　27 540 行政支出——基本支出——对个人和家庭补助支出——生活补助——镇机关生活补助　57 600 ——对个人和家庭补助支出——生活补助——村级生活补助　558 960 ——资本性支出——无形资产购置费　30 000

【例 2-54】 12 月 31 日，单位年终将财政拨款预算收入的项目支出财政拨款项目支出转财政拨款结转。

财务会计账务处理	预算会计账务处理
不做账务处理	借：财政拨款预算收入——项目支出——财政拨款项目支出——扶贫专项资金 600 000 ——村级一事一议资金 435 000 ——环境卫生治理资金 500 000 ——农村集体产权改革经费 650 000 ——幸福院建设补助 310 000 ——临时救助 230 000 ——社区服务中心建设 50 000 ——基建工程款 960 500 ——C、D 危房改造资金 997 660 ——专用设备购置费 54 000 贷：财政拨款结转——本年收支结转——项目支出——扶贫专项资金 600 000 ——村级一事一议资金 435 000 ——环境卫生治理资金 500 000 ——农村集体产权改革经费 650 000 ——幸福院建设补助 310 000 ——临时救助 230 000 ——基建工程款 960 500 ——专用设备购置费 54 000 ——社区服务中心建设 50 000 ——C、D 危房改造资金 997 660

【例 2-55】 12 月 31 日，单位年终将行政支出的项目支出财政拨款项目支出转财政拨款结转。

财务会计账务处理	预算会计账务处理
不做账务处理	借：财政拨款结转——本年收支结转——项目支出——扶贫专项资金 600 000 ——村级一事一议资金 435 000 ——环境卫生治理资金 458 000 ——农村集体产权改革经费 458 307.94 ——幸福院建设补助 310 000 ——临时救助 221 358.60 ——社区服务中心建设 43 290 ——基建工程款 900 000 ——专用设备购置费 54 000 ——C、D 危房改造资金 997 660

续表

财务会计账务处理	预算会计账务处理
不做账务处理	贷：行政支出——项目支出——财政拨款项目支出——扶贫专项资金　600 000 ——村级一事一议资金　435 000 ——环境卫生治理资金　458 000 ——农村集体产权改革经费　458 307.94 ——幸福院建设补助　310 000 ——临时救助　221 358.60 ——社区服务中心建设　43 290 ——基建工程款　900 000 ——专用设备购置费　54 000 ——C、D 危房改造资金 997 660

【例 2－56】12 月 31 日，年终单位将财政预算拨款预算收入中项目支出中的非财政拨款项目支出转非财政拨款结转。

财务会计账务处理	预算会计账务处理
不做账务处理	借：财政拨款预算收入——项目支出——非财政拨款项目支出——村级征地补偿资金　636 762 ——村级一事一议自筹资金　401 300 贷：非财政拨结转——本年收支结转 ——村级征地补偿资金　636 762 ——村级一事一议自筹资金　401 300

【例 2－57】12 月 31 日，年终单位将行政支出中项目支出中的非财政拨款项目支出转非财政拨款结转。

财务会计账务处理	预算会计账务处理
不做账务处理	借：非财政拨结转——本年收支结转 ——村级征地补偿资金　636 762 ——村级一事一议自筹资金　401 300 贷：行政支出——项目支出——非财政拨款项目支出——村级征地补偿资金　636 762 ——村级一事一议自筹资金　401 300

三、年末结转后科目余额情况

年末结转后，财务会计科目余额情况如表2-5所示。

表2-5　　年终转账后财务会计科目余额表

科目名称	期末余额		科目名称	期末余额	
	方向	余额		方向	余额
库存现金	借	149 679.81	其他应付款	贷	50 000.00
零余额户现金	借	99 679.81	预提费用	贷	
受托代理资产	借	55 000	长期应付款	贷	6 000.00
其他货币资金	借		预计负债	贷	
财政应返还额度	借	944345.31	受托代理负债	贷	50 000.00
应收账款	贷	55 000.00			
预付账款	贷	300 000.00	**负债类小计**		**106 000.00**
其他应收款	借				
待摊费用	借	33000.00			
固定资产	借	5 482 410.00			
固定资产累计折旧	贷	2 226 803.40	累计盈余	贷	5181131.72
在建工程	借	1 250 000.00			
无形资产	借	30 000.00			
无形资产累计摊销	贷	500.00	**净资产小计**	**贷**	**5 181 131.72**
待处理财产损溢	贷	20 000.00			
资产合计	**借**	**5 287 131.72**	**负债及净资产合计**	**贷**	**5 287 131.72**

年末结转后，预算会计科目余额情况如表2-6所示。

表2-6　　年终转账后预算会计科目余额表

科目名称	期末余额		科目名称	期末余额	
	方向	金额		方向	金额
资金结存	借	1 242 386.88	财政拨款结转	贷	1 242 386.88
零余额账户用款额度	借		基本支出结转	贷	932 843.42
贷币资金	借	298 041.57	项目支出结转	贷	309 543.46
财政应返还额度	借	944 345.31	环境卫生治理资金	贷	42 000.00

续表

科目名称	期末余额		科目名称	期末余额	
	方向	金额		方向	金额
			农村集体产权改革经费	贷	191 692.06
			临时救助	贷	8 641.40
			社区服务中心建设	贷	6 710.00
			基建工程款	贷	60 500.00
资金结存类科目合计	**借**	**1 242 386.88**	**结转类科目合计**	**贷**	**1 242 386.88**

第四节　会计报表

根据单位年末结转后的余额，编制资产负债表、收入费用表、净资产变动表，如表 2－7 至 2－9 所示。

表 2－7　　**资产负债表**

会政财 01 表

编制单位：××单位　　××年 12 月 31 日　　单位：元

资产	期末余额	年初余额	负债和净资产	期末余额	年初余额
流动资产：		略	**流动负债：**		略
货币资金	99 679.81		短期借款		
短期投资			应交增值税		
财政应返还额度	944 345.31		其他应交税费		
应收票据			应缴财政款		
应收账款净额	－55 000.00		应付职工薪酬		
预付账款	－300 000.00		应付票据		
应收股利			应付账款		
应收利息			应付政府补贴款		
其他应收款净额			应付利息		
存货			预收账款		
待摊费用	33 000.00		其他应付款	50 000.00	
一年内到期的非流动资产			预提费用		

续表

资产	期末余额	年初余额	负债和净资产	期末余额	年初余额
其他流动资产			一年内到期的非流动负债		
流动资产合计	**722 025.12**		其他流动负债		
非流动资产：			**流动负债合计**	50 000.00	
长期股权投资			**非流动负债：**		
长期债券投资			长期借款		
固定资产原值	5 482 410.00		长期应付款	6 000.00	
减：固定资产累计折旧	2 226 803.40		预计负债		
固定资产净值	3 255 606.60		其他非流动负债		
工程物资			**非流动负债合计**	**6 000.00**	
在建工程	1 250 000.00		受托代理负债	50 000.00	
无形资产原值	30 000.00		**负债合计**	**106 000.00**	
减：无形资产累计摊销	500.00				
无形资产净值	29 500.00				
研发支出					
公共基础设施原值					
减：公共基础设施累计折旧（摊销）					
公共基础设施净值					
政府储备物资					
文物文化资产					
保障性住房原值					
减：保障性住房累计折旧			**净资产：**		
保障性住房净值			累计盈余	5 181 131.72	
长期待摊费用			专用基金		
待处理财产损溢	-20 000.00		权益法调整		
其他非流动资产			无偿调拨净资产 *		—
非流动资产合计	**4 515 106.60**		本期盈余 *		—
受托代理资产	50 000.00		**净资产合计**	**5 181 131.72**	
资产总计	**5 287 131.72**		**负债和净资产合计**	**5 287 131.72**	

注：* 标识项目为月报项目，年报中不需列示。

表 2－8　　**收入费用表**

会政财 02 表

编制单位：××单位　　××年 12 月　　单位：元

项　　目	本年数	上年数
一、本期收入	**3 682 037.38**	**略**
（一）财政拨款收入	3 677 007.38	
其中：政府性基金收入		
（二）事业收入		
（三）上级补助收入		
（四）附属单位上缴收入		
（五）经营收入		
（六）非同级财政拨款收入		
（七）投资收益		
（八）捐赠收入		
（九）利息收入		
（十）租金收入	5 000.00	
（十一）其他收入	30.00	
二、本期费用	**3 148 700.07**	
（一）业务活动费用	3 146 700.07	
（二）单位管理费用		
（三）经营费用		
（四）资产处置费用	2 000.00	
（五）上缴上级费用		
（六）对附属单位补助费用		
（七）所得税费用		
（八）其他费用		
三、本期盈余	**533 337.31**	

表 2-9　　　　　　　　　　净资产变动表

会政财 03 表

编制单位：××单位　　　　　　××年 12 月　　　　　　单位：元

项目	本年数				上年数			
	累计盈余	专用基金	权益法调整	净资产合计	累计盈余	专用基金	权益法调整	净资产合计
一、上年年末余额	**3 790 934.84**			**3 790 934.84**				
二、以前年度盈余调整（减少以“-”号填列）			—			—	—	
三、本年年初余额	**3 790 934.84**			**3 790 934.84**				
四、本年变动金额（减少以“-”号填列）	**1 390 196.88**			**1 390 196.88**				
（一）本年盈余	1 390 196.88		—	1 390 196.88		—	—	
（二）无偿调拨净资产			—			—	—	
（三）归集调整预算结转结余			—			—	—	
（四）提取或设置专用基金			—				—	
其中：从预算收入中提取			—		—		—	
从预算结余中提取			—				—	
设置的专用基金			—		—		—	
（五）使用专用基金			—				—	
（六）权益法调整					—	—		
五、本年年末余额	**5 181 131.72**			**5 181 131.72**				

注：“—”表示单元格不需要填列。

根据单位年末结转后的有关余额，编制预算收入支出表、预算结转结余变动表、财政拨款预算收入支出表、本年盈余与预算结余的差异情况说明表，如表 2-10 至 2-13 所示。

表 2－10　　**预算收入支出表**

会政预 01 表

编制单位：××单位　　××年 12 月　　单位：元

项　　目	本年数	上年数
一、本年预算收入	**9 813 266.57**	略
（一）财政拨款预算收入	**9 698 236.57**	
其中：政府性基金收入		
（二）其他预算收入	115 030.00	
其中：利息预算收入		
捐赠预算收入		
租金预算收入	115 000.00	
其他预算收入	30.00	
二、本年预算支出	9 362 969.69	
（一）行政支出	9 362 969.69	
（二）事业支出		
（三）经营支出		
（四）上缴上级支出		
（五）对附属单位补助支出		
（六）投资支出		
（七）债务还本支出		
（八）其他支出		
其中：利息支出		
捐赠支出		
三、本年预算收支差额	**450 296.88**	

表 2－11　　**预算结转结余变动表**

会政预 02 表

编制单位：××单位　　××年 12 月　　单位：元

项　　目	本年数	上年数
一、年初预算结转结余	**792 090.00**	
（一）财政拨款结转结余	**792 090.00**	
（二）其他资金结转结余		

续表

项目	本年数	上年数
二、年初余额调整（减少以“－”号填列）		
（一）财政拨款结转结余		
（二）其他资金结转结余		
三、本年变动金额（减少以“－”号填列）	**450 296.88**	
（一）财政拨款结转结余	450 296.88	
1. 本年收支差额	450 296.88	
2. 归集调入		
3. 归集上缴或调出		
（二）其他资金结转结余		
1. 本年收支差额		
2. 缴回资金		
3. 使用专用结余		
4. 支付所得税		
四、年末预算结转结余	**1 242 386.88**	
（一）财政拨款结转结余	1 242 386.88	
1. 财政拨款结转	1 242 386.88	
2. 财政拨款结余		
（二）其他资金结转结余		
1. 非财政拨款结转		
2. 非财政拨款结余		
3. 专用结余		
4. 经营结余（如有余额，以“－”号填列）		

表 2－12

财政拨款预算收入支出表

会政预 03 表

编制单位：××单位　　××年 12 月 31 日　　单位：元

项目	年初财政拨款结转结余		调整年初财政拨款结转结余	本年归集调入	本年归集上缴或调出	单位内部调剂		本年财政拨款收入	本年财政拨款支出	年末财政拨款结转结余	
	结转	结余				结转	结余			结转	结余
一、一般公共预算财政拨款	792 090.00							9 813 266.57	9 362 969.69	1 242 386.88	
（一）基本支出								**3 873 014.57**	**3 847 291.15**		
1. 人员经费								2 993 014.57	2 243 542.56		
2. 日常公用经费								880 000.00	957 188.59		
3. 对个人和家庭补助支出									616 560.00		
4. 资本性支出									30 000.00		
（二）项目支出								5 825 222.00	5 515 678.54		
1. ××项目											
2. ××项目											
（三）其他预算收入								115 030.00			
二、政府性基金预算财政拨款											

续表

项目	年初财政拨款结转结余		调整年初财政拨款结转结余	本年归集调入	本年归集上缴或调出	单位内部调剂		本年财政拨款收入	本年财政拨款支出	年末财政拨款结转结余	
	结转	结余				结转	结余			结转	结余
（一）基本支出											
1. 人员经费											
2. 日常公用经费											
（二）项目支出											
1. ××项目											
2. ××项目											
……											
总计	792 090.00							**9 813 266.57**	**9 362 969.69**	**1 242 386.88**	

表 2－13　　本年盈余与预算结余的差异情况说明表

编制单位：××单位　　××年 12 月 31 日　　单位：元

项　目	金额	备注
一、本年预算结余（本年预算收支差额）	**450 296.88**	
二、差异调节		
（一）重要事项的差异		
加：1. 当期确认为收入但没有确认预算收入	**5 000.00**	
（1）应收款项、预收账款确认的收入	5 000.00	例 2－37
（2）接受非货币性资产捐赠确认的收入		
2. 当期确认为预算支出但没有确认费用	**1 023 000.00**	
（1）支付应付款项、预付账款的支出	34 000.00	例 2－15、例 2－25
（2）为取得存货、政府储备物资等计入物资成本的支出	900 000.00	例 2－27、例 2－39
（3）为购建固定资产等的资本性支出	89 000.00	例 2－14、例 2－22、例 2－32
（4）偿还借款本息支出		
减：1. 当期确认为预算收入但没有确认为收入	**60 000.00**	
（1）收到应收款项、预算款项确认的预算收入	60 000.00	例 2－42
（2）取得借款确认的预算收入		
2. 当期确认为费用但没有确认为预算支出	**28 100.00**	
（1）发出存货、政府储备物资等确认的费用		
（2）计提的折提费用和摊销费用	25 100.00	例 2－40、例 2－41
（3）确认的资产处置费用（处置资产的价值）	2 000.00	例 2－24
（4）应付款项、预付账款确认的费用	1 000.00	例 2－35
（二）其他事项差异		
三、本年盈余（本年收入费用的差异）	1 390 196.88	

附注：本表反映单位财务会计和预算会计因核算基础和核算范围不同所产生的本年盈余数与本年预算结余数之间的差异。

注：单位在 1～11 月发生的业务不涉及差额调整，1～11 月的本年盈余与预算结余相同，金额为 856859.57，本年差异均发生在 12 月份。

第三章　一般事业单位会计实务操作案例

第一节　单位基础资料

一、单位基本情况与重点会计科目介绍

某单位为一家省属事业单位，2019 年初，已参照《〈政府会计制度——行政事业单位会计科目和报表〉与〈事业单位会计制度〉有关衔接问题的处理规定》（财会〔2018〕3 号）做好新旧会计制度衔接工作，2019 年 1 月 1 日起执行《政府会计制度》。该单位已纳入财政国库集中支付。单位非税收入实行“收支两条线”管理，所有非税收入全额上缴财政专户，以预算收入的形式批复下达。

该单位科研事业活动等产生的收入，经财政部门核准不上缴财政专户管理。本章所列举的经济业务尽可能涵盖一般事业单位常见经济业务的账务处理，在账务处理中未涉及增值税业务的核算。

在科目设置方面，一般事业单位应注意以下几个方面：

1.“受托代理资产”和“受托代理负债”科目。

这两个科目分别核算单位接受委托方委托管理的各项资产和同时接受委托取得受托代理资产时形成的负债。但当单位收到的受托代理资产为现金或银行存款时，需在“库存现金”和“银行存款”科目下分别设置“受托代理资产”二级明细科目进行单独核算。

2.“业务活动费用”和“单位管理费用”科目。

事业单位应分别设置“业务活动费用”和“单位管理费用”科目。“业务活动费用”科目用于核算单位业务部门开展专业业务活动及其辅助

活动所发生的各项费用，应当按照项目、服务或者业务类别、支付对象等进行明细核算；“单位管理费用”科目用于核算单位行政及后勤管理部门开展管理活动发生的各项费用，应当按照项目、费用类别、支付对象等进行明细核算。两个科目还可按照“工资福利支出”“商品和服务费用”“对个人和家庭的补助费用”“固定资产折旧费”“无形资产摊销费”等设置明细科目。科目设置情况详见图3－1。

3. “财政拨款预算收入”和“事业预算收入”科目。

“财政拨款预算收入”科目应当设置“基本支出”和“项目支出”两个二级明细科目，在“基本支出”下还需按照“人员经费”和“日常公用经费”进行明细核算，在“项目支出”下按照具体项目进行明细核算。科目设置情况详见图3－2。

“事业预算收入”中如有专项资金收入，应按照具体项目进行明细核算。

4. “事业支出”科目。

事业单位发生教育、科研、医疗、行政管理、后勤保障等活动的，可在“事业支出”科目下设置相应的明细科目进行核算，或单设“教育支出”“科研支出”“医疗支出”“行政管理支出”“后勤保障支出”等一级会计科目进行核算。事业支出应当分别按照“财政拨款支出”“非财政拨款支出”和“其他资金支出”，“基本支出”和“项目支出”等进行明细核算，并按照《政府收支分类科目》中“支出功能分类科目”的项级科目进行明细核算。“基本支出”和“项目支出”明细科目下还应当按照《政府收支分类科目》中“部门预算支出经济分类科目”的款级科目进行明细核算，同时在“项目支出”明细科目下按照具体项目进行明细核算。科目设置情况详见图3－3。

本章“事业支出”中设置了“基本支出”和“项目支出”二级明细科目，并下设“财政支出”和“非财政支出”三级明细科目，单位也可以选择下设“财政支出”和“非财政支出”二级明细科目，再下设“基本支出”和“项目支出”三级明细科目进行核算。为简便起见，本章省略了经济分类科目的设置。

关于其他科目，各事业单位可根据单位实际情况和需要进行明细科目设置。上述科目的明细科目设置如图3－1至图3－3所示。

- 业务活动费用/单位管理费用
  - 工资福利费用
  - 商品和服务费用
  - 对个人和家庭补助费用
  - 固定资产折旧费
  - 无形资产摊销费
  - ……

图3-1 “业务活动费用”“单位管理费用”明细科目设置结构示意图

- 财政拨款预算收入
  - 基本支出
    - 人员经费
    - 日常公用经费
  - 项目支出

图3-2 “财政拨款预算收入”明细科目设置结构示意图

- 事业支出
  - 基本支出
    - 财政支出
    - 非财政支出
  - 项目支出
    - 财政支出
    - 非财政支出

图3-3 “事业支出”明细科目设置结构示意图

二、单位会计科目余额情况

为全面展示会计实务操作全过程，本章先虚拟单位11月末会计科目余额，然后列示出单位12月主要经济业务与账务处理，以便进行年末结转和报表填制。

单位11月末财务会计科目和预算会计科目余额分别如表3-1和表3-2所示：

表3-1（1） 11月末财务会计科目余额表 单位：元

科目名称	期末余额		科目名称	期末余额	
	方向	余额		方向	余额
库存现金	借	8 000	其他应交税费	贷	15 000
银行存款	借	4 282 000	应付账款	贷	380 000
其中：受托代理资产	借	20 000	预收账款	贷	640 000
零余额账户用款额度	借	1 280 000	其他应付款	贷	260 000
应收账款	借	59 000	预提费用	贷	50 000

续表

科目名称	期末余额		科目名称	期末余额	
	方向	余额		方向	余额
预付账款	借	300 000	长期借款	贷	230 000
其他应收款	借	20 000	长期应付款	贷	230 000
坏账准备	贷	10 000	受托代理负债	贷	150 000
库存物品	借	35 000			
待摊费用	借	1 000	负债小计	贷	1 955 000
固定资产	借	2 500 000			
固定资产累计折旧	贷	600 000	累计盈余	贷	3 034 000
工程物资	借	200 000	专用基金	贷	180 000
在建工程	借	230 000	本期盈余	贷	3 252 000
无形资产	借	200 000	无偿调拨净资产	贷	200 000
无形资产累计摊销	贷	14 000			
受托代理资产	借	130 000	净资产小计	贷	6 666 000
资产合计	借	8 621 000	负债及净资产合计	贷	8 621 000

表 3-1（2）

科目名称	累计发生额		科目名称	累计发生额	
	方向	金额		方向	金额
财政拨款收入	贷	7 000 000	业务活动费用	借	10 520 000
其中：基本支出	贷	4 360 000	单位管理费用	借	5 635 000
项目支出	贷	2 640 000	资产处置费用	借	20 000
事业收入	贷	12 440 000	其他费用	借	160 000
非同级财政拨款收入	贷	32 000			
捐赠收入	贷	36 000			
利息收入	贷	15 000			
租金收入	贷	21 000			
其他收入	贷	43 000			
合计	贷	19 587 000	合计	借	16 335 000

附注：

注 1：其他应交税费为 11 月代扣的个人所得税；

注 2：专用基金为上年度单位提取的职工福利基金使用后的余额；

注 3：本期盈余为本年 1 ~ 11 月收支结转累计余额；

注 4：单位 1 ~ 11 月财务收支差额为 3 252 000 元（19 587 000 - 16 335 000）。

表 3－2　　11 月末预算会计科目余额表　　单位：元

科目名称	期末余额		科目名称	期末余额	
	方向	余额		方向	余额
财政拨款预算收入	贷	7 000 000	事业支出	借	15 425 000
其中：基本支出	贷	4 360 000	其中：基本支出	借	10 834 500
项目支出	贷	2 640 000	1. 财政支出	借	3 804 000
事业预算收入	贷	12 440 000	2. 非财政支出	借	7 030 500
其中：项目资金收入	贷	3 000 000	项目支出	借	4 590 500
非同级财政拨款预算收入	贷	32 000	1. 财政支出	借	1 966 000
其他预算收入	贷	115 000	2. 非财政支出	借	2 624 500
			投资支出	借	750 000
			其他支出	借	160 000
合计	贷	19 587 000	合计	借	16 335 000

注：为了编制“本年盈余与预算结余的差异情况说明表”的需要，假设 11 月末预算收支差额和收入费用的差额一致，无差异。单位 1～11 月预算收支差额为 3 252 000 元（19 587 000－16 335 000）。

第二节　主要经济业务与账务处理

单位 12 月份发生以下经济业务，账务处理如下：

【例 3－1】 12 月 1 日，单位从零余额账户提取现金 10 万元。

财务会计账务处理	预算会计账务处理
借：库存现金　100 000 　贷：零余额账户用款额度　100 000	借：资金结存——货币资金　100 000 　贷：资金结存——零余额账户用款额度 　　100 000

【例 3－2】 12 月 1 日，单位由于资金周转困难，经批准后向商业银行借入一笔为期 6 个月的借款 30 万元，年利率 6.5%，借款转入其银行专户。

财务会计账务处理	预算会计账务处理
借：银行存款　300 000 　贷：短期借款　300 000	借：资金结存——货币资金　300 000 　贷：债务预算收入　300 000

【例 3－3】 12 月 1 日，单位业务部门员工出差，预借差旅费 8 000 元，

以现金支付。

财务会计账务处理	预算会计账务处理
借：其他应收款　　8 000 　贷：库存现金　　8 000	不做账务处理

【例3-4】12月1日，取得短期投资G债券110万元，包括尚未支付的利息10万元，以银行转账方式支付。

财务会计账务处理	预算会计账务处理
借：短期投资——G债券　　1 100 000 　贷：银行存款　　1 100 000	借：投资支出——G债券　　1 100 000 　贷：资金结存——货币资金　　1 100 000

【例3-5】12月2日，单位收到代理银行转来的《财政授权支付额度到账通知书》，收到用于项目支出的财政授权支付额度30万元。

财务会计账务处理	预算会计账务处理
借：零余额账户用款额度　　300 000 　贷：财政拨款收入——项目支出　　300 000	借：资金结存——零余额账户用款额度 　　300 000 　贷：财政拨款预算收入——项目支出 　　300 000

【例3-6】承例3-3，12月3日，单位业务部门员工出差回来，报销差旅费5 000元，交回现金3 000元。

财务会计账务处理	预算会计账务处理
借：业务活动费用——商品和服务费用 　　5 000 　库存现金　　3 000 　贷：其他应收款　　8 000	借：事业支出——基本支出——非财政支出 　　5 000 　贷：资金结存——货币资金　　5 000

【例3-7】12月3日，单位开展科研事业活动产生收入1万元，款项未收。

财务会计账务处理	预算会计账务处理
借：应收账款　　10 000 　贷：事业收入　　10 000	不做账务处理

【例 3-8】为方便购物，单位设立支付宝第三方支付平台账户，12 月 3 日，以银行存款转入支付宝第三方支付平台账户 1 万元。

财务会计账务处理	预算会计账务处理
借：其他货币资金　　10 000 　贷：银行存款　　10 000	不做账务处理

【例 3-9】12 月 4 日，单位收到代理银行转来的《财政授权支付额度到账通知书》，其中用于单位人员经费支出的用款额度 30 万元，用于开展日常业务活动的用款额度 10 万元。

财务会计账务处理	预算会计账务处理
借：零余额账户用款额度　　400 000 　贷：财政拨款收入——基本支出——人员经费　　300 000 　　财政拨款收入——基本支出——日常公用经费　　100 000	借：资金结存——零余额账户用款额度　　400 000 　贷：财政拨款预算收入 　　——基本支出 　　　——人员经费　　300 000 　　　——日常公用经费　　300 000

【例 3-10】12 月 4 日，单位收到应上缴财政的事业收入 50 万元，以银行存款收讫。

财务会计账务处理	预算会计账务处理
借：银行存款　　500 000 　贷：应缴财政款——应缴财政专户　　500 000	不做账务处理

【例 3-11】12 月 5 日，单位预付某公司 2 万元教学项目设备采购款，以财政授权支付方式支付。

财务会计账务处理	预算会计账务处理
借：预付账款　　20 000 　贷：零余额账户用款额度　　20 000	借：事业支出——项目支出——财政支出　　20 000 　贷：资金结存——零余额账户用款额度　　20 000

【例 3－12】 12 月 5 日，单位支付 11 月份欠某材料供应商的应付材料款 3 万元，以银行转账方式支付。

财务会计账务处理	预算会计账务处理
借：应付账款　30 000 　贷：银行存款　30 000	借：事业支出——基本支出——非财政支出　30 000 　贷：资金结存——货币资金　30 000

【例 3－13】 12 月 5 日，单位购入一台业务用打印机，以财政授权支付方式支付 5 000 元，已验收使用。

财务会计账务处理	预算会计账务处理
借：固定资产　5 000 　贷：零余额账户用款额度　5 000	借：事业支出——基本支出——财政支出　5 000 　贷：资金结存——零余额账户用款额度　5 000

【例 3－14】 承例 3－10，12 月 5 日，单位将收到的事业收入 50 万元上缴财政专户。

财务会计账务处理	预算会计账务处理
借：应缴财政款——应缴财政专户　500 000 　贷：银行存款　500 000	不做账务处理

【例 3－15】 12 月 6 日，单位银行账户收到市卫生局转来的医疗财政补助款 10 万元。

财务会计账务处理	预算会计账务处理
借：银行存款　100 000 　贷：非同级财政拨款收入　100 000	借：资金结存——货币资金　100 000 　贷：非同级财政拨款预算收入　100 000

【例 3－16】 12 月 6 日，单位缴纳 11 月份代扣个人所得税 1.5 万元，以银行转账方式支付。

财务会计账务处理	预算会计账务处理
借：其他应交税费——应交个人所得税　15 000 　贷：银行存款　15 000	借：事业支出——基本支出——非财政支出　15 000 　贷：资金结存——货币资金　15 000

【例 3-17】 12 月 7 日，单位银行账户收到个人捐赠款 10 万元。

财务会计账务处理	预算会计账务处理
借：银行存款　100 000 　贷：捐赠收入　100 000	借：资金结存——货币资金　100 000 　贷：其他预算收入——捐赠收入　100 000

【例 3-18】 12 月 7 日，单位预付下一年度期刊杂志费 1 万元，以银行转账方式支付。

财务会计账务处理	预算会计账务处理
借：待摊费用　10 000 　贷：银行存款　10 000	借：事业支出——基本支出——非财政支出　10 000 　贷：资金结存——货币资金　10 000

【例 3-19】 12 月 7 日，单位以银行存款 75 万元投资于某企业，所支付的款项中包括已宣告但尚未发放的现金股利 5 万元。该投资占乙企业所有者权益的份额为 25%，采用权益法核算。

财务会计账务处理	预算会计账务处理
借：长期股权投资　700 000 　应收股利　50 000 　贷：银行存款　750 000	借：投资支出　750 000 　贷：资金结存——货币资金　750 000

【例 3-20】 12 月 8 日，单位购买一项专利权，价值 3 万元，以财政授权支付方式支付。

财务会计账务处理	预算会计账务处理
借：无形资产　30 000 　贷：零余额账户用款额度　30 000	借：事业支出——基本支出——财政支出　30 000 　贷：资金结存——零余额账户用款额度　30 000

【例 3-21】 12 月 8 日，单位收到某公司业务设备并通过验收，设备总

价为5万元，11月份预付2万元，以财政授权支付方式结清设备款3万元。

财务会计账务处理	预算会计账务处理
借：固定资产　50 000 　贷：预付账款　20 000 　　零余额账户用款额度　30 000	借：事业支出——基本支出——财政支出 　30 000 　贷：资金结存——零余额账户用款额度 　30 000

【例3－22】12月8日，单位发放专家咨询费（税后）2 000元，代扣个人所得税300元，以银行转账方式支付。

财务会计账务处理	预算会计账务处理
借：业务活动费用——商品和服务费用 　2 300 　贷：其他应交税费——应交个人所得税　300 　　银行存款　2 000	借：事业支出——基本支出——非财政支出 　2 000 　贷：资金结存——货币资金　2 000

【例3－23】12月9日，单位经批准捐赠专用设备一台，该设备原价5万元，已计提折旧4万元，捐赠过程中发生的归属于捐出方的相关费用300元，以现金方式支付。

财务会计账务处理	预算会计账务处理
借：固定资产累计折旧　40 000 　资产处置费用　10 000 　贷：固定资产　50 000 借：资产处置费用　300 　贷：库存现金　300	借：其他支出　300 　贷：资金结存——货币资金　300

【例3－24】12月9日，单位管理部门借备用金3 000元，以现金方式支付。

财务会计账务处理	预算会计账务处理
借：其他应收款　3 000 　贷：库存现金　3 000	不做账务处理

【例3－25】12月10日，单位为研究科研项目课题，购买专用设备一台，价值2.5万元，以银行转账方式支付，设备已验收交付使用。

财务会计账务处理	预算会计账务处理
借：固定资产 25 000 贷：银行存款 25 000	借：事业支出——项目支出——非财政支出 25 000 贷：资金结存——货币资金 25 000

【例 3－26】 12 月 10 日收到前期 G 债券尚未支付的利息 10 万元。

财务会计账务处理	预算会计账务处理
借：银行存款 100 000 贷：短期投资——G 债券 100 000	借：资金结存——货币资金 100 000 贷：投资支出——G 债券 100 000

【例 3－27】 12 月 10 日，单位根据月工资发放表计提工资：其中，业务部门 45 万元，管理部门 14 万元，代扣职工社保和住房公积金 8.85 万元，个人所得税 1.15 万元。

财务会计账务处理	预算会计账务处理
借：业务活动费用——工资福利费用 450 000 单位管理费用——工资福利费用 140 000 贷：应付职工薪酬——工资 590 000 借：应付职工薪酬——工资 100 000 贷：应付职工薪酬——社保公积金 88 500 其他应交税费——应交个人所得税 11 500	不做账务处理

【例 3－28】 12 月 10 日，单位以财政授权支付方式购入一台项目专用设备价值 6 万元，支付货款 90%，剩余 10% 作为质保金，两年之后支付。

财务会计账务处理	预算会计账务处理
借：固定资产 60 000 贷：零余额账户用款额度 54 000 长期应付款——质保金 6 000	借：事业支出——项目支出——财政支出 54 000 贷：资金结存——零余额账户用款额度 54 000

【例 3－29】 12 月 11 日，接受其他单位委托保管一批物资，根据委托单位提供的凭据，该批物资价值 20 万元，已验收入库。双方约定由本单位承担相关运杂费 5 000 元，以银行转账方式支付。

财务会计账务处理	预算会计账务处理
借：受托代理资产——受托保管物资 200 000 贷：受托代理负债 200 000	不做账务处理
借：其他费用 5 000 贷：银行存款 5 000	借：其他支出——其他 5 000 贷：资金结存——货币资金 5 000

【例 3－30】 12 月 12 日，单位收到某公司的履约保证金 5 000 元，一年后归还。

财务会计账务处理	预算会计账务处理
借：银行存款 5 000 贷：其他应付款——保证金 5 000	不做账务处理

【例 3－31】 12 月 12 日，单位领用工程物资 5 万元，用于二期工程建设。

财务会计账务处理	预算会计账务处理
借：在建工程 50 000 贷：工程物资 50 000	不做账务处理

【例 3－32】 12 月 12 日，单位支付水费 3 000 元，电费 5 000 元，以财政授权支付方式支付。

财务会计账务处理	预算会计账务处理
借：单位管理费用——商品和服务费用 8 000 贷：零余额账户用款额度 8 000	借：事业支出——基本支出——财政支出 8 000 贷：资金结存——零余额账户用款额度 8 000

【例 3－33】 12 月 13 日，单位科研项目组成员购买 3 万元实验材料，已验收，以银行转账方式支付。

财务会计账务处理	预算会计账务处理
借：库存物品 30 000 贷：银行存款 30 000	借：事业支出——项目支出——非财政支出 30 000 贷：资金结存——货币资金 30 000

【例 3－34】 12 月 14 日，单位管理部门报销交通费 2 000 元，以财政

授权支付方式支付。

财务会计账务处理	预算会计账务处理
借：单位管理费用——商品和服务费用 2 000 贷：零余额账户用款额度 2 000	借：事业支出——基本支出——财政支出 2 000 贷：资金结存——零余额账户用款额度 2 000

【例 3－35】 12 月 15 日，单位预付某科研所技术服务费 5 万元，以财政授权支付方式支付。

财务会计账务处理	预算会计账务处理
借：预付账款 50 000 贷：零余额账户用款额度 50 000	借：事业支出——基本支出——财政支出 50 000 贷：资金结存——零余额账户用款额度 50 000

【例 3－36】 12 月 15 日，单位用支付宝第三方支付平台账户购买职工学习用图书 100 本，金额 3 500 元。

财务会计账务处理	预算会计账务处理
借：单位管理费用——商品和服务费用 3 500 贷：其他货币资金 3 500	借：事业支出——基本支出——非财政支出 3 500 贷：资金结存——货币资金 3 500

【例 3－37】 12 月 15 日，单位在清理固定资产时报废设备一批，设备原值 30 万元，累计折旧 25 万元，变卖残值 2 万元，发生相关费用 2 万元，以银行转账方式支付。

财务会计账务处理	预算会计账务处理
借：固定资产累计折旧 250 000 待处理财产损溢 50 000 贷：固定资产 300 000 借：资产处置费用 50 000 贷：待处理财产损溢 50 000 借：银行存款 20 000 贷：待处理财产损溢 20 000 借：待处理财产损溢 20 000 贷：银行存款 20 000	不做账务处理

【例3－38】12月15日，单位发放本月职工工资，以财政授权支付方式支付。

财务会计账务处理	预算会计账务处理
借：应付职工薪酬——工资　490 000 　贷：零余额账户用款额度　490 000	借：事业支出——基本支出——财政支出　490 000 　贷：资金结存——零余额账户用款额度　490 000

【例3－39】12月16日，收到的受托代管物资保管结束，根据委托人要求发出该批保管物资。

财务会计账务处理	预算会计账务处理
借：受托代理负债　200 000 　贷：受托代理资产——受托保管物资　200 000	不做账务处理

【例3－40】12月16日，单位收到银行通知代扣本月电话费2 000元。

财务会计账务处理	预算会计账务处理
借：业务活动费用——商品和服务费用　2 000 　贷：银行存款　2 000	借：事业支出——基本支出——非财政支出　2 000 　贷：资金结存——货币资金　2 000

【例3－41】12月18日，单位收到某企业转来科研项目课题费30万元，按规定提取管理费1.5万元。

财务会计账务处理	预算会计账务处理
借：银行存款　300 000 　贷：预收账款　300 000 借：单位管理费用——商品和服务费用　15 000 　贷：预提费用　15 000	借：资金结存——货币资金　300 000 　贷：事业预算收入——项目资金收入　300 000 借：非财政拨款结转　15 000 　贷：非财政拨款结余　15 000

【例3－42】12月19日，单位业务部门报销职工培训费5 000元，以银行转账方式支付。

财务会计账务处理	预算会计账务处理
借：业务活动费用——商品和服务费用 5 000 贷：银行存款 5 000	借：事业支出——基本支出——非财政支出 5 000 贷：资金结存——货币资金 5 000

【例 3-43】12 月 20 日，收到某公司前欠款项 3 万元（不需上缴财政）。

财务会计账务处理	预算会计账务处理
借：银行存款 30 000 贷：应收账款 30 000	借：资金结存——货币资金 30 000 贷：事业预算收入 30 000

【例 3-44】12 月 20 日，单位捐赠扶贫单位 2 万元，以银行转账方式支付。

财务会计账务处理	预算会计账务处理
借：其他费用 20 000 贷：银行存款 20 000	借：其他支出 20 000 贷：资金结存——货币资金 20 000

【例 3-45】承例 3-19，12 月 20 日，单位收到购买某企业投资中所包含的未发放的现金股利 5 万元，存入银行。

财务会计账务处理	预算会计账务处理
借：银行存款 50 000 贷：应收股利 50 000	借：资金结存——货币资金 50 000 贷：投资支出 50 000

【例 3-46】12 月 21 日，单位银行账户收到财政返还的事业收入 50 万元。

财务会计账务处理	预算会计账务处理
借：银行存款 500 000 贷：事业收入 500 000	借：资金结存——货币资金 500 000 贷：事业预算收入 500 000

【例 3－47】12 月 22 日，单位业务部门维修设备支出 1.5 万元，以财政授权支付方式支付。

财务会计账务处理	预算会计账务处理
借：业务活动费用——商品和服务费用 15 000 贷：零余额账户用款额度 15 000	借：事业支出——基本支出——财政支出 15 000 贷：资金结存——零余额账户用款额度 15 000

【例 3－48】12 月 23 日，单位管理部门召开管理会议，以银行转账方式支付 2 万元。

财务会计账务处理	预算会计账务处理
借：单位管理费用——商品和服务费用 20 000 贷：银行存款 20 000	借：事业支出——基本支出——非财政支出 20 000 贷：资金结存——货币资金 20 000

【例 3－49】12 月 24 日，单位收到第四季度银行存款利息 5 000 元。

财务会计账务处理	预算会计账务处理
借：银行存款 5 000 贷：利息收入 5 000	借：资金结存——货币资金 5 000 贷：其他预算收入——利息收入 5 000

【例 3－50】承例 3－35，12 月 24 日，收到前述某科研所发来的技术服务结算清单，共发生服务费 2.8 万元。

财务会计账务处理	预算会计账务处理
借：业务活动费用——商品和服务费用 28 000 贷：预付账款 28 000	不做账务处理

【例 3－51】12 月 25 日，单位缴纳职工社保公积金共 33.6 万元，其中：业务部门 18.9 万元，管理部门 5.85 万元，代扣个人部分 8.85 万元，以财政授权支付方式支付。

财务会计账务处理	预算会计账务处理
借：业务活动费用——工资福利费用 189 000 单位管理费用——工资福利费用 58 500 应付职工薪酬——社保公积金 88 500 贷：零余额用款额度 336 000	借：事业支出——基本支出——财政支出 336 000 贷：资金结存——零余额用款额度 336 000

【例 3－52】 12 月 30 日，单位盘盈一项固定资产，确定成本为 2.5 万元，经核实，为以前年度取得，未予入账。按规定报经批准后，作为前期重要差错，做更正处理。

财务会计账务处理	预算会计账务处理
借：固定资产 25 000 贷：待处理财产损溢 25 000 借：待处理财产损溢 25 000 贷：以前年度盈余调整 25 000	不做账务处理

【例 3－53】 12 月 25 日，收到 G 债券持有期间利息 20 万元。

财务会计账务处理	预算会计账务处理
借：银行存款 200 000 贷：投资收益 200 000	借：资金结存——货币资金 200 000 贷：投资预算收益 200 000

【例 3－54】 12 月 25 日，单位摊销本月报刊费 1 000 元。

财务会计账务处理	预算会计账务处理
借：业务活动费用——商品和服务费用 1 000 贷：待摊费用 1 000	不做账务处理

【例 3－55】 12 月 26 日，单位管理部门报销租赁费 1 000 元，以银行转账方式支付。

财务会计账务处理	预算会计账务处理
借：单位管理费用——商品和服务费用　1 000 　贷：银行存款　1 000	借：事业支出——基本支出——非财政支出　1 000 　贷：资金结存——货币资金　1 000

【例 3－56】 12 月 26 日，单位购买科研项目用试剂 6 000 元，直接发放使用，以银行转账方式支付。

财务会计账务处理	预算会计账务处理
借：业务活动费用——商品和服务费用　6 000 　贷：银行存款　6 000	借：事业支出——项目支出——非财政支出　6 000 　贷：资金结存——货币资金　6 000

【例 3－57】 12 月 27 日，单位报销宣传用印刷费用 1.2 万元，以财政授权支付方式支付。

财务会计账务处理	预算会计账务处理
借：业务活动费用——商品和服务费用　12 000 　贷：零余额账户用款额度　12 000	借：事业支出——基本支出——财政支出　12 000 　贷：资金结存——零余额账户用款额度　12 000

【例 3－58】 承例 3－35，12 月 27 日，收到前述某科研所退回的预付账款 2.2 万元，存入零余额账户。

财务会计账务处理	预算会计账务处理
借：零余额账户用款额度　22 000 　贷：预付账款　22 000	借：事业支出——基本支出——财政支出　－22 000 　贷：资金结存——零余额账户用款额度　－22 000

【例 3－59】 12 月 28 日，单位完成项目工程价款 110 万元，按合同规定扣回预付备料款 20 万元，扣回工程保留金 5 万元，余款通过财政授权支付方式支付。

财务会计账务处理	预算会计账务处理
借：在建工程 1 100 000 贷：预付账款 200 000 其他应付款 50 000 零余额账户用款额度 850 000	借：事业支出——项目支出——财政支出 850 000 贷：资金结存——零余额账户用款额度 850 000

【例3-60】12月29日，单位发现应收A单位的账款1万元，存在不能收回的迹象，计提坏账准备1万元。

财务会计账务处理	预算会计账务处理
借：其他费用 10 000 贷：坏账准备 10 000	不做账务处理

【例3-61】12月30日，计提本年长期借款利息6 000元。

财务会计账务处理	预算会计账务处理
借：其他费用 6 000 贷：长期借款——应计利息 6 000	不做账务处理

【例3-62】承例3-4，12月30日，以130万元将短期投资G债券售出。

财务会计账务处理	预算会计账务处理
借：银行存款 1 300 000 贷：短期投资 1 000 000 投资收益 300 000	借：资金结存——货币资金 1 300 000 贷：投资支出 1 000 000 投资预算收益 300 000

【例3-63】12月30日，单位全年财政授权支付项目预算指标数为300万元，零余额账户实际收到用款额度295万元，未下达授权支付额度5万元。

财务会计账务处理	预算会计账务处理
借：财政应返还额度 50 000 贷：财政拨款收入——项目支出 50 000	借：资金结存——财政应返还额度 50 000 贷：财政拨款预算收入——项目支出 50 000

【例 3－64】承例 3－41，12 月 30 日，单位科研项目组完成合同规定任务的 30%，根据完成进度确认收入 9 万元。

财务会计账务处理	预算会计账务处理
借：预收账款 90 000 　贷：事业收入 90 000	不做账务处理

【例 3－65】12 月 30 日，单位计提本月固定资产折旧和无形资产摊销。其中：业务部门折旧费 5 万元，累计摊销 1 万元；管理部门折旧费 2 万元，累计摊销 0.6 万元。

财务会计账务处理	预算会计账务处理
借：业务活动费用——固定资产累计折旧 50 000 　单位管理费用——固定资产累计折旧 20 000 　贷：固定资产累计折旧 70 000 借：业务活动费用——无形资产累计推销 10 000 　单位管理费用——无形资产累计推销 6 000 　贷：无形资产累计摊销 16 000	不做账务处理

【例 3－66】12 月 30 日，单位年终盘点固定资产，发现盘亏专用设备一台，价值 6 000 元，已提折旧 5 000 元，属正常原因，按规定程序报批后批准核销。

财务会计账务处理	预算会计账务处理
借：待处理财产损溢 1 000 　固定资产累计折旧 5 000 　贷：固定资产 6 000 借：资产处置费用 1 000 　贷：待处理财产损溢 1 000	不做账务处理

【例 3－67】12 月 30 日，单位库存现金 10 万元存入银行。

财务会计账务处理	预算会计账务处理
借：银行存款　100 000 　贷：库存现金　100 000	不做账务处理

【例 3-68】12 月 30 日，单位盘点现金库发现，现金库比账面溢余 1 000 元，无法查明原因，报经批准后转作收入。

财务会计账务处理	预算会计账务处理
借：库存现金　1 000 　贷：待处理财产损溢　1 000 借：待处理财产损溢　1 000 　贷：其他收入　1 000	借：资金结存——货币资金　1 000 　贷：其他预算收入　1 000

【例 3-69】12 月 30 日，对不需要上缴财政的应收账款进行全面检查，发现 A 单位的账款 1 万元，存在不能收回的迹象，拟采用个别认定法计提坏账准备 0.6 万元。同时，发现应收 B 单位的账款 0.5 万元（前期已全额计提坏账准备）确实无法收回，报经批准后予以核销。

财务会计账务处理	预算会计账务处理
A 单位计提坏账准备、确认坏账损失 借：其他费用　6 000 　贷：坏账准备　6 000 B 单位核销应收账款（前期计提了坏账准备） 借：坏账准备　5 000 　贷：应收账款　5 000	不做账务处理

第三节　年末结转

一、单位年末财务会计结转

根据单位 12 月发生的经济业务所做的账务处理，得出 12 月末财务会计余额，如表 3-3 所示。

表 3－3（1）　　**12 月末财务会计科目余额表**　　单位：元

科目名称	期初余额		本期发生额		期末余额		科目名称	期初余额		本期发生额		期末余额	
	方向	余额	借方	贷方	方向	余额		方向	余额	借方	贷方	方向	余额
库存现金	借	8 000	104 000	111 300	借	700	短期借款	贷			300 000	贷	300 000
银行存款	借	4 282 000	3 610 000	2 551 000	借	5 341 000	其他应交税费	贷	15 000	15 000	11 800	贷	11 800
其中：受托代理资产	借	20 000	0	0	借	20 000	应缴财政款	贷		500 000	500 000	平	
零余额账户用款额度	借	1 280 000	722 000	2 002 000	平	0	应付职工薪酬	贷		678 500	678 500	平	
其他货币资金	借		10 000	3 500	借	6 500	应付账款	贷	380 000	30 000		贷	350 000
短期投资	借		1 100 000	1 100 000	借	0	预收账款	贷	640 000	90 000	300 000	贷	850 000
财政应返还额度	借		50 000		借	50 000	其他应付款	贷	260 000		55 000	贷	315 000
应收账款	借	59 000	10 000	35 000	借	34 000	预提费用	贷	50 000		15 000	贷	65 000
预付账款	借	300 000	70 000	270 000	借	100 000	长期借款	贷	230 000		6 000	贷	236 000
应收股利	平		50 000	50 000	平	0	长期应付款	贷	230 000		6 000	贷	236 000
其他应收款	借	20 000	11 000	8 000	借	23 000	受托代理负债	贷	150 000	200 000	200 000	贷	150 000
坏账准备	贷	10 000	5 000	16 000	贷	21 000	负债小计	贷	1 955 000	1 513 500	2 072 300	贷	2 513 800
库存物品	借	35 000	30 000		借	65 000							
待摊费用	借	1 000	10 000	1 000	借	10 000							
长期股权投资	平		700 000		借	700 000	累计盈余	贷	3 034 000			贷	3 034 000
固定资产	借	2 500 000	165 000	356 000	借	2 309 000	专用基金	贷	180 000			贷	180 000
固定资产累计折旧	贷	600 000	295 000	70 000	贷	375 000	本期盈余	贷	3 252 000		898 400	贷	4 150 400
工程物资	借	200 000		50 000	借	150 000	以前年度余额调整	平			25 000	贷	25 000
在建工程	借	230 000	1 150 000		借	1 380 000	无偿调拨净资产	贷	200 000			贷	200 000

续表

科目名称	期初余额		本期发生额		期末余额		科目名称	期初余额		本期发生额		期末余额	
	方向	余额	借方	贷方	方向	余额		方向	余额	借方	贷方	方向	余额
无形资产	借	200 000	30 000		借	230 000	净资产小计	贷	6 666 000	0	923 400	贷	7 589 400
无形资产累计摊销	贷	14 000		16 000	贷	30 000							
受托代理资产	借	130 000	200 000	200 000	借	130 000							
待处理财产损溢	平		97 000	97 000	平								
资产合计	借	8 621 000	7 819 000	6 732 800	借	10 103 200	负债及净资产合计	贷	8 621 000	1 513 500	2 995 700	贷	10 103 200

表 3-3（2）

科目名称	期初累计余额		本期发生额		期末累计余额		科目名称	期初累计余额		本期发生额		期末累计余额	
	方向	余额	借方	贷方	方向	余额		方向	余额	借方	贷方	方向	余额
财政拨款收入	贷	7 000 000		750 000	贷	7 750 000	业务活动费用	借	10 520 000	775 300		借	11 295 300
其中：基本支出	贷	4 360 000		400 000	贷	4 760 000	单位管理费用	借	5 635 000	274 000		借	5 909 000
项目支出	贷	2 640 000		350 000	贷	2 990 000	资产处置费用	借	20 000	61 300		借	81 300
事业收入	贷	12 440 000		600 000	贷	13 040 000	其他费用	借	160 000	47 000		借	207 000
非同级财政拨款收入	贷	32 000		100 000	贷	132 000							
投资收益	贷	0		500 000	贷	500 000							
捐赠收入	贷	36 000		100 000	贷	136 000							
利息收入	贷	15 000		5 000	贷	20 000							
租金收入	贷	21 000			贷	21 000							
其他收入	贷	43 000		1 000	贷	44 000							
合计	贷	19 587 000		2 056 000	贷	21 643 000	合计	借	16 335 000	1 157 600		借	17 492 600

依据表 3－3“12 月末财务会计科目余额表”进行财务会计年末结转。

【例 3－71】 结转 12 月收入。

财务会计账务处理	预算会计账务处理
借：财政拨款收入　750 000 　事业收入　600 000 　非同级财政拨款收入　100 000 　投资收益　500 000 　捐赠收入　100 000 　利息收入　5 000 　其他收入　1 000 　贷：本期盈余　2 056 000	不做账务处理

【例 3－72】 结转 12 月费用。

财务会计账务处理	预算会计账务处理
借：本期盈余　1 157 600 　贷：业务活动费用　775 300 　　单位管理费用　274 000 　　资产处置费用　61 300 　　其他费用　4 700	不做账务处理

【例 3－73】 将“本期盈余”转入“本年盈余分配”。

财务会计账务处理	预算会计账务处理
借：本期盈余　4 150 400 　贷：本年盈余分配　4 150 400 （“本期盈余”年末贷方余额＝3 252 000＋2 056 000－1 157 600＝4 150 400）	不做账务处理

【例 3－74】 按照预算会计计算的提取金额计提职工福利基金，职工福利基金提取参见预算会计结转中“对非财政拨款结余进行结转分配”。

财务会计账务处理	预算会计账务处理
借：本年盈余分配　472 740 　贷：专用基金　472 740	不做账务处理

【例 3－75】 将“本年盈余分配”账户的余额转入“累计盈余”。

财务会计账务处理	预算会计账务处理
借：本年盈余分配　3 677 660 　贷：累计盈余　3 677 660 （“本年盈余分配”账户贷方余额 = 4 150 400 - 472 740 = 3 677 660）	不做账务处理

【例3-76】将“无偿调拨资产”、“以前年度盈余调整”账户的余额转入“累计盈余”。

财务会计账务处理	预算会计账务处理
借：无偿调拨资产　200 000 　贷：累计盈余　200 000 借：以前年度盈余调整　25 000 　贷：累计盈余　25 000	不做账务处理

附注：结转后，累计盈余”年末贷方余额 = 3 034 000 + 3 677 660 + 200 000 + 25 000 = 6 936 660

二、单位年末预算会计结转

根据单位12月发生的经济业务所做的账务处理，得出单位12月末预算会计余额，如表3-4所示。

依据表3-4“12月末预算会计科目余额表”进行预算会计年末结转：

【例3-77】结转财政拨款预算收入和预算支出。

财务会计账务处理	预算会计账务处理
不做账务处理	借：财政拨款预算收入——基本支出　4 760 000 　　　　　　　　　——项目支出　2 990 000 　贷：财政拨款结转——本年收支结转 　　　　　　　　　——基本支出　4 760 000 　　　　　　　　　——项目支出　2 990 000 借：财政拨款结转——本年收支结转 　　　　　　　　——基本支出　4 760 000 　　　　　　　　——项目支出　2 890 000 　贷：事业支出——基本支出——财政支出　4 760 000 　　　　　　——项目支出——财政支出　2 890 000 （本年收支结转基本支出贷方余额 = 4 760 000 - 4 760 000 = 0 本年收支结转项目支出贷方余额 = 2 990 000 - 2 890 000 = 100 000）

表 3－4　　**12 月末预算会计科目余额表**　　单位：元

科目名称	期初累计余额		本期发生额		期末累计余额		科目名称	期初累计余额		本期发生额		期末累计余额	
	方向	余额	借方	贷方	方向	余额		方向	余额	借方	贷方	方向	余额
财政拨款预算收入	贷	7 000 000		750 000	贷	7 750 000	事业支出	借	15 425 000	2 034 500		借	17 459 500
其中：基本支出	贷	4 360 000		400 000	贷	4 760 000	其中：基本支出	借	10 834 500	1 049 500		借	11 884 000
项目支出	贷	2 640 000		350 000	贷	2 990 000	1. 财政支出	借	3 804 000	956 000		借	4 760 000
事业预算收入	贷	12 440 000		830 000	贷	13 270 000	2. 非财政支出	借	7 030 500	93 500		借	7 124 000
其中：项目资金收入	贷	3 000 000		300 000	贷	3 300 000	项目支出	借	4 590 500	985 000		借	5 575 500
债务预算收入	贷	0		300 000	贷	300 000	1. 财政支出	借	1 966 000	924 000		借	2 890 000
非同级财政拨款预算收入	贷	32 000		100 000	贷	132 000	2. 非财政支出	借	2 624 500	61 000		借	2 685 500
投资预算收益	平			500 000		500 000	投资支出	借	750 000	1 850 000	1 150 000	借	1 450 000
其他预算收入	贷	115 000		106 000	贷	221 000	其他支出	借	160 000	25 300		借	185 300
合计	贷	19 587 000	0	2 586 000	贷	22 173 000	合计	借	16 335 000	3 909 800	1 150 000	借	19 094 800

【例 3 – 78】年末冲销“财政拨款结转”账户有关明细账户余额。

财务会计账务处理	预算会计账务处理
不做账务处理	借：财政拨款结转——本年收支结转——项目支出结转 100 000 贷：财政拨款结转——累计结转 100 000

【例 3 – 79】结转非财政拨款项目资金收支。

财务会计账务处理	预算会计账务处理
不做账务处理	借：事业收入——项目资金收入 3 300 000 贷：非财政拨款结转——本年收支结转——项目支出 3 300 000 借：非财政拨款结转——本年收支结转——项目支出 2 685 500 贷：事业支出——项目支出——非财政支出 2 685 500 借：非财政拨款结转——本年收支结转——项目支出 614 500（3 300 000 – 2 685 500） 贷：非财政拨款结转——累计结转 614 500 借：非财政拨款结转——累计结转 614 500 贷：非财政拨款结余——结转转入 614 500

【例 3 – 80】结转其他结余。

财务会计账务处理	预算会计账务处理
不做账务处理	借：事业预算收入——非项目资金收入 9 970 000（13 270 000 – 3 300 000） 债务预算收入 300 000 非同级财政拨款收入 132 000 投资预算收益 500 000 其他预算收入 221 000 贷：其他结余 11 123 000 借：其他结余 8 759 300 贷：事业支出——基本支出——非财政支出 7 124 000 投资支出 1 450 000 其他支出 185 300

【例 3 – 81】对非财政拨款结余进行结转分配，计提职工福利基金。

财务会计账务处理	预算会计账务处理
不做账务处理	借：其他结余 2 363 700（11 123 000 - 8 759 300） 贷：非财政拨款结余分配　2 363 700 假设单位按照非财政拨款结余的 20% 计提职工福利基金，2 363 700 × 20% = 472 740（元） 借：非财政拨款结余分配　472 740 贷：专用结余　472 740 提取后，余额（2 363 700 - 472 740）转入非财政拨款结余： 借：非财政拨款结余分配　1 890 960 贷：非财政拨款结余——累计结余 1 890 960

三、年末结转后科目余额情况

年末结转后，财务会计科目余额情况如表 3 - 5 所示。

表 3 - 5　财务会计科目余额表（年终转账后）　单位：元

科目名称	期末余额		科目名称	期末余额	
	方向	余额		方向	余额
库存现金	借	700	短期借款	贷	300 000
银行存款	借	5 341 000	其他应交税费	贷	11 800
其中：受托代理资产	借	20 000	应付账款	贷	350 000
其他货币资金	借	6 500	预收账款	贷	850 000
财政应返还额度	借	50 000	其他应付款	贷	315 000
应收账款	借	34 000	预提费用	贷	65 000
预付账款	借	100 000	长期借款	贷	236 000
其他应收款	借	23 000	长期应付款	贷	236 000
坏账准备	贷	21 000	受托代理负债	贷	150 000
库存物品	借	65 000	负债小计	贷	2 513 800
待摊费用	借	10 000			
长期股权投资	借	700 000			
固定资产	借	2 309 000			
固定资产累计折旧	贷	375 000	累计盈余	贷	6 936 660
工程物资	借	150 000	专用基金	贷	652 740

续表

科目名称	期末余额		科目名称	期末余额	
	方向	余额		方向	余额
在建工程	借	1 380 000			
无形资产	借	230 000			
无形资产累计摊销	贷	30 000			
受托代理资产	借	130 000	净资产小计	贷	7 589 400
资产合计	借	10 103 200	负债及净资产合计	贷	10 103 200

第四节　会计报表

根据表 3－3“12 月末财务会计科目余额表（年终转账后）”、表 3－4“12 月末预算会计科目余额表”和表 3－5“财务会计科目余额表（年终转账后）”编制有关会计报表，如表 3－6 至 3－11 所示。

表 3－6　　**资产负债表**

会政财 01 表

编制单位：××单位　　××年 12 月 31 日　　单位：元

资产	期末余额	年初余额	负债和净资产	期末余额	年初余额
流动资产：		略	**流动负债：**		略
货币资金	5 328 200		短期借款	300 000	
短期投资			应交增值税	11 800	
财政应返还额度	50 000		其他应交税费		
应收票据			应缴财政款		
应收账款净额	13 000		应付职工薪酬		
预付账款	100 000		应付票据		
应收股利			应付账款	350 000	
应收利息			应付政府补贴款		
其他应收款净额	23 000		应付利息		
存货	65 000		预收账款	850 000	
待摊费用	10 000		其他应付款	315 000	
一年内到期的非流动资产			预提费用	65 000	
其他流动资产			一年内到期的非流动负债		

续表

资产	期末余额	年初余额	负债和净资产	期末余额	年初余额
流动资产合计	**5 589 200**		其他流动负债		
非流动资产：			**流动负债合计**	**1 891 800**	
长期股权投资	700 000		**非流动负债：**		
长期债券投资			长期借款	236 000	
固定资产原值	2 309 000		长期应付款	236 000	
减：固定资产累计折旧	375 000		预计负债		
固定资产净值	1 934 000		其他非流动负债		
工程物资	150 000		**非流动负债合计**	**472 000**	
在建工程	1 380 000		受托代理负债	150 000	
无形资产原值	230 000		**负债合计**	**2 513 800**	
减：无形资产累计摊销	30 000				
无形资产净值	200 000				
研发支出					
公共基础设施原值					
减：公共基础设施累计折旧（摊销）					
公共基础设施净值					
政府储备物资					
文物文化资产					
保障性住房原值					
减：保障性住房累计折旧			**净资产：**		
保障性住房净值			累计盈余	6 936 660	
长期待摊费用			专用基金	652 740	
待处理财产损溢			权益法调整		
其他非流动资产			无偿调拨净资产＊		—
非流动资产合计	**4 364 000**		本期盈余＊		—
受托代理资产	150 000		净资产合计	7 589 400	
资产总计	**10 103 20**		**负债和净资产合计**	**10 103 200**	

注1："货币资金"根据"库存现金"、"银行存款"（不包括其中受托代理资产）以及"其他货币资金"科目的借方余额填列；

注2："应收账款净额"根据"应收账款"科目借方余额和"坏账准备"科目贷方余额的差额填列；

注3："受托代理资产"根据"受托代理资产"和"银行存款"科目下的"其中：受托代理资产"科目借方余额填列；

注4：＊标识项目为月报项目，年报中不需列示。

表 3－7　　收入费用表

会政财 02 表

编制单位：××单位　　××年 12 月　　单位：元

项　目	本年数	上年数
一、本期收入	**21 643 000**	略
（一）财政拨款收入	7 750 000	
其中：政府性基金收入		
（二）事业收入	13 040 000	
（三）上级补助收入		
（四）附属单位上缴收入		
（五）经营收入		
（六）非同级财政拨款收入	132 000	
（七）投资收益	500 000	
（八）捐赠收入	136 000	
（九）利息收入	20 000	
（十）租金收入	21 000	
（十一）其他收入	44 000	
二、本期费用	**17 492 600**	
（一）业务活动费用	11 295 300	
（二）单位管理费用	5 909 000	
（三）经营费用		
（四）资产处置费用	81 300	
（五）上缴上级费用		
（六）对附属单位补助费用		
（七）所得税费用		
（八）其他费用	207 000	
三、本期盈余	**4 150 400**	

表 3－8　　净资产变动表

会政财 03 表

编制单位：××单位　　××年 12 月　　单位：元

项　目	本年数				上年数			
	累计盈余	专用基金	权益法调整	净资产合计	累计盈余	专用基金	权益法调整	净资产合计
一、上年年末余额	**3 034 000**	**180 000**		**3 214 000**				
二、以前年度盈余调整（减少以“－”号填列）	**25 000**		—	**25 000**		—	—	

续表

项　　目	本年数				上年数			
	累计盈余	专用基金	权益法调整	净资产合计	累计盈余	专用基金	权益法调整	净资产合计
三、本年年初余额	**3 059 000**	**180 000**		**3 239 000**				
四、本年变动金额（减少以“-”号填列）	**3 877 660**	**472 740**		**4 350 400**				
（一）本年盈余	4 150 400		—	4 150 400		—	—	
（二）无偿调拨净资产	200 000		—	200 000		—	—	
（三）归集调整预算结转结余			—			—	—	
（四）提取或设置专用基金	-472 740	472 740	—				—	
其中：从预算收入中提取			—		—		—	
从预算结余中提取	-472 740	472 740	—				—	
设置的专用基金			—		—		—	
（五）使用专用基金			—				—	
（六）权益法调整					—	—		
五、本年年末余额	**6 936 660**	**652 740**		**7 589 400**				

附注：“—”表示单元格不需要填列。

表 3-9　　　　　　**预算收入支出表**

会政预 01 表

编制单位：××单位　　　　××年 12 月　　　　单位：元

项　　目	本年数	上年数
一、本年预算收入	**22 173 000**	**略**
（一）财政拨款预算收入	7 750 000	
其中：政府性基金收入		
（二）事业预算收入	13 270 000	
（三）上级补助预算收入		
（四）附属单位上缴预算收入		
（五）经营预算收入		
（六）债务预算收入	300 000	

续表

项　　目	本年数	上年数
（七）非同级财政拨款预算收入	132 000	
（八）投资预算收益	500 000	
（九）其他预算收入	221 000	
其中：利息预算收入	20 000	
捐赠预算收入	136 000	
租金预算收入	21 000	
二、本年预算支出	**19 094 800**	
（一）行政支出		
（二）事业支出	17 459 500	
（三）经营支出		
（四）上缴上级支出		
（五）对附属单位补助支出		
（六）投资支出	1 450 000	
（七）债务还本支出		
（八）其他支出	185 300	
其中：利息支出		
捐赠支出	20 000	
三、本年预算收支差额	**3 078 200**	

表 3－10　　　　预算结转结余变动表

会政预 02 表

编制单位：××单位　　　　××年 12 月　　　　单位：元

项　　目	本年数	上年数
一、年初预算结转结余	**500 000**	
（一）财政拨款结转结余		
（二）其他资金结转结余	500 000	
二、年初余额调整（减少以"－"号填列）		
（一）财政拨款结转结余		
（二）其他资金结转结余		
三、本年变动金额（减少以"－"号填列）	**3 078 200**	
（一）财政拨款结转结余	100 000	
1. 本年收支差额	100 000	
2. 归集调入		

续表

项　　目	本年数	上年数
3. 归集上缴或调出		
（二）其他资金结转结余	2 978 200	
1. 本年收支差额	2 978 200	
2. 缴回资金		
3. 使用专用结余		
4. 支付所得税		
四、年末预算结转结余	**3 578 200**	
（一）财政拨款结转结余	100 000	
1. 财政拨款结转	100 000	
2. 财政拨款结余		
（二）其他资金结转结余	3 478 200	
1. 非财政拨款结转		
2. 非财政拨款结余	2 825 460	
3. 专用结余	652 740	
4. 经营结余（如有余额，以“-”号填列）		

附注：年初预算结转结余为500 000元，其中，财政拨款结转结余0元，其他资金结转结余500 000元。

表3-11　　　　财政拨款预算收入支出表

会政预03表

编制单位：××单位　　　　××年12月31日　　　　单位：元

项　　目	年初财政拨款结转结余		调整年初财政拨款结转结余	本年归集调入	本年归集上缴或调出	单位内部调剂		本年财政拨款收入	本年财政拨款支出	年末财政拨款结转结余	
	结转	结余				结转	结余			结转	结余
一、一般公共预算财政拨款								7 750 000	7 650 000	100 000	
（一）基本支出								4 760 000	4 760 000		
1. 人员经费											
2. 日常公用经费											
（二）项目支出								2 990 000	2 890 000	100 000	
1. ××项目											
2. ××项目											
……											

续表

项目	年初财政拨款结转结余		调整年初财政拨款结转结余	本年归集调入	本年归集上缴或调出	单位内部调剂		本年财政拨款收入	本年财政拨款支出	年末财政拨款结转结余	
	结转	结余				结转	结余			结转	结余
二、政府性基金预算财政拨款											
（一）基本支出											
1. 人员经费											
2. 日常公用经费											
（二）项目支出											
1. ××项目											
2. ××项目											
……											
总计								7 750 000	7 650 000	100 000	

根据单位年末结转后的余额编制本年盈余与预算结余差异情况说明表，如表3－12所示。

表3－12　　本年盈余与预算结余的差异情况说明表

编制单位：××单位　　××年12月31日　　单位：元

项目	金额	备注
一、本年预算结余（本年预算收支差额）	3 078 200	
二、差异调节	1 072 200	
（一）重要事项的差异	410 200	
加：1. 当期确认为收入但没有确认预算收入	100 000	
（1）应收款项、预收账款确认的收入	100 000	例3－7、例3－64
（2）接受非货币性资产捐赠确认的收入		
2. 当期确认为预算支出但没有确认费用	1 705 500	
（1）支付应付款项、预付账款的支出	681 500	例3－11、例3－12、例3－16、例3－18、例3－35、例3－38、例3－51、例3－58
（2）为取得存货、政府储备物资等计入物资成本的支出	30 000	例3－33

续表

项　目	金额	备注（凭证号）
（3）为购建固定资产等的资本性支出	994 000	例3－13、例3－20、例3－21、例3－25、例3－28、例3－59
（4）偿还借款本息支出		
减：1. 当期确认为预算收入但没有确认为收入	630 000	
（1）收到应收款项、预收款项确认的预算收入	330 000	例3－41、例3－43、例3－52
（2）取得借款确认的预算收入	300 000	例3－2
2. 当期确认为费用但没有确认为预算支出	765 300	
（1）发出存货、政府储备物资等确认的费用		
（2）计提的折提费用和摊销费用	86 000	例3－65
（3）确认的资产处置费用（处置资产的价值）	61 000	例3－23、例3－37、例3－66
（4）应付款项、预付账款确认的费用	618 300	例3－22、例3－27、例3－50
（二）其他事项差异	662 000	例3－4、例3－19、例3－26、例3－41、例3－45、例3－54、例3－60、例3－61、例3－62、例3－70
三、本年盈余（本年收入费用的差异）	4 150 400	

附注：本表反映单位财务会计和预算会计因核算基础和核算范围不同所产生的本年盈余数与本年预算结余数之间的差异。

第四章　中小学校会计实务操作案例

第一节　单位基础资料

一、单位基本情况与重点会计科目介绍

某学校为一所市属中（小）学校，2019 年 1 月 1 日起执行《政府会计制度》，2019 年年初已完成新旧制度的衔接。该单位为全额纳入财政预算单位，并实行国库集中支付。单位非税收入实行收支两条线，收入部分全额上缴市财政非税收入管理部门，非税收入返还部分以财政拨款（预算）收入的形式根据单位用款申请批复下达。

单位行政、后勤等管理部门所发生的人员、办公等费用及使用的资产可以明晰地进行区分。

中小学校在会计核算过程中应当注意以下问题：（1）严格区分纳入财政预算资金和未纳入财政预算资金的不同。一般中小学校（民办教育机构除外）均为全额纳入财政预算单位，在单位进行教育教学活动中，可能存在着部分收费项目，在会计核算过程中，会计人员应注意这部分资金是否上缴财政部门（非税收入管理部门），并以何种形式返还单位（财政拨款还是事业收入）。（2）严格区分基本支出和项目支出的不同。中小学校的项目支出一般包括在建工程、设备设施购置、非常规重大教育教学活动等，严格区分基本支出和项目支出的不同，才能正确核算单位运行成本，为单位今后的部门预算提供准确的依据。（3）严格按照《政府收支分类科目》的要求进行辅助核算。在资金的支付过程中严格按照预算要求，合理规划和使用资金，杜绝挪用、挤占资金的现象出现。

中小学校在执行《政府会计制度》过程中，应当注意以下科目的使用：

（一）固定资产累计折旧

该科目核算单位计提的固定资产累计折旧。中小学校在使用该科目时要注意，纳入固定资产管理的文物、陈列品、图书、档案及以名义金额（人民币1元）计量的固定资产不计提折旧。

（二）在建工程

该科目核算单位在建的建设项目的工程实际成本。该科目应当设置“建筑安装工程投资”“设备投资”“待摊投资”“其他投资”“待核销基建支出”“基建转出投资”等明细科目。建筑安装项目工程发生的前期费用如勘察费、设计费及可行性研究费等应当计入项目工程成本，如为一个大项目由几个小项目构成，应当采用适当的方法在各小项目之间进行合理的分配。

（三）财务会计的“财政拨款收入”和预算会计的“财政拨款预算收入”

中小学校如有非税收入，并按规定上缴财政部门（非税收入管理部门），财政部门以财政预算的形式下达给单位的，应当计入“财政拨款收入”（财务会计）、“财政拨款预算收入”（预算会计），不应当计入“事业收入”（财务会计）、“事业预算收入”（预算会计）。

（四）“业务活动费用”和“单位管理费用”

“业务活动费用”核算单位为实现其职能目标，依法履职或开展专业业务活动及其辅助活动所发生的各项费用。“单位管理费用”核算事业单位本级行政及后勤管理部门开展管理活动发生的各项费用。单位在发生相关经济业务时应当准确判定应当计入“业务活动费用”还是“单位管理费用”，不应当追求简单只使用其中一个科目。

（五）事业支出

该科目核算单位开展专业业务活动及其辅助活动实际发生的各项现金流动。中小学校在使用该科目时除按照“财政拨款支出”“非财政专项资金支出”和“其他资金支出”等进行明细核算外，还应当按“基本支出”和“项目支出”进行明细核算。发生经济业务时要准确判定应当计入“基本支出”还是“项目支出”，不应为粉饰报表数据人为夸大或者缩小某项支出。

（六）专用结余

该科目核算事业单位按照规定从非财政拨款结余中提取的具有专门用途的资金的变动和滚存情况。中小学校在提取专用结余时只能从非财政拨款结余中提取，不能从财政性资金的结余中提取。

财务会计收入费用类科目明细科目设置如图 4－1、图 4－2 所示：

- 财政拨款收入
  - 一般公共预算财政拨款
    - 工资福利支出
    - 对个人和家庭的补助支出
    - 商品和服务支出
    - 资本性支出
  - 政府性基金预算财政拨款
    - 工资福利支出
    - 对个人和家庭的补助支出
    - 商品和服务支出
    - 资本性支出

图 4－1 “财政拨款收入”明细科目示意图

说明：“财政拨款收入”三级科目单位可根据财政部门要求和单位自身情况进行设定。

- 业务活动费用 & 单位管理费用
  - 工资福利费用
  - 对个人和家庭补助费用
  - 商品和服务费用
  - 固定资产折旧费
  - 无形资产摊销费

图 4－2 “业务活动费用”“单位管理费用”明细科目示意图

预算会计收入支出类科目明细科目设置如图 4－3、图 4－4 所示。

- 财政拨款预算收入
  - 基本支出
    - 人员经费
    - 日常公用经费
  - 项目支出
    - ××项目
    - ××项目

图 4－3 “财政拨款预算收入”明细科目示意图

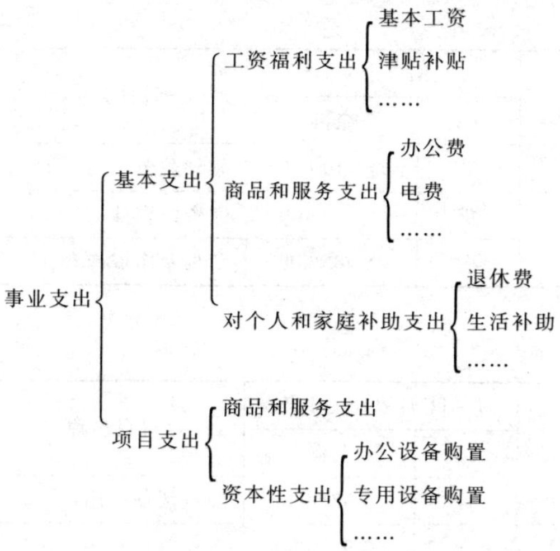

图 4－4　"事业支出"明细科目示意图

"事业支出"科目在设置明细科目时除按单位自身情况设置明细科目外，三级科目应当按照《政府收支分类科目》中"政府预算支出经济分类科目"设置。

二、单位会计科目余额情况

单位 11 月末财务会计科目和预算会计科目余额如表 4－1、4－2 所示：

表 4－1（1）　　11 月末财务会计科目余额表　　单位：元

科目名称	期末余额		科目名称	期末余额	
	方向	余额		方向	余额
库存现金	借	3 000	其他应缴税费	贷	1 000
银行存款	借	31 000	应付职工薪酬	贷	53 700
零余额账户用款额度	借	60 000	应付账款	贷	1 010 000
财政应返还额度	借	950 000	其他应付款	贷	7 000
其他应收款	借	50 000	预计负债	贷	10 000
坏账准备	贷	2 500	负债小计	贷	1 081 700
固定资产原价	借	3 000 000			
减：累计折旧	贷	1 610 000			
在建工程	借	3 000 000			

续表

科目名称	期末余额		科目名称	期末余额	
	方向	余额		方向	余额
无形资产原价	借	10 000	累计盈余	贷	4 403 700
减：累计摊销	贷	6 100	净资产合计	贷	4 403 700
资产合计	借	5 485 400	负债及净资产合计	贷	5 485 400

表 4－1（2）

科目名称	1～11 月累计发生数		科目名称	1～11 月累计发生数	
	方向	余额		方向	余额
财政拨款收入	贷	4 027 000	业务活动费用	借	3 648 500
其中：基本支出	贷	3 977 000	单位管理费用	借	428 300
项目支出	贷	50 000	其他费用	借	5 000
利息收入	贷	1 000	资产处置费用	借	13 000
合计	贷	4 028 000	合计	借	4 094 800

附注：

注 1：库存现金已与“现金日记账”核对无误，银行存款已与“实存往来资金户”核对无误，财政应返还额度年初与财政部门核对无误，零余额账户用款额度、财政应返还额度本期期初与支付系统中相关数据核对无误；

注 2：坏账准备按余额百分比法进行提取，提取比例为 5%；

注 3：固定资产中含有不应提取累计折旧的图书资产，在提取固定资产折旧时对这一部分资产按要求没有计提折旧。1～11 月的经济业务中，购置固定资产 5 万元，已提取固定资产累计折旧 11 万元。

注 4：在建工程为单位在建教学楼一幢，该教学楼截至上年末累计支出 100 万元，本年度 1～11 月累计支出 100 万元，11 月底，该教学楼工程已全部完工，并已进行了工程竣工审计，工程审定总价为 300 万元，但该工程尚未完成固定资产登记有关事项。财务会计已在“在建工程”中全额反映了工程总价 300 万元。

注 5：无形资产为单位以前年度购置的教学用软件一套 1 万元，该软件以前年度已计提累计摊销 0.5 万元，本年度 1～11 月提取累计摊销 0.11 万元；

注 6：其他应缴税费 0.1 万元，为代收的职工个人所得税，收取职工现金，收取时预算会计未作账务处理，若从工资中扣取个人所得税，参照 12 月份业务例 4－17、例 4－18；

注 7：应付职工薪酬为 11 月份从职工工资中扣取的养老保险、职业年金、医疗保险及住房公积金等单位代扣的款项；

注 8：应付账款 101 万，其中在建工程（教学楼）应付工程款 100 万元，单位上年度购置电脑 2 台，未付购置款 1 万元；

注 9：预计负债为单位前期发生的诉讼一起，已计入预计负债的金额为 1 万元；

注 10：财政拨款收入累计发生数为 402.7 万元，其中含为购置固定资产取得的 5 万元收入；

注 11：利息收入累计发生数 0.1 万元，为单位实存账户本年度前三个季度取得银行存款利息；

注 12：其他费用累计发生数 0.5 万元，为单位对外捐赠费用。

表 4－2　　11 月末预算会计科目余额表及 1～11 月份累计发生数　　单位：元

科目名称	年初数		1～11 月累计发生数		11 月末数	
	方向	金额	方向	累计数	方向	余额
一、资金结存	借	2 025 000	贷	939 000	借	1 086 000
二、结转结余合计	贷	2 025 000			贷	2 025 000
财政拨款结转	贷	2 010 000			贷	2 010 000
非财政拨款结余	贷	15 000			贷	15 000
三、收入类科目名称	1～11 月累计发生额		四、支出类科目名称		1～11 月累计发生额	
	方向	余额			方向	余额
财政拨款预算收入	贷	4 027 000	事业支出		借	4 967 000
其中：基本支出	贷	3 977 000	财政拨款支出——基本支出		借	3 917 000
项目支出	贷	50 000	财政拨款支出——项目支出		借	1 050 000
其他预算收入	贷	1 000				
合计	贷	4 028 000	合计		借	4 967 000

附注：

注 1：财政拨款预算收入 402.7 万元，其中，基本支出 397.7 万元，项目支出 5 万元，为单位购置固定资产；

注 2：其他预算收入 0.1 万元，为单位实存账户银行利息收入；

注 3：事业支出 496.7 万元，其中基本支出 391.7 万元，项目支出 105 万元（其中教学楼工程 100 万元，购置固定资产支出 5 万元）；

注 4：单位本年初预算会计各科目余额情况说明：（1）财政拨款结转 201 万元，均为项目支出结转，其中教学楼工程项目资金结转 200 万元，购置电脑款项未付结转 1 万元；（2）非财政拨款结余 1.5 万元，为单位以前年度非财政资金累计结余数。

第二节　主要经济业务与账务处理

该单位 12 月份发生以下经济业务，具体账务处理如下：

【例 4－1】 12 月 1 日，单位收到财政授权支付额度到账通知书，所列金额为 10 000 元。

财务会计账务处理	预算会计账务处理
借：零余额账户用款额度　10 000 　贷：财政拨款收入　10 000	借：资金结存——零余额账户用款额度　10 000 　贷：财政拨款预算收入——基本支出 10 000

【例4－2】12月1日，单位从零余额账户提取现金2 000元，作为备用金。

财务会计账务处理	预算会计账务处理
借：库存现金　　2 000 　贷：零余额账户用款额度　　2 000	借：资金结存——货币资金　　2 000 　贷：资金结存——零余额账户用款额度 　　　　2 000

【例4－3】12月2日，单位A职工（业务部门）预借差旅费1 000元。

财务会计账务处理	预算会计账务处理
借：其他应收款——A职工　　1 000 　贷：库存现金　　1 000	不做账务处理

【例4－4】12月2日，单位临时用工（请人打扫卫生等），支付零星劳务费用300元。

财务会计账务处理	预算会计账务处理
借：单位管理费用　　300 　贷：库存现金　　300	借：事业支出—财政拨款支出——基本支出 　　　　300 　贷：资金结存——货币资金　　300

【例4－5】12月2日，单位为了提高街面房的出租价值，经研究决定对街面房进行装饰装修，装修费用20 000元，预计受益期为4年，12月1日，装修到位，12月2日，单位以财政直接支付方式一次性付清了装修款项。

财务会计账务处理	预算会计账务处理
借：长期待摊费用——街面房装修　　20 000 　贷：财政拨款收入　　20 000	借：其他支出——财政拨款支出——项目支出 　　　　20 000 　贷：财政拨款预算收入——项目支出 20 000

【例4－6】12月3日，单位通过财政授权支付方式（公务卡）支付管理部门职工差旅费1 300元。

财务会计账务处理	预算会计账务处理
借：单位管理费用　1 300 　贷：零余额账户用款额度　1 300	借：事业支出——财政拨款支出——基本支出　1 300 　贷：资金结存——零余额账户用款额度　1 300

【例4－7】 12月4日，A职工报销差旅费，费用共计1 500元，冲抵已借的1 000元后，通过财政授权支付方式（公务卡）支付500元。

财务会计账务处理	预算会计账务处理
借：业务活动费用　1 500 　贷：其他应收款——A职工　1 000 　　零余额账户用款额度　500	借：事业支出——财政拨款支出——基本支出　1 500 　贷：资金结存——零余额账户用款额度　1 500

【例4－8】 12月4日，单位B职工因重大疾病住院治疗，且家庭困难，经研究，单位以财政授权方式借给该职工20 000元以解决其住院困难。

财务会计账务处理	预算会计账务处理
借：其他应收款——B职工　20 000 　贷：零余额账户用款额度　20 000	不做账务处理

【例4－9】 12月4日，单位拟对一幢教学用房进行改造，按照设计，该用房改造完成后：①可增加使用面积200平方米，②可使该建筑的使用年限延长10年。经查账，该建筑原固定资产入账价值500 000元，已提固定资产累计折旧100 000元。

财务会计账务处理	预算会计账务处理
借：在建工程　400 000 　固定资产累计折旧　100 000 　贷：固定资产　500 000	不做账务处理

【例4－10】 12月5日，单位委托丁公司（软件开发公司）代为开发一项教学管理系统软件，合同金额30 000万，按照合同约定，在合同签订后，预付15 000元，软件开发完成后支付10 000元，交付使用后，软件运

行正常再付清余款5 000元。目前合同已签定，预付款项已通过财政直接支付的方式予以支付。

财务会计账务处理	预算会计账务处理
借：预付账款——丁公司 15 000 贷：财政拨款收入 15 000	借：事业支出——财政拨款支出——项目支出 15 000 贷：财政拨款预算收入——项目支出 15 000

【例4－11】12月5日，单位拟购入办公家具一批，金额共计30 000元，经财政（采购）部门审批，同意单位自行采购，经与乙公司协商，乙公司同意以最优惠的价格供货，但要求单位在供货前预付货款10 000元，经单位审批同意后，财务部门以财政直接支付的方式付给商家10 000元。

财务会计账务处理	预算会计账务处理
借：预付账款——乙公司 10 000 贷：财政拨款收入 10 000	借：事业支出——财政拨款支出——项目支出 10 000 贷：财政拨款预算收入——项目支出 10 000

【例4－12】12月6日，单位购入教学设备一台，金额80 000元，该设备通过政府采购形式公开询价招标，按照招标文件规定及合同要求，该设备的安装调试费用由单位承担，目前调试已到位，费用共计2 000元。单位已验收合格并向对方支付了有关款项。

财务会计账务处理	预算会计账务处理
借：固定资产 82 000 贷：财政拨款收入 82 000	借：事业支出——财政拨款支出——项目支出 82 000 贷：财政拨款预算收入——项目支出 82 000

【例4－13】12月6日，单位前期发生的诉讼，计入预计负债的金额为10 000元，目前该案件已审理完结，根据法院判决，单位应赔偿对方12 000元，单位服从判决，并支付对方12 000元。

财务会计账务处理	预算会计账务处理
借：预计负债 10 000 其他费用 2 000 贷：财政拨款收入 12 000	借：其他支出——财政拨款支出——基本支出 12 000 贷：财政拨款预算收入——基本支出 12 000

【例 4－14】 12 月 7 日，单位收到省教育部门拨来的名师工作室工作经费 10 000 元。

财务会计账务处理	预算会计账务处理
借：银行存款　10 000 　贷：非同级财政拨款收入　10 000	借：资金结存——货币资金　10 000 　贷：非同级财政拨款预算收入　10 000

【例 4－15】 12 月 7 日，单位为科学实验室从外地订购了实验耗材一批，金额 5 500 元，按照合同约定：单位在收到对方发出物品的证明后，即支付货款 5 500 元。单位已收到对方发出物品的证明，并以财政直接支付方式付款。

财务会计账务处理	预算会计账务处理
借：在途物品　5 500 　贷：财政拨款收入　5 500	借：事业支出——财政拨款支出——基本支出　5 500 　贷：财政拨款预算收入——基本支出　5 500

【例 4－16】 12 月 7 日，计提当月职工工资。当月单位职工工资表所示信息如下：应发工资 318 800 元，按人员分类，教育教学人员应发工资 293 220元，行政后勤管理人员应发工资 25 580 元；按项目分，基本工资 159 000元，津贴补贴 18 800 元，绩效工资 107 000 元，住房公积金补助 34 000元。

财务会计账务处理	预算会计账务处理
借：业务活动费用　293 220 　单位管理费用　25 580 　贷：应付职工薪酬——基本工资　159 000 　　——津贴补贴　18 800 　　——绩效工资　107 000 　　——住房公积金　34 000	不做账务处理

【例 4－17】 12 月 8 日，单位发放职工工资，并代扣职工住房公积金个人部分 15 000 元，养老保险及职业年金个人缴费部分 33 000 元，医疗保险个人部分 5 700，代扣个人所得税 500 元，代扣工会会费全年个人部分 19 000元。工资以财政直接支付方式支付。

财务会计账务处理	预算会计账务处理
借：应付职工薪酬——基本工资 159 000 ——津贴补贴 18 800 ——绩效工资 107 000 贷：应付职工薪酬——住房公积金 15 000 ——养老保险及职业年金 33 000 ——医疗保险 5 700 其他应缴税费——个人所得税 500 其他应付款——工会会费 19 000 财政拨款收入 211 600	借：事业支出——财政拨款支出——基本支出 211 600 贷：财政拨款预算收入——基本支出 211 600

【例4-18】 12月8日，支付上月代扣的住房公积金49 000元（其中：单位部分34 000元，个人部分15 000元），养老保险及职业年金个人部分33 000元，个人所得税1 000元；支付本月代扣的医疗保险个人部分5 700元，工会会费全年个人部分19 000元，所有款项以财政直接支付的方式支付。

财务会计账务处理	预算会计账务处理
借：应付职工薪酬——住房公积金 49 000 ——养老保险及职业年金 33 000 ——医疗保险 5 700 其他应缴税费——个人所得税 1 000 其他应付款——工会会费 19 000 贷：财政拨款收入 107 700	借：资金结存——货币资金 1 000 事业支出——财政拨款支出——基本支出 106 700 贷：财政拨款预算收入——基本支出 107 700

【例4-19】 12月9日，单位购买办公用品一批，金额3 500元，已验收入库，并以财政直接支付的方式支付了有关款项。

财务会计账务处理	预算会计账务处理
借：库存物品 3 500 贷：财政拨款收入 3 500	借：事业支出——财政拨款支出——基本支出 3 500 贷：财政拨款预算收入——基本支出 3 500

【例4-20】 12月9日，教研组人员领取办公用品一批，金额1 500元，财务部门依据有关出库凭证进行账务处理。

财务会计账务处理	预算会计账务处理
借：业务活动费用 1 500 贷：库存物品 1 500	不做账务处理

【例 4－21】 12 月 10 日，单位办公室领用办公用品一批，金额 1 200 元，财务部门依据有关出库凭证进行账务处理。

财务会计账务处理	预算会计账务处理
借：单位管理费用　　1 200 　贷：库存物品　　1 200	不做账务处理

【例 4－22】 接例 4－10，12 月 11 日，丁软件公司完成了软件开发工作，并将开发好的软件交给单位，经单位使用部门测试，软件能够正常使用并满足管理需要。财务部门根据合同支付款项 10 000 元。

财务会计账务处理	预算会计账务处理
借：无形资产　　30 000 　贷：预付账款——丁公司　　15 000 　　应付账款——丁公司　　5 000 　　财政拨款收入　　10 000	借：事业支出——财政拨款支出——项目支出 　　10 000 　贷：财政拨款预算收入——项目支出 10 000

【例 4－23】 12 月 11 日，劳动监察部门返还单位为教学楼工程缴纳的保证金 50 000 元，该款项存入单位实存账户。

财务会计账务处理	预算会计账务处理
借：银行存款　　50 000 　贷：其他应收款——教学楼保证金　　50 000	不做账务处理

【例 4－24】 12 月 12 日，单位收到以转账方式转来的已竣工验收的教学楼质量保证金 90 000 元。

财务会计账务处理	预算会计账务处理
借：银行存款　　90 000 　贷：其他应付款——质量保证金——甲公司 　　90 000	不做账务处理

【例 4－25】 12 月 12 日，单位以财政直接支付方式支付已竣工验收并完成审计的教学楼工程余款 1 000 000 元，其中 950 000 元使用以前年度财政应返还额度指标，50 000 元使用实存户资金，工程质量保证金 90 000 元已收取。

财务会计账务处理	预算会计账务处理
借：应付账款——甲公司　1 000 000 　贷：财政应返还额度　950 000 　　银行存款　50 000	借：事业支出——财政拨款支出——项目支出　1 000 000 　贷：资金结存——财政应返还额度　950 000 　　——货币资金　50 000

【例 4 – 26】12 月 13 日，已竣工验收的教学楼单位办好了固定资产登记有关事项，按照审计报告，该教学楼最终审定总价为 300 万元。

财务会计账务处理	预算会计账务处理
借：固定资产　3 000 000 　贷：在建工程——教学楼　3 000 000	不做账务处理

【例 4 – 27】12 月 13 日，单位为图书室购置图书一批，金额共计 22 000 元，经有关部门审批，该批图书单位自行采购，目前图书已全部到位并验收入库，财务部门以财政直接支付方式支付了有关款项。

财务会计账务处理	预算会计账务处理
借：固定资产　22 000 　贷：财政拨款收入　22 000	借：事业支出——财政拨款支出——项目支出　22 000 　贷：财政拨款预算收入——项目支出　22 000

【例 4 – 28】12 月 14 日，单位从其他单位调入固定资产一批，经评估，该批固定资产的成本为 35 000 元，在该批固定资产交接过程中发生税费、运杂费等支出 1 500 元，单位已经以银行存款支付。

财务会计账务处理	预算会计账务处理
借：固定资产　36 500 　贷：银行存款　1 500 　　无偿调拨净资产　35 000	借：其他支出——其他资金支出——项目支出　1 500 　贷：资金结存——货币资金　1 500

【例 4 – 29】12 月 15 日，单位在进行资产清查时，盘亏电脑一台，经查账，该电脑入账价值 4 500 元，已提固定资产累计折旧 1 500 元。

财务会计账务处理	预算会计账务处理
借：待处理财产损溢　3 000 固定资产累计折旧　1 500 贷：固定资产　4 500	不做账务处理

【例 4 - 30】 接例 4 - 15，12 月 16 日，单位收到从外地订购的实验耗材一批，实际金额 6 000 元，多出合同部分的实验耗材 500 元单位同意留下并向对方支付有关款项，全部实验耗材已验收入库，财务部门以财政直接支付的方式已向对方付款 500 元。

财务会计账务处理	预算会计账务处理
借：库存物品　6 000 贷：在途物品　5 500 财政拨款收入　500	借：事业支出——财政拨款支出——基本支出　500 贷：财政拨款预算收入——基本支出　500

【例 4 - 31】 12 月 17 日，单位 B 职工因病去世，其亲属确无力归还预借单位的款项 20 000 元，经单位研究并报请有关部门批准，同意作为坏账予以核销。

财务会计账务处理	预算会计账务处理
借：坏账准备　20 000 贷：其他应收款——B 职工　20 000	借：其他支出——财政拨款支出——基本支出　20 000 贷：资金结存——零余额账户用款额度　20 000

【例 4 - 32】 12 月 18 日，单位有街面房数间，12 月 1 日起出租给丙公司，年租金 36 000 元，按照合同约定，租金于每半年期满收取一次，第一次收取租金的时间为下年 6 月 1 日，应收租金 18 000 元，计算本月应收租金。

财务会计账务处理	预算会计账务处理
借：应收账款——丙公司　3 000 贷：应缴财政款　3 000	不做账务处理

【例 4 - 33】 12 月 18 日，单位接受其他单位捐赠的专用材料一批，价

值 1 000 元，已由有关业务部门领用。

财务会计账务处理	预算会计账务处理
借：库存物品 1 000 贷：捐赠收入 1 000 借：业务活动费用 1 000 贷：库存物品 1 000	不做处理

【例 4－34】接例 4－22，12 月 19 日，丁公司开发的教学软件正式运行后，单位认为运行良好，使用方便，财务部门按要求支付了剩余的 5 000 元。

财务会计账务处理	预算会计账务处理
借：应付账款——丁公司 5 000 贷：财政拨款收入 5 000	借：事业支出——财政拨款支出——项目支出 5 000 贷：财政拨款预算收入——项目支出 5 000

【例 4－35】接例 4－11，12 月 20 日，单位购置的办公家具（合同总价为 30 000 元）送到，验收合格并已记入资产管理系统，余款 20 000 元通过财政直接支付方式支付。

财务会计账务处理	预算会计账务处理
借：固定资产 30 000 贷：预付账款——乙公司 10 000 财政拨款收入 20 000	借：事业支出——财政拨款支出——项目支出 20 000 贷：财政拨款预算收入——项目支出 20 000

【例 4－36】12 月 20 日，前述教学用房改造工程发生改造费用 50 000 元，为按工程施工进度支付给施工单位的工程款。

财务会计账务处理	预算会计账务处理
借：在建工程 50 000 贷：财政拨款收入 50 000	借：事业支出——财政拨款支出——项目支出 50 000 贷：财政拨款预算收入——项目支出 50 000

【例 4－37】12 月 21 日，单位向保安公司支付安保人员本月工资 5 400 元，款项通过财政直接支付方式支付。

财务会计账务处理	预算会计账务处理
借：单位管理费用　5 400 　贷：财政拨款收入　5 400	借：事业支出——财政拨款支出——基本支出　5 400 　贷：财政拨款预算收入——基本支出　5 400

【例 4－38】 12 月 22 日，单位以财政直接支付方式支付本月水费（行政管理部分与业务活动部门分表计数，分别为 500 元、1 500 元）。

财务会计账务处理	预算会计账务处理
借：单位管理费用　500 　业务活动费用　1 500 　贷：财政拨款收入　2 000	借：事业支出——财政拨款支出——基本支出　2 000 　贷：财政拨款预算收入——基本支出　2 000

【例 4－39】 12 月 22 日，单位以财政直接支付方式支付本月电费（行政管理部分与业务活动部门分表计数，分别为 800 元，2 200 元）。

财务会计账务处理	预算会计账务处理
借：单位管理费用　800 　业务活动费用　2 200 　贷：财政拨款收入　3 000	借：事业支出——财政拨款支出——基本支出　3 000 　贷：财政拨款预算收入——基本支出　3 000

【例 4－40】 12 月 23 日，单位订阅下年度报刊杂志，费用共计 12 000 元，款项已经以财政直接支付方式支付。

财务会计账务处理	预算会计账务处理
借：待摊费用　12 000 　贷：财政拨款收入　12 000	借：事业支出——财政拨款支出——基本支出　12 000 　贷：财政拨款预算收入——基本支出 12 000

【例 4－41】 12 月 23 日，单位财务部门收到单位党支部委托保管的款项（党员党费）820 元。

财务会计账务处理	预算会计账务处理
借：库存现金　820 　贷：受托代理负债　820	不做账务处理

【例 4－42】 12 月 24 日，拨付本月单位部分工会经费 6 400 元。

财务会计账务处理	预算会计账务处理
借：单位管理费用　6 400 　贷：财政拨款收入　6 400	借：事业支出——财政拨款支出——基本支出　6 400 　贷：财政拨款预算收入——基本支出　6 400

【例 4－43】 12 月 24 日，名师工作室人员报销培训费用 6 000 元。

财务会计账务处理	预算会计账务处理
借：业务活动费用　6 000 　贷：银行存款　6 000	借：事业支出——其他资金支出——基本支出　6 000 　贷：资金结存——货币资金　6 000

【例 4－44】 12 月 25 日，职工领取医疗费 2 000 元，该款项为前期市医保中心拨来的职工住院报销款项。

财务会计账务处理	预算会计账务处理
借：其他应付款　2 000 　贷：库存现金　2 000	不做账务处理

【例 4－45】 12 月 25 日，单位收到银行存款利息 350 元。

财务会计账务处理	预算会计账务处理
借：银行存款　350 　贷：利息收入　350	借：资金结存——货币资金　350 　贷：其他预算收入　350

【例 4－46】 12 月 26 日，单位以财政授权方式支付前期未付电脑款 10 000 元。

财务会计账务处理	预算会计账务处理
借：应付账款　10 000 　贷：零余额账户用款额度　10 000	借：事业支出——财政拨款支出——项目支出　10 000 　贷：资金结存——零余额账户用款额度　10 000

【例 4－47】 12 月 26 日，单位用其他资金购置零星办公用品一批（即买即用），金额 5 000 元。

财务会计账务处理	预算会计账务处理
借：业务活动费用　　5 000 　贷：银行存款　　5 000	借：事业支出——其他资金支出——基本支出 　　5 000 　贷：资金结存——货币资金　　5 000

【例 4－48】 12 月 27 日，单位慰问家庭困难学生，发生费用共计 2 000 元，以财政授权支付方式支付。

财务会计账务处理	预算会计账务处理
借：单位管理费用　　2 000 　贷：零余额账户用款额度　　2 000	借：事业支出——财政拨款支出——基本支出 　　2 000 　贷：资金结存——零余额账户用款额度 　　2 000

【例 4－49】 12 月 28 日，单位庆祝活动演出共发生如下费用，演出服装租赁费用 1 500 元，化妆费用 1 200 元，演出场所租赁费用 500 元，租车费用 900 元。以银行转账方式支付。

财务会计账务处理	预算会计账务处理
借：业务活动费用　　4 100 　贷：银行存款　　4 100	借：事业支出——其他资金支出——基本支出 　　4 100 　贷：资金结存——货币资金　　4 100

【例 4－50】 12 月 29 日，其他学校有关人员来校交流，单位发生公务接待费用 500 元，以现金支付。

财务会计账务处理	预算会计账务处理
借：单位管理费用　　500 　贷：库存现金　　500	借：事业支出——其他资金支出——基本支出 　　500 　贷：资金结存——货币资金　　500

【例 4－51】 12 月 31 日，摊销街面房装修费用，摊销期为 4 年，每月应摊销 417 元，每年应摊销 5 000 元。

财务会计账务处理		预算会计账务处理
借：其他费用 贷：长期待摊费用——街面房装修	417 417	不做账务处理

【例 4－52】承例 4－29，12 月 31 日，单位盘亏的电脑，经单位审批，同意核销。

财务会计账务处理		预算会计账务处理
借：资产处置费用 贷：待处理财产损溢	3 000 3 000	不做账务处理

【例 4－53】12 月 31 日，按月计提固定资产累计折旧，当月应提取固定资产累计折旧 10 000 元，其中应当计入单位管理费用 4 000 元（行政后勤等管理部门使用的资产），应当计入业务活动费用 6 000 元（教育教学有关 部门使用的资产）。

财务会计账务处理		预算会计账务处理
借：单位管理费用 业务活动费用 贷：固定资产累计折旧	4 000 6 000 10 000	不做账务处理

【例 4－54】12 月 31 日，按月计提无形资产累计摊销，当月应提取无形资产累计摊销 100 元（教育教学部门使用）。

财务会计账务处理		预算会计账务处理
借：业务活动费用 贷：无形资产累计摊销	100 100	不做账务处理

【例 4－55】12 月 31 日，年末计提坏账准备，坏账准期初贷方余额 2 500 元，本月借方发生数 20 000 元，年末余额额 0 元，年末应补提 17 500 元。

财务会计账务处理		预算会计账务处理
借：其他费用 贷：坏账准备	17 500 17 500	不做账务处理

【例 4－56】12 月 31 日，将没有使用完的零余额账户用款额度 34 200（本年度共申请额度 70 000 元，已使用 35 800 元，未使用 34 200 元）转入

财政应返还额度。

财务会计账务处理	预算会计账务处理
借：财政应当返还额度　34 200 　贷：零余额账户用款额度　34 200	不做账务处理

【例 4 –57】12 月 31 日，将本年度没有使用完的预算指标计入收入，经对单位支付系统核查，年末单位尚未使用的预算指标 192 200 元，其中一般预算指标 92 200 元，项目预算指标 100 000 元。

财务会计账务处理	预算会计账务处理
借：财政应返还额度　192 200 　贷：财政拨款收入　192 200	借：资金结存——财政应返还额度　192 200 　贷：财政拨款预算收入——基本支出 92 200 　　——项目支出 　　100 000

附注：单位年末应收款项 3 000 元，为收回后需要上缴财政的应收账款，故不对其提取坏账准备。

第三节　年末结转

一、单位年末财务会计结转

根据单位 12 月份经济业务及所进行的账务处理，对各会计科目进行汇总，并根据期初余额情况，计算出各科目期末余额，如表 4 –3 所示。

依据表 4 –3 “12 月末财务会计科目余额表（结转前）”进行财务会计年末结转。

【例 4 –58】结转 12 月份收入类科目，具体账务处理如下：

财务会计账务处理	预算会计账务处理
借：财政拨款收入　805 800 　非同级财政拨款收入　10 000 　捐赠收入　1 000 　利息收入　350 　贷：本期盈余　817 150	不做账务处理

表 4－3（1）　　12 月末财务会计科目余额表（结转前）　　单位：元

科目名称	期初余额		本期发生数		期末余额		科目名称	期初余额		本期发生数		期末余额	
	方向	余额	借方	贷方	方向	余额		方向	余额	借方	贷方	方向	余额
库存现金	借	3 000	2 820	3 800	借	2 020	其他应交税费	贷	1 000	1 000	500	贷	500
银行存款	借	31 000	150 350	66 600	借	114 750	应缴财政款	贷			3 000	贷	3 000
零余额账户用款额度	借	60 000	10 000	70 000	借	0	应付职工薪酬	贷	53 700	372 500	372 500	贷	53 700
财政应返款额度	借	950 000	226 400	950 000	借	226 400	应付账款	贷	1 010 000	1 015 000	5 000	贷	0
应收账款	借		3 000		借	3 000	其他应付款	贷	7 000	21 000	109 000	贷	95 000
预付账款	借		25 000	25 000	借	0	预计负债	贷	10 000	10 000		贷	0
其他应收款	借	50 000	21 000	71 000	借	0	受托代理负债	贷			820	贷	820
坏账准备	贷	2 500	20 000	17 500	平	0	负债小计	贷	1 081 700	1 419 500	490 820	贷	153 020
在途物品	借		5 500	5 500	借	0							
库存物品	借		10 500	3 700	借	6 800							
待摊费用	借		12 000		借	12 000							
固定资产	借	3000 000	3 170 500	504 500	借	5 666 000							
固定资产累计折旧	贷	1 610 000	101 500	10 000	贷	1 518 500	累计盈余	贷	4 470 500			贷	4 470 500
在建工程	借	3000 000	450 000	3000 000	借	450 000	本期盈余	贷	－66 800			贷	－66 800
无形资产	借	10 000	30 000		借	40 000	无偿调拨净资产	贷			35 000	贷	35 000
无形资产累计摊销	贷	6 100		100	贷	6 200	净资产类合计	贷	4 403 700	0	35 000	贷	4 438 700
长期待摊费用	借		20 000	417	借	19 583							
待处理财产损溢	借		3 000	3 000	借	0							
资产类合计	借	5 485 400	4 261 570	4 731 117	借	5 015 853	负债及净资产合计	贷	5 485 400	1 419 500	525 820	贷	4 591 720

表 4－3（2）

科目名称	期初累计发生额		本期发生额		期末累计发生额		科目名称	期初累计发生额		本期发生额		期末累计发生额	
	方向	余额	借方	贷方	方向	余额		方向	余额	借方	贷方	方向	余额
财政拨款收入	贷	4 027000		805 800	贷	4 832 800	业务活动费用	借	3 648 500	322 120		借	3 970 620
非同级财政拨款收入	贷			10 000	贷	10 000	单位管理费用	借	428 300	47 980		借	476 280
捐赠收入	贷			1 000	贷	1 000	资产处置费用	借	13 000	3 000		借	16 000
利息收入	贷	1 000		350	贷	1 350	其他费用	借	5 000	19 917		借	24 917
合计	贷	4 028 000		817 150	贷	4 845 150	合计	借	4 094 800	393 017		借	4 487 817

【例 4－59】结转 12 月份费用类科目，具体账务处理如下：

财务会计账务处理	预算会计账务处理
借：本期盈余　393 017 　贷：业务活动费用　322 120 　　单位管理费用　47 980 　　资产处置费用　3 000 　　其他费用　19 917	不做账务处理

【例 4－60】年末、将“本期盈余”转入“盈余分配”，账务处理如下（经对以上业务汇总记账，得出本期盈余科目余额 = －66 800 + 817 150 － 393 017 = 357 333）

财务会计账务处理	预算会计账务处理
借：本期盈余　357 333 　贷：本年盈余分配　357 333	不做账务处理

【例 4－61】按照预算会计有关数据提取专用基金职工福利基金。若单位非财政拨款有结余可供分配进行结转分配，可进行如下账务处理（本案例中，预算会计中非财政资金预算收入 10 350 元，非财政资金支出 17 100 元，无结余资金可供分配）：

财务会计账务处理	预算会计账务处理
借：本年盈余分配 　贷：专用基金	借：非财政拨款结余分配 　贷：专用结余

【例 4－62】将“本年盈余分配”科目余额转入“累计盈余”，账务处理如下：

财务会计账务处理	预算会计账务处理
借：本年盈余分配　357 333 　贷：累计盈余　357 333	不做账务处理

【例 4－63】将本年度“无偿调拨净资产”科目余额转入“累计盈余”，账务处理如下：

财务会计账务处理	预算会计账务处理
借：无偿调拨净资产　35 000 　贷：累计盈余　35 000	不做账务处理

表 4－4　　12 月末财务会计科目余额（结转后）　　单位：元

科目名称	期末余额		科目名称	期末余额	
	方向	余额		方向	余额
库存现金	借	2 020	其他应交税费	贷	500
银行存款	借	114 750	应缴财政款	贷	3 000
财政应返款额度	借	226 400	应付职工薪酬	贷	53 700
应收账款	借	3 000	其他应付款	贷	95 000
库存物品	借	6 800	受托代理负债	贷	820
待摊费用	借	12 000	负债小计	贷	153 020
固定资产	借	5 666 000			
固定资产累计折旧	贷	1 518 500			
在建工程	借	450 000			
无形资产	借	40 000	累计盈余	贷	4 862 833
无形资产累计摊销	贷	6 200	净资产小计	贷	4 862 833
长期待摊费用	借	19 583			
待处理财产损溢	借	0			
资产合计	借	5 015 853	负债及净资产合计	贷	5 015 853

二、单位年末预算会计结转

根据本年度 1～11 月份及 12 月份发生经济业务的账务处理情况，汇总预算会计类各科目本年度累计发生数，如表 4－5 所示。

依据表 4－5“年末结转前预算会计各科目累计发生数及余额表”进行预算会计年末结转。

【例 4－64】 结转预算收入类科目，账务处理如下：

财务会计账务处理	预算会计账务处理
不做账务处理	（1）结转财政拨款预算收入： 借：财政拨款预算收入——基本支出　4 448 800 　　　　　　　　　　——项目支出　384 000 　贷：财政拨款结转——本年收支结转——基本支出　4 448 800 　　　　　　　　　　　　　　　　　——项目支出　384 000 （2）结转非同级财政拨款预算收入： 借：非同级财政拨款预算收入　10 000 　贷：非财政拨款结转——本年收支结转——基本支出　10 000 （3）结转其他预算收入： 借：其他预算收入　1 350 　贷：非财政拨款结转——本年收支结转——基本支出　1 350

表 4－5（1）　　年末结转前预算会计各科目累计发生数及余额表

单位：元

科目名称	期初累计发生额		本期发生额		全年累计发生额		科目名称	期初累计发生额		本期发生额		全年累计发生额
	方向	余额	借方	贷方	方向	余额		方向	余额	借方	贷方	
财政拨款预算收入	贷	4 027 000		805 800	贷	4 832 800	事业支出	借	4 967 000	1 601 300		6 568 300
基本支出	贷	3 977 000		471 800	贷	4 448 800	财政拨款支出	借	4 967 000	1 585 700		6 552 700
项目支出	贷	50 000		334 000	贷	384 000	基本支出	借	3 917 000	361 700		4 278 700
非同级财政拨款预算收入	贷			10 000	贷	10 000	项目支出	借	1 050 000	1 224 000		2 274 000
其他预算收入	贷	10 00		350	贷	1 350	其他资金支出			15 600		15 600
							基本支出			15 600		15 600
							项目支出					0
							其他支出			53 500		53 500
							财政拨款支出			52 000		52 000
							基本支出			32 000		32 000
							项目支出			20 000		20 000
							其他资金支出			1 500		1 500
							基本支出					0
							项目支出			1 500		1 500
预算收入类合计	贷	4 028 000		816 150	贷	4 844 150	预算支出类合计		4 967 000	1 654 800		6 621 800

表 4－5（2）

科目名称	年初余额		1～11 月累计		本期累计		全年累计		期末余额	
	借方	贷方	借方	贷方	借方	贷方	借方	贷方	借方	贷方
资金结存		2 025 000	61 000	1 000 000	215 550	1 054 200	276 550	2 054 200	247 350	
财政拨款结转										
项目支出结转		2 010 000								
非财政拨款结转										
非财政拨款结余		15 000								
预算结余类合计		2 025 000								

【例 4 – 65】结转预算支出类科目，账务处理如下：

财务会计账务处理	预算会计账务处理
不做账务处理	（1）结转事业支出： 借：财政拨款结转——本年收支结转——基本支出 4 278 700 ——项目支出 2 274 000 非财政拨款结转——本年收支结转——基本支出 15 600 贷：事业支出——财政拨款支出——基本支出 4 278 700 ——项目支出 2 274 000 ——非财政资金支出——基本支出 15 600 （2）结转其他支出： 借：财政拨款结转——本年收支结转——基本支出 32 000 ——项目支出 20 000 非财政拨款结转——本年收支结转——项目支出 1 500 贷：其他支出——财政拨款支出——基本支出 32 000 ——项目支出 20 000 ——其他资金支出——项目支出 1 500

【例 4 – 66】年末冲销财政拨款结转。

财务会计账务处理	预算会计账务处理
不做账务处理	借：财政拨款结转——本年收支结转——基本支出 84 400 贷：财政拨款结转——累计结转 84 400

【例 4 – 67】将财政拨款结转转入财政拨款结余。

财务会计账务处理	预算会计账务处理
不做账务处理	借：财政拨款结转——累计结转 84 400 贷：财政拨款结余——结转转入 84 400 借：财政拨款结余——结转转入 84 400 贷：财政拨款结余——累计结转 84 400

【例 4 – 68】年末冲销非财政拨款结转。

财务会计账务处理	预算会计账务处理
不做账务处理	借：非财政拨款结转——累计结转 5 750 贷：非财政拨款结转——基本支出 4 250 ——项目支出 1 500

【例 4-69】将非财政拨款结转转入非财政拨款结余。

财务会计账务处理	预算会计账务处理
不做账务处理	借：非财政拨款结余——结转转入 5 750 贷：非财政拨款结转——累计结转 5 750

附注：

注 1：财政拨款结转——基本支出：4 448 800 - 4 278 700 - 32 000 = 138 100，其中，人员经费结转 53 700 元，为财政已下达预算，但单位尚未支付的养老保险、职业年金及住房公积金等项目，公用经费结转 84 400 元，为单位本年度公用经费结余，且没有指定用途和未办理完结的事项，转入财政拨款结余。

注 2：财政拨款结转——项目支出：384 000 - 2 274 000 - 20 000 = -1 910 000，其中，本年度教学楼基建工程项目支出 2 000 000 元，使用上年度财政拨款结转——项目支出，支付上年度购置电脑未付款项目支出 10 000 元，使用上年度财政拨款结转——项目支出。本年度财政拨款结转——教学用房改造项目资金结转 100 000 元，该项目尚未完工。

注 3：非财政拨款结转——基本支出：10 000 + 1 350 - 15 600 = -4 250，非财政拨款结转——项目支出：0 - 1 500 = -1 500，非财政资金超支出部分均使用上年度非财政拨款结余弥补。

表 4-6（1） 12 月末结转后预算会计科目余额及累计发生数

科目名称	全年累计		期末余额		科目名称	全年累计		期末余额	
	借方	贷方	借方	贷方		借方	贷方	借方	贷方
财政拨款预算收入	4 832 800	4 832 800			事业支出	6 568 300	6 568 300		
基本支出	4 448 800	4 448 800			财政拨款支出	6 552 700	6 552 700		
项目支出	384 000	384 000			基本支出	4 278 700	4 278 700		
非同级财政拨款预算收入	10 000	10 000			项目支出	2 274 000	2 274 000		
其他预算收入	1 350	1 350			其他资金支出	15 600	15 600		
					基本支出	15 600	15 600		
					项目支出	0			
					其他支出	53 500	53 500		
					财政拨款支出	52 000	52 000		
					基本支出	32 000	32 000		
					项目支出	20 000	20 000		
					其他资金支出	1 500	1 500		

续表

科目名称	全年累计		期末余额		科目名称	全年累计		期末余额	
	借方	贷方	借方	贷方		借方	贷方	借方	贷方
					基本支出	0			
					项目支出	1 500	1 500		
预算收入类合计	4 844 150	4 844 150			预算支出类合计	6621800	6621800		

表 4-6（2）

科目名称	全年累计		期末余额		科目名称	全年累计		期末余额	
	借方	贷方	借方	贷方		借方	贷方	借方	贷方
资金结存	276 550	2 054 200	247 350		财政拨款结转				
					基本支出	4 395 100	4 448 800		53 700
					项目支出	2 294 000	384 000		100 000
					财政拨款结余	84 400	168 800		84 400
					非财政拨款结转				
					基本支出	15 600	15 600		0
					项目支出	1 500	1 500		0
					非财政拨款结余	5 750			9 250
					预算结余类合计	6 711 950	4 934 300	0	247 350

第四节　会计报表

根据单位年末结转后余额，编制会计报表，如表 4-7 至 4-13 所示：

表 4-7　　资产负债表

会政财 01 表

编制单位：××单位　　××年 12 月 31 日　　单位：元

资产	期末余额	年初余额	负债和净资产	期末余额	年初余额
流动资产：		**略**	**流动负债：**		**略**
货币资金	116 770		短期借款		
短期投资			应交增值税		

续表

资产	期末余额	年初余额	负债和净资产	期末余额	年初余额
财政应返还额度	226 400		其他应交税费	500	
应收票据			应缴财政款	3 000	
应收账款净额	3 000		应付职工薪酬	53 700	
预付账款			应付票据		
应收股利			应付账款		
应收利息			应付政府补贴款		
其他应收款净额			应付利息		
存货	6 800		预收账款		
待摊费用	12 000		其他应付款	95 000	
一年内到期的非流动资产			预提费用		
其他流动资产			一年内到期的非流动负债		
流动资产合计	364 970		其他流动负债		
非流动资产：			**流动负债合计**	152 200	
长期股权投资			**非流动负债：**		
长期债券投资			长期借款		
固定资产原值	5 666 000		长期应付款		
减：固定资产累计折旧	1 518 500		预计负债		
固定资产净值	4 147 500		其他非流动负债		
工程物资			**非流动负债合计**		
在建工程	450 000		受托代理负债	820	
无形资产原值	40 000		**负债合计**	153 020	
减：无形资产累计摊销	6 200				
无形资产净值	33 800				
研发支出					
公共基础设施原值					
减：公共基础设施累计折旧					
公共基础设施净值					
政府储备物资					

续表

资产	期末余额	年初余额	负债和净资产	期末余额	年初余额
文物文化资产					
保障性住房原值					
减：保障性住房累计折旧			**净资产：**		
保障性住房净值			累计盈余	4 862 833	
长期待摊费用	19 583		专用基金		
待处理财产损溢			权益法调整		
其他非流动资产			无偿调拨净资产*		—
非流动资产合计	4 650 883		本期盈余*		—
受托代理资产			**净资产合计**	4 862 833	
资产总计	5 015 853		**负债和净资产合计**	5 015 853	

注：*标识项目为月报项目。

表 4-8　　收入费用表

会政财 02 表

编制单位：××单位　　××年 12 月　　单位：元

项　　目	本年数	上年数
一、本期收入	**4 845 150**	**略**
（一）财政拨款收入	4 832 800	
其中：政府性基金收入		
（二）事业收入		
（三）上级补助收入		
（四）附属单位上缴收入		
（五）经营收入		
（六）非同级财政拨款收入	10 000	
（七）投资收益		
（八）捐赠收入	1 000	
（九）利息收入	1 350	
（十）租金收入		
（十一）其他收入		

续表

项　　目	本年数	上年数
二、本期费用	**4 487 817**	
（一）业务活动费用	3 970 620	
（二）单位管理费用	476 280	
（三）经营费用		
（四）资产处置费用	16 000	
（五）上缴上级费用		
（六）对附属单位补助费用		
（七）所得税费用		
（八）其他费用	24 917	
三、本期盈余	**357 333**	

表 4－9　　　　净资产变动表

会政财 03 表

编制单位：××单位　　　　××年 12 月　　　　单位：元

项目	本年数				上年数			
	累计盈余	专用基金	权益法调整	净资产合计	累计盈余	专用基金	权益法调整	净资产合计
一、上年年末余额	**4 470 500**			**4 470 500**				
二、以前年度盈余调整（减少以“－”号填列）			—			—	—	
三、本年年初余额	**4 470 500**			**4 470 500**				
四、本年变动金额（减少以“－”号填列）	**392 333**			**392 333**				
（一）本年盈余	357 333		—	357 333		—	—	
（二）无偿调拨净资产	35 000		—	35 000		—	—	
（三）归集调整预算结转结余			—			—	—	
（四）提取或设置专用基金			—				—	
其中：从预算收入中提取			—		—		—	
从预算结余中提取			—				—	

续表

项目	本年数				上年数			
	累计盈余	专用基金	权益法调整	净资产合计	累计盈余	专用基金	权益法调整	净资产合计
设置的专用基金			—		—		—	
（五）使用专用基金			—				—	
（六）权益法调整					—	—		
五、本年年末余额	**4 862 833**			**4 862 833**				

附注："—"表示单元格不需要填列。

表 4－10 **预算收入支出表**

会政预 01 表

编制单位：××单位 ××年 12 月 单位：元

项　　目	本年数	上年数
一、本年预算收入	**4 844 150**	**略**
（一）财政拨款预算收入	4 832 800	
其中：政府性基金收入		
（二）非同级财政拨款预算收入	10 000	
（三）其他预算收入	1 350	
其中：利息预算收入	1 350	
捐赠预算收入		
租金预算收入		
其他预算收入		
二、本年预算支出	**6 621 800**	
（一）行政支出		
（二）事业支出	6 568 300	
（三）经营支出		
（四）上缴上级支出		
（五）对附属单位补助支出		
（六）投资支出		
（七）债务还本支出		
（八）其他支出	53 500	
其中：利息支出		
捐赠支出	5 000	
三、本年预算收支差额	**－1 777 650**	

表 4－11　　　　　　　　预算结转结余变动表

会政预 02 表

编制单位：××单位　　　　　　××年 12 月　　　　　　单位：元

项　　目	本年数	上年数
一、年初预算结转结余	**2 025 000**	
（一）财政拨款结转结余	2 010 000	
（二）其他资金结转结余	15 000	
二、年初余额调整（减少以“－”号填列）		
（一）财政拨款结转结余		
（二）其他资金结转结余		
三、本年变动金额（减少以“－”号填列）	**－1 777 650**	
（一）财政拨款结转结余	－1 771 900	
1. 本年收支差额	－1 771 900	
2. 归集调入		
3. 归集上缴或调出		
（二）其他资金结转结余	－5 750	
1. 本年收支差额	－5 750	
2. 缴回资金		
3. 使用专用结余		
4. 支付所得税		
四、年末预算结转结余	**247 350**	
（一）财政拨款结转结余	238 100	
1. 财政拨款结转	153 700	
2. 财政拨款结余	84 400	
（二）其他资金结转结余	9 250	
1. 非财政拨款结转		
2. 非财政拨款结余	9 250	
3. 专用结余		
4. 经营结余（如有余额，以“－”号填列）		

表 4－12

财政拨款预算收入支出表

会政预 03 表

编制单位：××单位　　××年 12 月　　单位：元

项　目	年初财政拨款结转结余		调整年初财政拨款结转结余	本年归集调入	本年归集上缴或调出	单位内部调剂		本年财政拨款收入	本年财政拨款支出	年末财政拨款结转结余	
	结转	结余				结转	结余			结转	结余
一、一般公共预算财政拨款	2 010 000							4 832 800	6 604 700	153 700	84 400
（一）基本支出								4 448 800	4 310 700	53 700	84 400
1. 人员经费											
2. 日常公用经费											
（二）项目支出	2 010 000							384 000	2 294 000	100 000	
1. ××项目											
2. ××项目											
……											
二、政府性基金预算财政拨款											
（一）基本支出											
1. 人员经费											
2. 日常公用经费											
（二）项目支出											
1. ××项目											
2. ××项目											
……											
总计											

表 4－13　　本年盈余与预算结余的差异情况说明表

编制单位：××单位　　××年 12 月 31 日　　单位：元

项　　目	金额	备注（凭证号）
一、本年预算结余（本年预算收支差额）	**－1 777 650**	
二、差异调节		
（一）重要事项的差异		
加：1. 当期确认为收入但没有确认预算收入	**1 000**	
（1）应收款项、预收账款确认的收入		
（2）接受非货币性资产捐赠确认的收入	1 000	例 4－33
2. 当期确认为预算支出但没有确认费用	**2 292 300**	
（1）支付应付款项、预付账款的支出	1 020 000	例 4－13、例 4－25、例4－46
（2）为取得存贷、政府储备物资等计入物资成本的支出	6 800	例 4－19、例 4－20、例4－21、例 4－30
（3）为购建固定资产等的资本性支出	1 265 500	例 4－12、例 4－22、例4－25、例4－27、例 4－28、例 4－35、例 4－36、1～11 月账务
（4）偿还借款本息支出		
减：1. 当期确认为预算收入但没有确认为收入		
（1）收到应收款项、预算款项确认的预算收入		
（2）取得借款确认的预算收入		
2. 当期确认为费用但没有确认为预算支出	**192 400**	
（1）发出存贷、政府储备物资等确认的费用	1 000	33
（2）计提的折提费用和摊销费用	121 200	例4－53、例 4－54、1～11 月业务
（3）确认的资产处置费用（处置资产的价值）	16 000	例 4－52、1～11 月业务
（4）应付款项、预付账款确认的费用	54 200	例 4－16、例 4－17
（二）其他事项差异	**34 083**	例 4－5、例 4－31、例 4－40、例 4－51、例 4－55
三、本年盈余（本年收入费用的差异）	357 333	

附注：本表反映单位财务会计和预算会计因核算基础和核算范围不同所产生的本年盈余数与本年预算结余数之间的差异。

“本年盈余与预算结余的差异情况说明表”备注（凭证号）档中“1－11 业务”的说明：

1.“（3）为购建固定资产等的资本性支出”：1－11 月业务中购置固定资产 5 万元，见表 4－1（2）及附注中注 3、注 10，表 4－2 及附注中注 3；

2.“（2）计提的折旧费用和摊销费用”：1－11 月业务中已计提的固定资产累计折旧 11 万元，已计提的无形资产累计摊销 0.11 万元，见表 4－1 及附注中的注 3、注 5；

3.“（3）确认的资产处置费用”：1－11 月业务中处置固定资产 13000 元，见表 4－1（2）。

单位也可以通过调节预算会计资金结存与财务会计货币资金来对其中的差异进行说明，按照本案例的情况，调整如下：

预算会计资金结存与财政会计货币资金的差异说明：

预算会计资金结存：247 350；

财务会计（货币资金）116 770＋（财政应返还额度）226 400－（其他应付款）95 000－（受托代理资产）820＝247 350

第五章 基层医疗卫生机构会计实务操作案例

第一节 单位基础资料

一、单位基本情况与重点会计科目介绍

（一）基层医疗卫生机构

基层医疗卫生机构是指政府举办的独立核算的城市社区卫生服务中心和站点、乡镇卫生院和村卫生室。主要面向本机构服务辐射区域的居民，为他们提供有效、经济、方便、综合、连续的集预防、保健、康复、健康教育、计划生育技术指导和一般常见病、多发病的诊疗服务为一体的服务。

基层医疗卫生机构不同于公立医院，是不以盈利为目的的公益一类事业单位，以社区、家庭和居民为服务对象，以妇女、儿童、老年人、慢性病人、残疾人、贫困居民等为服务重点，为他们提供基本医疗服务和公共卫生服务，是医疗卫生系统中最先与人群接触的部门，是卫生体系的基础与核心。

（二）单位基本情况

本章以基层医疗卫生机构中最核心部分——城市社区卫生服务中心为例，所列举的经济业务基本涵盖基层医疗卫生机构常见主要经济业务的账务处理。

该单位为政府举办的独立核算的城市社区卫生服务中心，中心下辖两家社区站，单位已纳入财政国库集中支付。经费以财政补助为主，医疗服

务收费为辅，实行“核定任务、核定收支、绩效考核补助、超支不补、结余按规定使用”的预算管理办法，设置有独立的会计机构和会计人员。

（三）基层医疗卫生机构科目设置建议

《政府会计制度》自 2019 年 1 月 1 日起在各级各类行政事业单位施行，原有的《基层医疗卫生机构会计制度》不再执行。要求基层医疗卫生机构会计核算需严格按照下列制度规定，设置会计科目并进行会计核算。各单位可结合本单位的实际以及自身业务事项、财务信息化建设情况和单位内部管理的要求，设计明细科目或进行多维度明细核算或辅助核算。

（1）财政部于 2017 年 10 月 24 日印发，自 2019 年 1 月 1 日起执行的《政府会计制度——行政事业单位会计科目和报表》（财会〔2017〕25 号）

（2）财政部于 2018 年 8 月 31 日印发，自 2019 年 1 月 1 日起执行的《关于印发基层医疗卫生机构执行政府会计制度的补充规定和衔接规定的通知 》（财会〔2018〕25 号）

结合基层医疗卫生机构实际，根据以上规定要求，编者以列表的形式，列示出基层医疗卫生机构在执行《政府会计制度》不同于其他行业和单位的特殊会计科目，以及特殊科目在整个会计科目体系中的层级设置（见表 5－1），供各基层医疗卫生机构借鉴参考。特殊科目的具体运用在本章“第二节　主要经济业务与会计分录”中详细讲述。

表 5－1　　基层医疗卫生机构执行政府会计制度特殊科目参考

序号	科目编码	科目名称	余额	辅助核算要求
一、财务会计科目				
（一）资产类				
1	1212	应收账款	借	
	121201	应收在院病人医疗款	借	
	121202	应收医疗款	借	
	12120201	应收医保款	借	
	12120202	门急诊病人欠费	借	
	12120203	出院病人欠费	借	
	121203	其他应收账款	借	

续表

序号	科目编码	科目名称	余额	辅助核算要求
2	1302	库存物品	借	
	130201	药品	借	
	13020101	西药	借	
	1302010101	西药	借	
	1302010102	疫苗	借	
	13020102	中成药	借	
	13020103	中药饮片	借	
	130202	卫生材料	借	
	13020201	血库材料	借	
	13020202	医用气体	借	
	13020203	影像材料	借	
	13020204	化验材料	借	
	13020205	其他卫生材料	借	
	130203	低值易耗品	借	
	130204	其他材料	借	
（二）负债类				
3	2305	预收账款	贷	
	230501	预收医疗款	贷	
	23050101	预收医保款	贷	
	23050102	门急诊预收款	贷	
	23050103	住院预收款	贷	
	230502	其他预收账款	贷	
4	2308	待结算医疗款	贷	
	230801	门急诊收费	贷	
	23080101	挂号收费	贷	
	23080102	诊察收费	贷	
	23080103	检查收费	贷	
	23080104	化验收费	贷	
	23080105	治疗收费	贷	
	23080106	手术收费	贷	
	23080107	卫生材料收费	贷	
	23080108	药品收费	贷	
	2308010801	西药收费	贷	

续表

序号	科目编码	科目名称	余额	辅助核算要求
	230801080101	西药	贷	
	230801080102	疫苗	贷	
	2308010802	中成药收费	贷	
	2308010803	中药饮片收费	贷	
	23080109	一般诊疗费收费	贷	
	23080110	其他门急诊收费	贷	
	23080111	门急诊结算差额	贷	
	230802	住院收费	贷	
	23080201	床位收费	贷	
	23080202	诊察收费	贷	
	23080203	检查收费	贷	
	23080204	化验收费	贷	
	23080205	治疗收费	贷	
	23080206	手术收费	贷	
	23080207	护理收费	贷	
	23080208	卫生材料收费	贷	
	23080209	药品收费	贷	
	2308020901	西药收费	贷	
	230802090101	西药	贷	
	230802090102	疫苗	贷	
	2308020902	中成药收费	贷	
	2308020903	中药饮片收费	贷	
	23080210	一般诊疗费收费	贷	
	23080211	其他住院收费	贷	
	23080212	住院结算差额	贷	
（三）净资产类				
5	3001	累计盈余	贷	按照支出功能科目，项目及对应收入来源进行辅助核算
	300101	医疗盈余	贷	同上
	30010101	财政项目盈余	贷	同上
	30010102	医疗业务盈余	贷	同上

续表

序号	科目编码	科目名称	余额	辅助核算要求
	30010103	其他盈余	贷	同上
	300102	公共卫生盈余	贷	同上
	300103	科教盈余	贷	同上
	300104	新旧转换盈余	贷	同上
6	3101	专用基金	贷	同上
	310101	职工福利基金	贷	同上
	310102	医疗风险基金	贷	同上
	310103	奖励基金	贷	同上
7	3201	权益法调整	贷	同上
8	3301	本期盈余	贷	同上
	330101	医疗盈余	贷	同上
	330102	公共卫生盈余	贷	同上
	330103	科教盈余	贷	同上
		（四）收入类		
9	4001	财政拨款收入	贷	按照支出功能科目，项目及对应收入来源进行辅助核算
	400101	财政基本拨款收入	贷	同上
	40010101	医疗收入	贷	同上
	40010102	公共卫生收入	贷	同上
	400102	财政项目拨款收入	贷	同上
	40010201	医疗收入	贷	同上
	40010202	公共卫生收入	贷	同上
	40010203	科教收入	贷	同上
10	4101	事业收入	贷	同上
	410101	医疗收入	贷	同上
	41010101	门急诊收入	贷	同上
	4101010101	挂号收入	贷	同上
	4101010102	诊察收入	贷	同上
	4101010103	检查收入	贷	同上
	4101010104	化验收入	贷	同上
	4101010105	治疗收入	贷	同上

续表

序号	科目编码	科目名称	余额	辅助核算要求
	4101010106	手术收入	贷	同上
	4101010107	卫生材料收入	贷	同上
	4101010108	药品收入	贷	同上
	410101010801	西药	贷	同上
	41010101080101	西药	贷	同上
	41010101080102	疫苗	贷	同上
	410101010802	中成药	贷	同上
	410101010803	中药饮片	贷	同上
	4101010109	一般诊疗费收入	贷	同上
	4101010110	其他门急诊收入	贷	同上
	4101010111	门急诊结算差额	贷	同上
	41010102	住院收入	贷	同上
	4101010201	床位收入	贷	同上
	4101010202	诊察收入	贷	同上
	4101010203	检查收入	贷	同上
	4101010204	化验收入	贷	同上
	4101010205	治疗收入	贷	同上
	4101010206	手术收入	贷	同上
	4101010207	护理收入	贷	同上
	4101010208	卫生材料收入	贷	同上
	4101010209	药品收入	贷	同上
	410101020901	西药	贷	同上
	41010102090101	西药	贷	同上
	41010102090102	疫苗	贷	同上
	410101020902	中成药	贷	同上
	410101020903	中药饮片	贷	同上
	4101010210	一般诊疗费收入	贷	同上
	4101010211	其他住院收入	贷	同上
	4101010212	住院结算差额	贷	同上
	410102	公共卫生收入	贷	同上
	410103	科教收入	贷	同上
	41010301	科研收入	贷	同上

续表

序号	科目编码	科目名称	余额	辅助核算要求
	41010302	教学收入	贷	同上
11	4601	非同级财政拨款收入	贷	同上
	460101	医疗收入	贷	同上
	460102	公共卫生收入	贷	同上
		（五）费用类		
12	5001	业务活动费用	借	按照支出功能科目，项目及对应收入来源进行辅助核算
	500101	医疗费用	借	同上
	50010101	人员费用	借	同上
	5001010101	工资福利费用	借	同上
	5001010102	对个人和家庭的补助费用	借	同上
	50010102	药品费	借	同上
	5001010201	西药	借	同上
	500101020101	西药	借	同上
	500101020102	疫苗	借	同上
	5001010202	中成药	借	同上
	5001010203	中药饮片	借	同上
	50010103	专用材料费	借	同上
	5001010301	卫生材料费	借	同上
	500101030101	血库材料费	借	同上
	500101030102	医用气体费	借	同上
	500101030103	影像材料费	借	同上
	500101030104	化验材料费	借	同上
	500101030105	其他卫生材料费	借	同上
	5001010302	低值易耗品	借	同上
	5001010399	其他材料费	借	同上
	50010104	维修费	借	同上
	50010105	计提专用基金	借	同上
	5001010501	计提医疗风险基金	借	同上
	5001010502	计提其他专用基金	借	同上

续表

序号	科目编码	科目名称	余额	辅助核算要求
	50010106	固定资产折旧费	借	同上
	50010107	无形资产摊销费	借	同上
	50010199	其他医疗费用	借	同上
	500102	公共卫生费用	借	同上
	50010201	人员费用	借	同上
	5001020101	工资福利费用	借	同上
	5001020102	对个人和家庭的补助费用	借	同上
	50010202	药品费	借	同上
	5001020201	西药	借	同上
	500102020101	西药	借	同上
	500102020102	疫苗	借	同上
	5001020202	中成药	借	同上
	5001020203	中药饮片	借	同上
	50010203	专用材料费	借	同上
	5001020301	卫生材料费	借	同上
	500102030101	血库材料费	借	同上
	500102030102	医用气体费	借	同上
	500102030103	影像材料费	借	同上
	500102030104	化验材料费	借	同上
	500102030199	其他卫生材料费	借	同上
	5001020302	低值易耗品	借	同上
	5001020399	其他材料费	借	同上
	50010204	维修费	借	同上
	50010205	计提专用基金	借	同上
	5001020501	计提医疗风险基金	借	同上
	5001020502	计提其他专用基金	借	同上
二、预算会计科目				
（六）预算收入类				
13	6101	事业预算收入	贷	同上
	610101	医疗预算收入	贷	同上
	61010101	门急诊预算收入	贷	同上

续表

序号	科目编码	科目名称	余额	辅助核算要求
	61010102	住院预算收入	贷	同上
	610102	公共卫生预算收入	贷	同上
（七）预算支出类				
（八）预算结余类				

附注：

注1：与其他行业大致相同的政府会计科目不再列示；

注2："2308 待结算医疗款"科目及其明细科目适用于按"收支两条线"管理的基层医疗卫生机构的待结算医疗收费。本章所例举单位不适用。

二、单位会计科目余额情况

单位11月末财务会计科目和预算会计科目余额如表5-2和表5-3所示。

表5-2（1） **11月末财务会计科目余额表** 单位：元

科目名称	期末余额		科目名称	期末余额	
	方向	余额		方向	余额
库存现金	借	50 000	其他应交税费	贷	8 000
银行存款	借	2 700 000	应付职工薪酬	贷	448 500
其中：受托代理资产	借		应付账款	贷	1 180 000
零余额账户用款额度	借	304 600	预收账款	贷	
应收账款	借	1 280 000	其他应付款	贷	
预付账款	借		预提费用	贷	
其他应收款	借	160 000	长期借款	贷	
坏账准备	贷	40 000	长期应付款	贷	
在途物品	借		受托代理负债	贷	
库存物品	借	1 530 000			
待摊费用	借		负债小计	贷	1 636 500
固定资产	借	35 000 000			
固定资产累计折旧	贷	3 500 000	累计盈余	贷	33 705 100

续表

科目名称	期末余额		科目名称	期末余额	
	方向	余额		方向	余额
工程物资	借		专用基金	贷	313 000
在建工程	借		本期盈余	贷	2 280 000
无形资产	借	630 000	无偿调拨净资产	贷	
无形资产累计摊销	贷	180 000			
受托代理资产	借		净资产小计	贷	36 298 100
资产合计	借	37 934 600	负债及净资产合计	贷	37 934 600

表 5－2（2）

科目名称	期末累计余额		科目名称	期末累计余额	
	方向	余额		方向	余额
财政拨款收入	贷	10 802 520	业务活动费用	借	51 873 000
其中：基本支出	贷	10 112 020	单位管理费用	借	2 660 000
项目支出	贷	690 500	资产处置费用	借	
事业收入	贷	43 127 480	其他费用	借	180 000
上级补助收入	贷	2 500 000			
附属单位上缴收入	贷	80 000			
经营收入	贷	118 000			
非同级财政拨款收入	贷	192 000			
捐赠收入	贷				
利息收入	贷	153 000			
租金收入	贷				
其他收入	贷	20 000			
合计	贷	56 993 000	合计	借	54 713 000

附注：

注 1：其他应缴税费 8 000 元，为从工资中代扣的职工 11 月个人所得税；

注 2：应付职工薪酬 448 500 元，为 11 月份从职工工资中扣取的养老保险、职业年金、医疗保险等单位代扣的款项；

注 3：专用基金为上年度单位提取的医疗风险基金和职工福利基金；

注 4：本期盈余为本年 1～11 月收支结转累计余额；

注 5：各项收入、费用期末累计余额为单位本年 1～11 月累计发生额；

注 6：1～11 月财务收支差额为 2 280 000 元（56 993 000－54 713 000）。

表 5-3（1）　　11 月末预算会计科目余额表　　单位：元

科目名称	期末余额		科目名称	期末余额	
	方向	余额		方向	余额
财政拨款预算收入	贷	10 802 520	事业支出	借	54 533 000
其中：基本支出	贷	10 112 020	其中：基本支出	借	38 533 000
项目支出	贷	690 500	1. 财政支出	借	9 925 400
事业预算收入	贷	43 127 480	2. 非财政支出	借	28 607 600
上级补助预算收入	贷	2 500 000	项目支出	借	16 000 000
附属单位上缴预算收入	贷	80 000	1. 财政支出	借	1 000 000
经营预算收入	贷	118 000	2. 非财政支出	借	15 000 000
非同级财政拨款预算收入	贷	192 000	其他支出	借	180 000
其他预算收入	贷	173 000			
合计	贷	56 993 000	合计	借	54 713 000

附注：

注 1：为了准确表述编制本年盈余与预算结余的差异情况说明表的需要，假定财务会计费用支出合计数和预算会计支出合计数一致；

注 2：1～11 月预算收支差额为 2 280 000 元（56 993 000－54 713 000）。

表 5-3（2）

科目名称	期末余额		科目名称	期末余额	
	方向	余额		方向	余额
资金结存	借	3 054 600	财政拨款结转	贷	
			财政拨款结余	贷	
			非财政拨款结转	贷	
			非财政拨款结余	贷	461 600
			专用结余	贷	313 000
			本期盈余	贷	2 280 000

附注：非财政拨款结余调整的过程（调整后预算会计的资金结存等于财务会计的货币资金）

注 1：年初累计盈余来源于事业基金和非流动资产基金，剔除非流动资产基金外假定均为非财政拨款结余；非财政拨款结余＝累计盈余（33 705 100）－固定资产净值（35 000 000－3 500 000）－无形资产净值（630 000－180 000）＝1 755 100（元）。

注 2：调整应收账款对非财政拨款结余的影响：非财政拨款结余（1 755 100）－应收账款（1 280 000）－其他应收款净额（160 000－40 000）＝355 100（元）。

注 3：调整库存物品对非财政拨款结余的影响：非财政拨款结余（355 100）－库存物品（1 530 000）＝－1 174 900（元）。

注 4：调整应付款项对非财政拨款结余的影响：非财政拨款结余（－1 174 900）＋其他应交税金（8 000）＋应付职工薪酬（448 500）＋应付账款（1 180 000）＝461 600（元）。

第二节　主要经济业务与账务处理

单位12月份发生以下经济业务，账务处理如下：

【例5－1】 12月1日，单位从零余额账户提取现金5万元。

财务会计账务处理	预算会计账务处理
借：库存现金　50 000 　贷：零余额账户用款额度　50 000	借：资金结存——货币资金　50 000 　贷：资金结存——零余额账户用款额度 　50 000

【例5－2】 12月1日，单位业务部门员工张某因公出差，预借差旅费5 000元，通过现金支付。

财务会计账务处理	预算会计账务处理
借：其他应收款——张某　5 000 　贷：库存现金　5 000	不做账务处理

【例5－3】 12月1日，单位收费人员借备用金5 000元。

财务会计账务处理	预算会计账务处理
借：其他应收款　5 000 　贷：库存现金　5 000	不做账务处理

【例5－4】 12月2日，单位收到A社区站根据门诊收入汇总报表，医疗收入2 670 000元，其中，库存现金80 000元，银行存款790 000元，门诊POS机收款90 000元，门诊微信收款210 000元，医保结算款1 500 000元。实现诊察收入140 000元，检查收入40 000元，化验收入60 000元，治疗收入220 000元，其他卫生材料收入40 000元，西药收入980 000元，疫苗收入70 000元，中成药收入900 000元，中药饮片收入220 000元。

财务会计账务处理	预算会计账务处理
借：库存现金 80 000 银行存款 790 000 其他货币资金 ——POS 机存款 90 000 ——微信支付存款 210 000 应收账款——应收医疗款——应收医保款 1 500 000 贷：事业收入——医疗收入——门急诊收入 ——诊察收入 140 000 ——检查收入 40 000 ——化验收入 60 000 ——治疗收入 220 000 ——卫生材料收入——其他卫生材料 40 000 ——药品收入——西药——西药 980 000 ——西药——疫苗 70 000 ——中成药 900 000 ——中药饮片 220 000	借：资金结存——货币资金 870 000 贷：事业预算收入——医疗预算收入——门急诊预算收入 870 000

【例 5－5】12 月 2 日，单位与 A 试剂供货商签订合同，购买部分试剂，价值 11 700 元，按照合同约定，预付 60% 购货款，用自有资金支付。

财务会计账务处理	预算会计账务处理
借：预付账款——A 公司 7 020 贷：银行存款 7 020	借：事业支出——其他资金支出 7 020 贷：资金结存——货币资金 7 020

【例 5－6】12 月 2 日，单位收到代理银行转来的《财政授权支付额度到账通知书》，零余额账户收到财政拨款收入 1 330 000 元，其中，在职人员经费 900 000 元（其中：公共卫生人员经费 300 000 元）、离退休人员经费 30 000 元，公共卫生项目经费 400 000 元。

财务会计账务处理	预算会计账务处理
借：零余额账户用款额度 1 300 000 贷：财政拨款收入	借：资金结存——零余额账户用款额度 1 300 000 贷：财政拨款预算收入

续表

财务会计账务处理		预算会计账务处理	
——财政基本拨款收入		——基本支出	
——医疗收入		——人员经费	
——人员经费		——在职人员	900 000
——在职人员	600 000	——离退休人员	30 000
——离退休人员	30 000	——项目支出	400 000
——公共卫生收入			
——人员经费			
——在职人员	300 000		
——财政项目拨款收入			
——公共卫生收入	400 000		

【例5－7】12月3日，单位业务部门员工张某出差回来，报销差旅费5 600元，冲预借差旅费5 000元，补付现金600元。

财务会计账务处理		预算会计账务处理	
借：业务活动费用——差旅费	5 600	借：事业支出——其他资金支出	5 600
贷：其他应收款——张某	5 000	贷：资金结存——货币资金	5 600
库存现金	600		

【例5－8】12月3日，单位收费人员归还备用金5 000元。

财务会计账务处理		预算会计账务处理
借：库存现金	5 000	不做账务处理
贷：其他应收款	5 000	

【例5－9】12月4日，单位支付医疗及公共卫生部门电费12 000元，其中，医疗用电8 000元，用自有资金支付；公共卫生用电4 000元，通过零余额账户支付。

财务会计账务处理		预算会计账务处理	
借：业务活动费用——医疗费用——其他医疗费用	8 000	借：事业支出	
——公共卫生费用——其他公共卫生费用	4 000	——其他资金支出	8 000
贷：银行存款	8 000	——财政拨款支出——项目支出	4 000
零余额账户用款额度	4 000	贷：资金结存	
		——货币资金	8 000
		——零余额账户用款额度	4 000

【例 5-10】 12 月 5 日，A 社区站 12 月 2 日门诊收入中 POS 机收款和微信收款到账，其中，POS 机收款 90 000 元，微信到账 210 000 元。

财务会计账务处理	预算会计账务处理
借：银行存款　300 000 　贷：其他货币资金 　　——POS 机存款　90 000 　　——微信支付存款　210 000	借：资金结存——货币资金　300 000 　贷：事业预算收入——医疗预算收入——门急诊预算收入　300 000

【例 5-11】 12 月 6 日，单位支付业务用车车辆保险费 6 000 元，其中，医疗分摊 3 000 元，由自有资金支付；公共卫生分摊 3 000 元，通过零余额账户支付。

财务会计账务处理	预算会计账务处理
借：业务活动费用 　——公共卫生费用　3 000 　——医疗费用　3 000 　贷：银行存款　3 000 　　零余额账户用款额度　3 000	借：事业支出——其他资金支出　3 000 　——财政拨款支出——基本支出　3 000 　贷：资金结存 　　——货币资金　3 000 　　——零余额账户用款额度　3 000

【例 5-12】 12 月 6 日，单位经上级部门批准，用自有资金向贫困地区捐赠 10 000 元，通过银行存款支付。

财务会计账务处理	预算会计账务处理
借：其他费用　10 000 　贷：银行存款　10 000	借：其他支出——捐赠支出　10 000 　贷：资金结存——货币资金　10 000

【例 5-13】 12 月 7 日单位分别从 A、B、C 三个公司购买药品，价值 3 190 000 元，其中，A 公司西药 1 560 000 元，B 公司中药饮片 660 000 元，C 公司中成药 970 000 元，暂未付款。

财务会计账务处理	预算会计账务处理
借：库存物品 ——药品 ——西药 ——西药　1 560 000 ——中药饮片　660 000 ——中成药　970 000 贷：应付账款 ——A 公司　1 560 000 ——B 公司　660 000 ——C 公司　970 000	不做账务处理

【例 5－14】 12 月 7 日，按照上级批准核销出院患者张某医疗欠费 2 100 元。

财务会计账务处理	预算会计账务处理
借：坏账准备——应收账款坏账准备　2 100 贷：应收账款——应收医疗款——出院病人欠费——张某　2 100	不做账务处理

【例 5－15】 12 月 7 日，单位收到医疗保险管理中心拨来的新农合报销款 760 000 元。

财务会计账务处理	预算会计账务处理
借：银行存款　760 000 贷：应收账款——应收医疗款——应收医保款（新农合）　760 000	借：资金结存——货币资金　760 000 贷：事业预算收入——医疗预算收入（明细略）　760 000

【例 5－16】 12 月 7 日，单位购入 A 中成药一批，货款 15 000 元，用零余额账户支付，药品尚未到达。

财务会计账务处理	预算会计账务处理
借：在途物品——A 中成药　15 000 贷：零余额账户用款额度　15 000	借：事业支出——财政拨款支出——基本支出　15 000 贷：资金结存——零余额账户用款额度　15 000

【例 5－17】 接例 5－16，上述 A 中成药收到，同时支付运输费 500 元，

用现金支付。

财务会计账务处理	预算会计账务处理
借：库存物品——药品——中成药——A 中成药 15 000 贷：在途物品——A 中成药 15 000 同时： 借：业务活动费用——医疗费用 500 贷：库存现金 500	借：事业支出——其他资金支出 500 贷：资金结存——货币资金 500

【例 5-18】12 月 7 日，单位用零余额账户上缴上月社会保险费 25 000 元。

财务会计账务处理	预算会计账务处理
借：应付职工薪酬——社会保险费 25 000 贷：零余额账户用款额度 25 000	借：事业支出——财政拨款支出——基本支出 25 000 贷：资金结存——零余额账户用款额度 25 000

【例 5-19】12 月 7 日，单位用零余额账户上交上月代扣个人所得税 8 000 元。

财务会计账务处理	预算会计账务处理
借：其他应交税费——应交个人所得税 8 000 贷：零余额账户用款额度 8 000	借：事业支出——财政拨款支出——基本支出 8 000 贷：资金结存——零余额账户用款额度 8 000

【例 5-20】12 月 7 日，社区卫生服务中心以银行存款支付市级专家劳务费 1 000 元，并代扣代缴个税 40 元。

财务会计账务处理	预算会计账务处理
借：业务活动费用——医疗费用——其他医疗费用 1 000 贷：银行存款 960 其他应交税费——应交个人所得税 40	借：事业支出——其他资金支出 960 贷：资金结存——货币资金 960

【例 5-21】12 月 7 日，单位住院处预收病人住院押金 5 000 元。

财务会计账务处理	预算会计账务处理
借：银行存款　5 000 　贷：预收账款——预收医疗款——住院预收款　5 000	借：资金结存——货币资金　5 000 　贷：事业预算收入——医疗预算收入——住院预算收入　5 000

【例5-22】接例5-21，该病人出院结算5 500元，其中，患者自付1 800元，医保支付3 700元，现金退回住院押金3 200元。各项费用明细如下：床位费180元，诊察费420元，检查费700元，化验费600元，治疗费450元，手术费1 650元，卫生材料费150元，护理费200元，西药800元，中药350元。

财务会计账务处理	预算会计账务处理
借：预收账款——预收医疗款——住院预收款　5 000 　应收账款——应收医疗款——应收医保款　3 700 　贷：库存现金　3 200 　　事业收入——医疗收入——住院收入——床位收入　180 　　——诊察收入　420 　　——检查收入　700 　　——化验收入　600 　　——治疗收入　450 　　——手术收入　1 650 　　——卫生材料收入　150 　　——护理收入　200 　　——药品收入——西药——西药　800 　　——中成药　350	借：事业预算收入——医疗预算收入——住院预算收入　3 200 　贷：资金结存——货币资金　3 200

【例5-23】12月8日，预提某科研项目管理费2 000元，用于抵扣项目研发过程中由单位支付的水电费。本月冲减已经由单位支付过的水电费100元。

财务会计账务处理	预算会计账务处理
提取时： 借：业务活动费用——科教费用　2 000 　贷：预提费用——项目间接费用或管理费　2 000 本月抵扣项目已发生的费用： 借：单位管理费用——商品和服务费用　-100 　贷：预提费用——项目间接费用或管理费　-100	借：非财政拨款结转——项目间接费用或管理费　2 000 　贷：非财政拨款结余——项目间接费用或管理费　2 000

【例 5－24】12 月 8 日，单位结算药品费用，共计 2 580 000 元，其中，西药 1 360 000 元（下属 A 社区站 780 000 元、B 社区站 580 000 元），疫苗 80 000 元，中成药 980 000 元（下属 A 社区站 600 000 元、B 社区站 380 000 元），中药饮片 160 000 元（下属 A 社区站 110 000 元、B 社区站 50 000元）。

财务会计账务处理	预算会计账务处理
借：业务活动费用 ——医疗费用——药品费 ——西药 ——西药　1 360 000 ——疫苗　80 000 ——中成药　980 000 ——中药饮片　160 000 贷：库存物品——药品 ——西药 ——西药　1 360 000 ——疫苗　80 000 ——中成药　980 000 ——中药饮片　160 000	不做账务处理

【例 5－25】12 月 8 日，单位支付各部门电话费 4 000 元，其中，医疗部门 2 000 元、后勤管理部门 500 元、公共卫生部门 1 500 元，公共卫生部门用零余额账户支付，其他用自有资金支付。

财务会计账务处理	预算会计账务处理
借：业务活动费用 ——医疗费用——其他医疗费用　2 000 ——公共卫生费用 ——其他公共卫生费用　1 500 单位管理费用 ——商品和服务费用　500 贷：银行存款　2 500 零余额账户用款额度　1 500	借：事业支出 ——其他资金支出　2 500 ——财政拨款支出——项目支出　1 500 贷：资金结存 ——货币资金　2 500 ——零余额账户用款额度　1 500

【例 5－26】12 月 8 日，单位通过政府采购购买 120 000 元的专用设备（假定该设备的折旧年限为 10 年），用自有资金支付。

财务会计账务处理	预算会计账务处理
借：固定资产——专用设备 120 000 贷：银行存款 120 000 计提折旧： 借：业务活动费用——医疗费用——固定资产折旧费 1 000 贷：固定资产累计折旧 1 000	借：事业支出——非财政专项资金支出 120 000 贷：资金结存——货币资金 120 000

【例 5-27】单位对综合楼进行改扩建，该综合楼原值 900 万元，已提折旧 300 万元，改扩建共支付施工企业价款 350 万元，由财政直接支付，本月扩建完工已交付使用。

财务会计账务处理	预算会计账务处理
办公楼转在建工程： 借：在建工程——综合楼 6 000 000 固定资产累计折旧 3 000 000 贷：固定资产——房屋及建筑物 9 000 000 支付工程款： 借：在建工程——综合楼 3 500 000 贷：财政拨款收入 3 500 000 资产交付使用： 借：固定资产——房屋及建筑物 9 500 000 贷：在建工程——综合楼 9 500 000	借：事业支出——财政拨款支出——项目支出 3 500 000 贷：财政拨款预算收入 3 500 000

【例 5-28】12 月 8 日，单位收到主管部门无偿调入的管理软件一套，价值 1 万元，预计使用年限 5 年，单位以银行存款支付软件安装调试费 2 000 元，软件安装、测试完成并投入使用。

财务会计账务处理	预算会计账务处理
借：无形资产 12 000 贷：银行存款 2 000 无偿调入净资产 10 000 计提当月摊销： 借：业务活动费用——无形资产摊销费 200 贷：无形资产累计摊销 200	借：其他支出——其他支出 2 000 贷：资金结存——货币资金 2 000

【例 5-29】12 月 9 日，单位业务科室领用低值耗材价值 2 000 元。

财务会计账务处理	预算会计账务处理
借：业务活动费用——医疗费用——专用材料费——低值易耗品 2 000 贷：库存物品——低值易耗品 2 000	不做账务处理

【例 5－30】 12 月 10 日，单位业务科室领用其他卫生材料价值 24 000 元，其中：中医科 15 000 元，内科 1 000 元，保健科 8 000 元。

财务会计账务处理	预算会计账务处理
借：业务活动费用——医疗费用——专用材料费——卫生材料费——其他卫生材料费 16 000 业务活动费用——公共卫生费用——专用材料费——卫生材料费——其他卫生材料费 8 000 贷：库存物品——卫生材料——其他卫生材料 24 000	不做账务处理

【例 5－31】 12 月 10 日，单位计提本月在职人员工资 1 000 000 元，其中，医疗人员工资 600 000 元，保健科人员工资 300 000 元，后勤科室人员工资 100 000 元。

财务会计账务处理	预算会计账务处理
借：业务活动费用——医疗费用——人员费用——工资福利费用 600 000 业务活动费用——公共卫生费用——人员费用——工资福利费用 300 000 单位管理费用——人员费用——工资福利费用 100 000 贷：应付职工薪酬——基本工资——在职人员 1 000 000	不做账务处理

【例 5－32】 12 月 10 日，单位计提本月在职人员住房公积金及保险单位负担部分 450 000 元。其中，医疗人员住房公积金 40 000 元，社会保险费 210 000 元；保健科人员住房公积金 20 000 元，社会保险费 140 000 元；后勤科室人员住房公积金 10 000 元，社会保险费 30 000 元。

财务会计账务处理	预算会计账务处理
借：业务活动费用——医疗费用——人员费用——工资福利费用　250 000 业务活动费用——公共卫生费用——人员费用——工资福利费用　160 000 单位管理费用——人员费用——工资福利费用　40 000 贷：应付职工薪酬 ——住房公积金　70 000 ——社会保险费　380 000	不做账务处理

【例 5-33】12 月 10 日，单位计提本月退休人员工资 30 000 元。

财务会计账务处理	预算会计账务处理
借：单位管理费用——人员费用——对个人和家庭的补助费用　30 000 贷：应付职工薪酬——基本工资——离退休人员　30 000	不做账务处理

【例 5-34】12 月 10 日，单位通过财政授权支付方式发放在职人员工资并代扣个人住房公积金、社会保险费及个人所得税。

财务会计账务处理	预算会计账务处理
借：应付职工薪酬——基本工资——在职人员　1 000 000 贷：零余额账户用款额度　830 000 应付职工薪酬——住房公积金　90 000 ——社会保险费　60 000 其他应交税费——个人所得税　20 000	借：事业支出——财政拨款支出——基本支出　830 000 贷：资金结存——零余额账户用款额度　830 000

【例 5-35】12 月 10 日，单位通过财政授权支付方式发放本月退休人员工资。

财务会计账务处理	预算会计账务处理
借：应付职工薪酬——基本工资——离退休人员　30 000 贷：零余额账户用款额度　30 000	借：事业支出——财政拨款支出——基本支出　30 000 贷：资金结存——零余额账户用款额度　30 000

【例 5-36】12 月 10 日，单位通过财政授权支付方式为职工缴纳本月

住房公积金。

财务会计账务处理	预算会计账务处理
借：应付职工薪酬——住房公积金 160 000 贷：零余额账户用款额度 160 000	借：事业支出——财政拨款支出——基本支出 160 000 贷：资金结存——零余额账户用款额度 160 000

【例 5－37】12 月 10 日，单位通过财政授权支付方式为职工缴上月保险 423 500 元（由财政资金支付），其中，养老保险单位负担部分 96 000 元，养老保险个人负担部分 54 000 元，职业年金单位负担部分 54 000 元，职业年金个人负担部分 37 000 元，其他保险缴费单位负担部分 30 000 元，其他保险缴费个人负担部分 2 500 元，其他保险缴费（聘用）部分 26 000 元，医疗保险单位负担部分 94 000 元，医疗保险个人担负部分 30 000 元。

财务会计账务处理	预算会计账务处理
借：应付职工薪酬——社会保险费——机关事业单位养老保险缴费——机关事业单位养老保险缴费（单位） 96 000 应付职工薪酬——社会保险费——机关事业单位养老保险缴费——机关事业单位养老保险缴费（个人） 54 000 应付职工薪酬——社会保险费——机关事业单位职业年金缴费——机关事业单位职业年金缴费（单位） 54 000 应付职工薪酬——社会保险费——机关事业单位职业年金缴费——机关事业单位职业年金缴费（个人） 37 000 应付职工薪酬——社会保险费——其他社会保障缴费——其他保险缴费（单位） 30 000 应付职工薪酬——社会保险费——其他社会保障缴费——其他保险缴费（个人） 2 500 应付职工薪酬——社会保险费——其他社会保障缴费——其他保险缴费（聘用） 26 000 应付职工薪酬——社会保险费——职工基本医疗保险缴费——职工基本医疗保险缴费（单位） 94 000 应付职工薪酬——社会保险费——职工基本医疗保险缴费——职工基本医疗保险缴费（个人） 30 000 贷：零余额账户用款额度 423 500	借：事业支出——财政拨款支出——基本支出 423 500 贷：资金结存——零余额账户用款额度 423 500

【例5-38】12月10日，单位收到从A公司购买的试剂，按合同约定支付总价款11 700元的余款40%，已于12月2日预付60%。

财务会计账务处理	预算会计账务处理
借：库存物品——卫生材料——化验材料 11 700 贷：银行存款 4 680 预付账款——A公司 7 020	借：事业支出——其他资金支出 4 680 贷：资金结存——货币资金 4 680

【例5-39】12月11日，单位银行账户收到部门上交的党费2万元。

财务会计账务处理	预算会计账务处理
借：银行存款——受托代理资产 20 000 贷：受托代理负债 20 000	不做账务处理

【例5-40】12月12日，单位从B公司购买输液器、凝胶辅料，价值180 000元，暂未付款。

财务会计账务处理	预算会计账务处理
借：库存物品——卫生材料——其他卫生材料 180 000 贷：应付账款——B公司 180 000	不做账务处理

【例5-41】12月12日，单位应收医保欠费为1 500 000元，实际收到医保部门划拨的门诊欠费1 500 000元。

财务会计账务处理	预算会计账务处理
借：银行存款 1 500 000 贷：应收账款——应收医疗款——应收医保款 1 500 000	借：资金结存——货币资金 1 500 000 贷：事业预算收入——医疗预算收入——门急诊预算收入 1 500 000

【例5-42】12月12日，单位收到疾控拨来的疫苗接种费16 000元。

财务会计账务处理	预算会计账务处理
借：银行存款 16 000 贷：非同级财政拨款收入——公共卫生收入 16 000	借：资金结存——货币资金 16 000 贷：非同级财政拨款预算收入——本级横向转拨财政款 16 000

【例 5-43】12 月 13 日，单位药房退回某厂家中成药 40 000 元，货款尚未支付。

财务会计账务处理	预算会计账务处理
借：应付账款——某公司 40 000 贷：库存物品——药品——中成药 40 000	不做账务处理

【例 5-44】12 月 14 日，单位收到妇幼保健院拨付的儿童免费体检费 42 000 元。

财务会计账务处理	预算会计账务处理
借：银行存款 42 000 贷：非同级财政拨款收入——公共卫生收入 42 000	借：资金结存——货币资金 42 000 贷：非同级财政拨款预算收入——本级横向转拨财政款 42 000

【例 5-45】12 月 14 日，经盘点单位报损西药 14 000 元。

财务会计账务处理	预算会计账务处理
借：待处理财产损溢——待处理财产价值 14 000 贷：库存物品——药品——西药——西药 14 000	不做账务处理

【例 5-46】12 月 18 日，单位经批准后确认报损西药 14 000 元。

财务会计账务处理	预算会计账务处理
借：资产处置费用 14 000 贷：待处理财产损溢——待处理财产价值 14 000	不做账务处理

【例 5-47】12 月 18 日，单位以转账方式支付药品公司药费欠款 1 190 000 元，其中，A 公司西药 560 000 元，B 公司中药饮片 160 000 元，C 公司中成药 470 000 元。

财务会计账务处理		预算会计账务处理
借：应付账款		
——A公司	560 000	
——B公司	160 000	借：事业支出——其他资金支出 1 190 000
——C公司	470 000	贷：资金结存——货币资金 1 190 000
贷：银行存款	1 190 000	

【例5-48】12月18日，单位业务科室领用卫生材料价值200 000元，其中，血库用材料50 000元、医用气体10 000元、放射科用影像材料40 000元、检验科用化验材料40 000元、其他科室累计用其他卫生材料60 000元。

财务会计账务处理		预算会计账务处理
借：业务活动费用——医疗费用——专用材料费——卫生材料费		不做账务处理
——血库材料费	50 000	
——医用气体费	10 000	
——影像材料费	40 000	
——化验材料费	40 000	
——其他卫生材料费	60 000	
贷：库存物品——卫生材料		
——血库材料	50 000	
——医用气体	10 000	
——影像材料	40 000	
——化验材料	40 000	
——其他卫生材料费	60 000	

【例5-49】12月18日，单位结算，统计医疗保险管理中心欠门诊新农合医保款1 600 000元。

财务会计账务处理		预算会计账务处理
借：应收账款——应收医疗款——应收医保款（新农合）	1 600 000	不做账务处理
贷：事业收入——医疗收入——门急诊收入		
——诊察收入	140 000	
——检查收入	300 000	
——化验收入	260 000	
——治疗收入	220 000	
——卫生材料收入——其他卫生材料	40 000	
——药品收入——西药——西药	460 000	
——西药——疫苗	70 000	
——中成药	90 000	
——中药饮片	20 000	

【例 5-50】 12 月 18 日，单位收到某单位捐赠设备一台，该设备没有相关凭据且未经资产评估，同类或类似资产的市场价格已无法可靠取得，符合名义金额入账的条件，发生运输费 1 000 元，用银行存款支付。

财务会计账务处理	预算会计账务处理
借：固定资产——专用设备　　1 　　其他费用　　1 000 　　贷：捐赠收入　　1 　　　　银行存款　　1 000	借：其他支出　　1 000 　　贷：资金结存——货币资金　　1 000

【例 5-51】 12 月 19 日，单位收到辖区村卫生室转来的代采购基本药物药品款 20 000 元。

财务会计账务处理	预算会计账务处理
借：银行存款——受托代理资产　　20 000 　　贷：受托代理负债——村卫生室药品款　　20 000	不做账务处理

【例 5-52】 12 月 21 日，单位为辖区村卫生室代采购基本药物 20 000 元。

财务会计账务处理	预算会计账务处理
借：受托代理资产——村卫生室药品 20 000 　　贷：银行存款——受托代理资产　　20 000	不做账务处理

【例 5-53】 12 月 21 日，单位发放代辖区村卫生室采购的药品，总价值 20 000 元，并交付。

财务会计账务处理	预算会计账务处理
借：受托代理负债——村卫生室药品款　　20 000 　　贷：受托代理资产——村卫生室药品 20 000	不做账务处理

【例 5-54】 12 月 21 日，单位提取全年工会经费 34 000 元，其中，医疗费用分摊 16 000 元，公共卫生费用分摊 16 000 元，单位管理费用分摊

2 000 元，并转入工会账户。

财务会计账务处理	预算会计账务处理
借：业务活动费用 ——公共卫生费用——其他公共卫生费用　16 000 ——医疗费用——其他医疗费用　16 000 单位管理费用 ——商品和服务费用　2 000 贷：银行存款　34 000	借：事业支出 ——财政拨款支出——基本支出　34 000 贷：资金结存——货币资金　34 000

【例 5-55】 12 月 21 日，单位以财政授权方式支付内科规范化培训费 31 000 元（财政项目资金支付）。

财务会计账务处理	预算会计账务处理
借：业务活动费用——公共卫生费用——其他公共卫生费用　31 000 贷：零余额账户用款额度　31 000	借：事业支出 ——财政拨款支出——项目支出 31 000 贷：资金结存——零余额账户用款额度　31 000

【例 5-56】 12 月 22 日，单位支付物业服务费 80 000 元，其中，医疗费用分摊 49 000 元（自有资金支付），公共卫生费用分摊 31 000 元（财政资金支付）。

财务会计账务处理	预算会计账务处理
借：业务活动费用 ——医疗费用——其他医疗费用 49 000 ——公共卫生费用——其他公共卫生费用　31 000 贷：银行存款　49 000 零余额账户用款额度　31 000	借：事业支出 ——其他资金支出　49 000 ——财政拨款支出——项目支出 31 000 贷：资金结存 ——货币资金　49 000 ——零余额账户用款额度　31 000

【例 5-57】 12 月 23 日，单位购买办公用品 2 600 元（由财政资金支付），已入库。

财务会计账务处理	预算会计账务处理
借：库存物品——其他材料 2 600 贷：零余额账户用款额度 2 600	借：事业支出——财政拨款支出——基本支出 2 600 贷：资金结存——零余额账户用款额度 2 600

【例5-58】12月24日，单位以银行存款支付A社区站需由医疗费用承担的房租240 000元（全年房租）。

财务会计账务处理	预算会计账务处理
借：业务活动费用——医疗费用——其他医疗费用 20 000 待摊费用 220 000 贷：银行存款 240 000	借：事业支出——其他资金支出 240 000 贷：资金结存——货币资金 240 000

【例5-59】12月24日，单位计提医疗风险金400 000元。

财务会计账务处理	预算会计账务处理
借：业务活动费用——医疗费用——计提专用基金——计提医疗风险基金 400 000 贷：专用基金——医疗风险基金 400 000	不做账务处理

【例5-60】12月25日，单位以银行存款支付医疗责任保险97 000元。

财务会计账务处理	预算会计账务处理
借：专用基金——医疗风险基金 97 000 贷：银行存款 97 000	借：事业支出——其他资金支出 97 000 贷：资金结存——货币资金 97 000

【例5-61】12月25日，单位以银行存款支付职工食堂维修费20 000元。

财务会计账务处理	预算会计账务处理
借：专用基金——职工福利基金 20 000 贷：银行存款 20 000	借：专用结余——职工福利基金 20 000 贷：资金结存——货币资金 20 000

【例5-62】12月26日，某社区卫生服务中心通过政府采购购买污水处理设备150 000元，已按照合同付款120 000元；质保金30 000元，待质

保期满后再支付，设备已安装到位。

财务会计账务处理	预算会计账务处理
借：固定资产 1 50 000 贷：银行存款 120 000 应付账款——Q 公司 30 000	借：事业支出——非财政专项资金支出 120 000 贷：资金结存——货币资金 120 000

【例 5－63】 接例 5－62，质保期满，单位以银行存款支付设备质保金 30 000 元。

财务会计账务处理	预算会计账务处理
借：应付账款——Q 公司 30 000 贷：银行存款 30 000	借：事业支出——非财政专项资金支出 30 000 贷：资金结存——货币资金 30 000

【例 5－64】 12 月 27 日，单位收到开户银行出具的银行利息回单，金额 15 000 元。

财务会计账务处理	预算会计账务处理
借：银行存款 15 000 贷：利息收入 15 000	借：资金结存——货币资金 15 000 贷：其他预算收入——利息预算收入 15 000

【例 5－65】 12 月 27 日，单位以银行存款支付医疗纠纷赔偿款 110 000 元。

财务会计账务处理	预算会计账务处理
借：专用基金——医疗风险基金 110 000 贷：银行存款 110 000	借：事业支出——其他资金支出 110 000 贷：资金结存——货币资金 110 000

【例 5－66】 12 月 27 日，某社区卫生服务中心计提当月折旧费用 620 000 元，其中，医疗部门计提 570 000 元、管理部门计提 50 000 元，主要包括房屋及构筑物 500 000 元、专用设备 60 000 元、通用设备 50 000 元以及家具、用具、装具 10 000 元。

财务会计账务处理	预算会计账务处理
借：业务活动费用——医疗费用——固定资产折旧费 570 000 单位管理费用——固定资产折旧费 50 000 贷：固定资产累计折旧 ——房屋及构筑物 500 000 ——专用设备 60 000 ——通用设备 50 000 ——家具、用具、装具 10 000	不做账务处理

【例 5－67】 12 月 28 日，单位公务车到达报废年限不能使用，价值 174 000 元，已全部计提折旧。

财务会计账务处理	预算会计账务处理
借：固定资产累计折旧 174 000 贷：固定资产——通用设备 174 000	不做账务处理

【例 5－68】 12 月 30 日，单位收到本年度“五免三统一”补助经费 85 000 元。

财务会计账务处理	预算会计账务处理
借：银行存款 85 000 贷：上级补助收入 85 000	借：资金结存——货币资金 85 000 贷：上级补助预算收入 85 000

【例 5－69】 12 月 30 日，单位收到单位食堂开展经营活动取得的收入 120 000 元。

财务会计账务处理	预算会计账务处理
借：银行存款 120 000 贷：经营收入——食堂 120 000	借：资金结存——货币资金 120 000 贷：经营预算收入 120 000

【例 5－70】 12 月 30 日，单位收到下辖 A、B 两家社区服务站上交收入 80 000 元（各为 40 000 元）。

财务会计账务处理	预算会计账务处理
借：银行存款　80 000 　贷：附属单位上缴收入 　　——A 服务站　40 000 　　——B 服务站　40 000	借：资金结存——货币资金　80 000 　贷：附属单位上缴预算收入　80 000

【例 5－71】12 月 30 日，单位与某公司签约制作公共卫生宣传视频，共 50 000 元，合同约定前期支付 20 000 元，待制作完成后，再付余款，由财政资金支付。

财务会计账务处理	预算会计账务处理
借：业务活动费用——公共卫生费用——其他公共卫生费用　50 000 　贷：零余额账户用款额度　20 000 　　应付账款——某公司　30 000	借：事业支出——财政拨款支出——项目支出　20 000 　贷：资金结存——零余额账户用款额度　20 000

【例 5－72】12 月 30 日，单位年终盘点固定资产，发现盘亏某专用设备一台，价值 5.6 万元，已提折旧 5 万元，属正常原因，按规定程序报批后批准核销。

财务会计账务处理	预算会计账务处理
借：待处理财产损溢　6 000 　固定资产累计折旧　50 000 　贷：固定资产　56 000 经批准后： 借：资产处置费用　6 000 　贷：待处理财产损溢　6 000	不做账务处理

【例 5－73】12 月 30 日，单位当年购买的一批卫生材料因质量问题发生退回，价款 4 000 元。

财务会计账务处理	预算会计账务处理
借：银行存款　4 000 　贷：库存物品——卫生材料——其他卫生材料　4 000	借：资金结存——货币资金　4 000 　贷：事业支出——其他资金支出　4 000

【例 5 – 74】 12 月 30 日，单位盘点现金库发现，现金库比账面溢余 1 000 元，无法查明原因，报经批准后转作收入。

财务会计账务处理	预算会计账务处理
借：库存现金　1 000 　贷：待处理财产损溢　1 000 经批准后： 借：待处理财产损溢　1 000 　贷：其他收入　1 000	借：资金结存——货币资金　1 000 　贷：其他预算收入　1 000 经批准后、不做账务处理。

【例 5 – 75】 12 月 30 日，单位盘盈一项固定资产，确定的成本为 2.5 万元，经核实，为以前年度取得，未予入账按规定报经批准后，作为前期重要差错，做更正处理。

财务会计账务处理	预算会计账务处理
借：固定资产　25 000 　贷：待处理财产损溢　25 000 借：待处理财产损溢　25 000 　贷：以前年度盈余调整　25 000	不做账务处理

第三节　年末结转

一、单位年末财务会计结转

根据单位 12 月发生的经济业务所做的账务处理，得出单位 12 月末财务会计余额，如表 5 – 4 所示。

表 5－4（1）

12 月末财务会计科目余额表

科目名称	期初余额		本期发生额		期末余额		科目名称	期初余额		本期发生额		期末余额	
	方向	余额	借方	贷方	方向	余额		方向	余额	借方	贷方	方向	余额
库存现金	借	50 000	136 000	14 300	借	171 700	短期借款	贷				贷	
银行存款	借	2 700 000	3 757 000	2 069 160	借	4 387 840	其他应交税费	贷	8 000	8 000	20 040	贷	20 040
其中：受托代理资产	借		20 000		借	20 000	应缴财政款	贷				平	
零余额账户用款额度	借	304 600	1 330 000	1 634 600	平		应付职工薪酬	贷	448 500	1 638 500	1 630 000	平	440 000
财政应返还额度	借				借		应付账款	贷	1 180 000	1 260 000	3 430 000	贷	3 350 000
应收账款	借	1 280 000	3 103 700	2 262 100	借	2 121 600	预收账款	贷		5 000	5 000	贷	
预付账款	借		7 020	7 020	借		其他应付款	贷				贷	
应收股利	借				借		预提费用	贷		100	2 000	贷	1 900
其他应收款	借	160 000	10 000	10 000	借	160 000	长期借款	贷				贷	
坏账准备	贷	40 000	2100		贷	37 900	长期应付款	贷				贷	
库存物品	借	1 530 000	3 399 300	2 864 000	借	2 065 300	受托代理负债	贷		20 000	40 000	贷	20 000
待摊费用	借		220 000		借	220 000	负债小计	贷	1 636 500	2 931 600	5 127 040	贷	3 831 940
长期股权投资	借				借								
固定资产	借	35 000 000	9 795 001	9 230 000	借	35 565 001	累计盈余	贷	33 705 100			贷	33 705 100
固定资产累计折旧	贷	3 500 000	3 224 000	621 000	贷	897 000	专用基金	贷	313 000	227 000	400 000	贷	486 000
工程物资	借				借		本期盈余	贷	2 280 000		3 880 301	贷	6 160 301
在建工程	借				借		以前年度余额调整	贷			25 000	贷	25 000
无形资产	借	630 000	12 000		借	642 000	无偿调拨净资产	贷			10 000	贷	10 000
无形资产累计摊销	贷	180 000		200	贷	180 200							
受托代理资产	借		20 000	20 000	借		净资产小计	贷	36 298 100	227 000	4 315 301	贷	40 386 401
资产合计	借	37 934 600			借	44 218 341	负债及净资产合计	贷	37 934 600	3 158 600	9 442 341	贷	44 218 341

表 5－4（2）

科目名称	期初累计余额		本期发生额		期末累计余额		科目名称	期初累计余额		本期发生额		期末累计余额	
	方向	余额	借方	贷方	方向	余额		方向	余额	借方	贷方	方向	余额
财政拨款收入	贷	10 802 520		4 830 000	贷	15 632 520	业务活动费用	借	51 873 000	5 330 800		借	57 203 800
其中：基本支出	贷	10 112 020		930 000	贷	11 042 020	单位管理费用	借	2 660 000	222 500	100	借	2 882 400
项目支出	贷	690 500		3 900 000	贷	4 590 500	资产处置费用	借		20 000		借	20 000
事业收入	贷	43 127 480		4 275 500	贷	47 402 980	其他费用	借	180 000	11 000		借	191 000
上级补助收入	贷	2 500 000		85 000	贷	2 585 000							
附属单位上缴收入	贷	80 000		80 000	贷	160 000							
经营收入	贷	118 000		120 000	贷	238 000							
非同级财政拨款收入	贷	192 000		58 000	贷	250 000							
捐赠收入	贷			1	贷	1							
利息收入	贷	153 000		15 000	贷	168 000							
租金收入	贷				贷								
其他收入	贷	20 000		1 000	贷	21 000							
合计	贷	56 993 000		9 464 501	贷	66 457 501	合计	借	5 4713 000	5 584 300	100	借	60 297 200

依据表 5-4“12 月末财务会计科目余额表”中财务会计发生额进行财务会计年末结转。

【例 5-76】12 月 31 日，单位年终收入转本期盈余。

财务会计账务处理	预算会计账务处理
借：财政拨款收入——基本支出　930 000 ——项目支出　3 900 000 事业收入　4 275 500 上级补助收入　85 000 附属单位上缴收入　80 000 经营收入　120 000 非同级财政拨款收入　58 000 捐赠收入　1 利息收入　15 000 其他收入　1 000 贷：本期盈余　9 464 501	不做账务处理

【例 5-77】12 月 31 日，单位年终支出转本期盈余。

财务会计账务处理	预算会计账务处理
借：本期盈余　5 584 200 贷：业务活动费用　5 330 800 单位管理费用　222 400 资产处置费用　20 000 其他费用　11 000	不做账务处理

【例 5-78】12 月 31 日，本期盈余转本年盈余分配（本期盈余的贷方余额：2 280 000 + 9 464 501 - 5 584 200 = 6 160 301）。

财务会计账务处理	预算会计账务处理
借：本期盈余　6 160 301 贷：本年盈余分配　6 160 301	不做账务处理

【例 5-79】12 月 31 日，按照预算会计计算的提取金额计提职工福利基金：职工福利基金提取参见预算会计结转中“对非财政拨款结余进行结转分配”。

财务会计账务处理	预算会计账务处理
借：本年盈余分配　18 9247 贷：专用基金——职工福利基金　189 247	不做账务处理

【例5－80】12月31日，本年盈余分配账户的余额（6 160 301－189 247）转入累计盈余。

财务会计账务处理	预算会计账务处理
借：本期盈余分配 5 971 054 贷：累计盈余 5 971 054	不做账务处理

【例5－81】12月31日，调整事项。

财务会计账务处理	预算会计账务处理
借：无偿调拨资产 10 000 贷：累计盈余 10 000 借：以前年度盈余调整 25 000 贷：累计盈余 25 000	不做账务处理

附注：结转后，“累计盈余”年末贷方余额＝33 705 100＋5 971 054＋10 000＋25 000＝39 711 154（元）。

二、单位年末预算会计结转

根据单位12月发生的经济业务所做的账务处理，得出单位12月末预算会计余额，如表5－5所示。

依据表5－5“12月末预算会计科目余额表”进行预算会计年末结转。

【例5－82】12月31日，结转财政拨款预算收入和预算支出。

财务会计账务处理	预算会计账务处理
不做账务处理	借：财政拨款预算收入——基本支出 11 042 020 ——项目支出 4 590 500 贷：财政拨款结转——本年收支结转——基本支出 11 042 020 ——项目支出 4 590 500 借：财政拨款结转——本年收支结转——基本支出 11 042 020 ——项目支出 4 590 500 贷：事业支出——基本支出——财政拨款支出 11 042 020 ——项目支出——财政拨款支出 4 590 500 结转后，财政拨款结转——本年收支结转余额为零。

表 5－5　　**12 月末预算会计科目余额表**　　单位：元

科目名称	期初累计余额		本期发生额		期末累计余额		科目名称	期初累计余额		本期发生额		期末累计余额	
	方向	余额	借方	贷方	方向	余额		方向	余额	借方	贷方	方向	余额
财政拨款预算收入	贷	10 802 520		4 830 000	贷	15 632 520	事业支出	借	54 533 000	7 106 860	4000	借	6 163 5860
其中：基本支出	贷	10 112 020		930 000	贷	11 042 020	其中：基本支出	借	38 533 000	3 246 360	4000	借	41 775 360
项目支出	贷	690 500		3 900 000	贷	4 590 500	1. 财政支出	借	9 925 400	1 116 620		借	11 042 020
事业预算收入	贷	43 127 480	3 200	3 435 000	贷	46 559 280	2 非财政支出	借	28 607 600	2 129 740	4000	借	30 733 340
上级补助预算收入	贷	2 500 000		85 000	贷	2 585 000	项目支出	借	16 000 000	3 860 500		借	19 860 500
附属单位上缴预算收入	贷	80 000		80 000	贷	160 000	1. 财政支出	借	1 000 000	3 590 500		借	4 590 500
经营预算收入		118 000		120 000	贷	238 000	2 非财政支出	借	15 000 000	270 000		借	15 270 000
非同级财政拨款预算收入	贷	192 000		58 000	贷	250 000	其他支出	借	180 000	13 000	0	借	193 000
其他预算收入	贷	173 000		16 000	贷	189 000							
合计	贷	56 993 000	3 200	8 624 000	贷	65 613 800	合计	借	54 713 000	7 119 860	4 000	借	61 828 860

【例5-83】12月31日，结转非财政专项资金收支。

财务会计账务处理	预算会计账务处理
不做账务处理	借：非财政拨款结转——本年收支结转 15 270 000 贷：事业支出——项目支出——非财政拨款支出 15 270 000 借：事业预算收入 15 270 000 贷：非财政拨款结转——本年收支结转 15 270 000 该类专项均为单位自有资金安排，未完成项目年末预算清零，未完成部分重新申报列入下年预算。因此，结转后，“非财政拨款结转——本年收支结转”余额为零；事业预算收入用于非专项资金余额度为31 289 280元（46 559 280 - 15 270 000）。

【例5-84】12月31日，结转其他非专项资金收支（假设上级补助预算收入、附属单位上缴预算收入、非同级财政预算拨款收入均为非专项资金，年末结转入其他结余；若为专项资金，年末结转入非财政拨款结转——本年收支结转）。

财务会计账务处理	预算会计账务处理
不做账务处理	借：事业预算收入 31 289 280 上级补助预算收入 2 585 000 附属单位上缴预算收入 160 000 非同级财政预算拨款收入 250 000 其他预算收入 189 000 贷：其他结余 34 473 280 借：其他结余 30 926 340 贷：事业支出——基本支出—非财政支出 30 733 340 其他支出 193 000

【例5-85】12月31日，结转经营收支。

财务会计账务处理	预算会计账务处理
不做账务处理	借：经营预算收入 238 000 贷：经营结余 238 000 借：经营结余 238 000 贷：非财政拨款结余分配 238 000

【例5－86】 将其他结余和经营结余转入非财政拨款结余分配，并计提职工福利基金。

财务会计账务处理	预算会计账务处理
不做账务处理	借：其他结余 3 784 940（238 000＋34 473 280－30 926 340） 贷：非财政拨款结余分配 3 784 940 假设单位按照非财政拨款结余的5%计提职工福利基金，则职工福利基金计提数为189 247元。 借：非财政拨款结余分配 189 247 贷：专用结余 189 247 提取后，余额（3 784 940－189 247）转入非财政拨款结余。 借：非财政拨款结余分配 3 595 693 贷：非财政拨款结余——累计结余 3 595 693

三、年末结转后科目余额情况

年末结转后，财务会计科目余额情况，如表5－6所示。

表5－6　　年终转账后财务会计科目余额表　　单位：元

科目名称	期末余额		科目名称	期末余额	
	方向	余额		方向	余额
库存现金	借	171 700	其他应交税费	贷	20 040
银行存款	借	4 387 840	应付职工薪酬	贷	440 000
其中：受托代理资产	借	20 000	应付账款	贷	3 350 000
财政应返还额度	借		预收账款	贷	
应收账款	借	2 121 600	其他应付款	贷	
预付账款	借		预提费用	贷	1 900
其他应收款	借	160 000	长期借款	贷	
坏账准备	贷	37 900	长期应付款	贷	
库存物品	借	2 065 300	受托代理负债	贷	20 000
待摊费用	借	220 000	负债小计	贷	3 831 940
长期股权投资	借				
固定资产	借	35 565 001	累计盈余	贷	39 711 154

续表

科目名称	期末余额		科目名称	期末余额	
	方向	余额		方向	余额
固定资产累计折旧	贷	897 000	专用基金	贷	675 247
工程物资	借				
在建工程	借				
无形资产	借	642 000			
无形资产累计摊销	贷	180 200			
受托代理资产	借		净资产小计	贷	40 386 401
资产合计	借	44 218 341	负债及净资产合计	贷	44 218 341

附注：

注1：专用基金＝本年使用专用基金（173 000）＋本年年末提取专用基金（189 247）＋年初专用基金（313 000）＝675 247（元）。

注2：本年使用专用基金：例5－59计提医疗风险金（400 000）－本年使用的专用基金（227 000）＝173 000（元）。

第四节　会计报表

根据单位年末结转后的余额，编制会计报表如表5－7至5－13所示。

表5－7　　资产负债表

会政财01表

编制单位：××单位　　××年12月31日　　单位：元

资产	期末余额	年初余额	负债和净资产	期末余额	年初余额
流动资产：		**略**	**流动负债：**		**略**
货币资金	4 539 540		短期借款		
短期投资			应交增值税		
财政应返还额度			其他应交税费	20 040	
应收票据			应缴财政款		
应收账款净额	2 121 600		应付职工薪酬	440 000	
预付账款			应付票据		
应收股利			应付账款	3 350 000	
应收利息			应付政府补贴款		

续表

资产	期末余额	年初余额	负债和净资产	期末余额	年初余额
其他应收款净额	122 100		应付利息		
存货	2 065 300		预收账款		
待摊费用	220 000		其他应付款		
一年内到期的非流动资产			预提费用	1 900	
其他流动资产			一年内到期的非流动负债		
流动资产合计	**9 068 540**		其他流动负债		
非流动资产：			**流动负债合计**	**3 811 940**	
长期股权投资			**非流动负债：**		
长期债券投资			长期借款		
固定资产原值	35 565 001		长期应付款		
减：固定资产累计折旧	897 000		预计负债		
固定资产净值	34 668 001		其他非流动负债		
工程物资			**非流动负债合计**		
在建工程			受托代理负债	20 000	
无形资产原值	642 000		**负债合计**	**3 831 940**	
减：无形资产累计摊销	180 200				
无形资产净值	461 800				
研发支出					
公共基础设施原值					
减：公共基础设施累计折旧（摊销）					
公共基础设施净值					
政府储备物资					
文物文化资产					
保障性住房原值					
减：保障性住房累计折旧			**净资产：**		
保障性住房净值			累计盈余	39 711 154	
长期待摊费用			专用基金	675 247	

续表

资产	期末余额	年初余额	负债和净资产	期末余额	年初余额
待处理财产损溢			权益法调整		
其他非流动资产			无偿调拨净资产*		—
非流动资产合计	**35 129 801**		本期盈余*		—
受托代理资产	20 000		**净资产合计**	**40 386 401**	
资产总计	**44 218 341**		**负债和净资产合计**	**44 218 341**	

注：*标识项目为月报项目，年报中不需列示。

表 5-8　　　　收入费用表

会政财 02 表

编制单位：××单位　　　　××年 12 月　　　　单位：元

项　　目	本年数	上年数
一、本期收入	**66 457 501**	**略**
（一）财政拨款收入	15 632 520	
其中：政府性基金收入		
（二）事业收入	47 402 980	
（三）上级补助收入	2 585 000	
（四）附属单位上缴收入	160 000	
（五）经营收入	238 000	
（六）非同级财政拨款收入	250 000	
（七）投资收益		
（八）捐赠收入	1	
（九）利息收入	168 000	
（十）租金收入		
（十一）其他收入	21 000	
二、本期费用	**60 297 200**	
（一）业务活动费用	57 203 800	
（二）单位管理费用	2 882 400	
（三）经营费用		
（四）资产处置费用	20 000	
（五）上缴上级费用		
（六）对附属单位补助费用		
（七）所得税费用		
（八）其他费用	191 000	
三、本期盈余	**6 160 301**	

表 5－9

净资产变动表

会政财 03 表

编制单位：××单位　　　　××年 12 月　　　　单位：元

项　目	本年数				上年数			
	累计盈余	专用基金	权益法调整	净资产合计	累计盈余	专用基金	权益法调整	净资产合计
一、上年年末余额	**33 705 100**	**313 000**		**34 018 100**				
二、以前年度盈余调整（减少以“－”号填列）	**25 000**		—	**25 000**		—	—	
三、本年年初余额	**33 730 100**	**313 000**		**34 043 100**				
四、本年变动金额（减少以“－”号填列）	**5 981 054**	**362 247**		**6 343 301**				
（一）本年盈余	6 160 301		—			—	—	
（二）无偿调拨净资产	10 000		—			—	—	
（三）归集调整预算结转结余			—			—	—	
（四）提取或设置专用基金	－189 247	5 892 747	—				—	
其中：从预算收入中提取			—		—		—	
从预算结余中提取	－189 247	189 247	—				—	
设置的专用基金		400 000	—		—		—	
（五）使用专用基金		－227 000	—				—	
（六）权益法调整					—	—		
五、本年年末余额	**39 711 154**	**675 247**		**40 386 401**				

附注：“—”表示单元格不需要填列。

表 5-10　　预算收入支出表

会政预 01 表

编制单位：××单位　　××年 12 月　　单位：元

项　　目	本年数	上年数
一、本年预算收入	**65 613 800**	**略**
（一）财政拨款预算收入	15 632 520	
其中：政府性基金收入		
（二）事业预算收入	46 559 280	
（三）上级补助预算收入	2 585 000	
（四）附属单位上缴预算收入	160 000	
（五）经营预算收入	238 000	
（六）债务预算收入		
（七）非同级财政拨款预算收入	250 000	
（八）投资预算收益		
（九）其他预算收入	189 000	
其中：利息预算收入	168 000	
捐赠预算收入	1	
租金预算收入		
二、本年预算支出	**61 828 860**	
（一）行政支出		
（二）事业支出	61 635 860	
（三）经营支出		
（四）上缴上级支出		
（五）对附属单位补助支出		
（六）投资支出		
（七）债务还本支出		
（八）其他支出	193 000	
其中：利息支出		
捐赠支出	10 000	
三、本年预算收支差额	**3 784 940**	

表 5－11 **预算结转结余变动表**

会政预02表

编制单位：××单位 ××年12月 单位：元

项 目	本年数	上年数
一、年初预算结转结余	**774 600**	
（一）财政拨款结转结余		
（二）其他资金结转结余	774 600	
二、年初余额调整（减少以“－”号填列）		
（一）财政拨款结转结余		
（二）其他资金结转结余		
三、本年变动金额（减少以“－”号填列）	**3 957 940**	
（一）财政拨款结转结余		
1. 本年收支差额		
2. 归集调入		
3. 归集上缴或调出		
（二）其他资金结转结余	3 957 940	
1. 本年收支差额	3 784 940	
2. 缴回资金		
3. 使用专用结余	173 000	
4. 支付所得税		
四、年末预算结转结余	**4 732 540**	
（一）财政拨款结转结余		
1. 财政拨款结转		
2. 财政拨款结余		
（二）其他资金结转结余	4 732 540	
1. 非财政拨款结转		
2. 非财政拨款结余	4 057 293	
3. 专用结余	675 247	
4. 经营结余（如有余额，以“－”号填列）		

附注：本表依据表5－3、表5－5及相关业务凭证进行分析填列

注1：依据表5－3，年初预算结转结余为非财政拨款结余（461 600）＋专用结余（313 000）＝774 600（元）；

注2：依据表5－10，本年预算收支差额＝3 784 940（元）；

注3：依据例5－86，本年度非财政拨款结余＝3 595 693（元）；本年度专用结余＝189 247（元）；

注4：使用专用结余＝例5－59计提医疗风险金（400 000）－本年使用的专用基金（227 000）＝173 000（元）；

注5：非财政拨款结余＝本年非财政拨款结余（3 595 693）＋年初非财政拨款结余（461 600）＝4 057 293（元）；

注6：专用结余＝使用专用结余（173 000）＋本年专用结余（189 247）＋年初专用结余（313 000）＝675 247（元）。

表 5－12　　财政拨款预算收入支出表

会政预 03 表

编制单位：××单位　　××年 12 月　　单位：元

项目	年初财政拨款结转结余		调整年初财政拨款结转结余	本年归集调入	本年归集上缴或调出	单位内部调剂		本年财政拨款收入	本年财政拨款支出	年末财政拨款结转结余	
	结转	结余				结转	结余			结转	结余
一、一般公共预算财政拨款								15 632 520	15 632 520		
（一）基本支出								11 042 020	11 042 020		
1. 人员经费											
2. 日常公用经费											
（二）项目支出								4 590 500	4 590 500		
1. ××项目											
2. ××项目											
……											
二、政府性基金预算财政拨款											
（一）基本支出											
1. 人员经费											
2. 日常公用经费											
（二）项目支出											
1. ××项目											
2. ××项目											
……											
总计								15 632 520	15 632 520		

表 5－13　　本年盈余与预算结余的差异情况说明表

编制单位：××单位　　××年 12 月 31 日　　单位：元

项　目	金　额
一、本年预算结余（本年预算收支差额）	3 784 940
二、差异调整	

续表

项　　目	金　　额
（一）重要事项的差异	
加：1. 当期确认为收入但没有确认为预算收入	3 405 501
（1）应收款项、预收账款确认的收入	3 405 500
（2）接受非货币性资产捐赠确认的收入	1
2. 当期确认为预算支出但没有确认为费用	6 463 800
（1）支付应付款项、预付账款的支出	2 703 520
（2）为取得存货、政府储备物资等计入物资成本的支出	18 280
（3）为购建固定资产等的资本性支出	3 742 000
（4）偿还借款本息支出	
减：1. 当期确认为预算收入但没有确认为收入	2 261 800
（1）收到应收款项、预收账款确认的预算收入	2 261 800
（2）取得借款确认的预算收入	
2. 当期确认为费用但没有确认为预算支出	4 929 140
（1）发出存货、政府储备物资等确认的费用	2 806 000
（2）计提的折旧费用和摊销费用	623 100
（3）确认的资产处置费用（处置资产价值）	20 000
（4）应付款项、预付账款确认的费用	1 480 040
（二）其他事项差异	-303 000
三、本年盈余（本年收入与费用的差额）	6 160 301

附注：编制过程简述如下：

注1：当期确认为收入但没有确认为预算收入计算表，如表5-14所示。

表5-14

应收款项、预收账款确认的收入		接收非货币性资产捐赠确认的收入	
例题序号	金额	例题序号	金额
例5-4	1 800 000	例5-50	1
例5-22	5 500		
例5-49	1 600 000		
合计	3 405 500		1

注2：当期确认为预算支出但没有确认为费用计算表，如表5-15所示。

表 5－15

支付应付款项、预付账款的支出		为取得存货，政府储备物资等计入物资成本的支出		为购建固定资产等的资本性支出		偿还借款本息支出		合计
例题序号	金额	例题序号	金额	例题序号	金额	例题序号	金额	
例 5－18	25 000	例 5－38	4 680	例 5－26	120 000			
例 5－19	8 000	例 5－57	2 600	例 5－27	3 500 000			
例 5－34	830 000	例 5－73	－4 000	例 5－28	2 000			
例 5－35	30 000	例 5－16	15 000	例 5－62	120 000			
例 5－36	160 000							
例 5－37	423 500							
例 5－47	1 190 000							
例 5－63	30 000							
例 5－5	7 020							
小计	2 703 520		18 280		3 742 000			6 463 800

注 3：当期确认为预算收入但没有确认为收入计算表，如表 5－16 所示。

表 5－16

收到应收款项、预收账款确认的预算收入		取得借款确认的预算收入	
例题序号	金额	例题序号	金额
例 5－15	760 000		
例 5－21	5 000		
例 5－22	－3 200		
例 5－41	1 500 000		
合计	2 261 800		

注 4：当期确认为费用但没有确认为预算支出计算表，如表 5－17 所示。

表 5－17

发出存货、政府储备物资等确认的费用		计提的折旧费用和摊销费用		确认的资产处置费用		应付款项、预付账款确认的费用		合计
例题序号	金额	例题序号	金额	例题序号	金额	例题序号	金额	
例 5－24	2 580 000	例 5－26	1 000	例 5－46	14 000	例 5－20	40	
例 5－29	2 000	例 5－28	200	例 5－72	6 000	例 5－31	1 000 000	
例 5－30	24 000	例 5－23	1 900			例 5－32	450 000	
例 5－48	200 000	例 5－66	620 000			例 5－33	30 000	
小计	2 806 000		623 100		20 000		1 480 040	4 929 140

注 5：其他事项差异计算表，如表 5－18 所示。

表 5－18

确认为收入但未确认预算收入		确认为预算支出但未确认为费用		确认为预算收入但未确认为收入		确认为费用但未确认预算支出		合计
例题序号	金额	例题序号	金额	例题序号	金额	例题序号	金额	
				例 5－10	300 000			
		例 5－58	220 000			例 5－59	400 000	
		例 5－60	97 000			例 5－71	30 000	
		例 5－65	110 000					
小计			427 000		300 000		430 000	－303 000

附注：其他事项差异合计：－303 000＝432 000－300 000－430 000（元）。

第六章　科学事业单位会计实务操作案例

第一节　单位基础资料

一、单位基本情况与重点会计科目介绍

ABC研究所为科研事业单位，隶属某省科技厅，业务涵盖科研开发、技术培训、科技转化服务及产品销售等，实行会计集中核算，执行《科学事业单位会计制度》，2019年1月1日起执行《政府会计制度》，单位已纳入财政国库集中支付。

ABC研究所是从事科学技术研究和应用开发的组织，担负着科技开发、知识创新的职责，因单位性质的特殊性，纵向与政府部门及主管机构，横向与企业公司，以及纵横交叉的社会各个阶层均有密切的合作关系，单位的收入包括财政拨款收入、事业收入、上级补助收入、附属单位上缴收入、经营收入、非同级财政拨款收入、投资收益、捐赠收入、利息收入、租金收入和其他收入。支出包括业务活动费用、单位管理费用、经营费用、资产处置费用、上缴上级支出、对附属单位补助支出、所得税费用、其他费用等。

在执行《政府会计制度》过程中，为了最大限度地减少差异，对有关科目的核算及会计事项做特别说明如下：

（一）“固定资产累计折旧”科目

本科目核算单位计提的固定资产累计折旧金额，按照所对应固定资产的明细分类进行明细核算，应该使用确定的折旧方法，并在固定资产预计

使用年限内对计提的折旧额进行相应分摊。科研事业单位可根据具体情况选择以下两种方式中的任意一种：

1. 按照部门、项目进行明细分类核算，对于某项课题应计提的折旧数，可以按照部门承担课题资金占总课题资金总量的比例进行归集，公共部分可按照本部门人数占单位总人数的比例计提，在费用列支时根据资产是否专门用于公共管理还是科研活动的原则，分别计入“单位管理费用”和“业务活动费用”。

2. 按照部门、人员、项目进行分类核算，按照作业成本法归集确认，这种核算模式对单位的管理能力、信息化水平要求非常高，是基于部门、人员和项目对固定资产的使用程度可以可靠的计量，费用也可以进行相应的摊销和归集，费用对应的科目包括“业务活动费用”“单位管理费用”“经营费用”“加工物品”“在建工程”等。

由于《政府会计制度》实施初期，单位可根据实际情况按照制度实行前后的固定资产价值分别计提，待所有资产清理分类完成后，统一计提并进行费用分摊。

（二）“研发支出”科目

本科目核算自行研究开发项目在研究阶段和开发阶段发生的各项支出，建设项目中的软件研发支出，通过“在建工程”科目核算。

由于科学研究开发活动的特殊性，单位所进行的研究活动，最终能否形成无形资产有很大的不确定性。研究是指为获取并理解新的科学或技术知识而进行的独创性的有计划调查，发生的费用为研发费用，当期核销；开发是指进行生产或使用前，将研究成果或其他知识应用于某项计划或设计，以生产出新的或具有实质性改进的材料装置、产品等，开发阶段发生的费用为开发支出，按照实际发生的情况予以资本化或费用化。

1. 账务处理。

自行研究开发项目研究阶段的支出，按照从事研究及其辅助活动人员计提的薪酬、研究活动领用的库存物品、发生的与研究活动相关的管理费用、间接费用或其他各项费用，借记“研发支出——研究支出”，贷记“应付职工薪酬/库存物品/财政拨款收入/零余额账户用款额度/固定资产累计折旧”等科目；期末，将本科目归集的研究阶段支出金额转入当期费用：借记“业务活动费用/其他费用”，贷记“研发支出——研究支出”。

开发阶段的支出，按照从事开发及辅助活动人员的应计薪酬、领用的库存物品、发生的相关费用、间接费用及其他费用，借记“研发支出——开发支出”，贷记“应付职工薪酬/库存物品/财政拨款收入/零余额账户用款额度/固定资产累计折旧”等科目；研发完成，达到预期用途并形成无形资产时，借记“无形资产”，贷记“研发支出——开发支出”；最终未形成无形资产的开发费用，借记“业务活动费用/其他费用”，贷记“研发支出——开发支出”。

2. 注意事项。

本科目按照自行研究开发项目，分别“费用化支出”和“资本化支出”进行明细核算，即“研究支出”“开发支出”，研发阶段发生的费用先行在本科目归集，研究阶段的费用支出期末转入当期费用予以核销；开发阶段的费用，按照最终是否形成资产予以资本化或费用化。本科目期末借方余额，反映单位正在进行的研究开发项目中满足资本化的支出。

3. 实际操作建议。

在实际操作中，建议针对研发项目通过研发费用归集表进行辅助核算，对研发阶段的人员支出（工资、津补贴及其他人员费用）、研发投入的直接费用（原材料、燃料及动力费用、测试费、工艺装备制造和检验测试费等）、固定资产折旧及无形资产摊销费用、委托外部研发费用等分别进行整理归集，方便后续的费用核销或形成资产价值。

（三）“业务活动费用”科目

本科目核算单位为实现业务活动目标，开展专业业务活动及其辅助活动时发生的各项费用及耗费。科研事业单位可按照“科研活动费用”“非科研活动费用”进行明细核算。

（1）“科研活动费用”核算科学事业单位开展科研活动及其辅助活动发生的各项费用及耗费。按照“公共财政拨款费用”“非同级财政专项拨款费用”以及“其他专项资金费用”进行三级明细核算，三级明细下再分别按照“工资福利费用”“商品和服务费用”“对个人和家庭补助费用”“固定资产折旧费”“无形资产摊销”“公共基础设施折旧费”“保障性住房折旧费”等费用项目归集相应费用。

（2）“非科研活动费用”核算科学事业单位开展科研活动以外的其他业务活动及其辅助的各项费用，按照“技术活动费用”“学术活动费用”“科普活动费用”“试制产品活动费用”和“教学活动费用”等进行三级明细核算。三级明细下再按照“工资福利费用”“商品和服务费用”“对个人和家庭补助费用”“固定资产折旧费”“无形资产摊销”“公共基础设施折旧费”“保障性住房折旧费”等费用项目归集相应费用。

以上会计科目的明细科目设置如图 6－1 至 6－3 所示。

（四）预算收入

预算收入是指政府会计主体在预算年度内依法取得的并纳入预算管理的现金流入。

科学事业单位的预算收入主要包括财政拨款预算收入、事业预算收入、上级补助预算收入、附属单位上缴预算收入、经营预算收入、债务预算收入、非同级财政拨款预算收入、投资预算收益、其他预算收入

预算收入在实际收到时确认并按照实际收到的金额计量。

（五）预算支出

预算支出是指政府会计主体在预算年度内依法发生并纳入预算管理的现金流出。

科学事业单位的预算支出包括事业支出、经营支出、上缴上级支出、对附属单位补助支出、投资支出、债务还本指出、其他支出等。

预算支出在实际发生支付时确认，并以实际支出的金额进行计量。

- 业务活动费用
  - 科研活动费用
    - 公共财政专项拨款费用
      - 工资福利费用
      - 商品和服务费用
      - 对个人和家庭补助费用
      - 固定资产折旧费用
      - 计提专用基金
    - 非同级财政专项拨款费用
      - 工资福利费用
      - 商品和服务费用
      - 对个人和家庭补助费用
      - 固定资产折旧费用
      - 计提专用基金
    - 其他专项资金费用
      - 工资福利费用
      - 商品和服务费用
      - 对个人和家庭补助费用
      - 固定资产折旧费用
      - 计提专用基金
  - 非科研活动费用
    - 技术活动费用
      - 工资福利费用
      - 商品和服务费用
      - 固定资产折旧费用
    - 学术活动费用
      - 工资福利费用
      - 商品和服务费用
      - 固定资产折旧费用
    - 科普活动费用
      - 工资福利费用
      - 商品和服务费用
      - 固定资产折旧费用
    - 试制产品活动费用
      - 工资福利费用
      - 商品和服务费用
      - 固定资产折旧费用
    - 教学活动费用
      - 工资福利费用
      - 商品和服务费用
      - 固定资产折旧费用

图6－1 “业务活动费用”明细科目设置示意图

- 固定资产累计折旧
  - 新固定资产
    - 房屋及构筑物
    - 专用设备
    - 通用设备
    - 文物和陈列品
    - 图书、档案
    - 家具、用具、装具
    - 动植物
  - 原固定资产
    - 房屋及构筑物
    - 专用设备
    - 通用设备
    - 文物和陈列品
    - 图书、档案
    - 家具、用具、装具
    - 动植物

图 6－2　“固定资产累计折旧”明细科目设置示意图

- 研发支出
  - 研发支出
    - 应付职工薪酬
    - 库存物品
    - 管理费用
    - 其他费用（间接费用）
  - 开发支出
    - 应付职工薪酬
    - 库存物品
    - 管理费用
    - 其他费用（间接费用）

图 6－3　“研发支出”明细科目设置示意图

二、单位会计科目余额情况

单位11月末财务会计科目和预算会计科目余额如表6－1和表6－2所示。

表6－1（1）　　11月末财务会计科目余额表　　单位：元

科目名称	期末余额		科目名称	期末余额	
	方向	余额		方向	余额
库存现金	借	4 000	其他应交税费	贷	
银行存款	借	1 006 852	应付账款	贷	5 000
其中：受托代理资产	借	120 000	预收账款	贷	60 000
零余额账户用款额度	借	300 000	其他应付款	贷	12 500
短期投资	借	100 000			
应收账款	借	23 000	预提费用	贷	2 800
预付账款	借	80 000	长期借款	贷	200 000
其他应收款	借	15 000	长期应付款	贷	
应收利息	借	2 800			
坏账准备	借		受托代理负债	贷	
库存物品	借	5 000			
待摊费用	借		负债小计		280 300
固定资产	借	1 529 600			
固定资产累计折旧	贷	32 000	累计盈余	贷	2 289 800
工程物资	借	8 000	专用基金	贷	781 700
在建工程	借	128 000	本期盈余（收支差额）	贷	30 452
无形资产	借	200 000	无偿调拨净资产	贷	
无形资产累计摊销	贷				
研发支出	借	12 000			
受托代理资产	借		净资产小计		3 101 952
资产合计		3 382 252	负债及净资产合计		3 382 252

表 6-1（2）

科目名称	期末余额		科目名称	期末余额	
	方向	余额		方向	余额
财政拨款收入	贷	5 000 000	业务活动费用	借	4 456 863
其中：基本支出	贷	3 500 000	单位管理费用	借	1 299 181
项目支出	贷	1 500 000	资产处置费用	借	3 200
事业收入	贷	1 200 000	其他费用	借	639 136
非同级财政拨款收入	贷	200 000			
捐赠收入	贷				
利息收入	贷	11 832			
租金收入	贷				
其他收入	贷	17 000			
合计		6 428 832	合计		6 398 380

表 6-2　　**11 月末预算会计科目余额表**　　单位：元

科目名称	期末累计余额		科目名称	期末累计余额	
	方向	余额		方向	余额
财政拨款预算收入	贷	5 000 000	科研活动支出	借	5 102 000
事业预算收入	贷	247 200	非科研活动支出	借	70 180
非同级财政拨款预算收入	贷	200 000	管理支出	借	41 000
其他预算收入	贷	28 832	其他支出	借	645 900
债务预算收入	贷	200 000	经营支出	借	5 000
财政拨款结转	贷	50 000	资金结存——货币资金	借	890 852
非财政拨款结余	贷	547 200	资金结存——零余额用款额度	借	300 000
专用结余	贷	781 700			
结转结余与收入合计		7 054 932	合计		7 054 932

第二节　主要经济业务与账务处理

单位 12 月份发生以下经济业务，账务处理如下。

【例 6-1】 12 月 1 日，单位从零余额账户提取现金 2 000 元。

财务会计账务处理	预算会计账务处理
借：库存现金　2 000 　贷：零余额账户用款额度　2 000	借：资金结存——货币资金　2 000 　贷：资金结存——零余额账户用款额度 　　2 000

【**例6-2**】12月1日，从银行基本户提取现金2 000元。

财务会计账务处理	预算会计账务处理
借：库存现金　2 000 　贷：银行存款　2 000	不做账务处理

【**例6-3**】12月2日，代理银行转来《财政授权支付到账通知书》，恢复用款额度，收到财政补助收入800万元、其中基本支出600万元（人员经费500万元、公用经费100万元），项目支出200万元。

财务会计账务处理	预算会计账务处理
借：零余额账户用款额度　8 000 000 　贷：财政拨款收入——公共财政预算拨款 　　6 000 000 　　——政府性基金预算拨款 　　2 000 000	借：资金结存——零余额账户用款额度 　8 000 000 　贷：财政拨款预算收入——公共财政预算拨款　6 000 000 　　——政府性基金预算拨款　2 000 000

【**例6-4**】经核准上年结转未完项目额度8 000元。

财务会计账务处理	预算会计账务处理
借：零余额账户用款额度　8 000 　贷：财政应返还额度　8 000	借：资金结存——零余额账户用款额度 　8 000 　贷：资金结存——财政应返还额度　8 000

【**例6-5**】12月2日，收到某公司科研项目费500万元，开具增值税普通发票（增值税税率3%），计提其他税费。

财务会计账务处理	预算会计账务处理
借：银行存款　5 000 000 　贷：事业收入——科研收入——技术活动收入　4 850 000 　　应交增值税——应交税金——销项税额——B 项目　150 000	借：资金结存——货币资金　5 000 000 　贷：事业预算收入——科研收入　5 000 000

【例 6-6】12 月 3 日，收到同级财政科研 A 项目款 300 万元，用款额度已全部下达；已结题的 B 项目剩余 5 万元按照规定退回财政。

财务会计账务处理	预算会计账务处理
借：零余额账户用款额度　3 000 000 　贷：财政拨款收入——公共财政预算拨款——A 项目　3 000 000 　　——公共财政预算拨款——B 项目　-50 000 　　零余额账户用款额度　50 000	借：资金结存——零余额账户用款额度　3 000 000 　贷：财政拨款预算收入——公共财政预算拨款　2 950 000 　　资金结存——零余额账户用款额度　50 000

【例 6-7】12 月 3 日，办公室李某报销差旅费 3 500 元，冲销借款 2 000 元（借款时已做支出），余款以现金支付。

财务会计账务处理	预算会计账务处理
借：单位管理费用　3 500 　贷：其他应收款——李某　2 000 　　库存现金　1 500	借：事业支出——管理支出　1 500 　贷：资金结存——货币资金　1 500

【例 6-8】12 月 4 日，购买实验材料一批，合同材料价款 50 000 元，开具增值税发票，增值税额 3 000 元，款项由财政授权支付方式支付。

财务会计账务处理	预算会计账务处理
借：业务活动费用——科研活动费用——公共财政拨款费用——商品和服务费用 50 000 　应交增值税——应交税金——进项税额　3 000 　贷：零余额账户用款额度　53 000	借：事业支出——科研活动支出——公共财政预算拨款　53 000 　贷：资金结存——零余额账户用款额度　53 000

【例 6－9】 12 月 5 日，使用非财政资金购入科研部门复印机一批，价款 50 000 元，暂扣 5% 质保金，质保期 6 个月，本次支付 47 500 元（不考虑其他税费和净残值），该批设备折旧年限 5 年。

财务会计账务处理	预算会计账务处理
借：固定资产 50 000 　贷：银行存款 47 500 　　其他应付款 2 500	借：事业支出——科研活动支出 47 500 　贷：资金结存——货币资金 47 500

【例 6－10】 12 月 6 日，经过公开招投标，确定 B 公司为单位绿化卫生服务承包单位，预付服务外包费用 20 000 元。

财务会计账务处理	预算会计账务处理
借：预付账款 20 000 　贷：银行存款 20 000	借：事业支出——管理支出 20 000 　贷：资金结存——货币资金 20 000

【例 6－11】 12 月 7 日，接受 C 基金捐赠研究用专用设备一台，原值 50 万元，设备折旧年限 10 年，已使用 2 年，平均年限法计提折旧，不考虑净残值。本次该设备运输安装调试等费用共计 10 000 元。

财务会计账务处理	预算会计账务处理
借：固定资产 400 000 　贷：捐赠收入 400 000 借：固定资产 10 000 　贷：银行存款 10 000	借：其他支出 10 000 　贷：资金结存——货币资金 10 000

【例 6－12】 12 月 8 日，经批准报废一项固定资产，账面价值 5 000 元，已计提折旧 5 000 元。

财务会计账务处理	预算会计账务处理
借：固定资产累计折旧 5 000 　贷：固定资产 5 000	不做账务处理

【例 6－13】 12 月 8 日，处置上述报废固定资产取得收入 500 元。

财务会计账务处理	预算会计账务处理
借：银行存款　500 　贷：应缴财政款——资产处置　500	不做账务处理

【例6-14】12月9日，单位开工实验室改建工程（工程主要材料由甲方供应），经招投标确定施工单位，进场后预付工程款15 000元，通过财政授权支付方式支付。

财务会计账务处理	预算会计账务处理
借：预付账款　15 000 　贷：零余额账户用款额度　15 000	借：事业支出——科研活动支出——公共财政预算拨款　15 000 　贷：资金结存——零余额账户用款额度　15 000

【例6-15】12月9日，领用工程物资2 000元。

财务会计账务处理	预算会计账务处理
借：在建工程　2 000 　贷：工程物资　2 000	不做账务处理

【例6-16】12月10日，工程完工结算验收，转入固定资产，入账价值30 000元，折旧年限10年，采用平均年限法，不考虑净残值。

财务会计账务处理	预算会计账务处理
借：固定资产　30 000 　贷：在建工程　30 000	不做账务处理

【例6-17】12月11日，购入需要安装科研设备一台，价款10万元，运杂费4 000元，预计生产工时1万小时，采用工作量法计提折旧，不考虑净残值，财政授权支付买价及运杂费，安装调试完成转入固定资产，不考虑相关税费。

财务会计账务处理	预算会计账务处理
借：在建工程　14 000 　贷：零余额账户用款额度　14 000 借：固定资产　104 000 　贷：在建工程　104 000	借：事业支出——科研活动支出——公共财政预算拨款　140 000 　贷：资金结存——零余额账户用款额度　140 000

【例 6－18】12 月 12 日，单位研发专利 W 专利技术，收到专利使用单位研发费用 5 000 元，开具增值税发票，税率 6%。

财务会计账务处理	预算会计账务处理
借：银行存款　5 000 　贷：事业收入——非科研收入——试制产品活动收入——W 专利　4 700 　　应交增值税——应交税金——销项税额　300	借：资金结存——货币资金　5 000 　贷：事业预算收入——非科研预算收入　5 000

【例 6－19】计提上述研发管理费 500 元。

财务会计账务处理	预算会计账务处理
借：单位管理费用——其他单位管理费用　500 　贷：预提费用　500	借：非财政拨款结转　500 　贷：非财政拨款结余　500

【例 6－20】本月 W 专利发生各项研究支出：应付职工薪酬 1 500 元，库存材料 500 元，设备折旧 300 元。

财务会计账务处理	预算会计账务处理
借：业务活动费用——科研活动费用——试制产品活动费用——工资福利费用　1 500 　贷：应付职工薪酬　1 500 借：业务活动费用——科研活动费用——试制产品活动费用——商品和服务费用　500 　贷：库存物品　500 借：业务活动费用——科研活动费用——试制产品活动费用——固定资产折旧费　300 　贷：固定资产累计折旧　300	不做账务处理

【**例6-21**】12月13日，收到科研项目拨款经费30万元，按照研发任务拨付合作单位经费10万元。

财务会计账务处理	预算会计账务处理
借：银行存款　300 000 　贷：事业收入——非同级财政专项拨款收入　300 000	借：资金结存——货币资金　300 000 　贷：事业预算收入——非同级财政专项拨款预算收入　300 000
借：银行存款　-100 000 　贷：事业收入——非同级财政专项拨款收入　-100 000	借：资金结存——货币资金　-100 000 　贷：事业预算收入——非同级财政专项拨款预算收入　-100 000

【**例6-22**】12月13日，计提单位科研人员基本工资500万元，代扣社保20 000元，公积金52 000元，代扣个人所得税63 000元，从零余额账户转入基本户。

财务会计账务处理	预算会计账务处理
借：业务活动费用——科研活动费用——公共财政专项拨款费用——工资福利费用　5 000 000 　贷：应付职工薪酬　5 000 000	不做账务处理
借：应付职工薪酬　5 000 000 　贷：零余额账户用款额度　5 000 000 借：银行存款　135 000 　贷：应付职工薪酬——代扣社保　20 000 　　　　　　　　——代扣公积金　52 000 　　其他应交税费——应交个人所得税　63 000	借：事业支出——科研活动支出——公共财政预算拨款　5 000 000 　贷：资金结存——零余额账户用款额度　5 000 000 借：资金结存——货币资金　135 000 　贷：其他预算收入——其他预算收入　135 000

【**例6-23**】12月13日，用工资专户银行存款支付上述代扣社保、公积金及个人所得税。

财务会计账务处理	预算会计账务处理
借：应付职工薪酬——代扣社保 20 000 ——代扣公积金 52 000 其他应交税费——应交个人所得税 63 000 贷：银行存款 135 000	借：其他预算支出——其他预算支出 135 000 贷：资金结存——货币资金 135 000

【例 6-24】12 月 14 日，科研设备质保期到，通过银行转账方式支付设备购置质保金 2 500 元。

财务会计账务处理	预算会计账务处理
借：其他应付款 2 500 贷：银行存款 2 500	借：事业支出——科研活动支出 2 500 贷：资金结存——货币资金 2 500

【例 6-25】12 月 14 日，获批发改委建设实验楼项目，取得该建设项目贷款 3 500 万元，政府债券 1 500 万元，（不考虑贷款期限和债券期限）

财务会计账务处理	预算会计账务处理
借：银行存款 50 000 000 贷：长期借款——本金——贷款 35 000 000 ——政府债券 15 000 000	借：资金结存——货币资金 50 000 000 贷：债务预算收入 50 000 000

【例 6-26】12 月 15 日，召开技术培训会议，通过转账收到咨询费 120 000 元，开具财政票据。

财务会计账务处理	预算会计账务处理
借：银行存款 120 000 贷：应缴财政款 120 000	不做账务处理

【例 6-27】12 月 15 日，按照年度预算，以自有资金补助附属幼儿园修缮费用 50 000 元。

财务会计账务处理	预算会计账务处理
借：对附属单位补助费用——幼儿园修缮 50 000 贷：银行存款 50 000	借：对附属单位补助支出 50 000 贷：资金结存——货币资金 50 000

【例 6－28】12 月 16 日，单位资产经营部收到销售甲产品收入 20 万元，开具增值税发票。（适用税率 16%）

财务会计账务处理	预算会计账务处理
借：银行存款 200 000 贷：经营收入——甲产品 168 000 应交增值税——应交税金——销项税额 32 000	借：资金结存——货币资金 200 000 贷：经营预算收入 200 000

【例 6－29】12 月 18 日，购入生产甲产品用材料 10 万元，取得增值税发票，款项以转账方式支付。（适用税率 16%）

财务会计账务处理	预算会计账务处理
借：库存物品 84 000 应交增值税——应交税金——进项税额 16 000 贷：银行存款 100 000	借：经营支出 100 000 贷：资金结存——货币资金 100 000

【例 6－30】12 月 19 日，以 E 专利作价 25 万元投资乙公司，占 10% 股权，E 专利账面价值 20 万元，年末乙公司实现净利润 100 万元，其他价值变动导致该公司资本公积增加 4 万元。

财务会计账务处理	预算会计账务处理
借：长期股权投资——乙公司 250 000 贷：无形资产——E 专利 200 000 其他收入 50 000	不做账务处理
借：长期股权投资——损溢调整——乙公司 100 000（1 000 000×10%） 贷：投资收益——乙公司 100 000	不做账务处理
借：长期股权投资——其他权益变动 4 000（40 000×10%） 贷：权益法调整 4 000	不做账务处理

【例 6－31】12 月 20 日，有贷款到期，归还借款本金 3 000 万元、利息 210 万元，债券本金 1 300 万元、利息 120 万元。款项通过银行转账方式支付。

财务会计账务处理	预算会计账务处理
借：长期借款——本金　43 000 000 　　　　　——应计利息　3 300 000 　贷：银行存款　46 300 000	借：债务还本支出　43 000 000 　其他支出　3 300 000 　贷：资金结存——货币资金　46 300 000

【例 6－32】12 月 20 日，培训会议费用支出 20 000 元，其中，专家劳务费 15 000 元，资料费 5 000 元（不考虑相关税费）。款项通过银行转账方式支付。

财务会计账务处理	预算会计账务处理
借：业务活动费用——非科研活动费用——技术活动费用——其他技术活动费用——劳务费　15 000 　业务活动费用——非科研活动费用——技术活动费用——其他技术活动费用——资料费　5 000 　贷：银行存款　20 000	借：事业支出——非科研活动支出　20 000 　贷：资金结存——货币资金　20 000

【例 6－33】12 月 21 日，实验室购置打印纸 5 000 元，通过银行存款支付。

财务会计账务处理	预算会计账务处理
借：业务活动费用——非科研活动费用　5 000 　贷：银行存款　5 000	借：事业支出——非科研活动支出　5 000 　贷：资金结存——货币资金　5 000

【例 6－34】12 月 21 日，以财政直接支付方式支付单位本月水费 110 000 元，电费 200 000 元，零星维修费 50 000 元。

财务会计账务处理	预算会计账务处理
借：业务活动费用——非科研活动费用——商品和服务费用——水费　110 000 　业务活动费用——非科研活动费用——商品和服务费用——电费　200 000 　业务活动费用——非科研活动费用——商品和服务费用——维修费　50 000 　贷：财政拨款收入　360 000	借：事业支出——非科研活动支出　360 000 　贷：财政拨款预算收入　360 000

【例 6－35】12 月 22 日，经研究出售上述对乙公司的股权投资，实际收到 600 000 元，支付相关费用 30 000 元。

财务会计账务处理	预算会计账务处理
借：银行存款　600 000 　贷：长期股权投资——乙公司　250 000 　　　投资收益——乙公司　350 000	借：资金结存——货币资金　600 000 　贷：其他支出——投资支出——乙公司　250 000 　　　其他预算收入——投资收益——乙公司　350 000
借：权益法调整　4 000 　贷：投资收益——乙公司　4 000	不做账务处理
借：投资收益——乙公司　30 000 　贷：银行存款　30 000	借：其他预算收入——投资收益——乙公司　30 000 　贷：资金结存——货币资金　30 000

【例 6－36】12 月 22 日，科技开发部王某报销差旅费 3 000 元，电话费 350 元，以现金支付上述款项。

财务会计账务处理	预算会计账务处理
借：业务活动费用——科研活动费用——非同级财政专项拨款费用——商品和服务费用——差旅费　3 000 　　业务活动费用——科研活动费用——非同级财政专项拨款费用——商品和服务费用——通讯费　350 　贷：库存现金　3 350	借：事业支出——科研活动支出——非同级财政专项拨款　3 350 　贷：资金结存——货币资金　3 350

【例 6－37】12 月 22 日，单位发放取暖费，其中科研人员 18 000 元，行政办公人员 9 000 元，后勤保障人员 1 500 元，资产公司人员 3 600 元。款项通过银行存款支付。

财务会计账务处理	预算会计账务处理
借：业务活动费用——科研活动费用——其他专项资金费用——工资福利费用　18 000 　　单位管理费用——工资福利费用　9 000 　　业务活动费用——非科研活动费用——工资福利费用　1 500 　　经营费用——工资福利费用　3 600 　贷：银行存款　32 100	借：事业支出——科研活动支出　18 000 　　　　　　——非科研活动支出　10 500 　　经营支出　3 600 　贷：资金结存——货币资金　32 100

【**例 6－38**】12 月 23 日，处理研究室实验废液一批，发生处理费用 7 000 元，通过银行转账支付。

财务会计账务处理	预算会计账务处理
借：业务活动费用——科研活动费用——废液处理 7 000 贷：银行存款 7 000	借：事业支出——科研活动支出 7 000 贷：资金结存——货币资金 7 000

【**例 6－39**】12 月 24 日，实验室购置电脑耗材 8 000 元，通过零余额账户支付。

财务会计账务处理	预算会计账务处理
借：业务活动费用——科研活动费用 8 000 贷：零余额账户用款额度 8 000	借：事业支出——科研活动支出——公共财政预算拨款 8 000 贷：资金结存——零余额账户用款额度 8 000

【**例 6－40**】12 月 25 日，从 F 项目经费报销研究人员刘某论文版面费 2 500 元，课题组研究生劳务补贴 3 000 元，购置研究用材料 7 000 元，发生测试费用 1 200 元，差旅费 15 000 元，上述费用通过银行存款支付。

财务会计账务处理	预算会计账务处理
借：业务活动费用——科研活动费用——公共财政专项拨款费用——商品和服务费用——刘某版面费 2 500 业务活动费用——科研活动费用——公共财政专项拨款费用——商品和服务费用——材料 7 000 业务活动费用——科研活动费用——公共财政专项拨款费用——商品和服务费用——测试费 1 200 业务活动费用——科研活动费用——公共财政专项拨款费用——商品和服务费用——差旅费 15 000 业务活动费用——科研活动费用——公共财政专项拨款费用——对个人和家庭补助费用——研究生补助 3 000 贷：银行存款 28 700	借：事业支出——科研活动支出 28 700 贷：资金结存——货币资金 28 700

【例 6－41】12 月 26 日，将 F 项目中合作的 D 研究所 30 万元、** 大学 20 万委托业务费支付对方单位，通过零余额账户支付。

财务会计账务处理	预算会计账务处理
借：业务活动费用——科研活动费用——公共财政专项拨款费用——F 项目——D 研究所 300 000 业务活动费用——科研活动费用——公共财政专项拨款费用——F 项目——** 大学 200 000 贷：零余额账户用款额度 500 000	借：事业支出——科研活动支出——公共财政预算拨款 500 000 贷：资金结存——零余额账户用款额度 500 000

【例 6－42】12 月 27 日，F 项目结题验收完成，发生结题费用 2 000 元，以现金支付。

财务会计账务处理	预算会计账务处理
借：业务活动费用——科研活动费用——公共财政拨款费用——商品和服务费用——结题费用 2 000 贷：库存现金 2 000	借：事业支出——科研活动支出——公共财政预算拨款 2 000 贷：资金结存——货币资金 2 000

【例 6－43】12 月 28 日，F 项目剩余经费 15 000 元经批准，计提有关税费 3 000 元后一次性发放绩效，5 000 元从零余额账户用款额度支付，7 000元从银行存款支付。

财务会计账务处理	预算会计账务处理
借：业务活动费用——科研活动费用——公共财政拨款费用——其他公共财政专项费用——其他费用 15 000 贷：其他应交税费——应交个人所得税 3 000 银行存款 7 000 零余额账户用款额度 5 000	借：事业支出——科研活动支出——公共财政预算拨款 5 000 事业支出——科研活动支出——其他专项 7 000 贷：资金结存——货币资金 7 000 资金结存——零余额账户用款额度 5 000

【例 6－44】12 月 29 日，盘点材料库，盘亏 300 元，经批准列支管理费用。

财务会计账务处理	预算会计账务处理
借：单位管理费用——其他单位管理费用 300 贷：库存材料 300	不做账务处理

【例 6-45】 12 月 30 日，国债到期收回本金 10 万元，利息 2 800 元。

财务会计账务处理	预算会计账务处理
借：银行存款 102 800 贷：短期投资——成本 100 000 应收利息 2 800	借：资金结存——货币资金 102 800 贷：其他支出——投资支出 100 000 其他预算收入——投资收益 2 800

【例 6-46】 12 月 30 日，年末计提单位账面固定资产折旧及无形资产摊销：其中原制度核算的存量固定资产计提数分别为房屋建筑物 3 000 元，通用设备 12 000 元，家具用具 1 500 元，无形资产 4 000 元；新制度核算固定资产计提数分别为，房屋建筑物 6 500 元，通用设备 11 000 元，家具用具 3 600 元，无形资产摊销 5 000 元。

财务会计账务处理	预算会计账务处理
借：累计盈余——非流动资产基金——固定资产 16 500 贷：固定资产累计折旧——房屋及建筑物 3 000 ——通用设备 12 000 ——家具用具 1 500	不做账务处理
借：累计盈余——非流动资产基金——无形资产 4 000 贷：无形资产累计摊销 4 000	不做账务处理
借：单位管理费用——固定资产折旧费 21 100 贷：固定资产累计折旧——房屋及建筑物 6 500 ——通用设备 11 000 ——家具用具 3 600	不做账务处理
借：单位管理费用——无形资产摊销费 5 000 贷：无形资产累计摊销 5 000	不做账务处理

【例 6-47】 12 月 30 日，W 专利研发完成，并转入无形资产，经审核，该项专利技术入账价值 10 000 元，研究及开发阶段累计发生费用 12 000 元。

财务会计账务处理	预算会计账务处理
借：无形资产——W 专利 10 000 贷：研发支出 10 000	不做账务处理
借：业务活动费用——试制产品活动费用——其他费用 2 000 贷：研发支出 2 000	不做账务处理

【例 6－48】12 月 30 日，归集并结转本月应交增值税（本月所有进项税额均可抵扣），本月累计增值税销项税额 182 300，进项税额 19 000 元。

财务会计账务处理	预算会计账务处理
借：应交增值税——应交税金——销项税额 182 300 贷：应交增值税——应交税金——进项税额 19 000 应交增值税——未交税金 163 300	不做账务处理

【例 6－49】12 月 30 日，按照本月各项应税收入及本月应交增值税额计提各项附加税费（城市建设税 7%，教育费附加 3%，地方教育费附加 2%，水利基金 0.06%，印花税 0.03%）（本月应交增值税：163 300，本月应税收入：4 850 000＋4 700＋168 000＝5 022 700（元），本月各项合同收入：5 000 000＋5 000＋200 000＝5 205 000 元）

财务会计账务处理	预算会计账务处理
借：业务活动费用——非科研活动费用 24 171.12 贷：其他应交税费——应交城建税 11 431（163 300×7%） ——应交教育费附加 4 899（163 300×3%） ——应交地方教育费附加 3 266（163 300×2%） ——水利基金 3 013.62（5 022 700×0.06%） ——应交印花税 1 561.50（5 205 000×0.03%）	不做账务处理

【例 6－50】12 月 30 日，通过银行存款上缴本月各项税费。

财务会计账务处理	预算会计账务处理
借：应交税费——应交增值税　163 300 其他应交税费——应交城建税　11 431 ——应交教育费附加 4 899 ——应交地方教育费附加 3 266 ——水利基金　3 013.62 ——印花税　1 561.50 贷：银行存款　187 471.12	借：其他支出　187 471.12 贷：资金结存——货币资金　187 471.12

【例 6-51】上缴其他税费，计提前述项目应交个人所得税 3 000 元，通过银行存款支付。

财务会计账务处理	预算会计账务处理
借：其他应交税费——应交个人所得税 3 000 贷：银行存款　3 000	借：其他支出　3 000 贷：资金结存——货币资金　3 000

【例 6-52】12 月 30 日实验楼项目 A 标段招投标完成，按照合同约定，预付工程款 600 万元。款项通过银行存款支付。

财务会计账务处理	预算会计账务处理
借：预付账款——实验楼　6 000 000 贷：银行存款　6 000 000	借：事业支出——科研活动支出　6 000 000 贷：资金结存——货币资金　6 000 000

【例 6-53】12 月 30 日实验楼项目 B 标段招标完成，预付工程款 550 万元，通过零余额账户支付。

财务会计账务处理	预算会计账务处理
借：预付账款　5 500 000 贷：零余额账户用款额度　5 500 000	借：事业支出——科研活动支出——公共财政预算拨款　5 500 000 贷：资金结存——零余额账户用款额度 5 500 000

【例 6-54】年末，退回零余额账户用款额度 71 000 元。

财务会计账务处理	预算会计账务处理
借：财政应返还额度　71 000 贷：零余额账户用款额度　71 000	借：资金结存——财政应返还额度　71 000 贷：资金结存——零余额账户用款额度 71 000

【例 6－55】 上缴应交财政款 120 500 元。

财务会计账务处理			预算会计账务处理
借：应缴财政款	120 500		不做账务处理
贷：银行存款		120 500	

第三节　年末结转

一、单位年末财务会计结转

根据单位 12 月发生的经济业务所做的账务处理，得出单位 12 月末财务会计余额，如表 6－3 所示。

依据表 6－3“12 月末财务会计科目余额表”进行财务会计年末结转：

【例 6－56】 结转 12 月收入。

财务会计账务处理			预算会计账务处理
借：财政拨款收入	11 310 000		不做账务处理
事业收入	4 854 700		
非同级财政拨款收入	200 000		
捐赠收入	400 000		
其他收入	50 000		
经营收入	168 000		
投资收益	424 000		
贷：本期盈余		17 406 700	

【例 6－57】 结转 12 月费用。

财务会计账务处理			预算会计账务处理
借：本期盈余	6 140 021.12		不做账务处理
贷：业务活动费用		6 042 021.12	
单位管理费用		44 400	
经营费用		3 600	
对附属单位补助支出		50 000	

表 6-3（1）

12 月末财务会计科目余额表

单位：元

科目名称	期初累计余额		本期发生额		期末累计余额		科目名称	期初累计余额		本期发生额		期末累计余额	
	方向	余额	借方	贷方	方向	余额		方向	余额	借方	贷方	方向	余额
库存现金	借	4 000	4 000	6 850	借	1 150	应付职工薪酬	平	0	50 720 000	50 721 500	贷	1 500
银行存款	借	1 006 852	56 463 300	53 207 771.12	借	4 262 380.88	应交增值税	平	0	182 300	182 300	平	0
其中：委托代理资产	借	120 000	0	0	借	120 000	其他应交税费	平	0	24 171.12	24 171.12	平	0
零余额账户用款额度	借	300 000	11 008 000	11 308 000	平	0	应交财政款	平	0	120 500	120 500	平	0
财政应返还额度	借	0	71 000	8 000	借	63 000	应付账款	贷	5 000	0	0	贷	5 000
短期投资	借	100 000	0	100 000	借	0	预收账款	贷	60 000	0	0	平	60 000
应收账款	借	23 000	0	0	借	23 000	其他应付款	贷	12 500	2 500	2 500	平	12 500
预付账款	借	80 000	11 535 000	0	借	11 615 000	预提费用	贷	2 800	0	500	贷	3 300
其他应收款	借	15 000		2 000	借	13 000	长期借款	贷	200 000	46 300 000	50 000 000	贷	3 900 000
应收利息	平	2 800		2 800	平	0	负债小计	贷	280 300	97 349 471.12	101 051471.12	贷	3 982 300
库存物品	借	5 000	84 000	800	借	88 200							
长期股权投资	平	0	354 000	250 000	借	104 000	权益法调整	平		4 000	4 000	平	0
固定资产	借	1 529 600	594 000	5 000	借	2 118 600	累计盈余	贷	2 289 800	20 500	0	贷	2 269 300
固定资产累计折旧	贷	32 000	5 000	37 900	贷	64 900	专用基金	贷	781 700	0	0	贷	781 700
工程物资	借	8 000		2 000	借	6 000	本期盈余（收支差额）	贷	30 452	6 140 021.12	17 406 700	贷	11 297 130.88
在建工程	借	128 000	106 000	134 000	借	100 000	净资产小计	贷	3 101 952	6 164 521.12	17 410 700		14 348 130.88
无形资产	借	200 000	10 000	200 000	借	10 000							
无形资产摊销	平	0		9 000	贷	9 000							
研发支出	借	12 000		12 000	平	0							
资产合计	借	3 382 252	80 234300	65 286 121.12	借	18 330 430.88	负债及净资产合计	贷	3 382 252	103 513 992.24	118 462 171.12	贷	18 330 430.88

附注：累计盈余本期发生额 20500 元为以前年度盈余调整。

表 6－3（2）

科目名称	期初累计余额		本期发生额		期末累计余额		科目名称	期初累计余额		本期发生额		期末累计余额	
	方向	余额	借方	贷方	方向	余额		方向	余额	借方	贷方	方向	余额
财政拨款收入	贷	5 000 000		11 310 000	贷	16 310 000	业务活动费用	借	4 456 863	6 042 021. 12		借	10 498 884. 12
事业收入	贷	1 200 000		4 854 700	贷	6 054 700	单位管理费用	借	1 299 181	44 400		借	1 343 581
非同级财政拨款收入	贷	200 000		200 000	贷	400 000	资产处置费用	借	3 200	0		借	3 200
捐赠收入	贷			400 000	贷	400 000	其他费用	借	639 136	0		借	639 136
利息收入	贷	11 832		0	贷	11 832	经营费用			3 600			3 600
租金收入	贷			0	贷		对附属单位补助支出			50 000			50 000
其他收入	贷	17 000		50 000	贷	67 000							
经营收入	贷			168 000	贷	168 000							
投资收益	贷			424 000	贷	424 000							
合计	贷	6 428 832		17 406 700	贷	23 835 532	合计		6 398 380	6 140 021. 12			12 538 401. 12

附注：单位财务会计和预算会计因核算基础和核算范围不同所产生的盈余数与预算结余数之间的差异，根据 ABC 科研事业单位存在在建工程项目、固定资产累计折旧项目，1～11 月该单位此项业务均有支出发生，单位 12 月期初余额中，财务会计盈余数与预算会计结余数存在差异。

【例 6－58】将“本期盈余”转入“本年盈余分配”。

（本期盈余贷方余额为 30 452＋17 406 700－6 140 021.12＝11 297 130.88 元）

财务会计账务处理	预算会计账务处理
借：本期盈余　11 297 130.88 　贷：本年盈余分配　11 297 130.88	不做账务处理

【例 6－59】按照预算会计计算的提取金额计提职工福利基金，职工福利基金提取参见预算会计结转中“对非财政拨款结余进行结转分配”。

财务会计账务处理	预算会计账务处理
借：本年盈余分配　561 326.18 　（2 806 630.88×20%） 　贷：专用基金　561 326.18	不做账务处理

【例 6－60】将“本年盈余分配”账户的余额转入“累计盈余”。

财务会计账务处理	预算会计账务处理
借：本年盈余分配　10 735 804.70 　贷：累计盈余　10 735 804.70	不做账务处理

二、单位年末预算会计结转

根据单位 12 月发生的经济业务所做的账务处理，得出单位 12 月末预算会计余额，如表 6－4 所示。

依据表 6－4“12 月末预算会计科目余额表”进行预算会计年末结转：

【例 6－61】结转财政拨款预算收入和预算支出。

财务会计账务处理	预算会计账务处理
不做账务处理	借：财政拨款预算收入　16 310 000 　贷：财政拨款结转——本年收支结转　16 310 000 借：财政拨款结转——本年收支结转　16 289 000 　贷：事业支出——科研活动支出——财政拨款支出　16 289 000 （本年财政拨款预算收支结转贷方余额 16 310 000－16 289 000＝21 000 元）

表 6-4 **12 月末预算会计科目余额表** 单位：元

科目名称	期初累计余额		本期发生额		期末累计余额		科目名称	期初累计余额		本期发生额		期末累计余额	
	方向	余额	借方	贷方	方向	余额		方向	余额	借方	贷方	方向	余额
财政拨款预算收入	贷	5 000 000		11 310 000	贷	16 310 000	事业支出	借	5 213 180	17 718 050		借	22 931 230
事业预算收入	贷	247 200		5 005 000	贷	5 252 200	其中：科研活动支出	借	5 102 000	17 301 050		借	22 403 050
非同级财政拨款预算收入	贷	200 000		200 000	贷	400 000	1. 财政支出	借	5 102 000	11 187 000		借	16 289 000
其他预算收入	贷	28 832		135 000	贷	163 832	2. 非同级财政支出	借		3 350		借	3 350
经营预算收入	贷			200 000	贷	200 000	3. 其他专项支出	借		6 110 700		借	6 110 700
投资预算收入	贷			322 800	贷	322 800	非科研活动支出	借	70 180	395 500		借	465 680
债务预算收入	贷	200 000		50 000 000	贷	50 200 000	管理支出	借	41 000	21 500		借	62 500
财政拨款结转	平	50 000					其他支出	借	645 900	3 285 471.12		借	3 931 371.12
非财政拨款结余	贷	547 200			贷		经营支出	借	5 000	103 600		借	108 600
专用结余	贷	781 700	0		贷	781 700	债务还本支出	借		43 000 000		借	43 000 000
							对附属单位补助支出			50 000			50 000
							资金结存		1 190 852	3 015 678.88			4 206 530.88
							其中：货币资金		890 852	3 252 678.88			4 143 530.88
							零余额用款额度		300 000	-300 000			0
							应返还额度			63 000			63 000
合计		7 054 932		67 172 800		73 630 532	合计		7 054 932	67 172 800			74 227 732

【例 6－62】 年末冲销“财政拨款结转”账户有关明细账户余额。

财务会计账务处理	预算会计账务处理
不做账务处理	借：财政拨款结转——本年收支结转 21 000 　贷：财政拨款结转——累计结转　　21 000

【例 6－63】 结转其他结余。

财务会计账务处理	预算会计账务处理
不做账务处理	借：事业预算收入——非专项资金收入 525 2200 　非同级财政拨款收入　400 000 　其他预算收入　163 832 　经营预算收入　200 000 　投资预算收入　322 800 　债务预算收入　50 200 000 　贷：其他结余　56 538 832 借：其他结余　53 732 201.12 　贷：事业支出——科研活动支出——非财政支出　6 114 050（3 350＋6 110 700） 　　事业支出——非科研活动支出　465 680 　　事业支出——管理支出　62 500 　　其他支出　3 931 371.12 　　经营支出　108 600 　　债务还本支出　43 000 000 　　对附属单位补助支出　50 000 借：其他结余 2 806 630.88（56 538 832－53 732 201.12） 　贷：非财政拨款结余分配　2 806 630.88

【例 6－64】 对非财政拨款结余进行结转分配，假设单位按照非财政拨款结余的 20% 计提职工福利基金。

财务会计账务处理	预算会计账务处理
不做账务处理	借：非财政拨款结余分配 561 326.18（2 806 630.88×20%） 　贷：专用结余　561 326.18 借：非财政拨款结余分配 2 245 304.70（2 806 630.88－561 326.18） 　贷：非财政拨款结余－累计结余 2 245 304.70

三、年末结转后科目余额情况

年末结转后，财务会计科目余额情况，如表 6－5 所示。

表 6－5　　　　年终转账后财务会计科目余额表　　　　单位：元

科目名称	期末余额		科目名称	期末余额	
	方向	余额		方向	余额
库存现金	借	1 150	应付职工薪酬	贷	1 500
银行存款	借	4 262 380. 88	应付账款	贷	5 000
财政应返还额度	借	63000	预收账款	贷	60 000
应收账款	借	23 000	其他应付款	贷	12 500
预付账款	借	11 615 000	预提费用	贷	3 300
其他应收款	借	13 000	长期借款	贷	3 900 000
存货	借	88 200	非流动负债合计	贷	3 900 000
流动资产合计	借	16 065 730. 88	负债小计	贷	3 982 300
长期股权投资	借	104 000			
固定资产原值	借	2 118 600			
固定资产累计折旧	贷	64 900	累计盈余	贷	13 005 104. 70
工程物资	借	6 000	专用基金	贷	1 343 026. 18
在建工程	借	100 000	净资产小计	贷	14 348 130. 88
无形资产原值	借	10 000			
无形资产累计摊销	贷	9 000			
资产总计	借	18 330 430. 88	负债和净资产合计	贷	18 330 430. 88

年末结转后，预算会计科目余额情况，如表 6－6 所示。

表 6－6　　　　单位年终转账后预算会计科目余额表　　　　单位：元

科目名称	期末余额		科目名称	期末余额	
	方向	余额		方向	余额
财政拨款结转	借	71 000	资金结存——货币资金	贷	4 143 530. 88
其他结余	借	2 792 504. 7	资金结存——零余额用款额度	贷	0
专用结余	借	1 343 026. 18	资金结存—应返还额度	贷	63 000
	借				
结转结余合计	借	4 206 530. 88	资金结存合计	贷	4 206 530. 88

第四节　会计报表

根据单位年末结转后的余额编制财务会计报表，如表6－7至表6－9所示：

表6－7　　**资产负债表**

会政财01表

编制单位：××单位　　××年12月31日　　单位：元

资产	期末余额	年初余额	负债和净资产	期末余额	年初余额
流动资产：		略	**流动负债：**		略
货币资金	4 263 530.88		短期借款		
短期投资			应交增值税		
财政应返还额度	63 000		其他应交税费		
应收票据			应缴财政款		
应收账款净额	23 000		应付职工薪酬	1 500	
预付账款	11 615 000		应付票据		
应收股利			应付账款	5 000	
应收利息			应付政府补贴款		
其他应收款净额	13 000		应付利息		
存货	88 200		预收账款	60 000	
待摊费用			其他应付款	12 500	
一年内到期的非流动资产			预提费用	3 300	
其他流动资产			一年内到期的非流动负债		
流动资产合计	**16 065 730.88**		其他流动负债		
非流动资产：			**流动负债合计**	**82 300**	
长期股权投资	104 000		**非流动负债：**		
长期债券投资			长期借款	3 900 000	
固定资产原值	2 118 600		长期应付款		
减：固定资产累计折旧	64 900		预计负债		
固定资产净值	2 053 700		其他非流动负债		

续表

资产	期末余额	年初余额	负债和净资产	期末余额	年初余额
工程物资	6 000		**非流动负债合计**	**3 900 000**	
在建工程	100 000		受托代理负债		
无形资产原值	10 000		**负债合计**	**3 982 300**	
减：无形资产累计摊销	9 000				
无形资产净值	1 000				
研发支出					
公共基础设施原值					
减：公共基础设施累计折旧（摊销）					
公共基础设施净值					
政府储备物资					
文物文化资产					
保障性住房原值					
减：保障性住房累计折旧			**净资产：**		
保障性住房净值			累计盈余	13 005 104. 70	
长期待摊费用			专用基金	1 343 026. 18	
待处理财产损溢			权益法调整		
其他非流动资产			无偿调拨净资产*		—
非流动资产合计	**2 264 700**		本期盈余*		—
受托代理资产			**净资产合计**	**14 348 130. 88**	
资产总计	**18 330 430. 88**		**负债和净资产合计**	**18 330 430. 88**	

注：“*”标识项目为月报项目，年报中不需列示。

表 6-8 **收入费用表**

会政财 02 表

编制单位：××单位 ××年 12 月 单位：元

项目	本年数	上年数
一、本期收入	**23 835 532**	略
（一）财政拨款收入	16 310 000	
其中：政府性基金收入	2 000 000	
（二）事业收入	6 054 700	
（三）上级补助收入		

续表

项目	本年数	上年数
（四）附属单位上缴收入		
（五）经营收入	168 000	
（六）非同级财政拨款收入	400 000	
（七）投资收益	424 000	
（八）捐赠收入	400 000	
（九）利息收入	11 832	
（十）租金收入		
（十一）其他收入	67 000	
二、本期费用	**12 538 401.12**	
（一）业务活动费用	10 498 884.12	
（二）单位管理费用	1 343 581	
（三）经营费用	3 600	
（四）资产处置费用	3 200	
（五）上缴上级费用		
（六）对附属单位补助费用	50 000	
（七）所得税费用		
（八）其他费用	639 136	
三、本期盈余	**11 297 130.88**	

表 6－9　　　　净资产变动表

会政财 03 表

编制单位：××单位　　　　××年 12 月　　　　单位：元

项目	本年数				上年数			
	累计盈余	专用基金	权益法调整	净资产合计	累计盈余	专用基金	权益法调整	净资产合计
一、上年年末余额	**2 289 800**	**781 700**		**3 071 500**				
二、以前年度盈余调整（减少以“－”号填列）	**－20 500**		—			—	—	
三、本年年初余额	**2 269 300**	**781 700**		**3 051 000**				

续表

项目	本年数				上年数			
	累计盈余	专用基金	权益法调整	净资产合计	累计盈余	专用基金	权益法调整	净资产合计
四、本年变动金额（减少以“–”号填列）	**10 735 804.70**	**561 326.18**		**11 297 130.88**				
（一）本年盈余	11 297 130.88		—	11 297 130.88		—	—	
（二）无偿调拨净资产			—			—	—	
（三）归集调整预算结转结余			—			—	—	
（四）提取或设置专用基金	–56 326.18	561 326.18	—				—	
其中：从预算收入中提取			—		—		—	
从预算结余中提取	–561 326.18	561 326.18	—				—	
设置的专用基金			—		—		—	
（五）使用专用基金			—				—	
（六）权益法调整					—	—		
五、本年年末余额	**13 005 104.70**	**1 343 026.18**		**14 348 130.88**				

注：“—”表示单元格不需要填列。

根据单位年末结转后的余额编制预算会计报表，如表6–11至表6–13所示。

表 6－10　　预算收入支出表

会政预 01 表

编制单位：××单位　　××年 12 月　　单位：元

项目	本年数	上年数
一、本年预算收入	**72 848 832**	略
（一）财政拨款预算收入	16 310 000	
其中：政府性基金收入	2 000 000	
（二）事业预算收入	5 252 200	
（三）非同级财政拨款预算收入	400 000	
（四）经营预算收入	200 000	
（五）投资预算收入	322 800	
（六）债务预算收入	50 200 000	
（七）其他预算收入	163 832	
二、本年预算支出	**70 021 201.12**	
（一）行政支出		
（二）事业支出	22 931 230	
（三）经营支出	108 600	
（四）上缴上级支出		
（五）对附属单位补助支出	50 000	
（六）债务还本支出	43 000 000	
（七）其他支出	3 931 371.12	
其中：利息支出		
捐赠支出		
三、本年预算收支差额	**2 827 630.88**	

表 6-11　　　　预算结转结余变动表

会政预 02 表

编制单位：××单位　　　　××年 12 月　　　　单位：元

项　目	本年数	上年数
一、年初预算结转结余	1 378 900	
（一）财政拨款结转结余	50 000	
（二）其他资金结转结余	547 200	
（三）专用结余	781 700	
二、年初余额调整（减少以“-”号填列）		
（一）财政拨款结转结余		
（二）其他资金结转结余		
三、本年变动金额（减少以“-”号填列）	2 827 630.88	
（一）财政拨款结转结余	21 000	
1. 本年收支差额	21 000	
2. 归集调入		
3. 归集上缴或调出		
（二）其他资金结转结余	2 806 630.88	
1. 本年收支差额	2 806 630.88	
2. 缴回资金		
3. 使用专用结余		
4. 支付所得税		
四、年末预算结转结余	4 206 530.88	
（一）财政拨款结转结余	71 000	
1. 财政拨款结转	71 000	
2. 财政拨款结余		
（二）其他资金结转结余	4 135 530.88	
1. 非财政拨款结转		
2. 非财政拨款结余	2 792 504.7	
3. 专用结余	1 343 026.18	
4. 经营结余（如有余额，以“-”号填列）		

表 6－12

财政拨款预算收入支出表

会政预 03 表

编制单位：××单位　　××年 12 月　　单位：元

项目	年初财政拨款结转结余		调整年初财政拨款结转结余	本年归集调入	本年归集上缴或调出	单位内部调剂		本年财政拨款收入	本年财政拨款支出	年末财政拨款结转结余	
	结转	结余				结转	结余			结转	结余
一、一般公共预算财政拨款								14 310 000	14 289 000		
（一）基本支出								8 310 000	8 228 900		
1. 人员经费								6 000 000	6 000 000		
2. 日常公用经费	50 000							2 310 000	228 900	71 000	
（二）项目支出								6 000 000	6 000 000		
1. F 项目								500 000	500 000		
2. 实验楼项目								5 500 000	5 500 000		
二、政府性基金预算财政拨款								2 000 000	2 000 000		
（一）基本支出								2 000 000	2 000 000		
1. 人员经费											
2. 日常公用经费								2 000 000	2 000 000		
总计	50 000							16 310 000	16 289 000	71 000	

根据单位年末结转后的余额编制本年盈余与预算结余差异情况说明表，如表6－13所示。

表6－13 本年盈余与预算结余的差异情况说明表

编制单位：××单位 ××年12月31日 单位：元

项目	金额	备注（例题序号）
一、本年预算结余（本年预算收支差额）	2 827 630.88	
二、差异调节	8 469 500	
（一）重要事项的差异	8 469 800	
加：1、当期确认为收入但没有确认预算收入	400 000	
（1）应收款项、预收账款确认的收入		
（2）接受非货币性资产捐赠确认的收入	400 000	例6－11
2、当期确认为预算支出但没有确认费用	58 099 000	
（1）支付应付款项、预付账款的支出	11 537 500	例6－10、例6－14、例6－24、例6－52、6－53
（2）为取得存货、政府储备物资等计入物资成本的支出	100 000	例6－29
（3）为购建固定资产等的资本性支出	161 500	例6－9、例6－11、例6－16、例6－17
（4）偿还借款本息支出	46 300 000	例6－26
减：1、当期确认为预算收入但没有确认为收入	50 000 000	
（1）收到应收款项、预算款项确认的预算收入		
（2）取得借款确认的预算收入	50 000 000	例6－25
2、当期确认为费用但没有确认为预算支出	29 200	
（1）发出存贷、政府储备物资等确认的费用	300	例6－44
（2）计提的折提费用和摊销费用等	28 900	例6－19、例6－20、例6－46
（3）确认的资产处置费用（处置资产的价值）		
（4）应付款项、预付账款确认的费用		
（二）其他事项差异	－300	
加：投资权益法调整确认收入，但未确认预算收入	58 000	例6－30、例6－35
减：其他差异	2000	例6－47
	56300	前期未冲销往来款差异，因篇幅所限，前期具体业务举例（略）
三、本年盈余（本年收入费用的差异）	11 297 130.88	

附注：本表反映单位财务会计和预算会计因核算基础和核算范围不同所产生的本年盈余数与本年预算结余数之间的差异。其中：主要列示12月份典型经济业务。

第七章　国有林场和苗圃会计实务操作案例

第一节　单位基础资料

一、单位基本情况与重点会计科目介绍

某林场为某县国有生态林场，隶属于县林业局，公益一类全额财政拨款事业单位，编制40人，现有职工38人，现经营面积15 000公顷，其中，林业用地面积14 700公顷。该单位主要职责为宣传、贯彻、执行国家有关林业法律和政策；保护培育辖区森林资源，保护生物多样性，承担有害生物防治、区域良种示范、种质资源保护与创新、森林防火、生态监测、科技示范等工作；配合协助完成相关林业资源规划、监测保护、科技推广等工作。该林场内设办公室、财务组、技术组、护林组负责林场日常工作，基层设一个生态苗圃和四个管护站。

该林场已纳入财政国库集中支付系统，2019年1月1日起执行《政府会计制度》，使用《政府会计制度》的事业类科目，同时按照财政部《关于印发国有林场和苗圃执行〈政府会计制度——行政事业单位会计科目和报表〉的补充规定和衔接规定的通知》（财会〔2018〕11号）要求，增设"营林工程"和"林木资产"一级科目。"营林工程"科目下设置"苗木生产成本""林木生产成本"明细科目。在"林木生产成本"明细科目下，按"消耗性林木成本""生产性林木成本""公益性林木成本"设置明细科目。"林木资产"科目下设置"苗木"和"林木"两个明细科目，在"林木"明细科目下，按"消耗性林木资产""生产性林木资产""公益性林木资产"设置明细科目。该林场涉及的专项业务包括天然林保护工程、森林生态效益补偿补

助、森林防火、森林有害生物防治、林业科技推广等。

该林场常用的会计核算科目如下：

1. “财政拨款收入”和”财政拨款预算收入”。

这两个科目核算林场和苗圃从同级财政部门取得的各类财政资金，也就是说凡通过国库集中支付的资金均通过“财政拨款收入”和“财政拨款预算收入”核算。

其明细科目的设置如下：①两者均设置二级明细科目“基本支出”和“项目支出”；②两者均在二级科目“基本支出”科目下设三级明细科目“人员经费”“公用经费”；③两者均在二级科目“项目支出”下设三级明细科目“财政拨款项目支出”和“非财政拨款项目支出”；④“财政拨款预算收入”科目在三级科目“财政拨款项目支出”和“非财政拨款项目支出”下按资金的具体项目或资金的功能科目设四级明细科目，而“财政拨款收入”科目不需要设四级明细

2. “业务活动费用”和“事业支出”。

“业务活动费用”用来归集林场和苗圃为实现其职能，在运行过程中发生的各项费用；“事业支出”则归集林场和苗圃履行其职责实际发生的各项现金流出。

因两者归集的内容不同，所以明细科目的设置略有不同，以确保各自核算能够真实反映单位实际情况。

“业务活动费用”明细科目设置如下：设二级明细科目“工资福利费用”“商品和服务费用”“对个人和家庭补助费用”“固定资产折旧费”“无形资产摊销费”“计提专用基金”和“其他费用”。

“事业支出”明细科目设置如下：①设置二级明细科目“基本支出”和“项目支出”；②在“基本支出”二级科目下按经济分类分别设“工资福利支出”“商品和服务支出”和“对个人和家庭生活补助支出”三级科目；③在二级科目“项目支出”下设三级明细科目“财政拨款项目支出”“非财政拨款的项目支出”和“其他资金支出”；④在三级科目“财政拨款项目支出”“非财政拨款的项目支出”和“其他资金支出”下按资金的具体项目或资金的功能科目设四级明细科目，与收入类的项目支出科目一一对应。

3. “财政拨款结转”。

本科目须按明细科目核算，才能在年终明确反映林场和苗圃各类项目

资金的结转、滚存情况。

“财政拨款结转”明细科目设置如下：①设置二级明细科目“基本支出”和“项目支出”。②“项目支出”下按资金的具体项目或资金的功能科目设三级明细科目。与收入类、支出类的项目支出科目一一对应。

常用科目的明细科目设置如图7-1至图7-6所示。

- 营林工程
  - 苗木生产成本
  - 林木生产成本
    - 消耗性林木成本
    - 生产性林木成本
    - 公益性林木成本

图7-1　“营林工程”明细科目设置示意图

- 林木资产
  - 苗木
  - 林木
    - 消耗性林木成本
    - 生产性林木资产
    - 公益性林木资产

图7-2　“林木资产”明细科目设置示意图

- 财政拨款收入
  - 基本支出
    - 人员经费
    - 公用经费
  - 项目支出
    - 财政拨款项目支出
    - 非财政拨款项目支出

图7-3　“财政拨款收入”明细科目设置示意图

- 业务活动费用
  - 工资福利费用
  - 商品和服务费用
  - 对个人和家庭补助费用
  - 固定资产折旧费
  - 无形资产摊销费
  - 计提专用基金
  - 其他费用

图7-4　“业务活动费用”明细科目设置示意图

- 财政拨款预算收入
  - 基本支出
    - 人员经费
    - 公用经费
  - 项目支出
    - 财政拨款项目支出
      - 天然林保护项目
      - 野生动物保护项目
      - ……
    - 非财政拨款项目支出

图7-5　“财政拨款预算收入”明细科目设置示意图

- 事业支出
  - 基本支出
    - 工资福利支出
      - 基本工资
      - 津贴补贴
      - 基本养老保险缴费
      - ……
    - 商品和服务支出
      - 办公费
      - 水电费
      - ……
    - 对个人和家庭补助支出
  - 项目支出
    - 财政拨款项目支出
      - 天然林保护项目
      - 野生动物保护项目
      - ……
    - 非财政拨款项目支出
    - 其他资金支出

图7－6　“事业支出”明细科目设置示意图

二、单位会计科目余额情况

为了全面展示会计实务操作全过程，本章先虚拟单位11月末会计科目余额，然后列示出单位12月主要经济业务与账务处理，以便进行年末结转和报表填制。

单位11月末财务会计科目和预算会计科目余额如表7－1和表7－2所示。

表7－1（1）　　11月末财务会计科目余额表

科目名称	期初余额		科目名称	期初余额	
	方向	余额		方向	余额
库存现金	借	2 000	短期借款	贷	
银行存款	借	1 002 000	其他应交税费	贷	
其中：受托代理资产	借	20 000	应缴财政款	贷	
零余额账户用款额度	借	510 000	应付职工薪酬	贷	
财政应返还额度	借	110 000	应付账款	贷	380 000
应收账款	借	50 000	预收账款	贷	640 000
预付账款	借	230 000	其他应付款	贷	260 000

续表

科目名称	期初余额		科目名称	期初余额	
	方向	余额		方向	余额
应收股利			预提费用	贷	59 000
其他应收款	借	20 000	长期借款	贷	230 000
坏账准备	贷	1 000	长期应付款	贷	230 000
库存物品	借	35 000	受托代理负债	贷	150 000
待摊费用	借	1 000	负债小计		1 949 000
长期股权投资					
固定资产	借	2 500 000	累计盈余	贷	3 614 000
固定资产累计折旧	贷	600 000	专用基金	贷	180 000
工程物资	借	190 000	本期盈余	贷	2 652 000
在建工程	借	230 000	以前年度盈余调整	贷	
营林工程	借	3 000 000	无偿调拨净资产	贷	200 000
无形资产	借	200 000			
无形资产累计摊销	贷	14 000			
林木资产	借	1 000 000			
受托代理资产	借	130 000	净资产小计		6 646 000
待处理财产损溢					
资产合计		8 595 000	负债及净资产合计		8 595 000

表 7－1（2）

科目名称	期初累计余额		科目名称	期初累计余额	
	方向	余额		方向	余额
财政拨款收入	贷	10 300 000	业务活动费用	借	9 613 000
其中：基本支出	贷	5 037 000	资产处置费用	借	20 000
项目支出	贷	5 263 000	其他费用	借	160 000
事业收入	贷	2 000 000	本年盈余分配		
非同级财政拨款收入	贷	30 000			
上级补助收入	贷				
捐赠收入	贷	36 000			
利息收入	贷	15 000			
租金收入	贷	21 000			
其他收入	贷	43 000			
合计		12 445 000	合计	借	9 793 000

表 7－2　　11 月末预算会计科目余额表

科目名称	期末余额		科目名称	期末余额	
	方向	余额		方向	余额
财政拨款预算收入	贷	10 300 000	事业支出	借	12 230 000
其中：基本支出	贷	5 037 000	其中：基本支出	借	5 214 000
项目支出	贷	5 263 000	1. 财政支出	借	4 664 000
事业预算收入	贷	2 000 000	2. 非财政支出	借	550 000
其中：项目资金收入	贷	2 000 000	项目支出	借	7 016 000
非同级财政拨款预算收入	贷	30 000	1. 财政支出	借	5 016 000
其他预算收入	贷	115 000	2. 非财政支出	借	2 000 000
	贷		其他支出	借	215 000
合　计	贷	12 445 000	合　计	借	12 445 000

第二节　主要经济业务与账务处理

本林场是全额事业单位，财政资金的使用实行国库集中支付管理，支出 30 万元以上（含 30 万元）支付方式是财政直接支付，30 万元以下实行财政授权支付，银行账户有 2 个：零余额账户和专用账户，以下会计业务案例中未说明支付方式的均为零余额账户支付。营林工程的核算对象：育苗成本、人工造林成本；林木资产的核算对象：公益林管护成本。

单位 12 月份发生以下经济业务，账务处理如下：

【例 7－1】 12 月 1 日，收到天然林保护专项资金授权支付额度 100 万元。

财务会计账务处理	预算会计账务处理
借：零余额账户用款额度　1 000 000 　贷：财政拨款收入——项目支出——财政拨款项目支出——天然林保护项目 　1 000 000	借：资金结存——零余额账户用款额度 　1 000 000 　贷：财政拨款预算收入——项目支出——财政拨款项目支出——天然林保护项目 　1 000 000

【例 7－2】 12 月 1 日，购入白皮松种子 5 万元用于育苗，从天然林保

护项目列支。

财务会计账务处理	预算会计账务处理
借：营林工程——苗木生产成本 50 000 贷：零余额账户用款额度 50 000	借：事业支出——项目支出——财政拨款项目支出——天然林保护项目 50 000 贷：资金结存——零余额账户用款额度 50 000

【例7－3】12月2日，购入育苗用肥料2万元，用于天然林保护项目。

财务会计账务处理	预算会计账务处理
借：营林工程——苗木生产成本 20 000 贷：零余额账户用款额度 20 000	借：事业支出——项目支出——财政拨款项目支出——天然林保护项目 20 000 贷：资金结存——零余额账户用款额度 20 000

【例7－4】12月3日，育苗平整土地、育苗作业、管护等发生劳务费3万元，从天然林保护项目列支。

财务会计账务处理	预算会计账务处理
借：营林工程——苗木生产成本 30 000 贷：零余额账户用款额度 30 000	借：事业支出——项目支出——财政拨款项目支出——天然林保护项目 30 000 贷：资金结存——零余额账户用款额度 30 000

【例7－5】12月3日，林场购入成品白皮松树100株2万元用于建设采集种子用母树园，从天然林保护项目列支。

财务会计账务处理	预算会计账务处理
借：营林工程——林木生产成本——生产性林木成本 20 000 贷：零余额账户用款额度 20 000	借：事业支出——项目支出——财政拨款项目支出——天然林保护项目 20 000 贷：资金结存——零余额账户用款额度 20 000

【例7－6】12月5日，栽植上述白皮松树及后续管护用工发放劳务费1万元，从天然林保护项目列支。

财务会计账务处理	预算会计账务处理
借：营林工程——林木生产成本——生产性林木成本　10 000 　贷：零余额账户用款额度　10 000	借：事业支出——项目支出——财政拨款项目支出——天然林保护项目　10 000 　贷：资金结存——零余额账户用款额度　10 000

【例7－7】12月5日，对宜林地进行规划调查，支付调查规划设计费用2万元，从天然林保护项目列支。

财务会计账务处理	预算会计账务处理
借：营林工程——林木生产成本——公益性林木成本　20 000 　贷：零余额账户用款额度　20 000	借：事业支出——项目支出——财政拨款项目支出——天然林保护项目　20 000 　贷：资金结存——零余额账户用款额度　20 000

【例7－8】12月5日，出圃苗木1万株，在宜林地进行人工造林，苗木账面成本2万元。

财务会计账务处理	预算会计账务处理
借：林木资产——苗木　20 000 　贷：营林工程——苗木生产成本　20 000 借：营林工程——林木生产成本——公益性林木成本　20 000 　贷：林木资产——苗木　20 000	不做账务处理

【例7－9】12月5日，购买苗木2万株，用款3万元，用于人工造林，从天然林保护项目列支。

财务会计账务处理	预算会计账务处理
借：营林工程——林木生产成本——公益性林木成本　30 000 　贷：零余额账户用款额度　30 000	借：事业支出——项目支出——财政拨款项目支出——天然林保护项目　30 000 　贷：资金结存——零余额账户用款额度　30 000

【例7－10】12月5日，无偿调拨入苗木5万株，调拨单显示价值7万元，用于人工造林，发生运输费用0.2万元，从天然林保护项目列支。

财务会计账务处理	预算会计账务处理
借：营林工程——林木生产成本——公益性林木成本　72 000 　贷：无偿调拨净资产　70 000 　　零余额账户用款额度　2 000	借：事业支出——项目支出——财政拨款项目支出——天然林保护项目　2 000 　贷：资金结存——零余额账户用款额度　2 000

【例 7 - 11】12 月 6 日，购入人工造林用农机 1 台价值 0.5 万元，从天然林保护项目列支。

财务会计账务处理	预算会计账务处理
借：固定资产　5 000 　贷：零余额账户用款额度　5 000	借：事业支出——项目支出——财政拨款项目支出——天然林保护项目　5 000 　贷：资金结存——零余额账户用款额度　5 000

【例 7 - 12】12 月 7 日，发放飞播造林时的地面作业劳务费 1 万元，从天然林保护项目列支。

财务会计账务处理	预算会计账务处理
借：营林工程——林木生产成本——公益性林木成本　10 000 　贷：零余额账户用款额度　10 000	借：事业支出——项目支出——财政拨款项目支出——天然林保护项目　10 000 　贷：资金结存——零余额账户用款额度　10 000

【例 7 - 13】12 月 7 日，扑灭森林火灾后，根据过火面积核算林木资产损失 10 万元。

财务会计账务处理	预算会计账务处理
借：待处理财产损溢　100 000 　贷：林木资产——林木——公益性林木资产　100 000	不做账务处理

【例 7 - 14】12 月 10 日，经有关机构批准，火灾损失予以核销林木资产。

财务会计账务处理	预算会计账务处理
借：资产处置费用　100 000 　贷：待处理财产损溢　100 000	不做账务处理

【例7-15】12月10日，收到防火专项资金授权支付额度10万元。

财务会计账务处理	预算会计账务处理
借：零余额账户用款额度　100 000 　贷：财政拨款收入——项目支出——财政拨款项目支出——森林防火项目　100 000	借：资金结存——零余额账户用款额度　100 000 　贷：财政拨款预算收入——项目支出——财政拨款项目支出——森林防火项目　100 000

【例7-16】12月10日，购入防火用消耗材料一批2万元，从防火项目列支。

财务会计账务处理	预算会计账务处理
借：库存物品——防火物资　20 000 　贷：零余额账户用款额度　20 000	借：事业支出——项目支出——财政拨款项目支出——森林防火项目　20 000 　贷：资金结存——零余额账户用款额度　20 000

【例7-17】12月11日，领用森林防火用消耗材料2万元，用于公益林管护。

财务会计账务处理	预算会计账务处理
借：林木资产——林木——公益性林木资产　20 000 　贷：库存物品——防火物资　20 000	不做账务处理

【例7-18】12月11日，收到有害生物防治专项资金授权支付额度5万元。

财务会计账务处理	预算会计账务处理
借：零余额账户用款额度　50 000 　贷：财政拨款收入——项目支出——财政拨款项目支出——有害生物防治项目　50 000	借：资金结存——零余额账户用款额度　50 000 　贷：财政拨款预算收入——项目支出——财政拨款项目支出——有害生物防治项目　50 000

【例7-19】12月11日，购入防治病虫害用农药等材料一批3万元，从有害生物防治项目列支。

财务会计账务处理	预算会计账务处理
借：库存物品——病虫害防治物资 30 000 贷：零余额账户用款额度 30 000	借：事业支出——项目支出——财政拨款项目支出——有害生物防治项目 30 000 贷：资金结存——零余额账户用款额度 30 000

【例7-20】12月11日，宜林地人工造林领用防病虫害用农药等材料1万元，公益林管护领用防病虫害用农药等材料1.5万元。

财务会计账务处理	预算会计账务处理
借：营林工程——林木生产成本——公益性林木成本 10 000 林木资产——林木——公益性林木资产 15 000 贷：库存物品——病虫害防治物资 25 000	不做账务处理

【例7-21】12月11日，发放11月份森林管护聘用防火人员劳务费2万元、病虫害防治劳务费1万元。

财务会计账务处理	预算会计账务处理
借：林木资产——林木——公益性林木资产 30 000 贷：零余额账户用款额度 30 000	借：事业支出——项目支出——财政拨款项目支出——森林防火项目 20 000 事业支出——项目支出——财政拨款项目支出——有害生物防治项目 10 000 贷：资金结存——零余额账户用款额度 30 000

【例7-22】12月12日，收到生态护林员专项资金授权支付额度2万元。

财务会计账务处理	预算会计账务处理
借：零余额账户用款额度 20 000 贷：财政拨款收入——项目支出——财政拨款项目支出——生态护林员项目 20 000	借：资金结存——零余额账户用款额度 20 000 贷：财政拨款预算收入——项目支出——财政拨款项目支出——生态护林员项目 20 000

【例 7－23】 12 月 12 日，天然林保护项目发放生态护林员劳务费 2 万元。

财务会计账务处理	预算会计账务处理
借：林木资产——林木——公益性林木资产　20 000 　贷：零余额账户用款额度　20 000	借：事业支出——项目支出——财政拨款项目支出——生态护林员项目　20 000 　贷：资金结存——零余额账户用款额度　20 000

【例 7－24】 12 月 13 日，修建高速公路需占用林地 20 亩，相关手续已办妥，经核算所征占林地林木资产价值 5 万元。

财务会计账务处理	预算会计账务处理
借：待处理财产损溢　50 000 　贷：林木资产——林木——公益性林木资产　50 000	不做账务处理

【例 7－25】 12 月 14 日，经有关机构批准，修建公路占用的林木资产予以核销。

财务会计账务处理	预算会计账务处理
借：资产处置费用　50 000 　贷：待处理财产损溢　50 000	不做账务处理

【例 7－26】 12 月 14 日，收到林业科技推广专项资金授权支付额度 10 万元。

财务会计账务处理	预算会计账务处理
借：零余额账户用款额度　100 000 　贷：财政拨款收入——项目支出——财政拨款项目支出——林业科技推广项目　100 000	借：资金结存——零余额账户用款额度　100 000 　贷：财政拨款预算收入——项目支出——财政拨款项目支出——林业科技推广项目　100 000

【例 7－27】 12 月 14 日，林业科技推广项目购入白皮松种子 3 万元，准备育苗。

财务会计账务处理	预算会计账务处理
借：营林工程——苗木生产成本　30 000 　贷：零余额账户用款额度　30 000	借：事业支出——项目支出——财政拨款项目支出 ——林业科技推广项目　30 000 　贷：资金结存——零余额账户用款额度 30 000

【例 7－28】12 月 15 日，林业科技推广项目育苗购入化肥、农药等材料费 2 万元。

财务会计账务处理	预算会计账务处理
借：营林工程——苗木生产成本　20 000 　贷：零余额账户用款额度　20 000	借：事业支出——项目支出——财政拨款项目支出 ——林业科技推广项目　20 000 　贷：资金结存——零余额账户用款额度 20 000

【例 7－29】12 月 16 日，从林场育苗中无偿调拨给外县某林场白皮松苗木 2 万株账，面成本 3 万元。

财务会计账务处理	预算会计账务处理
借：无偿调拨净资产　30 000 　贷：林木资产——苗木　30 000	不做账务处理

【例 7－30】12 月 16 日，收到森林保险费用专项资金授权支付额度 10 万元。

财务会计账务处理	预算会计账务处理
借：零余额账户用款额度　100 000 　贷：财政拨款收入——项目支出——财政拨款项目支出——森林保险项目　100 000	借：资金结存——零余额账户用款额度 100 000 　贷：财政拨款预算收入——项目支出——财政拨款项目支出——森林保险费用 100 000

【例 7－31】12 月 16 日，支付为天然林购买的森林保险费用 10 万元。

财务会计账务处理	预算会计账务处理
借：林木资产——林木——公益性林木资产 100 000 　贷：零余额账户用款额度　100 000	借：事业支出——项目支出——财政拨款项目支出——森林保险费用　100 000 　贷：资金结存——零余额账户用款额度 100 000

【例 7-32】12 月 16 日，收到市林业局拨入银行账户野生动物保护专项资金 10 万元。

财务会计账务处理	预算会计账务处理
借：零余额账户用款额度　100 000 　贷：非同级财政拨款收入——野生动物保护项目　100 000	借：资金结存——货币资金　100 000 　贷：非同级财政拨款预算收入——野生动物保护项目　100 000

【例 7-33】12 月 16 日，收到财政批准的事业经费授权支付额度 10 万元。

财务会计账务处理	预算会计账务处理
借：零余额账户用款额度　100 000 　贷：财政拨款收入——基本支出——日常公用经费　100 000	借：资金结存——零余额账户用款额度　100 000 　贷：财政拨款预算收入——基本支出——日常公用经费　100 000

【例 7-34】12 月 16 日，收到上年结转的财政授权支付额度 5 万元。

财务会计账务处理	预算会计账务处理
借：零余额账户用款额度　50 000 　贷：财政应返还额度　50 000	借：资金结存——零余额账户用款额度　50 000 　贷：资金结存——财政应返还额度　50 000

【例 7-35】12 月 17 日，支付野生动物保护宣传牌费用 5 万元。

财务会计账务处理	预算会计账务处理
借：业务活动费用——商品和服务费用　50 000 　贷：零余额账户用款额度　50 000	借：事业支出——项目支出——财政拨款项目支出——野生动物保护　50 000 　贷：资金结存——零余额账户用款额度　50 000

【例 7-36】12 月 17 日，向某中介机构支付天然林保护项目服务费 10 万元，签订合同后，支付 50% 款项。

财务会计账务处理	预算会计账务处理
借：预付账款 50 000 贷：零余额账户用款额度 50 000	借：事业支出——项目支出——财政拨款项目支出——天然林保护项目 50 000 贷：资金结存——零余额账户用款额度 50 000

【例7-37】12月18日，天然林保护项目支付林场管护站封山育林设施工程款20万元。

财务会计账务处理	预算会计账务处理
借：在建工程——管护站 200 000 贷：零余额账户用款额度 200 000	借：事业支出——项目支出——财政拨款项目支出——天然林保护项目 200 000 贷：资金结存——零余额账户用款额度 200 000

【例7-38】12月18日，报废电脑一台，原值0.8万元，已计提折旧0.7万元，转入待处理。

财务会计账务处理	预算会计账务处理
借：待处理财产损溢 1 000 固定资产累计折旧 7 000 贷：固定资产 8 000	不做账务处理

【例7-39】12月19日，报经主管部门批准同意报废。

财务会计账务处理	预算会计账务处理
借：资产处置费用 1 000 贷：待处理财产损溢 1 000	不做账务处理

【例7-40】12月19日，处理旧电脑现金支付运费30元。

财务会计账务处理	预算会计账务处理
借：待处理财产损溢 30 贷：库存现金 30	不做账务处理

【例7-41】12月19日，报废收入现金50元。

财务会计账务处理	预算会计账务处理
借：库存现金　50 　贷：待处理财产损溢　50 借：待处理财产损溢　20 　贷：应缴财政款　20	不做账务处理

【例7-42】12月20日，授权支付发放工资：基本工资20万，绩效工资15万，住房公积金2.5万，代扣个人部分：社会保险费2.5万，职业年金1.2万，个人所得税0.1万。

财务会计账务处理	预算会计账务处理
借：业务活动费用——工资福利费用　375 000 　贷：应付职工薪酬——基本工资　200 000 　　　　　　　　——绩效工资　150 000 　　　　　　　　——住房公积金　25 000 借：应付职工薪酬——基本工资　200 000 　　　　　　　——绩效工资　150 000 　　　　　　　——住房公积金　25 000 　贷：应付职工薪酬——社会保险费　25 000 　　　　　　　　——职业年金　12 000 　　　其他应交税费——个人所得税　1 000 　　　零余额账户用款额度　337 000	借：事业支出——基本支出——工资福利支出 　　　337 000 　贷：资金结存——零余额账户用款额度 　　　337 000

【例7-43】12月20日，缴纳社会保险费用单位部分6.3万元，个人部分2.5万元。

财务会计账务处理	预算会计账务处理
借：业务活动费用——工资福利费用 63 000 　　应付职工薪酬——社会保险费　25 000 　贷：零余额账户用款额度　88 000	借：事业支出——基本支出——工资福利支出 　　　88 000 　贷：资金结存——零余额账户用款额度 　　　88 000

【例7-44】12月20日，缴纳职业年金个人部分1.2万元。

财务会计账务处理	预算会计账务处理
借：应付职工薪酬——工资福利费　12 000 　贷：零余额账户用款额度　12 000	借：事业支出——基本支出——工资福利支出 　　　12 000 　贷：资金结存——零余额账户用款额度 　　　12 000

【例 7-45】12 月 21 日，缴纳代扣个人所得税 0.1 万元。

财务会计账务处理	预算会计账务处理
借：其他应交税费——个人所得税　1 000 　贷：零余额账户用款额度　1 000	借：事业支出——基本支出——工资福利支出　1 000 　贷：资金结存——零余额账户用款额度　1 000

【例 7-46】12 月 21 日，单位从零余额账户提取现金 0.1 万元。

财务会计账务处理	预算会计账务处理
借：库存现金　1 000 　贷：零余额账户用款额度　1 000	借：资金结存——货币资金　1 000 　贷：资金结存——零余额账户用款额度　1 000

【例 7-47】12 月 21 日，将报废固定资产变卖净收入 20 元上缴财政。

财务会计账务处理	预算会计账务处理
借：应缴财政款　20 　贷：库存现金　20	不做账务处理

【例 7-48】12 月 21 日，支付所属某管护站自然灾害造成水电设施损坏改造款 1.5 万元。

财务会计账务处理	预算会计账务处理
借：业务活动费用——商品和服务费用　15 000 　贷：零余额账户用款额度　15 000	借：事业支出——基本支出——商品和服务支出　15 000 　贷：资金结存——零余额账户用款额度　15 000

【例 7-49】12 月 21 日，上级主管部门拨入专户，由本单位留用款项 2 万元（非财政专项）。

财务会计账务处理	预算会计账务处理
借：银行存款　20 000 　贷：上级补助收入　20 000	借：资金结存——货币资金　20 000 　贷：上级补助预算收入　20 000

【例 7-50】12 月 22 日，支付天然林资源保护规划调查费用 0.8 万元。

财务会计账务处理	预算会计账务处理
借：业务活动费用——商品和服务费用 8 000 贷：零余额账户用款额度 8 000	借：事业支出——基本支出——商品和服务支出 8 000 贷：资金结存——零余额账户用款额度 8 000

【例 7-51】12 月 22 日，支付省林场协会会费 0.2 万元。

财务会计账务处理	预算会计账务处理
借：业务活动费用——商品和服务费用 2 000 贷：零余额账户用款额度 2 000	借：事业支出——基本支出——商品和服务支出 2 000 贷：资金结存——零余额账户用款额度 2 000

【例 7-52】12 月 22 日，支付所属 A 管护站天然林保护项目割灌机、拖拉机等机械租赁款 0.5 万元。

财务会计账务处理	预算会计账务处理
借：营林工程——林木生产成木——公益性林木成本 5 000 贷：零余额账户用款额度 5 000	借：事业支出——项目支出——财政拨款项目支出——天然林保护项目 5 000 贷：资金结存——零余额账户用款额度 5 000

【例 7-53】12 月 22 日，购红外线相机 1 万元，支付雇工野外安装红外线相机劳务费 0.1 万元。

财务会计账务处理	预算会计账务处理
借：固定资产 11 000 贷：零余额账户用款额度 10 000 库存现金 1 000	借：事业支出——项目支出——财政拨款项目支出——野生动物保护专项 11 000 贷：资金结存——零余额账户用款额度 10 000 资金结存——货币资金 1 000

【例 7-54】12 月 23 日，支付所属管护站取暖用煤款 0.2 万元。

财务会计账务处理	预算会计账务处理
借：业务活动费用——商品和服务费用 2 000 贷：零余额账户用款额度 2 000	借：事业支出——基本支出——商品和服务支出 2 000 贷：资金结存——零余额账户用款额度 2 000

【例 7－55】 12 月 24 日，单位银行账户收到某团体捐赠野生动物保护款 10 万元。

财务会计账务处理	预算会计账务处理
借：银行存款 100 000 贷：捐赠收入 100 000	借：资金结存——货币资金 100 000 贷：其他预算收入——捐赠收入 100 000

【例 7－56】 12 月 25 日，单位预付下一年度期刊杂志费 1 万元，款项通过银行转账支付。

财务会计账务处理	预算会计账务处理
借：待摊费用 10 000 贷：银行存款 10 000	借：事业支出——基本支出——商品和服务支出 10 000 贷：资金结存——货币资金 10 000

【例 7－57】 12 月 30 日，第四季度银行存款利息 0.5 万元。

财务会计账务处理	预算会计账务处理
借：银行存款 5 000 贷：利息收入 5 000	借：资金结存——货币资金 5 000 贷：其他预算收入——利息收入 5 000

【例 7－58】 12 月 30 日，计提坏账准备 0.2 万元。

财务会计账务处理	预算会计账务处理
借：其他费用 2 000 贷：坏账准备 2 000	不做账务处理

【例 7－59】 12 月 30 日，经批准核销坏账 0.1 万元。

财务会计账务处理	预算会计账务处理
借：坏账准备　1 000 　贷：应收账款　1 000	不做账务处理

【例7-60】12月30日，本月无形资产摊销0.1万元。

财务会计账务处理	预算会计账务处理
借：业务活动费用——无形资产摊销费 　1 000 　贷：无形资产累计摊销　1 000	不做账务处理

【例7-61】12月30日，根据12月份固定资产折旧明细表，管理部门折旧费用0.8万元，营林工程折旧费用1.2万元。

财务会计账务处理	预算会计账务处理
借：业务活动费用——固定资产折旧费 　8 000 　营林工程——间接费用　12 000 　贷：固定资产累计折旧　20 000	不做账务处理

【例7-62】12月30日，支付12月份电费，根据12月份电费分摊明细表，管理部门摊销0.2万元，营林工程摊销电费0.8万元。

财务会计账务处理	预算会计账务处理
借：业务活动费用——商品和服务费用 　2 000 　营林工程——间接费用　8 000 　贷：零余额账户用款额度　10 000	借：事业支出——基本支出——商品和服务支出 　2 000 　事业支出——项目支出——财政拨款项目支出——天然林保护项目　8 000 　贷：资金结存——货币资金　10 000

【例7-63】12月30日，月末结转间接费用，根据间接费用分摊明细表，人工造林分摊2.2万元，采种母树园分摊0.4万元。

财务会计账务处理	预算会计账务处理
借：营林工程——林木生产成本——公益性林木成本 22 000 营林工程——林木生产成本——生产性林木成本 4 000 贷：营林工程—间接费用 26 000	不做账务处理

【例 7-64】 12 月 30 日，人工造林 A 林区经验收合格，账面营林成本 220 万元，A 林区营林成本结转为公益性林木资产。

财务会计账务处理	预算会计账务处理
借：林木资产——林木——公益性林木资产 2 200 000 贷：营林工程——林木生产成本——公益性林木成本 2 200 000	不做账务处理

【例 7-65】 12 月 30 日，根据到账单注销未使用的财政授权支付额度 89.2 万元，根据财政相关文件可结转至下年使用。

财务会计账务处理	预算会计账务处理
借：财政应返还额度 892 000 贷：零余额账户用款额度 892 000	

【例 7-66】 12 月 30 日，财政下发文件，收回上年结转本年未使用的科技推广项目拨款 6 万元。

财务会计账务处理	预算会计账务处理
借：以前年度盈余调整 60 000 贷：财政应返还额度 60 000	借：财政拨款结转 60 000 贷：资金结存——财政应返还额度 60 000

第三节　年末结转

一、单位年末财务会计结转

根据单位12月发生的经济业务所做的账务处理，得出单位12月末财务会计余额，如表7－3所示。

依据表7－3“12月末财务会计科目余额表”进行财务会计年末结转：

【例7－67】12月31日，结转12月收入。

财务会计账务处理	预算会计账务处理
借：财政拨款收入　1 470 000 非同级财政拨款收入　100 000 上级补助收入　20 000 捐赠收入　100 000 利息收入　5 000 贷：本期盈余　1 695 000	不做账务处理

【例7－68】12月31日，结转12月费用。

财务会计账务处理	预算会计账务处理
借：本期盈余　679 000 贷：业务活动费用　526 000 资产处置费用　151 000 其他费用　2 000	不做账务处理

【例7－69】12月31日，将“本期盈余”转入“本年盈余分配”（2 652 000＋1 695 000－679 000＝3 668 000元）。

财务会计账务处理	预算会计账务处理
借：本期盈余　3 668 000 贷：本年盈余分配　3 668 000	不做账务处理

【例7－70】12月31日，结转“本年盈余分配”。

表 7-3（1）

12 月末财务会计科目余额表

科目名称	期初余额		本期发生额		期末余额		科目名称	期初余额		本期发生额		期末余额	
	方向	余额	借方	贷方	方向	余额		方向	余额	借方	贷方	方向	余额
库存现金	借	2 000	1 050	1 050	借	2 000	短期借款	贷				贷	
银行存款	借	1 002 000	125 000	10 000	借	1 117 000	其他应交税费	贷		1 000	1 000	贷	
其中：受托代理资产	借	20 000			借	20 000	应缴财政款	贷		20	20	平	
零余额账户用款额度	借	510 000	1 620 000	2 130 000	平	0	应付职工薪酬	贷		412 000	412 000	平	
财政应返还额度	借	110 000	892 000	110 000	借	892 000	应付账款	贷	380 000			贷	380 000
应收账款	借	50 000		1000	借	49 000	预收账款	贷	640 000			贷	640 000
预付账款	借	230 000	50 000		借	280 000	其他应付款	贷	260 000			贷	260 000
应收股利					借	0	预提费用	贷	59 000			贷	59 000
其他应收款	借	20 000			借	20 000	长期借款	贷	230 000			贷	230 000
坏账准备	贷	1000	1 000	2 000	贷	2 000	长期应付款	贷	230 000			贷	230 000
库存物品	借	35 000	50 000	45 000	借	40 000	受托代理负债	贷	150 000			贷	150 000
待摊费用	借	1 000	10 000		借	11 000	负债小计		1 949 000	413 020	413 020		1 949 000
长期股权投资					借	0	累计盈余	贷	3 614 000			贷	3 614 000
固定资产	借	2 500 000	16 000	8 000	借	2 508 000	专用基金	贷	180 000			贷	180 000
固定资产累计折旧	贷	600 000	7 000	20 000	贷	613 000	本期盈余	贷	2 652 000		1 016 000	贷	3 668 000
工程物资	借	190 000			借	190 000	以前年度盈余调整	贷		60 000		借	60 000
在建工程	借	230 000	200 000		借	430 000	无偿调拨净资产	贷	200 000	30 000	70 000	贷	240 000
营林工程	借	3 000 000	393 000	2 246 000	借	1 147 000							
无形资产	借	200 000			借	200 000							

续表

科目名称	期初余额		本期发生额		期末余额		科目名称	期初余额		本期发生额		期末余额	
	方向	余额	借方	贷方	方向	余额		方向	余额	借方	贷方	方向	余额
无形资产累计摊销	贷	14 000		1 000	贷	15 000							
林木资产	借	1 000 000	2 405 000	200 000	借	3 205 000							
受托代理资产	借	130 000			借	130 000	净资产小计		6 646 000	90 000	1 086 000		7 642 000
待处理财产损溢			151 050	151 050									
资产合计		8 595 000	5 921 100	4 925 100		9 591 000	负债及净资产合计		8 595 000	503 020	1 499 020		9 591 000

表 7－3（2）

科目名称	期初累计余额		本期发生额		期末累计余额		科目名称	期初累计余额		本期发生额		期末累计余额	
	方向	余额	借方	贷方	方向	余额		方向	余额	借方	贷方	方向	余额
财政拨款收入	贷	10 300 000		1 470 000	贷	11 770 000	业务活动费	借	9 613 000	526 000		借	10 139 000
其中：基本支出	贷	5 037 000		100 000	贷	5 137 000	资产处置费用	借	20 000	151 000		借	171 000
项目支出	贷	5 263 000		1 370 000	贷	6 633 000	其他费用	借	160 000	2 000		借	162 000
事业收入	贷	2 000 000			贷	2000 000	本年盈余分配						
非同级财政拨款收入	贷	30 000		100 000	贷	130 000							
上级补助收入	贷			20 000		20 000							
捐赠收入	贷	36 000		100 000	贷	136 000							
利息收入	贷	15 000		5 000	贷	20 000							
租金收入	贷	21 000			贷	21 000							
其他收入	贷	43 000			贷	43 000							
合计		12 445 000		1 695 000		14 140 000	合计	借	9 793 000	679 000			10 472 000

财务会计账务处理	预算会计账务处理
借：本年盈余分配　3 668 000 　贷：累计盈余　3 668 000	不做账务处理

【例 7 - 71】12 月 31 日，结转无偿调拨净资产 24 万元；

财务会计账务处理	预算会计账务处理
借：无偿调拨净资产　240 000 　贷：累计盈余　240 000	不做账务处理

【例 7 - 72】12 月 31 日，结转以前年度盈余调整。

财务会计账务处理	预算会计账务处理
借：累计盈余　60 000 　贷：以前年度盈余调整　60 000	不做账务处理

二、单位年末预算会计结转

根据单位 12 月发生的经济业务所做的账务处理，得出单位 12 月末预算会计余额，如表 7 - 4 所示。

依据表 7 - 4 “12 月末预算会计科目余额表” 进行预算会计年末结转：

【例 7 - 73】12 月 31 日，结转财政拨款预算收入。

财务会计账务处理	预算会计账务处理
不做账务处理	借：财政拨款预算收入——基本支出　5 137 000 　　　　　　　　　——项目支出　6 633 000 　贷：财政拨款结转——基本支出　5 137 000 　　　　　　　　——项目支出　6 633 000

【例 7 - 74】12 月 31 日，结转财政预算支出。

财务会计账务处理	预算会计账务处理
不做账务处理	借：财政拨款结转——本年收支结转——基本支出 5 137 000 　　　　　　　　　　　　　　——项目支出 5 791 000 　贷：事业支出——基本支出　5 137 000 　　　　　　——项目支出　5 791 000

表 7－4　　12 月末预算会计科目余额表

科目名称	期初余额		本期发生额		期末累计余额		科目名称	期初余额		本期发生额		期末累计余额	
	方向	余额	借方	贷方	方向	余额		方向	余额	借方	贷方	方向	余额
财政拨款预算收入	贷	10 300 000		1 470 000	贷	11 770 000	事业支出	借	12 230 000	1 248 000		借	13 478 000
其中：基本支出	贷	5 037 000		100 000	贷	5 137 000	其中：基本支出	借	5214 000	473 000		借	5 687 000
项目支出	贷	5 263 000		1 370 000	贷	6 633 000	1. 财政支出	借	4 664 000	473 000		借	5 137 000
事业预算收入	贷	2 000 000			贷	2 000 000	2. 非财政支出	借	550 000			借	550 000
其中：项目资金收入	贷	2 000 000			贷	2 000 000	项目支出	借	7 016 000	775 000		借	7 791 000
上级补助预算收入				20 000	贷	20 000	1. 财政支出	借	5 016 000	775 000		借	5 791 000
非同级财政拨款预算收入	贷	30 000		100 000	贷	130 000	2. 非财政支出	借	2 000 000			借	2 000 000
其他预算收入	贷	115 000		105 000	贷	220 000	其他支出	借	215 000			借	215 000
合计	贷	12 445 000	0	1 695 000		14 140 000	合计	借	12 445 000	1 248 000		借	13 693 000

【例 7－75】12 月 31 日，结转“财政拨款结转”科目有关明细账户余额。

财务会计账务处理	预算会计账务处理
不做账务处理	借：财政拨款结转——本年收支结转——项目　842 000 　贷：财政拨款结转——累计结转——项目　842 000

【例 7－76】12 月 31 日，结转非财政拨款项目资金收支。

财务会计账务处理	预算会计账务处理
不做账务处理	借：事业收入——专项资金收入　2 000 000 　贷：非财政拨款结转——本年收支结转——项目支出　2 000 000 借：非财政拨款结转——本年收支结转——项目支出　2 000 000 　贷：事业支出——非财政专项资金支出　2 000 000

【例 7－77】12 月 31 日，结转其他结余。

财务会计账务处理	预算会计账务处理
不做账务处理	借：非同级财政拨款收入　130 000 　上级补助预算收入　20 000 　其他预算收入　220 000 　贷：其他结余　370 000 借：其他结余　765 000 　贷：事业支出——基本支出——非财政支出　550 000 　　其他支出　215 000 借：非财政拨款结余分配　395 000 　贷：其他结余　395 000（765 000－370 000） 借：非财政拨款结余——累计结余　395 000 　贷：非财政拨款结余分配　395 000

三、年末结转后科目余额情况

年末结转后，财务会计科目余额情况如表 7－5 所示。

表 7-5　　年终转账后财务会计科目余额表

科目名称	期末余额		科目名称	期末余额	
	方向	余额		方向	余额
库存现金	借	2 000	短期借款	贷	
银行存款	借	1 117 000	其他应交税费	贷	
其中：受托代理资产	借	20 000	应缴财政款	平	
零余额账户用款额度	平		应付职工薪酬	平	
财政应返还额度	借	892 000	应付账款	贷	380 000
应收账款	借	49 000	预收账款	贷	640 000
预付账款	借	280 000	其他应付款	贷	260 000
应收股利	借		预提费用	贷	59 000
其他应收款	借	20 000	长期借款	贷	230 000
坏账准备	贷	2 000	长期应付款	贷	230 000
库存物品	借	40 000	受托代理负债	贷	150 000
待摊费用	借	11 000	负债小计		1 949 000
长期股权投资	借		累计盈余	贷	7 462 000
固定资产	借	2 508 000	专用基金	贷	180 000
固定资产累计折旧	贷	613 000	本期盈余	贷	
工程物资	借	190 000	以前年度盈余调整	贷	
在建工程	借	430 000	无偿调拨净资产	贷	
营林工程	借	1 147 000			
无形资产	借	200 000			
无形资产累计摊销	贷	15 000			
林木资产	借	3 205 000			
受托代理资产	借	130 000	净资产小计		7 642 000
待处理财产损溢					
资产合计		9 591 000	负债及净资产合计		9 591 000

注：累计盈余 7 462 000 = 3 614 000 + 3 668 000 + 240 000 - 60 000

第四节　会计报表

根据单位年末结转后的余额编制会计报表，如表 7-6 至 7-11 所示。

表 7－6　　　　资产负债表

会政财 01 表

编制单位：××单位　　　　××年 12 月 31 日　　　　单位：元

资产	期末余额	年初余额	负债和净资产	期末余额	年初余额
流动资产：			**流动负债：**		
货币资金	1 099 000		短期借款		
短期投资			应交增值税		
财政应返还额度	892 000		其他应交税费		
应收票据			应缴财政款		
应收账款净额	47 000		应付职工薪酬		
预付账款	280 000		应付票据		
应收股利			应付账款	380 000	
应收利息			应付政府补贴款		
其他应收款	20 000		应付利息		
存货	40 000		预收账款	640 000	
待摊费用	11 000		其他应付款	260 000	
一年内到期的非流动资产			预提费用	59 000	
其他流动资产			一年内到期的非流动负债		
流动资产合计	**2 389 000**		其他流动负债		
非流动资产：			**流动负债合计**	**1 339 000**	
长期股权投资			**非流动负债：**		
长期债券投资			长期借款	230 000	
固定资产原值	2 508 000		长期应付款	230 000	
减：固定资产累计折旧	613 000		预计负债		
固定资产净值	1 895 000		其他非流动负债		
工程物资	190 000		**非流动负债合计**	**460 000**	

续表

资产	期末余额	年初余额	负债和净资产	期末余额	年初余额
在建工程	430 000		受托代理负债	150 000	
营林工程	1 147 000		**负债合计**	**1 949 000**	
无形资产原值	200 000	15 000			
减：无形资产累计摊销					
无形资产净值	185 000				
研发支出					
公共基础设施原值					
减：公共基础设施累计折旧（摊销）					
公共基础设施净值					
政府储备物资					
文物文化资产					
保障性住房原值			**净资产：**		
减：保障性住房累计折旧			累计盈余	7 462 000	
保障性住房净值					
林木资产	3 205 000		专用基金	180 000	
长期待摊费用			权益法调整		
待处理财产损溢			无偿调拨净资产 *	—	
其他非流动资产			本期盈余 *	—	—
非流动资产合计	**7 052 000**		**净资产合计**	**7 642 000**	—
受托代理资产	150 000				
资产总计	**9 591 000**		**负债和净资产合计**	**9 591 000**	

附注：* 标识项目为月报项目，年报中不需列示。

表7－7　　收入费用表

会政财02表

编制单位：××单位　　××年12月　　单位：元

项　　目	本年数	上年数
一、本期收入	**14 140 000**	略
（一）财政拨款收入	11 770 000	
其中：政府性基金收入		
（二）事业收入	2 000 000	
（三）上级补助收入	20 000	
（四）附属单位上缴收入		
（五）经营收入		
（六）非同级财政拨款收入	130 000	
（七）投资收益		
（八）捐赠收入	136 000	
（九）利息收入	20 000	
（十）租金收入	21 000	
（十一）其他收入	43 000	
二、本期费用	**10 472 000**	
（一）业务活动费用	10 139 000	
（二）单位管理费用		
（三）经营费用		
（四）资产处置费用	171 000	
（五）上缴上级费用		
（六）对附属单位补助费用		
（七）所得税费用		
（八）其他费用	162 000	
三、本期盈余	**3 668 000**	

表 7－8　　　　**净资产变动表**

会政财 03 表

编制单位：××单位　　　　××年 12 月　　　　单位：元

项目	本年数				上年数			
	累计盈余	专用基金	权益法调整	净资产合计	累计盈余	专用基金	权益法调整	净资产合计
一、上年年末余额	**3 614 000**	**180 000**		**3 794 000**				
二、以前年度盈余调整（减少以“－”号填列）	**－60 000**		**—**	**－60 000**		**—**	**—**	
三、本年年初余额	**3 554 000**	**180 000**		**3 734 000**				
四、本年变动金额（减少以“－”号填列）	**3 908 000**			**3 908 000**				
（一）本年盈余	3 668 000		—	3 668 000		—	—	
（二）无偿调拨净资产	240 000		—	240 000		—	—	
（三）归集调整预算结转结余			—			—	—	
（四）提取或设置专用基金			—				—	
其中：从预算收入中提取			—		—		—	
从预算结余中提取			—				—	
设置的专用基金			—		—		—	
（五）使用专用基金			—				—	
（六）权益法调整					—	—		
五、本年年末余额	**7 462 000**	**180 000**		**7 642 000**				

附注：假设 11 月底前“累计盈余”和“专用基金”科目均无发生额，即 11 月底余额即为上年年末数。其他净资产类科目期初无余额。

表 7－9 **预算收入支出表**

会政预 01 表

编制单位：××单位 ××年 12 月 单位：元

项 目	本年数	上年数
一、本年预算收入	**14 140 000**	略
（一）财政拨款预算收入	11 770 000	
其中：政府性基金收入		
（二）事业预算收入	2 000 000	
（三）上级补助预算收入	20 000	
（四）附属单位上缴预算收入		
（五）经营预算收入		
（六）债务预算收入		
（七）非同级财政拨款预算收入	130 000	
（八）投资预算收益		
（九）其他预算收入	220 000	
其中：利息预算收入	20 000	
捐赠预算收入	136 000	
租金预算收入	21 000	
二、本年预算支出	**13 693 000**	
（一）行政支出		
（二）事业支出	13 478 000	
（三）经营支出		
（四）上缴上级支出		
（五）对附属单位补助支出		
（六）投资支出		
（七）债务还本支出		
（八）其他支出	215 000	
其中：利息支出		
捐赠支出		
三、本年预算收支差额	**447 000**	

表 7－10　　预算结转结余变动表

会政预 02 表

编制单位：××单位　　××年 12 月　　单位：元

项　目	本年数	上年数
一、年初预算结转结余	**790 000**	
（一）财政拨款结转结余	110 000	
（二）其他资金结转结余	680 000	
二、年初余额调整（减少以“－”号填列）	**－60 000**	
（一）财政拨款结转结余	－60 000	
（二）其他资金结转结余		
三、本年变动金额（减少以“－”号填列）		
（一）财政拨款结转结余	842 000	
1. 本年收支差额	842 000	
2. 归集调入		
3. 归集上缴或调出		
（二）其他资金结转结余		
1. 本年收支差额	－395 000	
2. 缴回资金		
3. 使用专用结余		
4. 支付所得税		
四、年末预算结转结余	**1 177 000**	
（一）财政拨款结转结余	892 000	
1. 财政拨款结转	892 000	
2. 财政拨款结余		
（二）其他资金结转结余	285 000	
1. 非财政拨款结转	105 000	
2. 非财政拨款结余		
3. 专用结余	180 000	
4. 经营结余（如有余额，以“－”号填列）		

附注：年初财政拨款结转余额 11 万元。其他资金结余科目合计 68 万元，其中，专用结余 18 万元。

表 7－11

财政拨款预算收入支出表

会政预 03 表

编制单位：××单位　　××年 12 月　　单位：元

项目	年初财政拨款结转结余		调整年初财政拨款结转结余	本年归集调入	本年归集上缴或调出	单位内部调剂		本年财政拨款收入	本年财政拨款支出	年末财政拨款结转结余	
	结转	结余				结转	结余			结转	结余
一、一般公共预算财政拨款	110 000							11 770 000	10 928 000		
（一）基本支出								5 137 000	5 137 000		
1. 人员经费								5 005 000	5 005 000		
2. 日常公用经费								132 000	132 000		
（二）项目支出	110 000		－60 000					6 633 000	5 791 000	892 000	
1. ××项目											
2. ××项目											
……											
二、政府性基金预算财政拨款											
（一）基本支出											
1. 人员经费											
2. 日常公用经费											
（二）项目支出											
1. ××项目											
2. ××项目											
……											
总计	110 000		－60 000					11 770 000	10 928 000	892 000	

根据单位年末结转后的余额编制本年盈余与预算结余差异情况说明表，如表 7－12 所示。

表 7－12　　　　本年盈余与预算结余的差异情况说明表

编制单位：××单位　　　　××年 12 月 31 日　　　　单位：元

项　目	金额	备注
一、本年预算结余（本年预算收支差额）	447 000	
二、差异调节	3 221 000	
（一）重要事项的差异		
加：1. 当期确认为收入但没有确认预算收入		
（1）应收款项、预收账款确认的收入		
（2）接受非货币性资产捐赠确认的收入		
2. 当期确认为预算支出但没有确认费用	731 000	
（1）支付应付款项、预付账款的支出	50 000	例 7－36
（2）为取得存货、政府储备物资等计入物资成本的支出	50 000	例 7－16、例 7－19
（3）为购建固定资产等的资本性支出	631 000	例 7－2、例 7－3、例 7－4、例 7－5、例 7－6、例 7－7、例 7－9、例 7－10、例 7－11、例 7－12、例 7－21、例 7－23、例 7－27、例 7－28、例 7－31、例 7－37、例 7－52、例 7－53、例 7－56、例 7－62
（4）偿还借款本息支出		
减：1. 当期确认为预算收入但没有确认为收入		
（1）收到应收款项、预收款项确认的预算收入		
（2）取得借款确认的预算收入		
2. 当期确认为费用但没有确认为预算支出	162 000	
（1）发出存货、政府储备物资等确认的费用		
（2）计提的折提费用和摊销费用	9 000	例 7－60、例 7－61
（3）确认的资产处置费用（处置资产的价值）	151 000	例 7－14、例 7－25、例 7－39
（4）应付款项、预付账款确认的费用	2 000	例 7－58
（二）其他事项差异	2 652 000	1～11 月综合差异，具体举例（略）
三、本年盈余（本年收入费用的差异）	3 668 000	

附注：本表反映单位财务会计和预算会计因核算基础和核算范围不同所产生的本年盈余数与本年预算结余数之间的差异。其中主要列示 12 月份典型经济业务。

附　录

附录 1　《政府会计制度——行政事业单位会计科目和报表》与《行政单位会计制度》有关衔接问题的处理规定

财会〔2018〕3 号　2018 年 2 月 1 日

我部于 2017 年 10 月 24 日印发了《政府会计制度——行政事业单位会计科目和报表》（财会〔2017〕25 号，以下简称新制度）。目前执行《行政单位会计制度》（财库〔2013〕218 号，以下简称原制度）的单位，自 2019 年 1 月 1 日起执行新制度，不再执行原制度。为了确保新旧会计制度顺利过渡，现对单位执行新制度的有关衔接问题规定如下：

一、新旧制度衔接总要求

（一）自 2019 年 1 月 1 日起，单位应当严格按照新制度的规定进行会计核算、编制财务报表和预算会计报表。

（二）单位应当按照本规定做好新旧制度衔接的相关工作，主要包括以下几个方面：

1. 根据原账编制 2018 年 12 月 31 日的科目余额表，并按照本规定要求，编制原账的部分科目余额明细表（见附表 1、附表 2）。

2. 按照新制度设立 2019 年 1 月 1 日的新账。

3. 按照本规定要求，登记新账的财务会计科目余额和预算结余科目余额，包括将原账科目余额转入新账财务会计科目、按照原账科目余额登记新账预算结余科目（行政单位新旧会计制度转账、登记新账科目对照表见附表 3），将未入账事项登记新账科目，并对相关新账科目余额进行调整。原账科目是指按照原制度规定设置的会计科目。

4. 按照登记及调整后新账的各会计科目余额，编制 2019 年 1 月 1 日的科目余额表，作为新账各会计科目的期初余额。

5. 根据新账各会计科目期初余额，按照新制度编制 2019 年 1 月 1 日资产负债表。

（三）及时调整会计信息系统。单位应当按照新制度要求对原有会计信息系统进行及时更新和调试，实现数据正确转换，确保新旧账套的有序衔接。

二、财务会计科目的新旧衔接

（一）将2018年12月31日原账会计科目余额转入新账财务会计科目

1. 资产类。

（1）“库存现金”、“零余额账户用款额度”、“财政应返还额度”、“应收账款”、“预付账款”、“无形资产”、“公共基础设施”、“政府储备物资”、“受托代理资产”、“待处理财产损溢”科目

新制度设置了“库存现金”、“零余额账户用款额度”、“财政应返还额度”、“应收账款”、“预付账款”、“无形资产”、“公共基础设施”、“政府储备物资”、“受托代理资产”、“待处理财产损溢”科目，其核算内容与原账的上述相应科目的核算内容基本相同。转账时，单位应当将原账的上述科目余额直接转入新账的相应科目。其中，还应当将原账的“库存现金”科目余额中属于新制度规定受托代理资产的金额，转入新账“库存现金”科目下的“受托代理资产”明细科目。

（2）“银行存款”科目。新制度设置了“银行存款”和“其他货币资金”科目，原制度设置了“银行存款”科目。转账时，单位应当将原账“银行存款”科目中核算的属于新制度规定的其他货币资金的金额，转入新账的“其他货币资金”科目；将原账“银行存款”科目余额减去其中属于其他货币资金金额后的差额，转入新账的“银行存款”科目。其中，还应当将原账“银行存款”科目余额中属于新制度规定受托代理资产的金额，转入新账“银行存款”科目下的“受托代理资产”明细科目。

（3）“其他应收款”科目。新制度设置了“其他应收款”科目，该科目的核算内容与原账“其他应收款”科目的核算内容基本相同。转账时，单位应当将原账的“其他应收款”科目余额转入新账的“其他应收款”科目。

新制度设置了“在途物品”科目，单位在原账的“其他应收款”科目中核算了已经付款、尚未收到物资的，应当将原账的“其他应收款”

科目余额中已经付款、尚未收到物资的金额，转入新账的“在途物品”科目。

(4)“存货”科目。新制度设置了“库存物品”和“加工物品”科目，原制度设置了“存货”科目。转账时，单位应当将原账的“存货——委托加工存货成本”科目余额转入新账的“加工物品”科目；将原账的“存货”科目余额减去属于委托加工存货成本余额后的差额，转入新账的“库存物品”科目。

单位在原账的“存货”科目中核算了按照新制度规定的政府储备物资的，应当将原账的“存货”科目余额中属于政府储备物资的金额，转入新账的“政府储备物资”科目。

(5)“固定资产”科目。新制度设置了“固定资产”、“公共基础设施”、“政府储备物资”、“文物文化资产”、“保障性住房”科目。单位在原账“固定资产”科目中只核算了按照新制度规定的固定资产内容的，转账时，应当将原账的“固定资产”科目余额全部转入新账的“固定资产”科目。单位在原账的“固定资产”科目中核算了按照新制度规定应当记入“公共基础设施”、“政府储备物资”、“文物文化资产”、“保障性住房”科目内容的，转账时，应当将原账的“固定资产”科目余额中相应资产的账面余额，分别转入新账的“公共基础设施”、“政府储备物资”、“文物文化资产”、“保障性住房”科目，并将原账的“固定资产”科目余额减去上述金额后的差额，转入新账的“固定资产”科目。

(6)“累计折旧”科目。新制度设置了“固定资产累计折旧”科目，该科目的核算内容与原账“累计折旧——固定资产累计折旧”科目的核算内容基本相同。单位已经计提了固定资产折旧并记入“累计折旧——固定资产累计折旧”科目的，转账时，应当将原账的“累计折旧——固定资产累计折旧”科目余额，转入新账的“固定资产累计折旧”科目。

新制度设置了“公共基础设施累计折旧（摊销）”科目，该科目的核算内容与原账“累计折旧——公共基础设施累计折旧”科目的核算内容基本相同。单位已经计提了公共基础设施折旧并记入“累计折旧——公共基础设施累计折旧”科目的，转账时，应当将原账的“累计折旧——公共基础设施累计折旧”科目余额，转入新账的“公共基础设施累计折旧（摊销）”科目。

单位在原账的“固定资产”科目中核算了按照新制度规定应当记入“公共基础设施”、“保障性住房”科目的内容，且已经计提了固定资产折旧并记入“累计折旧——固定资产累计折旧”科目的，转账时，应当将原账的“累计折旧——固定资产累计折旧”科目余额中属于公共基础设施累计折旧（摊销）、保障性住房累计折旧的金额，分别转入新账的“公共基础设施累计折旧（摊销）”、“保障性住房累计折旧”科目。

（7）“在建工程”科目。新制度设置了“在建工程”、“工程物资”和“预付账款——预付备料款、预付工程款”科目，原制度设置了“在建工程”科目。转账时，单位应当将原账的“在建工程”科目余额（基建“并账”后的金额，下同）中属于工程物资的金额，转入新账的“工程物资”科目；将原账“在建工程”科目余额中属于预付备料款、预付工程款的金额，转入新账“预付账款”相关明细科目；将原账的“在建工程”科目余额减去工程物资和预付备料款、预付工程款金额后的差额，转入新账的“在建工程”科目。

（8）“累计摊销”科目。新制度设置了“无形资产累计摊销”科目，该科目的核算内容与原账“累计摊销”科目的核算内容基本相同。单位已经计提了无形资产摊销的，转账时，应当将原账的“累计摊销”科目余额，转入新账的“无形资产累计摊销”科目。

2. 负债类。

（1）“应缴财政款”、“应付职工薪酬”、“应付政府补贴款”、“其他应付款”、“长期应付款”、“受托代理负债”科目。新制度设置了“应缴财政款”、“应付职工薪酬”、“应付政府补贴款”、“其他应付款”、“长期应付款”、“受托代理负债”科目，其核算内容与原账的上述相应科目的核算内容基本相同。转账时，单位应当将原账的上述科目余额直接转入新账的相应科目。

（2）“应缴税费”科目。新制度设置了“应交增值税”、“其他应交税费”科目，原制度设置了“应缴税费”科目。转账时，单位应当将原账的“应缴税费——应缴增值税”科目余额转入新账“应交增值税”科目中的相关明细科目；将原账的“应缴税费”科目余额减去属于应交增值税余额后的差额，转入新账的“其他应交税费”科目。

（3）“应付账款”科目。新制度设置了“应付账款”科目，该科目的核算内容与原账“应付账款”科目的核算内容基本相同，但是不再核算应付质量保证金，应付质量保证金改在新账的“其他应付款”科目核算。转账时，单位应当将原账的“应付账款”科目余额中属于尚未支付质量保证金的余额，转入新账的“其他应付款”科目；将原账的“应付账款”科目余额减去其中属于尚未支付质量保证金的余额后的差额，转入新账的“应付账款”科目。

3. 净资产类。

（1）“财政拨款结转”、“财政拨款结余”、“其他资金结转结余”科目。新制度设置了“累计盈余”科目，该科目的余额包含了原账的“财政拨款结转”、“财政拨款结余”、“其他资金结转结余”科目的余额内容。转账时，单位应当将原账的“财政拨款结转”、“财政拨款结余”、“其他资金结转结余”科目余额，转入新账的“累计盈余”科目。

（2）“资产基金”、“待偿债净资产”科目。依据新制度，单位无需对原制度中“资产基金”、“待偿债净资产”科目对应的内容进行核算。转账时，单位应当将原账“资产基金”科目贷方余额转入新账的“累计盈余”科目贷方，将原账的“待偿债净资产”科目借方余额转入新账的“累计盈余”科目借方。

4. 收入类、支出类。

由于原账中收入类、支出类科目年末无余额，单位无需进行转账处理。自2019年1月1日起，单位应当按照新制度设置收入类、费用类科目并进行账务处理。

单位存在其他本规定未列举的原账科目余额的，应当比照本规定转入新账的相应科目。新账科目设有明细科目的，应当对原账中对应科目的余额加以分析，分别转入新账中相应科目的相关明细科目。

单位在进行新旧衔接的转账时，应当编制转账的工作分录，作为转账的工作底稿，并将转入新账的对应原账户余额及分拆原账户余额的依据作为原始凭证。

（二）将原未入账事项登记新账财务会计科目

1. 在途物品、政府储备物资、公共基础设施、文物文化资产、保障性住房。

单位在新旧制度转换时，应当将2018年12月31日前未入账的在途物品、政府储备物资、公共基础设施、文物文化资产、保障性住房按照新制度规定记入新账。登记新账时，按照确定的在途物品、政府储备物资、公共基础设施、文物文化资产、保障性住房初始入账成本，分别借记“在途物品”、“政府储备物资”、“公共基础设施”、“文物文化资产”、“保障性住房”科目，贷记“累计盈余”科目。

单位对于登记新账时首次确认的公共基础设施、保障性住房，应当于2019年1月1日以后，按照其在登记新账时确定的成本和尚可使用年限计提折旧（摊销）。

2. 受托代理资产。

单位在新旧制度转换时，应当将2018年12月31日前未入账的受托代理物资按照新制度规定记入新账。登记新账时，按照确定的受托代理物资成本，借记“受托代理资产”科目，贷记“受托代理负债”科目。

3. 盘盈资产。

单位在新旧制度转换时，应当将2018年12月31日前未入账的盘盈资产按照新制度规定记入新账。登记新账时，按照确定的盘盈资产及其成本，分别借记有关资产科目，按照盘盈资产成本的合计金额，贷记“累计盈余”科目。

4. 预计负债。

单位在新旧制度转换时，应当将2018年12月31日按照新制度规定确认的预计负债记入新账。登记新账时，按照确定的预计负债金额，借记“累计盈余”科目，贷记“预计负债”科目。

单位存在2018年12月31日前未入账的其他事项的，应当比照本规定登记新账的相应科目。

单位对新账的财务会计科目补记未入账事项时，应当编制记账凭证，并将补充登记事项的确认依据作为原始凭证。

（三）对新账的相关财务会计科目余额按照新制度规定的核算基础进行调整

1. 补提折旧。

单位在原账中尚未计提固定资产折旧、公共基础设施折旧（摊销）的，应当全面核查截至2018年12月31日固定资产、公共基础设施的预计使用年限、已使用年限、尚可使用年限等，并按照新制度规定于2019年1

月 1 日对尚未计提折旧的固定资产、公共基础设施补提折旧，按照应计提的折旧金额，借记“累计盈余”科目，贷记“固定资产累计折旧”、“公共基础设施累计折旧（摊销）”科目。

单位在原账的“固定资产”科目中核算了按照新制度规定应当记入“公共基础设施”、“保障性住房”科目内容的，应当比照前款规定补提公共基础设施折旧（摊销）、保障性住房折旧，按照应计提的折旧（摊销）金额，借记“累计盈余”科目，贷记“公共基础设施累计折旧（摊销）”、“保障性住房累计折旧”科目。

2. 补提摊销。

单位在原账中尚未计提无形资产摊销的，应当全面核查截至 2018 年 12 月 31 日无形资产的预计使用年限、已使用年限、尚可使用年限等，并按照新制度规定于 2019 年 1 月 1 日对尚未摊销的无形资产补提摊销，按照应计提的摊销金额，借记“累计盈余”科目，贷记“无形资产累计摊销”科目。

单位对新账的财务会计科目期初余额进行调整时，应当编制记账凭证，并将调整事项的确认依据作为原始凭证。

三、预算会计科目的新旧衔接

（一）“财政拨款结转”和“财政拨款结余”科目及对应的“资金结存”科目余额

新制度设置了“财政拨款结转”、“财政拨款结余”科目及对应的“资金结存”科目。在新旧制度转换时，单位按照新制度规定将原账其他应收款中的预付款项计入预算支出的，应当对原账的“财政拨款结转”科目余额进行逐项分析，按照减去已经支付财政资金尚未计入预算支出（如其他应收款中的预付款项等）的金额后的差额，登记新账的“财政拨款结转”科目及其明细科目贷方；按照原账的“财政拨款结余”科目余额，登记新账的“财政拨款结余”科目及其明细科目贷方。

单位应当按照原账的“财政应返还额度”科目余额登记新账的“资金结存——财政应返还额度”科目借方；按照新账的“财政拨款结转”和“财政拨款结余”科目贷方余额合计数，减去新账的“资金结存——财政应返还额度”科目借方余额后的差额，登记新账的“资金结存——货币资金”科目的借方。

（二）“非财政拨款结转”科目及对应的“资金结存”科目余额

新制度设置了“非财政拨款结转”科目及对应的“资金结存”科目。在新旧制度转换时，单位按照新制度规定将原账其他应收款中的预付款项计入预算支出的，应当对原账的“其他资金结转结余——项目结转”科目余额进行逐项分析，按照减去已经支付非财政拨款专项资金尚未计入预算支出（如其他应收款中的预付款项等）的金额后的差额，登记新账的“非财政拨款结转”科目及其明细科目贷方；同时，按照相同的金额登记新账的“资金结存——货币资金”科目借方。

（三）“非财政拨款结余”科目及对应的“资金结存”科目余额

1. 登记“非财政拨款结余”科目余额。

新制度设置了“非财政拨款结余”科目及对应的“资金结存”科目。在新旧制度转换时，单位应当按照原账的“其他资金结转结余——非项目结余”科目余额，借记新账的“资金结存——货币资金”科目，贷记新账的“非财政拨款结余”科目。

2. 对新账“非财政拨款结余”科目及“资金结存”科目余额进行调整。

单位按照新制度规定将原账其他应收款中的预付款项计入预算支出的，应当对原账的“其他应收款”科目余额进行分析，区分其中预付款项的金额（将来很可能列支）和非预付款项的金额，并对预付款项的金额划分为财政拨款资金预付的金额、非财政拨款专项资金预付的金额和非财政拨款非专项资金预付的金额，按照非财政拨款非专项资金预付的金额，借记新账的“非财政拨款结余”科目，贷记新账的“资金结存——货币资金”科目。

（四）预算收入类、预算支出类会计科目

由于预算收入类、预算支出类会计科目年初无余额，在新旧制度转换时，单位无需对预算收入类、预算支出类会计科目进行新账年初余额登记。

单位应当自2019年1月1日起，按照新制度设置预算收入类、预算支出类科目并进行账务处理。

单位存在2018年12月31日前需要按照新制度预算会计核算基础调整预算会计科目期初余额的其他事项的，应当比照本规定调整新账的相应预算会计科目期初余额。

单位对预算会计科目的期初余额登记和调整，应当编制记账凭证，并将期初余额登记和调整的依据作为原始凭证。

四、财务报表和预算会计报表的新旧衔接

（一）编制2019年1月1日资产负债表

单位应当根据2019年1月1日新账的财务会计科目余额，按照新制度编制2019年1月1日资产负债表（仅要求填列各项目“年初余额”）。

（二）2019年度财务报表和预算会计报表的编制

单位应当按照新制度规定编制2019年财务报表和预算会计报表。在编制2019年度收入费用表、净资产变动表、现金流量表和预算收入支出表、预算结转结余变动表时，不要求填列上年比较数。

单位应当根据2019年1月1日新账财务会计科目余额，填列2019年净资产变动表各项目的“上年年末余额”；根据2019年1月1日新账预算会计科目余额，填列2019年预算结转结余变动表的“年初预算结转结余”项目和财政拨款预算收入支出表的“年初财政拨款结转结余”项目。

五、其他事项

（一）截至2018年12月31日尚未进行基建“并账”的单位，应当首先参照《新旧行政单位会计制度有关衔接问题的处理规定》（财库〔2013〕219号），将基建账套相关数据并入2018年12月31日原账中的相关科目余额，再按照本规定将2018年12月31日原账相关会计科目余额转入新账相应科目。

（二）2019年1月1日前执行新制度的单位，应当参照本规定做好新旧制度衔接工作。

附表1　　　　行政单位原会计科目余额明细表一

总账科目	明细分类	金额	备注
库存现金	库存现金		
	其中：受托代理现金		

续表

总账科目	明细分类	金额	备注
银行存款	银行存款		
	其中：受托代理银行存款		
	其他货币资金		
其他应收款	在途物资		已经付款，尚未收到物资
	其他		
存货	在加工存货		
	非在加工存货		
	政府储备物资		
固定资产	固定资产		
	公共基础设施		
	政府储备物资		
	文物文化资产		
	保障性住房		
累计折旧	固定资产累计折旧		
	公共基础设施累计折旧		
	保障性住房累计折旧		
在建工程	在建工程		
	工程物资		
	预付工程款、预付备料款		
应缴税费	应交增值税		
	其他应交税费		
应付账款	应付质量保证金		购置固定资产、完成在建工程等扣留的质量保证金
	其他		

附表2　　行政单位原会计科目余额明细表二

总账科目	明细分类	金额	备注
其他应收款	预付款项		如职工预借的差旅费等
	其中：财政拨款资金预付		
	非财政拨款专项资金预付		
	非财政拨款非专项资金预付		
	需要收回及其他		如支付的押金、应收为职工垫付的款项等

附表3　　行政单位新旧会计制度转账、登记新账科目对照表

序号	新制度科目		原制度科目	
	编号	名　称	编号	名　称
一、资产类				
1	1001	库存现金	1001	库存现金
2	1002	银行存款	1002	银行存款
3	1021	其他货币资金		
4	1011	零余额账户用款额度	1011	零余额账户用款额度
5	1201	财政应返还额度	1021	财政应返还额度
6	1212	应收账款	1212	应收账款
7	1214	预付账款	1213	预付账款
			1511	在建工程
8	1218	其他应收款	1215	其他应收款
9	1301	在途物品		
10	1302	库存物品	1301	存货
11	1303	加工物品		
12	1811	政府储备物资		
13	1601	固定资产	1501	固定资产
	1801	公共基础设施		
	1811	政府储备物资		
14	1821	文物文化资产		
15	1831	保障性住房		
16	1602	固定资产累计折旧	1502	累计折旧
17	1802	公共基础设施累计折旧（摊销）		
18	1832	保障性住房累计折旧		
19	1611	工程物资	1511	在建工程
20	1613	在建工程		
21	1701	无形资产	1601	无形资产
22	1702	无形资产累计摊销	1602	累计摊销
23	1801	公共基础设施	1802	公共基础设施
24	1811	政府储备物资	1801	政府储备物资
25	1891	受托代理资产	1901	受托代理资产
26	1902	待处理财产损溢	1701	待处理财产损溢

续表

序号	新制度科目		原制度科目	
	编号	名 称	编号	名 称
二、负债类				
27	2103	应缴财政款	2001	应缴财政款
28	2101	应交增值税	2101	应缴税费
29	2102	其他应交税费		
30	2201	应付职工薪酬	2201	应付职工薪酬
31	2302	应付账款	2301	应付账款
	2307	其他应付款		
32	2303	应付政府补贴款	2302	应付政府补贴款
33	2307	其他应付款	2305	其他应付款
34	2502	长期应付款	2401	长期应付款
35	2901	受托代理负债	2901	受托代理负债
三、净资产类				
36	3001	累计盈余	3001	财政拨款结转
			3002	财政拨款结余
			3101	其他资金结转结余
			3501	资产基金
			3502	待偿债净资产
四、预算结余类				
37	8101	财政拨款结转	3001	财政拨款结转
38	8102	财政拨款结余	3002	财政拨款结余
39	8201	非财政拨款结转	3101	其他资金结转结余
40	8202	非财政拨款结余		
41	8001	资金结存（借方）	3001	财政拨款结转
			3002	财政拨款结余
			3101	其他资金结转结余

附录2 《政府会计制度——行政事业单位会计科目和报表》与《事业单位会计制度》有关衔接问题的处理规定

财会〔2018〕3号 2018年2月1日

我部于2017年10月24日印发了《政府会计制度——行政事业单位会计科目和报表》（财会〔2017〕25号，以下简称新制度）。目前执行《事业单位会计制度》（财会〔2012〕22号，以下简称原制度）的单位，自2019年1月1日起执行新制度，不再执行原制度。为了确保新旧会计制度顺利过渡，现对单位执行新制度的有关衔接问题规定如下：

一、新旧制度衔接总要求

（一）自2019年1月1日起，单位应当严格按照新制度的规定进行会计核算、编制财务报表和预算会计报表。

（二）单位应当按照本规定做好新旧制度衔接的相关工作，主要包括以下几个方面：

1. 根据原账编制2018年12月31日的科目余额表，并按照本规定要求，编制原账的部分科目余额明细表（参见附表1、附表2）。

2. 按照新制度设立2019年1月1日的新账。

3. 按照本规定要求，登记新账的财务会计科目余额和预算结余科目余额，包括将原账科目余额转入新账财务会计科目、按照原账科目余额登记新账预算结余会计科目（事业单位新旧会计制度转账、登记新账科目对照表见附表3），将未入账事项登记新账科目，并对相关新账科目余额进行调整。原账科目是指按照原制度规定设置的会计科目。

4. 按照登记及调整后新账的各会计科目余额，编制2019年1月1日的科目余额表，作为新账各会计科目的期初余额。

5. 根据新账各会计科目期初余额，按照新制度编制2019年1月1日资产负债表。

（三）及时调整会计信息系统。单位应当按照新制度要求对原有会计信息系统进行及时更新和调试，实现数据正确转换，确保新旧账套的有序衔接。

二、财务会计科目的新旧衔接

（一）将 2018 年 12 月 31 日原账会计科目余额转入新账财务会计科目

1. 资产类。

（1）“库存现金”、“零余额账户用款额度”、“财政应返还额度”、“短期投资”、“应收票据”、“应收账款”、“预付账款”、“无形资产”科目。新制度设置了“库存现金”、“零余额账户用款额度”、“财政应返还额度”、“短期投资”、“应收票据”、“应收账款”、“预付账款”、“无形资产”科目，其核算内容与原账的上述相应科目的核算内容基本相同。转账时，单位应当将原账的上述科目余额直接转入新账的相应科目。其中，还应当将原账的“库存现金”科目余额中属于新制度规定受托代理资产的金额，转入新账“库存现金”科目下的“受托代理资产”明细科目。

（2）“银行存款”科目。新制度设置了“银行存款”和“其他货币资金”科目，原制度设置了“银行存款”科目。转账时，单位应当将原账“银行存款”科目中核算的属于新制度规定的其他货币资金的金额，转入新账“其他货币资金”科目；将原账“银行存款”科目余额减去其中属于其他货币资金余额后的差额，转入新账的“银行存款”科目。其中，还应当将原账的“银行存款”科目余额中属于新制度规定受托代理资产的金额，转入新账“银行存款”科目下的“受托代理资产”明细科目。

（3）“其他应收款”科目。新制度设置了“其他应收款”科目，该科目的核算内容与原账“其他应收款”科目的核算内容基本相同。转账时，单位应当将原账的“其他应收款”科目余额，转入新账的“其他应收款”科目。新制度设置了“在途物品”科目，单位在原账“其他应收款”科目中核算了已经付款或开出商业汇票、尚未收到物资的，应当将原账的“其他应收款”科目余额中已经付款或开出商业汇票、尚未收到物资的金额，转入新账的“在途物品”科目。

（4）“存货”科目。新制度设置了“库存物品”、“加工物品”科目，原制度设置了“存货”科目。转账时，单位应当将原账的“存货”科目余额中属于在加工存货的金额，转入新账的“加工物品”科目；将原账的

“存货”科目余额减去属于在加工存货的金额后的差额，转入新账的“库存物品”科目。

单位在原账的“存货”科目中核算了属于新制度规定的工程物资、政府储备物资、受托代理物资的，应当将原账的“存货”科目余额中属于工程物资、政府储备物资、受托代理物资的金额，分别转入新账的“工程物资”、“政府储备物资”、“受托代理资产”科目。

（5）“长期投资”科目。新制度设置了“长期股权投资”和“长期债券投资”科目，原制度设置了“长期投资”科目。转账时，单位应当将原账的“长期投资”科目余额中属于股权投资的金额，转入新账的“长期股权投资”科目及其明细科目；将原账的“长期投资”科目余额中属于债券投资的金额，转入新账的“长期债券投资”科目及其明细科目。

（6）“固定资产”科目。新制度设置了“固定资产”、“公共基础设施”、“政府储备物资”、“文物文化资产”、“保障性住房”科目。单位在原账“固定资产”科目中只核算了按照新制度规定的固定资产内容的，转账时，应当将原账的“固定资产”科目余额全部转入新账的“固定资产”科目。单位在原账的“固定资产”科目中核算了按照新制度规定应当记入“公共基础设施”、“政府储备物资”、“文物文化资产”、“保障性住房”科目内容的，转账时，应当将原账的“固定资产”科目余额中相应资产的账面余额，分别转入新账的“公共基础设施”、“政府储备物资”、“文物文化资产”、“保障性住房”科目，并将原账的“固定资产”科目余额减去上述金额后的差额，转入新账的“固定资产”科目。

（7）“累计折旧”科目。新制度设置了“固定资产累计折旧”科目，该科目的核算内容与原账“累计折旧”科目的核算内容基本相同。单位已经计提了固定资产折旧并记入“累计折旧”科目的，转账时，应当将原账的“累计折旧”科目余额，转入新账的“固定资产累计折旧”科目。新制度设置了“公共基础设施累计折旧（摊销）”和“保障性住房累计折旧”科目，单位在原账的“固定资产”科目中核算了按照新制度规定应当记入“公共基础设施”、“保障性住房”科目的内容，且已经计提了固定资产折旧的，转账时，应当将原账的“累计折旧”科目余额中属于公共基础设施累计折旧（摊销）、保障性住房累计折旧的金额，分别转入新账的“公共基础设施累计折旧（摊销）”、“保障性住房累计折旧”科目。

(8)“在建工程”科目。新制度设置了“在建工程”和“预付账款——预付备料款、预付工程款”科目，原制度设置了“在建工程”科目。转账时，单位应当将原账的“在建工程”科目余额（基建“并账”后的金额，下同）中属于预付备料款、预付工程款的金额，转入新账“预付账款”相关明细科目；将原账的“在建工程”科目余额减去预付备料款、预付工程款金额后的差额，转入新账的“在建工程”科目。单位在原账“在建工程”科目中核算了按照新制度规定应当记入“工程物资”科目内容的，应当将原账“在建工程”科目余额中属于工程物资的金额，转入新账的“工程物资”科目。

(9)“累计摊销”科目。新制度设置了“无形资产累计摊销”科目，该科目的核算内容与原账“累计摊销”科目的核算内容基本相同。单位已经计提了无形资产摊销的，转账时，应当将原账的“累计摊销”科目余额，转入新账的“无形资产累计摊销”科目。

(10)“待处置资产损溢”科目。新制度设置了“待处理财产损溢”科目，该科目的核算内容与原账“待处置资产损溢”科目的核算内容基本相同。转账时，单位应当将原账的“待处置资产损溢”科目余额，转入新账的“待处理财产损溢”科目。

2. 负债类。

(1)“短期借款”、“应付职工薪酬”、“应付票据”、“应付账款”、“预收账款”、“长期借款”、“长期应付款”科目。新制度设置了“短期借款”、“应付职工薪酬”、“应付票据”、“应付账款”、“预收账款”、“长期借款”、“长期应付款”科目，这些科目的核算内容与原账的上述相应科目的核算内容基本相同。转账时，单位应当将原账的上述科目余额直接转入新账的相应科目。

(2)“应缴税费”科目。新制度设置了“应交增值税”和“其他应交税费”科目，原制度设置了“应缴税费”科目。转账时，单位应当将原账的“应缴税费——应缴增值税”科目余额，转入新账“应交增值税”中的相关明细科目；将原账的“应缴税费”科目余额减去属于应缴增值税余额后的差额，转入新账的“其他应交税费”科目。

(3)“应缴国库款”、“应缴财政专户款”科目。新制度设置了“应缴财政款”科目，原制度设置了“应缴国库款”、“应缴财政专户款”科目。

转账时，单位应当将原账的“应缴国库款”、“应缴财政专户款”科目余额，转入新账的“应缴财政款”科目。

（4）“其他应付款”科目。新制度设置了“其他应付款”科目，该科目的核算内容与原账“其他应付款”科目的核算内容基本相同。转账时，单位应当将原账的“其他应付款”科目余额，转入新账的“其他应付款”科目。其中，单位在原账的“其他应付款”科目中核算了属于新制度规定的受托代理负债的，应当将原账的“其他应付款”科目余额中属于受托代理负债的余额，转入新账的“受托代理负债”科目。

3. 净资产类。

（1）“事业基金”科目。新制度设置了“累计盈余”科目，该科目的核算内容包含了原账“事业基金”科目的核算内容。转账时，单位应当将原账的“事业基金”科目余额转入新账的“累计盈余”科目。

（2）“非流动资产基金”科目。依据新制度，无需对原制度中“非流动资产基金”科目对应内容进行核算。转账时，单位应当将原账的“非流动资产基金”科目余额转入新账的“累计盈余”科目。

（3）“专用基金”科目。新制度设置了“专用基金”科目，该科目的核算内容与原账“专用基金”科目的核算内容基本相同。转账时，单位应当将原账的“专用基金”科目余额转入新账的“专用基金”科目。

（4）“财政补助结转”、“财政补助结余”、“非财政补助结转”科目。新制度设置了“累计盈余”科目，该科目的余额包含了原账的“财政补助结转”、“财政补助结余”、“非财政补助结转”科目的余额内容。转账时，单位应当将原账的“财政补助结转”、“财政补助结余”、“非财政补助结转”科目余额，转入新账的“累计盈余”科目。

（5）“经营结余”科目。新制度设置了“本期盈余”科目，该科目的核算内容包含了原账“经营结余”科目的核算内容。新制度规定“本期盈余”科目余额最终转入“累计盈余”科目，如果原账的“经营结余”科目有借方余额，转账时，单位应当将原账的“经营结余”科目借方余额，转入新账的“累计盈余”科目借方。

（6）“事业结余”、“非财政补助结余分配”科目。由于原账的“事业结余”、“非财政补助结余分配”科目年末无余额，这两个科目无需进行转账处理。

4. 收入类、支出类。

由于原账中收入类、支出类科目年末无余额，无需进行转账处理。自2019年1月1日起，单位应当按照新制度设置收入类、费用类科目并进行账务处理。

单位存在其他本规定未列举的原账科目余额的，应当比照本规定转入新账的相应科目。新账的科目设有明细科目的，应将原账中对应科目的余额加以分析，分别转入新账中相应科目的相关明细科目。

单位在进行新旧衔接的转账时，应当编制转账的工作分录，作为转账的工作底稿，并将转入新账的对应原账户余额及分拆原账户余额的依据作为原始凭证。

（二）将原未入账事项登记新账财务会计科目

1. 应收账款、应收股利、在途物品。

单位在新旧制度转换时，应当将2018年12月31日前未入账的应收账款、应收股利、在途物品按照新制度规定记入新账。登记新账时，按照确定的入账金额，分别借记“应收账款”、“应收股利”、“在途物品”科目，贷记“累计盈余”科目。

2. 公共基础设施、政府储备物资、文物文化资产、保障性住房

单位在新旧制度转换时，应当将2018年12月31日前未入账的公共基础设施、政府储备物资、文物文化资产、保障性住房按照新制度规定记入新账。登记新账时，按照确定的初始入账成本，分别借记“公共基础设施”、“政府储备物资”、“文物文化资产”、“保障性住房”科目，贷记“累计盈余”科目。单位对于登记新账时首次确认的公共基础设施、保障性住房，应当于2019年1月1日以后，按照其在登记新账时确定的成本和剩余折旧（摊销）年限计提折旧（摊销）。

3. 受托代理资产。

单位在新旧制度转换时，应当将2018年12月31日前未入账的受托代理资产按照新制度规定记入新账。登记新账时，按照确定的受托代理资产入账成本，借记“受托代理资产”科目，贷记“受托代理负债”科目。

4. 盘盈资产。

单位在新旧制度转换时，应当将2018年12月31日前未入账的盘盈资产按照新制度规定记入新账。登记新账时，按照确定的盘盈资产及其成本，

分别借记有关资产科目，按照盘盈资产成本的合计金额，贷记“累计盈余”科目。

5. 预计负债。

单位在新旧制度转换时，应当将2018年12月31日按照新制度规定确认的预计负债记入新账。登记新账时，按照确定的预计负债金额，借记“累计盈余”科目，贷记“预计负债”科目。

6. 应付质量保证金。

单位在新旧制度转换时，应当将2018年12月31日前未入账的应付质量保证金按照新制度规定记入新账。登记新账时，按照确定未入账的应付质量保证金金额，借记“累计盈余”科目，贷记“其他应付款”科目［扣留期在1年以内（含1年）］、“长期应付款”科目［扣留期超过1年］。

单位存在2018年12月31日前未入账的其他事项的，应当比照本规定登记新账的相应科目。

单位对新账的财务会计科目补记未入账事项时，应当编制记账凭证，并将补充登记事项的确认依据作为原始凭证。

（三）对新账的相关财务会计科目余额按照新制度规定的会计核算基础进行调整

1. 计提坏账准备。

新制度要求对单位收回后无需上缴财政的应收账款和其他应收款提取坏账准备。在新旧制度转换时，单位应当按照2018年12月31日无需上缴财政的应收账款和其他应收款的余额计算应计提的坏账准备金额，借记“累计盈余”科目，贷记“坏账准备”科目。

2. 按照权益法调整长期股权投资账面余额。

对按照新制度规定应当采用权益法核算的长期股权投资，在新旧制度转换时，单位应当在“长期股权投资”科目下设置“新旧制度转换调整”明细科目，依据被投资单位2018年12月31日财务报表的所有者权益账面余额，以及单位持有被投资单位的股权比例，计算应享有或应分担的被投资单位所有者权益的份额，调整长期股权投资的账面余额，借记或贷记“长期股权投资——新旧制度转换调整”科目，贷记或借记“累计盈余”科目。

3. 确认长期债券投资期末应收利息。

单位应当按照新制度规定于2019年1月1日补记长期债券投资应收利

息，按照长期债券投资的应收利息金额，借记“长期债券投资”科目［到期一次还本付息］或“应收利息”科目［分期付息、到期还本］，贷记“累计盈余”科目。

4. 补提折旧。

单位在原账中尚未计提固定资产折旧的，应当全面核查截至2018年12月31日的固定资产的预计使用年限、已使用年限、尚可使用年限等，并于2019年1月1日对尚未计提折旧的固定资产补提折旧，按照应计提的折旧金额，借记“累计盈余”科目，贷记“固定资产累计折旧”科目。

单位在原账的“固定资产”科目中核算了按照新制度规定应当记入“公共基础设施”、“保障性住房”科目内容的，应当比照前款规定补提公共基础设施折旧（摊销）、保障性住房折旧，按照应计提的折旧（摊销）金额，借记“累计盈余”科目，贷记“公共基础设施累计折旧（摊销）”、“保障性住房累计折旧”科目。

5. 补提摊销。

单位在原账中尚未计提无形资产摊销的，应当全面核查截至2018年12月31日无形资产的预计使用年限、已使用年限、尚可使用年限等，并于2019年1月1日对前期尚未计提摊销的无形资产补提摊销，按照应计提的摊销金额，借记“累计盈余”科目，贷记“无形资产累计摊销”科目。

6. 确认长期借款期末应付利息。

单位应当按照新制度规定于2019年1月1日补记长期借款的应付利息金额，对其中资本化的部分，借记“在建工程”科目，对其中费用化的部分，借记“累计盈余”科目，按照全部长期借款应付利息金额，贷记“长期借款”科目［到期一次还本付息］或“应付利息”科目［分期付息、到期还本］。

单位对新账的财务会计科目期初余额进行调整时，应当编制记账凭证，并将调整事项的确认依据作为原始凭证。

三、预算会计科目的新旧衔接

（一）“财政拨款结转”和“财政拨款结余”科目及对应的“资金结存”科目余额

新制度设置了“财政拨款结转”、“财政拨款结余”科目及对应的“资金结存”科目。在新旧制度转换时，单位应当对原账的“财政补助结转”

科目余额进行逐项分析，加上各项结转转入的预算支出中已经计入预算支出尚未支付财政资金（如发生时列支的应付账款）的金额，减去已经支付财政资金尚未计入预算支出（如购入的存货、预付账款等）的金额，按照增减后的金额，登记新账的“财政拨款结转”科目及其明细科目贷方；按照原账“财政补助结余”科目余额，登记新账的“财政拨款结余”科目及其明细科目贷方。

按照原账“财政应返还额度”科目余额登记新账的“资金结存——财政应返还额度”科目借方；按照新账的“财政拨款结转”和“财政拨款结余”科目贷方余额合计数，减去新账的“资金结存——财政应返还额度”科目借方余额后的差额，登记新账的“资金结存——货币资金”科目借方。

（二）“非财政拨款结转”科目及对应的“资金结存”科目余额

新制度设置了“非财政拨款结转”科目及对应的“资金结存”科目。在新旧制度转换时，单位应当对原账的“非财政补助结转”科目余额进行逐项分析，加上各项结转转入的预算支出中已经计入预算支出尚未支付非财政补助专项资金（如发生时列支的应付账款）的金额，减去已经支付非财政补助专项资金尚未计入预算支出（如购入的存货、预付账款等）的金额，加上各项结转转入的预算收入中已经收到非财政补助专项资金尚未计入预算收入（如预收账款）的金额，减去已经计入预算收入尚未收到非财政补助专项资金（如应收账款）的金额，按照增减后的金额，登记新账的“非财政拨款结转”科目及其明细科目贷方；同时，按照相同的金额登记新账的“资金结存——货币资金”科目借方。

（三）“非财政拨款结余”科目及对应的“资金结存”科目余额

1. 登记“非财政拨款结余”科目余额。

新制度设置了“非财政拨款结余”科目及对应的“资金结存”科目。在新旧制度转换时，单位应当按照原账的“事业基金”科目余额，借记新账的“资金结存——货币资金”科目，贷记新账的“非财政拨款结余”科目。

2. 对新账“非财政拨款结余”科目及“资金结存”科目余额进行调整。

（1）调整短期投资对非财政拨款结余的影响。单位应当按照原账的

“短期投资”科目余额，借记“非财政拨款结余”科目，贷记“资金结存——货币资金”科目。

（2）调整应收票据、应收账款对非财政拨款结余的影响。单位应当对原账的“应收票据”、“应收账款”科目余额进行分析，区分其中发生时计入预算收入的金额和没有计入预算收入的金额。对发生时计入预算收入的金额，再区分计入专项资金收入的金额和计入非专项资金收入的金额，按照计入非专项资金收入的金额，借记“非财政拨款结余”科目，贷记“资金结存——货币资金”科目。

（3）调整预付账款对非财政拨款结余的影响。单位应当对原账的“预付账款”科目余额进行分析，区分其中由财政补助资金预付的金额、非财政补助专项资金预付的金额和非财政补助非专项资金预付的金额，按照非财政补助非专项资金预付的金额，借记“非财政拨款结余”科目，贷记“资金结存——货币资金”科目。

（4）调整其他应收款对非财政拨款结余的影响。单位按照新制度规定将原账其他应收款中的预付款项计入预算支出的，应当对原账的“其他应收款”科目余额进行分析，区分其中预付款项的金额（将来很可能列支）和非预付款项的金额，并对预付款项的金额划分为财政补助资金预付的金额、非财政补助专项资金预付的金额和非财政补助非专项资金预付的金额，按照非财政补助非专项资金预付的金额，借记“非财政拨款结余”科目，贷记“资金结存——货币资金”科目。

（5）调整存货对非财政拨款结余的影响。单位应当对原账的“存货”科目余额进行分析，区分购入的存货金额和非购入的存货金额。对购入的存货金额划分出其中使用财政补助资金购入的金额、使用非财政补助专项资金购入的金额和使用非财政补助非专项资金购入的金额，按照使用非财政补助非专项资金购入的金额，借记“非财政拨款结余”科目，贷记“资金结存——货币资金”科目。

（6）调整长期股权投资对非财政拨款结余的影响。单位应当对原账的“长期投资”科目余额中属于股权投资的余额进行分析，区分其中用现金资产取得的金额和用非现金资产及其他方式取得的金额，按照用现金资产取得的金额，借记“非财政拨款结余”科目，贷记“资金结存——货币资金”科目。

（7）调整长期债券投资对非财政拨款结余的影响。单位应当按照原账的“长期投资”科目余额中属于债券投资的余额，借记“非财政拨款结余”科目，贷记“资金结存——货币资金”科目。

（8）调整短期借款、长期借款对非财政拨款结余的影响。单位应当按照原账的“短期借款”、“长期借款”科目余额，借记“资金结存——货币资金”科目，贷记“非财政拨款结余”科目。

（9）调整应付票据、应付账款对非财政拨款结余的影响。单位应当对原账的“应付票据”、“应付账款”科目余额进行分析，区分其中发生时计入预算支出的金额和未计入预算支出的金额。将计入预算支出的金额划分出财政补助应付的金额、非财政补助专项资金应付的金额和非财政补助非专项资金应付的金额，按照非财政补助非专项资金应付的金额，借记“资金结存——货币资金”科目，贷记“非财政拨款结余”科目。

（10）调整预收账款对非财政拨款结余的影响。单位应当按照原账的“预收账款”科目余额中预收非财政非专项资金的金额，借记“资金结存——货币资金”科目，贷记“非财政拨款结余”科目。

（四）“专用结余”科目及对应的“资金结存”科目余额

新制度设置了“专用结余”科目及对应的“资金结存”科目。在新旧制度转换时，单位应当按照原账“专用基金”科目余额中通过非财政补助结余分配形成的金额，借记新账的“资金结存——货币资金”科目，贷记新账的“专用结余”科目。

（五）“经营结余”科目及对应的“资金结存”科目余额

新制度设置了“经营结余”科目及对应的“资金结存”科目。如果原账的“经营结余”科目期末有借方余额，在新旧制度转换时，单位应当按照原账的“经营结余”科目余额，借记新账的“经营结余”科目，贷记新账的“资金结存——货币资金”科目。

（六）“其他结余”、“非财政拨款结余分配”科目

新制度设置了“其他结余”和“非财政拨款结余分配”科目。由于这两个科目年初无余额，在新旧制度转换时，单位无需对“其他结余”和“非财政拨款结余分配”科目进行新账年初余额登记。

（七）预算收入类、预算支出类会计科目

由于预算收入类、预算支出类会计科目年初无余额，在新旧制度转换

时，单位无需对预算收入类、预算支出类会计科目进行新账年初余额登记。

单位应当自 2019 年 1 月 1 日起，按照新制度设置预算收入类、预算支出类科目并进行账务处理。

单位存在 2018 年 12 月 31 日需要按照新制度预算会计核算基础调整预算会计科目期初余额的其他事项的，应当比照本规定调整新账的相应预算会计科目期初余额。

单位对预算会计科目的期初余额登记和调整，应当编制记账凭证，并将期初余额登记和调整的依据作为原始凭证。

四、财务报表和预算会计报表的新旧衔接

（一）编制 2019 年 1 月 1 日资产负债表

单位应当根据 2019 年 1 月 1 日新账的财务会计科目余额，按照新制度编制 2019 年 1 月 1 日资产负债表（仅要求填列各项目“年初余额”）。

（二）2019 年度财务报表和预算会计报表的编制

单位应当按照新制度规定编制 2019 年财务报表和预算会计报表。在编制 2019 年度收入费用表、净资产变动表、现金流量表和预算收入支出表、预算结转结余变动表时，不要求填列上年比较数。

单位应当根据 2019 年 1 月 1 日新账财务会计科目余额，填列 2019 年净资产变动表各项目的“上年年末余额”；根据 2019 年 1 月 1 日新账预算会计科目余额，填列 2019 年预算结转结余变动表的“年初预算结转结余”项目和财政拨款预算收入支出表的“年初财政拨款结转结余”项目。

五、其他事项

（一）截至 2018 年 12 月 31 日尚未进行基建“并账”的单位，应当首先参照《新旧事业单位会计制度有关衔接问题的处理规定》（财会〔2013〕2 号），将基建账套相关数据并入 2018 年 12 月 31 日原账中的相关科目余额，再按照本规定将 2018 年 12 月 31 日原账相关会计科目余额转入新账相应科目。

（二）2019 年 1 月 1 日前执行新制度的单位，应当参照本规定做好新旧制度衔接工作。

附表 1　　事业单位原会计科目余额明细表一

总账科目	明细分类	金额	备注
库存现金	库存现金		
	其中：受托代理现金		
银行存款	银行存款		
	其中：受托代理银行存款		
	其他货币资金		
其他应收款	在途物资		已经付款或已开出商业汇票，尚未收到物资
	其他		
存货	在加工存货		
	非在加工存货		
	工程物资		
	政府储备物资		
	受托代理资产		
长期投资	长期股权投资		
	长期债券投资		
固定资产	固定资产		
	公共基础设施		
	政府储备物资		
	文物文化资产		
	保障性住房		
累计折旧	固定资产累计折旧		
	公共基础设施累计折旧		
	保障性住房累计折旧		
在建工程	在建工程		
	工程物资		
	预付工程款、预付备料款		
应缴税费	应交增值税		
	其他应交税费		
其他应付款	受托代理负债		因接受代管资金形成的应付款
	其他		

附表 2　　　　事业单位原会计科目余额明细表二

总账科目	明细分类	金额	备注
应收票据、应收账款	发生时不计入预算收入		如转让资产的应收票据、应收账款
	发生时计入预算收入		
	其中：专项收入		
	其他		
预付账款	财政补助资金预付		
	非财政补助专项资金预付		
	非财政补助非专项资金预付		
其他应收款	预付款项		如职工预借的差旅费等
	其中：财政补助资金预付		
	非财政补助专项资金预付		
	非财政补助非专项资金预付		
	需要收回及其他		如支付的押金、应收为职工垫付的款项等
存货	购入存货		
	其中：使用财政补助资金购入		
	使用非财政补助专项资金购入		
	使用非财政补助非专项资金购入		
	非购入存货		如无偿调入、接受捐赠的存货等
长期投资	长期股权投资		
	其中：用现金资产取得		
	用非现金资产或其他方式取得		
	长期债券投资		

续表

总账科目	明细分类	金额	备注
应付票据、应付账款	发生时不计入预算支出		
	发生时计入预算支出		
	其中：财政补助资金应付		
	非财政补助专项资金应付		
	非财政补助非专项资金应付		
预收账款	预收专项资金		
	预收非专项资金		

附表3　　事业单位新旧会计制度转账、登记新账科目对照表

序号	新制度科目		原制度科目	
	编号	名称	编号	名称
一、资产类				
1	1001	库存现金	1001	库存现金
2	1002	银行存款	1002	银行存款
3	1021	其他货币资金		
4	1011	零余额账户用款额度	1011	零余额账户用款额度
5	1201	财政应返还额度	1101	财政应返还额度
6	1101	短期投资	1201	短期投资
7	1211	应收票据	1211	应收票据
8	1212	应收账款	1212	应收账款
9	1214	预付账款	1213	预付账款
			1511	在建工程
10	1218	其他应收款	1215	其他应收款
11	1301	在途物品		
12	1302	库存物品	1301	存货
13	1303	加工物品		
14	1611	工程物资		
15	1811	政府储备物资		
16	1891	受托代理资产		
17	1501	长期股权投资	1401	长期投资
18	1502	长期债券投资		

续表

<table>
<tr><th rowspan="2">序号</th><th colspan="2">新制度科目</th><th colspan="2">原制度科目</th></tr>
<tr><th>编号</th><th>名称</th><th>编号</th><th>名称</th></tr>
<tr><td>19</td><td>1601</td><td>固定资产</td><td rowspan="5">1501</td><td rowspan="5">固定资产</td></tr>
<tr><td>20</td><td>1801</td><td>公共基础设施</td></tr>
<tr><td>21</td><td>1811</td><td>政府储备物资</td></tr>
<tr><td>22</td><td>1821</td><td>文物文化资产</td></tr>
<tr><td>23</td><td>1831</td><td>保障性住房</td></tr>
<tr><td>24</td><td>1602</td><td>固定资产累计折旧</td><td rowspan="3">1502</td><td rowspan="3">累计折旧</td></tr>
<tr><td>25</td><td>1802</td><td>公共基础设施累计折旧（摊销）</td></tr>
<tr><td>26</td><td>1832</td><td>保障性住房累计折旧</td></tr>
<tr><td rowspan="2">27</td><td>1611</td><td>工程物资</td><td rowspan="2">1511</td><td rowspan="2">在建工程</td></tr>
<tr><td>1613</td><td>在建工程</td></tr>
<tr><td>28</td><td>1701</td><td>无形资产</td><td>1601</td><td>无形资产</td></tr>
<tr><td>29</td><td>1702</td><td>无形资产累计摊销</td><td>1602</td><td>累计摊销</td></tr>
<tr><td>30</td><td>1902</td><td>待处理财产损溢</td><td>1701</td><td>待处置资产损溢</td></tr>
<tr><td colspan="5">二、负债类</td></tr>
<tr><td>31</td><td>2001</td><td>短期借款</td><td>2001</td><td>短期借款</td></tr>
<tr><td>32</td><td>2101</td><td>应交增值税</td><td rowspan="2">2101</td><td rowspan="2">应缴税费</td></tr>
<tr><td>33</td><td>2102</td><td>其他应交税费</td></tr>
<tr><td rowspan="2">34</td><td rowspan="2">2103</td><td rowspan="2">应缴财政款</td><td>2102</td><td>应缴国库款</td></tr>
<tr><td>2103</td><td>应缴财政专户款</td></tr>
<tr><td>35</td><td>2201</td><td>应付职工薪酬</td><td>2201</td><td>应付职工薪酬</td></tr>
<tr><td>36</td><td>2301</td><td>应付票据</td><td>2301</td><td>应付票据</td></tr>
<tr><td>37</td><td>2302</td><td>应付账款</td><td>2302</td><td>应付账款</td></tr>
<tr><td>38</td><td>2305</td><td>预收账款</td><td>2303</td><td>预收账款</td></tr>
<tr><td>39</td><td>2307</td><td>其他应付款</td><td rowspan="2">2305</td><td rowspan="2">其他应付款</td></tr>
<tr><td>40</td><td>2901</td><td>受托代理负债</td></tr>
<tr><td>41</td><td>2501</td><td>长期借款</td><td>2401</td><td>长期借款</td></tr>
<tr><td>42</td><td>2502</td><td>长期应付款</td><td>2402</td><td>长期应付款</td></tr>
</table>

续表

<table>
<tr><th rowspan="2">序号</th><th colspan="2">新制度科目</th><th colspan="2">原制度科目</th></tr>
<tr><th>编号</th><th>名称</th><th>编号</th><th>名称</th></tr>
<tr><td colspan="5">三、净资产类</td></tr>
<tr><td rowspan="6">43</td><td rowspan="6">3001</td><td rowspan="6">累计盈余</td><td>3001</td><td>事业基金</td></tr>
<tr><td>3101</td><td>非流动资产基金</td></tr>
<tr><td>3301</td><td>财政补助结转</td></tr>
<tr><td>3302</td><td>财政补助结余</td></tr>
<tr><td>3401</td><td>非财政补助结转</td></tr>
<tr><td>3403</td><td>经营结余</td></tr>
<tr><td>44</td><td>3002</td><td>专用基金</td><td>3201</td><td>专用基金</td></tr>
<tr><td colspan="5">四、预算结余类</td></tr>
<tr><td>45</td><td>8101</td><td>财政拨款结转</td><td>3001</td><td>财政补助结转</td></tr>
<tr><td>46</td><td>8102</td><td>财政拨款结余</td><td>3002</td><td>财政补助结余</td></tr>
<tr><td>47</td><td>8201</td><td>非财政拨款结转</td><td>3101</td><td>非财政补助结转</td></tr>
<tr><td>48</td><td>8202</td><td>非财政拨款结余</td><td>3001</td><td>事业基金</td></tr>
<tr><td>49</td><td>8301</td><td>专用结余</td><td>3201</td><td>专用基金</td></tr>
<tr><td>50</td><td>8401</td><td>经营结余</td><td>3401</td><td>经营结余</td></tr>
<tr><td rowspan="6">51</td><td rowspan="6">8001</td><td rowspan="6">资金结存（借方）</td><td>3001</td><td>财政补助结转</td></tr>
<tr><td>3002</td><td>财政补助结余</td></tr>
<tr><td>3101</td><td>非财政补助结转</td></tr>
<tr><td>3001</td><td>事业基金</td></tr>
<tr><td>3201</td><td>专用基金</td></tr>
<tr><td>3401</td><td>经营结余</td></tr>
</table>

附录3　关于中小学校执行《政府会计制度——行政事业单位会计科目和报表》的补充规定

财会〔2018〕20号　2018年8月14日

根据《政府会计准则——基本准则》，结合行业实际情况，现就中小学校①执行《政府会计制度——行政事业单位会计科目和报表》（以下简称新制度）做出如下补充规定：

一、关于“事业支出”科目的明细核算要求

中小学校对“事业支出”科目的明细核算除了遵循新制度规定外，还应当参照本规定附表1。

二、关于报表及编制说明

（一）新增项目及填列方法

中小学校应当在收入费用表的“（十一）其他收入”项目下增加“其中：食堂净收入”项目；应当在预算收入支出表的“（九）其他预算收入”项目下“其中：”后所列项目中增加“食堂净预算收入”项目。

“其中：食堂净收入”和“食堂净预算收入”两个项目的内容及填列方法详见本规定“三、关于中小学校食堂业务的会计处理”。

（二）关于报表附注

中小学校应当在财务报表附注中按照本规定附表1的格式披露事业支出的基本情况。

三、关于中小学校食堂业务的会计处理

中小学校食堂实行独立核算或对食堂收支等主要业务实行独立核算的，年末应当将食堂的报表信息并入学校相关报表的相应项目，并抵销中小学校与食堂的内部业务或事项对中小学校报表的影响。

但是，中小学校在编制收入费用表时，应当将食堂本年收入和费用相

---

① 本规定所指的中小学校包括各级人民政府和接受国家经常性资助的社会力量举办的普通中小学校、中等职业学校、特殊教育学校、工读教育学校、成人中学和成人初等学校。各级人民政府和接受国家经常性资助的社会力量举办的幼儿园依照本规定执行。

抵后的净额并入本表“其他收入”项目金额，并单独填列于该项目下的“食堂净收入”项目。如果食堂收入和费用相抵后的净额合计数为负数，则以“-”号填列。中小学校在编制预算收入支出表时，应当将食堂本年预算收支相抵后的净额并入本表“其他预算收入”项目金额，并单独填列于该项目下的“食堂净预算收入”项目。如果食堂预算收入和支出相抵后的净额合计数为负数，则以“-”号填列。

中小学校应当在年度财务报表附注中提供将食堂财务会计信息纳入学校财务报表情况的说明，包括内部业务或事项抵销处理的情况，食堂本年收入、费用情况。

四、固定资产折旧年限

通常情况下，中小学校应当按照附表2规定确定各类应计提折旧的固定资产的折旧年限。

五、生效日期

本规定自2019年1月1日起施行。

附表 1

中小学校事业支出明细表

项　　目	合计	事业支出（按照经费来源划分）											
		同级财政拨款			事业收入			非同级财政拨款			其他资金		
		小计	基本支出	项目支出	小计	基本支出	项目支出	小计	基本支出	项目支出	小计	基本支出	项目支出
一、工资福利支出													
基本工资													
津贴补贴													
奖金													
伙食补助费													
绩效工资													
基本养老保险缴费													
职业年金缴费													
基本医疗保险缴费													
其他社会保障缴费													
住房公积金													
医疗费													
外聘教职工工资													
外聘教职工社会保障缴费													
其他工资福利支出													
二、商品和服务支出													
办公费													

续表

项目	事业支出（按照经费来源划分）												
	合计	同级财政拨款			事业收入			非同级财政拨款			其他资金		
		小计	基本支出	项目支出	小计	基本支出	项目支出	小计	基本支出	项目支出	小计	基本支出	项目支出
印刷费													
咨询费													
手续费													
水费													
电费													
邮电费													
取暖费													
学校安保费													
校园保洁费													
校园绿化费													
其他物业管理费													
市内差旅费													
国内差旅费													
教师出国（境）培训费													
其他教职工出国（境）培训费													
教职工出国（境）考察费													
仪器设备维修（护）费													

续表

项　　目	事业支出（按照经费来源划分）												
	合计	同级财政拨款			事业收入			非同级财政拨款			其他资金		
		小计	基本支出	项目支出	小计	基本支出	项目支出	小计	基本支出	项目支出	小计	基本支出	项目支出
信息系统维修（护）费													
房屋建筑物维修（护）费													
其他维修（护）费													
租赁费													
会议费													
教师培训费													
其他培训费													
公务接待费													
实验耗材费													
体育耗材费													
其他材料费													
劳务费													
委托业务费													
工会经费													
福利费													
校车运行维护费													
公务用车运行维护费													

续表

项目	事业支出（按照经费来源划分）												
	合计	同级财政拨款			事业收入			非同级财政拨款			其他资金		
		小计	基本支出	项目支出	小计	基本支出	项目支出	小计	基本支出	项目支出	小计	基本支出	项目支出
其他交通费													
学生活动费													
学生出国（境）活动费													
教师工会和党团活动													
学校财产和责任保险费用													
税费和附加费													
财务及审计费													
诉讼费													
其他商品和服务支出													
三、对个人和家庭补助支出													
离休费													
退休费													
退职费													
抚恤金													
生活补助													
医疗费补助													
其中：(1) 学生医疗费													

续表

项目	事业支出（按照经费来源划分）												
	合计	同级财政拨款			事业收入			非同级财政拨款			其他资金		
		小计	基本支出	项目支出	小计	基本支出	项目支出	小计	基本支出	项目支出	小计	基本支出	项目支出
（2）教职工医疗费													
助学金													
其中：（1）助学金													
（2）奖学金													
（3）书本费													
（4）伙食补贴													
（5）学生校外践习津贴													
奖励金													
其他对个人和家庭补助支出													
四、资本性支出													
房屋建筑物购建													
办公设备购置													
专用设备购置													
仪器设备大型修缮													
房屋建筑物大型修缮													
信息网络及软件购置更新													
文物和陈列品购置													

续表

项目	事业支出（按照经费来源划分）												
	合计	同级财政拨款			事业收入			非同级财政拨款			其他资金		
		小计	基本支出	项目支出	小计	基本支出	项目支出	小计	基本支出	项目支出	小计	基本支出	项目支出
图书购置													
无形资产购置													
其他资本性支出													
合计													

附表2　　　　　　　　中小学校固定资产折旧年限表

固定资产类别	折旧年限	备　注
一、房屋及构筑物		
1. 房屋		
钢结构	50年	
钢筋混凝土结构	50年	
砖混结构	30年	
砖木结构	30年	
2. 简易房	8年	
3. 房屋附属设施	8年	围墙、停车设施等
4. 构筑物	8年	池、罐、槽、塔等
二、通用设备		
1. 计算机设备	6年	计算机、网络设备、安全设备、终端设备、存储设备等
2. 办公设备	6年	电话机、传真机、复印机、投影仪、多功能一体机、录音设备、电子白板、LED显示屏、触控一体机等
3. 车辆	8年	校车、乘用车、载货汽车、专用车辆等
4. 图书档案设备	5年	
5. 机械设备	10年	电梯、制冷空调、锅炉等
6. 电气设备	5年	电机、变压器、电源设备、生活用电器等
7. 通信设备	5年	
8. 广播、电视、电影设备	5年	
9. 仪器仪表	5年	
10. 电子和通信测量设备、	5年	
11. 计量标准器具及量具、衡器	5年	
三、专用设备		
1. 专用仪器仪表	5年	教学专用仪器等
2. 文艺设备	5年	乐器、舞台设备、影剧院设备等
3. 体育设备	5年	田赛设备、径赛设备、球类设备、体育运动辅助设备等
4. 娱乐设备	5年	
5. 公安专用设备	3年	
6. 其他专用设备	10年	
四、家具、用具及装具		

续表

固定资产类别	折旧年限	备注
1. 家具	15 年	
其中：学生用家具（教学用）	5 年	
2. 用具和装具	5 年	

附录 4　关于中小学校执行《政府会计制度——行政事业单位会计科目和报表》的衔接规定

我部于 2017 年 10 月 24 日印发了《政府会计制度——行政事业单位会计科目和报表》（财会〔2017〕25 号，以下简称新制度）。目前执行《中小学校会计制度》（财会〔2013〕27 号，以下简称原制度）的中小学校①，自 2019 年 1 月 1 日起执行新制度，不再执行原制度。为了确保新旧会计制度顺利过渡，现对中小学校执行新制度及《关于中小学校执行 < 政府会计制度——行政事业单位会计科目和报表 > 的补充规定》（以下简称补充规定）的有关衔接问题规定如下：

一、新旧制度衔接总要求

（一）自 2019 年 1 月 1 日起，中小学校应当严格按照新制度及补充规定进行会计核算、编制财务报表和预算会计报表。

（二）中小学校应当按照本规定做好新旧制度衔接的相关工作，主要包括以下几个方面：

1. 根据原账编制 2018 年 12 月 31 日的科目余额表，并按照本规定要求，编制原账的部分科目余额明细表（参见附表 1、附表 2）。

2. 按照新制度及补充规定设立 2019 年 1 月 1 日的新账。

3. 按照本规定要求，登记新账的财务会计科目余额和预算结余科目余额，包括将原账科目余额转入新账财务会计科目、按照原账科目余额登记新账预算结余科目（中小学校新旧会计制度转账、登记新账科目对照表见附表 3），将未入账事项登记新账科目，并对相关新账科目余额进行调整。原账科目是指按照原制度规定设置的会计科目。

4. 按照登记及调整后新账的各会计科目余额，编制 2019 年 1 月 1 日的

① 本规定所指的中小学校包括各级人民政府和接受国家经常性资助的社会力量举办的普通中小学校、中等职业学校、特殊教育学校、工读教育学校、成人中学和成人初等学校。各级人民政府和接受国家经常性资助的社会力量举办的幼儿园依照本规定执行。

科目余额表，作为新账各会计科目的期初余额。

5. 根据新账各会计科目期初余额，按照新制度编制2019年1月1日资产负债表。

（三）及时调整会计信息系统。中小学校应当按照新制度及补充规定要求对原有会计信息系统进行及时更新和调试，实现数据正确转换，确保新旧账套的有序衔接。

二、财务会计科目的新旧衔接

（一）将2018年12月31日原账会计科目余额转入新账财务会计科目

1. 资产类。

（1）“库存现金”、“财政应返还额度”、“短期投资”、“固定资产”、“无形资产”科目。新制度设置了“库存现金”、“财政应返还额度”、“短期投资”、“固定资产”、“无形资产”科目，其核算内容与原账的上述相应科目的核算内容基本相同。转账时，中小学校应当将原账的上述科目余额直接转入新账的相应科目。其中，还应当将原账的“库存现金”科目余额中属于新制度规定受托代理资产的金额，转入新账的“库存现金”科目下“受托代理资产”明细科目。

（2）“银行存款”科目。新制度设置了“银行存款”和“其他货币资金”科目，原制度设置了“银行存款”科目。转账时，中小学校应当将原账“银行存款”科目中核算的属于新制度规定的其他货币资金的金额，转入新账“其他货币资金”科目；将原账“银行存款”科目余额减去其中属于其他货币资金余额后的差额，转入新账的“银行存款”科目。其中，还应当将原账的“银行存款”科目余额中属于新制度规定受托代理资产的金额，转入新账“银行存款”科目下的“受托代理资产”明细科目。

（3）“应收账款”科目。新制度设置了“应收票据”、“应收账款”、“预付账款”科目，这三个科目的核算内容与原账的“应收账款”科目的核算内容基本相同。转账时，中小学校应当将原账的“应收账款”科目余额中属于新制度规定的应收票据的金额转入新账的“应收票据”科目；将原账的“应收账款”科目余额中属于新制度规定的应收账款的金额转入新账的“应收账款”科目；将原账的“应收账款”科目余额中属于新制度规定的预付账款的金额转入新账的“预付账款”科目。

（4）“其他应收款”科目。新制度设置了“其他应收款”科目，该科目的核算内容与原账“其他应收款”科目的核算内容基本相同。转账时，中小学校应当将原账的“其他应收款”科目余额，转入新账的“其他应收款”科目。

新制度设置了“在途物品”科目，中小学校在原账“其他应收款”科目中核算了已经付款或开出商业汇票、尚未收到物资的款项，应当将原账的“其他应收款”科目余额中已经付款或开出商业汇票、尚未收到物资的款项金额，转入新账的“在途物品”科目。

（5）“存货”科目。新制度设置了“库存物品”和“加工物品”科目，原制度设置了“存货”科目。转账时，中小学校应当将原账的“存货”科目余额中属于在加工存货的金额，转入新账的“加工物品”科目；将原账的“存货”科目余额减去属于在加工存货的金额后的差额，转入新账的“库存物品”科目。

中小学校在原账的“存货”科目中核算了属于新制度规定的受托代理物资的，应当将原账的“存货”科目余额中属于受托代理物资的金额，转入新账的“受托代理资产”科目。

（6）“长期投资”科目。新制度设置了“长期股权投资”和“长期债券投资”科目，原制度设置了“长期投资”科目。转账时，中小学校应当将原账的“长期投资”科目余额中属于股权投资的金额，转入新账的“长期股权投资”科目及其明细科目；将原账的“长期投资”科目余额中属于债券投资的金额，转入新账的“长期债券投资”科目及其明细科目。

（7）“在建工程”科目。新制度设置了“在建工程”和“预付账款——预付备料款、预付工程款”科目，原制度设置了“在建工程”科目。转账时，中小学校应当将原账的“在建工程”科目余额（基建“并账”后的金额，下同）中属于预付备料款、预付工程款的金额，转入新账的“预付账款”科目相关明细科目；将原账的“在建工程”科目余额减去预付备料款、预付工程款金额后的差额，转入新账的“在建工程”科目。

中小学校在原账“在建工程”科目中核算了按照新制度规定应当记入“工程物资”科目内容的，应当将原账“在建工程”科目余额中属于工程物资的金额，转入新账的“工程物资”科目。

（8）“待处置资产损溢”科目。新制度设置了“待处理财产损溢”科目，该科目的核算内容与原账“待处置资产损溢”科目的核算内容基本相同。转账时，中小学校应当将原账的“待处置资产损溢”科目余额，转入新账的“待处理财产损溢”科目。

（9）“零余额账户用款额度”科目。由于原账的“零余额账户用款额度”科目年末无余额，该科目无需进行转账处理。

2. 负债类。

（1）“短期借款”、“应付职工薪酬”、“长期借款”、“长期应付款”科目。新制度设置了“短期借款”、“应付职工薪酬”、“长期借款”、“长期应付款”科目，这些科目的核算内容与原账的上述相应科目的核算内容基本相同。转账时，中小学校应当将原账的上述科目余额直接转入新账的相应科目。

（2）“应缴税费”科目。新制度设置了“应交增值税”和“其他应交税费”科目，原制度设置了“应缴税费”科目。转账时，中小学校应当将原账的“应缴税费——应缴增值税”科目余额，转入新账“应交增值税”科目中的相关明细科目；将原账的“应缴税费”科目余额减去属于应缴增值税余额后的差额，转入新账的“其他应交税费”科目。

（3）“应缴国库款”、“应缴财政专户款”科目。新制度设置了“应缴财政款”科目，原制度设置了“应缴国库款”、“应缴财政专户款”科目。转账时，中小学校应当将原账的“应缴国库款”、“应缴财政专户款”科目余额，转入新账的“应缴财政款”科目。

（4）“应付账款”科目。新制度设置了“应付票据”、“应付账款”、“预收账款”科目，这三个科目的核算内容与原账的“应付账款”科目的核算内容基本相同。转账时，中小学校应当将原账的“应付账款”科目余额中属于应付票据的金额转入新账的“应付票据”科目；将原账的“应付账款”科目余额中属于应付账款的金额转入新账的“应付账款”科目；将原账的“应付账款”科目余额中属于预收账款的金额转入新账的“预收账款”科目。

（5）“其他应付款”科目。新制度设置了“其他应付款”科目，该科目的核算内容与原账“其他应付款”科目的核算内容基本相同。转账时，中小学校应当将原账的“其他应付款”科目余额，转入新账的“其他应付款”科目。其中，中小学校在原账的“其他应付款”科目中核算了属于新制度规定的受托代理负债的，应当将原账的“其他应付款”科目余额中属于受托代理负债的余额，转入新账的“受托代理负债”科目。

（6）“代管款项”科目。新制度设置了“受托代理负债”科目，原账的“代管款项”科目的核算内容包括了受托代理负债的内容。转账时，中小学校应当对原账中“代管款项”科目余额进行分析，将其中属于新制度规定受托代理负债的余额转入新账的“受托代理负债”科目；将不属于受托代理负债的余额，根据偿还期限分别转入新账中“其他应付款”和“长期应付款”科目。

3. 净资产类。

（1）“事业基金”科目。新制度设置了“累计盈余”科目。该科目的余额包含了原账的“事业基金”科目的核算内容。转账时，中小学校应当将原账的“事业基金”科目余额转入新账的“累计盈余”科目。

（2）“非流动资产基金”科目。依据新制度，无需进行原制度中“非流动资产基金”科目对应内容的核算。转账时，中小学校应当将原账的“非流动资产基金”科目余额转入新账的“累计盈余”科目。

（3）“专用基金”科目。新制度设置了“专用基金”科目，该科目的核算内容与原账的“专用基金”科目的核算内容基本相同。转账时，中小学校应当将原账的“专用基金”科目余额转入新账的“专用基金”科目。

（4）“财政补助结转”、“财政补助结余”、“非财政补助结转”科目。新制度设置了“累计盈余”科目，该科目的余额包含了原账的“财政补助结转”、“财政补助结余”、“非财政补助结转”科目的余额内容。转账时，中小学校应当将原账的“财政补助结转”、“财政补助结余”、“非财政补助结转”科目余额，转入新账的“累计盈余”科目。

（5）“经营结余”科目。新制度设置了“本期盈余”科目，该科目的核算内容包含了原账“经营结余”科目的核算内容。新制度规定“本期盈余”科目余额最终转入“累计盈余”科目，如果原账的“经营结余”科目有借方余额，转账时，中小学校应当将原账的“经营结余”科目借方余额，转入新账的“累计盈余”科目借方。

（6）“事业结余”、“非财政补助结余分配”科目。由于原账的“事业结余”、“非财政补助结余分配”科目年末无余额，这两个科目无需进行转账处理。

4. 收入类、支出类。

由于原账中收入类、支出类科目年末无余额，无需进行转账处理。自2019年1月1日起，应当按照新制度设置收入类、费用类科目并进行账务处理。

中小学校存在其他本规定未列举的原账科目余额的，应当比照本规定转入新账的相应科目。新账的科目设有明细科目的，应将原账中对应科目的余额加以分析，分别转入新账中相应科目的相关明细科目。

中小学校在进行新旧衔接的转账时，应当编制转账的工作分录，作为转账的工作底稿，并将转入新账的对应原科目余额及分拆原科目余额的依据作为原始凭证。

（二）将原未入账事项登记新账财务会计科目

1. 应收股利。

中小学校在新旧制度转换时，应当将2018年12月31日前未入账的应收股利按照新制度规定记入新账。登记新账时，按照确定的应收股利金额，借记“应收股利”科目，贷记“累计盈余”科目。

2. 受托代理资产。

中小学校在新旧制度转换时，应当将2018年12月31日前未入账的受托代理资产按照新制度规定记入新账。登记新账时，按照确定的受托代理资产金额，借记“受托代理资产”科目，贷记“受托代理负债”科目。

3. 盘盈资产。

中小学校在新旧制度转换时，应当将2018年12月31日前未入账的盘盈资产按照新制度规定记入新账。登记新账时，按照确定的盘盈资产及其成本，分别借记有关资产科目，按照盘盈资产成本的合计金额，贷记“累计盈余”科目。

4. 应付质量保证金。

中小学校在新旧制度转换时，应当将2018年12月31日前未入账的应付质量保证金按照新制度规定记入新账。登记新账时，按照确定未入账的应付质量保证金金额，借记“累计盈余”科目，贷记“其他应付款”科目

[扣留期在1年以内（含1年）]、“长期应付款”科目［扣留期超过1年］。

5. 预计负债。

中小学校在新旧制度转换时，应当将2018年12月31日按照新制度规定确认的预计负债记入新账。登记新账时，按照确定的预计负债金额，借记“累计盈余”科目，贷记“预计负债”科目。

中小学校存在2018年12月31日前未入账的其他事项的，应当比照本规定登记新账的相应科目。

中小学校对新账的财务会计科目补记未入账事项时，应当编制记账凭证，并将补充登记事项的确认依据作为原始凭证。

（三）对新账的相关财务会计科目余额按照新制度规定的会计核算基础进行调整

1. 计提坏账准备。

新制度要求对中小学校收回后无需上缴财政的应收账款和其他应收款提取坏账准备。在新旧制度转换时，中小学校应当按照2018年12月31日无需上缴财政的应收账款和其他应收款的余额计算应计提的坏账准备金额，借记“累计盈余”科目，贷记“坏账准备”科目。

2. 按照权益法调整长期股权投资账面余额。

对按照新制度规定应当采用权益法核算的长期股权投资，在新旧制度转换时，中小学校应当在“长期股权投资”科目下设置“新旧制度转换调整”明细科目，依据被投资单位2018年12月31日财务报表的所有者权益账面余额，以及中小学校持有被投资单位的股权比例，计算应享有或应分担的被投资单位所有者权益的份额，调整长期股权投资的账面余额，借记或贷记“长期股权投资——新旧制度转换调整”科目，贷记或借记“累计盈余”科目。

3. 确认长期债券投资期末应收利息。

中小学校应当按照新制度规定于2019年1月1日补记长期债券投资应收利息，按照长期债券投资的应收利息金额，借记“长期债券投资”科目［到期一次还本付息］或“应收利息”科目［分期付息、到期还本］，贷记“累计盈余”科目。

4. 补提折旧。

中小学校在原账中尚未计提固定资产折旧的，应当全面核查截至2018

年12月31日的固定资产的预计使用年限、已使用年限、尚可使用年限等，并于2019年1月1日对尚未计提折旧的固定资产补提折旧，按照应计提的折旧金额，借记“累计盈余”科目，贷记“固定资产累计折旧”科目。

5. 补提摊销。

中小学校在原账中尚未计提无形资产摊销的，应当全面核查截至2018年12月31日无形资产的预计使用年限、已使用年限、尚可使用年限等，并于2019年1月1日对前期尚未计提摊销的无形资产补提摊销，按照应计提的摊销金额，借记“累计盈余”科目，贷记“无形资产累计摊销”科目。

6. 确认长期借款期末应付利息。

中小学校应当按照新制度规定于2019年1月1日补记长期借款的应付利息金额，对其中资本化的部分，借记“在建工程”科目，对其中费用化的部分，借记“累计盈余”科目，按照全部长期借款应付利息金额，贷记“长期借款”科目［到期一次还本付息］或“应付利息”科目［分期付息、到期还本］。

中小学校对新账的财务会计科目期初余额进行调整时，应当编制记账凭证，并将调整事项的确认依据作为原始凭证。

三、预算会计科目的新旧衔接

（一）“财政拨款结转”和“财政拨款结余”科目及对应的“资金结存”科目余额

新制度设置了“财政拨款结转”、“财政拨款结余”科目及对应的“资金结存”科目。在新旧制度转换时，中小学校应当对原账的“财政补助结转”科目及对应科目余额进行逐项分析，加上已经计入支出尚未支付财政资金（如发生时列支的应付账款、应缴税费、应付职工薪酬等）的金额，减去已经支付财政资金尚未计入支出（如购入的存货、预付账款、其他应收款等）的金额，按照增减后的金额，登记新账的“财政拨款结转”科目及其明细科目贷方；按照原账“财政补助结余”科目余额，登记新账的“财政拨款结余”科目及其明细科目贷方。

按照原账“财政应返还额度”科目余额登记新账“资金结存——财政应返还额度”科目借方。按照新账的“财政拨款结转”和“财政拨款结余”科目贷方余额合计数减去新账的“资金结存——财政应返还额度”科目借方余额后的差额，登记新账的“资金结存——货币资金”科目借方。

（二）“非财政拨款结转”科目及对应的“资金结存”科目余额

新制度设置了“非财政拨款结转”科目及对应的“资金结存”科目。在新旧制度转换时，中小学校应当对原账的“非财政补助结转”科目及对应科目余额进行逐项分析，在原账的“非财政补助结转”科目余额基础上，加上已经计入支出尚未支付非财政补助专项资金（如发生时列支的应付票据、应付账款、应缴税费、应付职工薪酬等）的金额，减去已经支付非财政补助专项资金尚未计入支出（如购入的存货、预付账款、其他应收款等）的金额，加上已经收到非财政补助专项资金尚未计入预算收入（如预收账款等）的金额，减去已经计入预算收入尚未收到非财政补助专项资金（如应收票据、应收账款等）的金额，按照增减后的金额登记新账的“非财政拨款结转”科目及其明细科目贷方；同时，按照相同的金额登记新账“资金结存——货币资金”科目借方。

（三）“专用结余”科目及对应的“资金结存”科目余额

新制度设置了“专用结余”科目及对应的“资金结存”科目。在新旧制度转换时，中小学校应当按照原账“专用基金”科目余额中通过非财政补助结余分配形成的金额，借记新账的“资金结存——货币资金”科目，贷记新账的“专用结余”科目。

（四）“经营结余”科目及对应的“资金结存”科目余额

新制度设置了“经营结余”科目及对应的“资金结存”科目。如果原账的“经营结余”科目期末有借方余额，在新旧制度转换时，按照原账的“经营结余”科目余额，借记新账的“经营结余”科目，贷记新账的“资金结存”科目。

（五）“非财政拨款结余”科目及对应的“资金结存”科目余额

1. 登记“非财政拨款结余”科目余额。

新制度设置了“非财政拨款结余”科目及对应的“资金结存”科目。在新旧制度转换时，中小学校应当按照原账的“事业基金”科目余额，借记新账的“资金结存——货币资金”科目，贷记新账的“非财政拨款结余”科目。

2. 对新账“非财政拨款结余”科目及“资金结存”科目余额进行调整。

（1）调整短期投资对非财政拨款结余的影响。中小学校应当按照原账的“短期投资”科目余额，借记“非财政拨款结余”科目，贷记“资金结存——货币资金”科目。

（2）调整应收票据、应收账款对非财政拨款结余的影响。中小学校应当对原账的“应收票据”、“应收账款”科目余额进行分析，区分其中发生时计入预算收入的金额和没有计入预算收入的金额。对发生时计入收入的金额，再区分计入专项资金收入的金额和计入非专项资金收入的金额，按照计入非专项资金收入的金额，借记“非财政拨款结余”科目，贷记“资金结存——货币资金”科目。

（3）调整预付账款对非财政拨款结余的影响。中小学校应当对原账的“预付账款”科目余额进行分析，区分其中由财政补助资金预付的金额、非财政补助专项资金预付的金额和非财政补助非专项资金预付的金额，按照非财政补助非专项资金预付的金额，借记“非财政拨款结余”科目，贷记“资金结存——货币资金”科目。

（4）调整其他应收款对非财政拨款结余的影响。中小学校按照新制度规定将原账其他应收款中的预付款项计入支出的，应当对原账的“其他应收款”科目余额进行分析，区分其中预付款项的金额（将来很可能列支）和非预付款项的金额，并对预付款项的金额划分为财政补助资金预付的金额、非财政补助专项资金预付的金额和非财政补助非专项资金预付的金额，按照非财政补助非专项资金预付的金额，借记“非财政拨款结余”科目，贷记“资金结存——货币资金”科目。

（5）调整存货对非财政拨款结余的影响。中小学校应当对原账的“存货”科目余额进行分析，区分购入的存货金额和非购入的存货金额。对购入的存货金额划分出其中使用财政补助资金购入的金额、使用非财政补助专项资金购入的金额和使用非财政补助非专项资金购入的金额，按照使用非财政补助非专项资金购入的金额，借记“非财政拨款结余”科目，贷记“资金结存——货币资金”科目。

（6）调整长期股权投资对非财政拨款结余的影响。中小学校应当对原账的“长期投资”科目余额中属于股权投资的余额进行分析，区分其中用现金资产取得的金额和用非现金资产及其他方式取得的金额，按照用现金资产取得的金额，借记“非财政拨款结余”科目，贷记“资金结存——货币资金”科目。

按照原制度核算长期投资、而且对应科目为“非流动资产基金——长期投资”的，不作此项调整。

（7）调整长期债券投资对非财政拨款结余的影响。中小学校应当按原账的“长期投资”科目余额中属于债券投资的余额，借记“非财政拨款结余”科目，贷记“资金结存——货币资金”科目。

按照原制度核算长期投资、而且对应科目为“非流动资产基金——长期投资”的，不作此项调整。

（8）调整短期借款、长期借款对非财政拨款结余的影响。中小学校应当按照原账的“短期借款”、“长期借款”科目余额，借记“资金结存——货币资金”科目，贷记“非财政拨款结余”科目。

（9）调整应缴税费、应付职工薪酬对非财政拨款结余的影响。中小学校应当对原账的“应缴税费”、“应付职工薪酬”科目余额进行分析，将计入支出尚未支付的金额划分出财政补助应付的金额、非财政补助专项资金应付的金额和非财政补助非专项资金应付的金额，按照非财政补助非专项资金应付的金额，借记“资金结存——货币资金”科目，贷记“非财政拨款结余”科目。

（10）调整应付票据、应付账款对非财政拨款结余的影响。中小学校应当对原账的“应付票据”、“应付账款”科目余额进行分析，区分其中发生时计入支出的金额和未计入支出的金额。将计入支出的金额划分出财政补助应付的金额、非财政补助专项资金应付的金额和非财政补助非专项资金应付的金额，按照非财政补助非专项资金应付的金额，借记“资金结存——货币资金”科目，贷记“非财政拨款结余”科目。

（11）调整预收账款对非财政拨款结余的影响。中小学校应当按照原账的“预收账款”科目余额中预收非财政非专项资金的金额，借记“资金结存——货币资金”科目，贷记“非财政拨款结余”科目。

（12）调整专用基金对非财政拨款结余的影响。中小学校应当对原账的“专用基金”科目余额进行分析，划分出按照预算收入比例列支提取的专用基金，按照列支提取的专用基金的金额，借记“资金结存——货币资金”科目，贷记“非财政拨款结余”科目。

3. 中小学校按照前述1、2两个步骤难以准确调整出“非财政拨款结余”科目及对应的“资金结存”科目余额的，在新旧制度转换时，可以在新账的“库存现金”、“银行存款”、“其他货币资金”、“财政应返还额度”科目借方余额合计数基础上，对不纳入单位预算管理的资金进行调整（如减去新账中货币资金形式的受托代理资产、应缴财政款、已收取将来需要退回资金的其他应付款，加上已支付将来需要收回资金的其他应收款），按照调整后的金额减去新账的“财政拨款结转”、“财政拨款结余”、“非财政拨款结转”、“专用结余”科目贷方余额合计数，加上“经营结余”科目借方余额后的金额，登记新账的“非财政拨款结余”科目贷方；同时，按照相同的金额登记新账的“资金结存——货币资金”科目借方。

（六）“其他结余”、“非财政拨款结余分配”科目

新制度设置了“其他结余”和“非财政拨款结余分配”科目。由于这两个科目年初无余额，在新旧制度转换时，无需对“其他结余”和“非财政拨款结余分配”科目进行新账年初余额登记。

（七）预算收入类、预算支出类会计科目

由于预算收入类、预算支出类会计科目年初无余额，在新旧制度转换时，无需对预算收入类、预算支出类会计科目进行新账年初余额登记。

中小学校应当自2019年1月1日起，按照新制度设置预算收入类、预算支出类科目并进行账务处理。

中小学校存在2018年12月31日需要按照新制度预算会计核算基础调整预算会计科目期初余额的其他事项的，应当比照本规定调整新账的相应预算会计科目期初余额。

中小学校对预算会计科目的期初余额登记和调整，应当编制记账凭证，并将期初余额登记和调整的依据作为原始凭证。

四、财务报表和预算会计报表新旧衔接

（一）编制2019年1月1日资产负债表

中小学校应当根据2019年1月1日新账的财务会计科目余额，按照新制度编制2019年1月1日资产负债表（仅要求填列各项目“年初余额”）。

（二）2019年度财务报表和预算会计报表的编制

中小学校应当按照新制度及补充规定编制2019年财务报表和预算会计报表。在编制2019年度收入费用表、净资产变动表、现金流量表和预算收入支出表、预算结转结余变动表时，不要求填列上年比较数。

中小学校应当根据2019年1月1日新账财务会计科目余额，填列2019年净资产变动表各项目的“上年年末余额”；根据2019年1月1日新账预算会计科目余额，填列2019年预算结转结余变动表的“年初预算结转结余”项目和财政拨款预算收入支出表的“年初财政拨款结转结余”项目。

五、其他事项

（一）截至2018年12月31日尚未进行基建“并账”的中小学校，应当首先按照《新旧中小学校会计制度有关衔接问题的处理规定》（财会〔2014〕5号），将基建账套相关数据并入2018年12月31日原账中的相关科目余额，再按照本规定将2018年12月31日原账相关会计科目余额转入新账相应科目。

（二）2019年1月1日前执行新制度及补充规定的中小学校，应当按照本规定做好新旧制度衔接工作。

附表1　　　　中小学校原会计科目余额明细表一

总账科目	明细分类	金额	备注
库存现金	库存现金		
	其中：受托代理现金		
银行存款	银行存款		
	其中：受托代理银行存款		
	其他货币资金		
应收账款	应收票据		
	应收账款		
	预收账款		
其他应收款	在途物品		已经付款，尚未收到物资
	其他		
存货	库存物品		
	受托代理物资		

续表

总账科目	明细分类	金额	备注
长期投资	长期股权投资		
	长期债券投资		
在建工程	在建工程		
	工程物资		
	预付工程款、预付备料款		
应缴税费	应缴增值税		
	其他应缴税费		
应付账款	应付票据		
	应付账款		
	预收账款		
其他应付款	其他应付款		
	受托代理负债		
代管款项	受托代理负债		
	其他应付款		
	长期应付款		

附表 2　　中小学校原会计科目余额明细表二

总账科目	明细分类	金额	备注
应收账款	应收票据和应收账款		
	其中：发生时不计入收入		如转让资产的应收票据和应收账款
	发生时计入收入		
	其中：专项收入		
	其他		
	预付账款		
	其中：财政补助资金预付		
	非财政补助专项资金预付		
	非财政补助非专项资金预付		

续表

总账科目	明细分类	金额	备注
其他应收款	预付款项		如职工预借的差旅费等
	其中：财政补助资金预付		
	非财政补助专项资金预付		
	非财政补助非专项资金预付		
	需要收回及其他		如支付的押金、应收为职工垫付的款项等
存货	购入存货		
	其中：使用财政补助资金购入		
	使用非财政补助专项资金购入		
	使用非财政补助非专项购入		
	非购入存货		如无偿调入、接受捐赠的存货等
长期投资	长期股权投资		
	其中：用现金资产取得		
	用非现金资产或其他方式取得		
	长期债券投资		
应付账款	应付票据和应付账款		
	其中：发生时不计入支出		
	发生时计入支出		
	其中：财政补助资金应付		
	非财政补助专项资金应付		
	非财政补助非专项资金应付		
	预收账款		
	其中：预收专项资金		
	预收非专项资金		
专用基金	从非财政补助结余分配中提取		
	从收入中列支提取		
	其他		

附表 3　　中小学校新旧会计制度转账、登记新账科目对照表

序号	新制度会计科目		原制度会计科目	
	编号	名称	编号	名称
一、资产类				
1	1001	库存现金	1001	库存现金
2	1002	银行存款	1002	银行存款
3	1021	其他货币资金		
4	1101	短期投资	1101	短期投资
5	1201	财政应返还额度	1201	财政应返还额度
6	1211	应收票据	1212	应收账款
7	1212	应收账款		
8	1214	预付账款		
9	1218	其他应收款	1215	其他应收款
10	1301	在途物品		
11	1302	库存物品	1301	存货
12	1891	受托代理资产		
13	1501	长期股权投资	1401	长期投资
14	1502	长期债券投资		
15	1601	固定资产	1501	固定资产
16	1611	工程物资	1511	在建工程
17	1613	在建工程		
18	1214	预付账款		
19	1701	无形资产	1601	无形资产
20	1902	待处理财产损溢	1701	待处置资产损溢
二、负债类				
21	2001	短期借款	2001	短期借款
22	2101	应交增值税	2101	应缴税费
23	2102	其他应交税费		
24	2103	应缴财政款	2102	应缴国库款
25			2103	应缴财政专户款
26	2201	应付职工薪酬	2201	应付职工薪酬
27	2301	应付票据	2302	应付账款
28	2302	应付账款		
29	2305	预收账款		

续表

序号	新制度会计科目		原制度会计科目	
	编号	名称	编号	名称
30	2307	其他应付款	2305	其他应付款
31	2901	受托代理负债		
32	2501	长期借款	2401	长期借款
33	2502	长期应付款	2402	长期应付款
34	2901	受托代理负债	2501	代管款项
35	2307	其他应付款		
36	2502	长期应付款		
三、净资产类				
37	3001	累计盈余	3001	事业基金
38			3101	非流动资产基金
39	3101	专用基金	3201	专用基金
40	3001	累计盈余	3301	财政补助结转
41			3302	财政补助结余
42			3401	非财政补助结转
43	3001	累计盈余（借方）	3403	经营结余（借方）
四、预算结余类				
44	8101	财政拨款结转	3301	财政补助结转
45	8102	财政拨款结余	3302	财政补助结余
46	8201	非财政拨款结转	3401	非财政补助结转
47	8202	非财政拨款结余	3001	事业基金
48	8301	专用结余	3201	专用基金
49	8401	经营结余	3403	经营结余
50	8001	资金结存（借方）	3301	财政补助结转
			3302	财政补助结余
			3401	非财政补助结转
			3001	事业基金
			3201	专用基金
			3403	经营结余

附录5　关于基层医疗卫生机构执行《政府会计制度——行政事业单位会计科目和报表》的补充规定

财会〔2018〕25号　2018年8月31日

根据《政府会计准则——基本准则》，结合行业实际情况，现就基层医疗卫生机构[①]执行《政府会计制度——行政事业单位会计科目和报表》（以下简称新制度）做出如下补充规定：

一、关于新增一级科目及其使用说明

（一）基层医疗卫生机构应当增设“2308待结算医疗款”一级科目。

（二）关于增设科目的使用说明

2308待结算医疗款

一、本科目核算按“收支两条线”管理的基层医疗卫生机构的待结算医疗收费。

按“收支两条线”管理的基层医疗卫生机构应当在为病人提供医疗服务（包括发出药品，下同）并收讫价款或取得收款权利时，按照规定的医疗服务项目收费标准计算确定收费金额并确认待结算医疗款。给予病人或其他付费方的折扣金额不计入待结算医疗款。

基层医疗卫生机构同医疗保险机构等结算时，因基层医疗卫生机构按照医疗服务项目收费标准计算确定的应收医疗款金额与医疗保险机构等实际支付金额之间的差额应当调整待结算医疗款。

二、基层医疗卫生机构应当在本科目下设置如下明细科目，并按照医疗服务类型进行明细核算。

1. “230801门急诊收费”科目，核算基层医疗卫生机构为门急诊病人

① 本规定所指基层医疗卫生机构包括中华人民共和国境内各级各类独立核算的城市社区卫生服务中心（站）、乡镇卫生院等基层医疗卫生机构。

提供医疗服务所确认的待结算医疗收费。

基层医疗卫生机构应当在“230801 门急诊收费”科目下设置“23080101 挂号收费”、“23080102 诊察收费”、“23080103 检查收费”、“23080104 化验收费”、“23080105 治疗收费”、“23080106 手术收费”、“23080107 卫生材料收费”、“23080108 药品收费”、“23080109 一般诊疗费收费”、“23080110 其他门急诊收费”和“23080111 门急诊结算差额”明细科目。

基层医疗卫生机构应当在“23080108 药品收费”科目下设置“2308010801 西药收费”、“2308010802 中成药收费”和“2308010803 中药饮片收费”明细科目；在“2308010801 西药收费”科目下设置“230801080101 西药”、“230801080102 疫苗”明细科目。

2. “230802 住院收费”科目，核算基层医疗卫生机构为住院病人提供医疗服务所确认的待结算医疗收费。

基层医疗卫生机构应当在“230802 住院收费”科目下设置“23080201 床位收费”、“23080202 诊察收费”、“23080203 检查收费”、“23080204 化验收费”、“23080205 治疗收费”、“23080206 手术收费”、“23080207 护理收费”、“23080208 卫生材料收费”、“23080209 药品收费”、“23080210 一般诊疗费收费”、“23080211 其他住院收费”和“23080212 住院结算差额”明细科目。

基层医疗卫生机构应当在“23080209 药品收费”科目下设置“2308020901 西药收费”、“2308020902 中成药收费”和“2308020903 中药饮片收费”明细科目；在“2308020901 西药收费”科目下应当设置“230802090101 西药”、“230802090102 疫苗”明细科目。

执行医事服务费的基层医疗卫生机构应当分别在“待结算医疗款——门急诊收费——诊察收费”和“待结算医疗款——住院收费——诊察收费”科目中核算医事服务费。执行药事服务费的基层医疗卫生机构应当分别在“待结算医疗款——门急诊收费——其他门急诊收费”和“待结算医疗款——住院收费——其他住院收费”科目中核算药事服务费。

基层医疗卫生机构有打包性质收费的，应当按照医疗服务项目类别对收费进行拆分，分别计入本科目的相应明细科目。

三、待结算医疗款的主要账务处理如下：

（一）基层医疗卫生机构与门急诊病人结算医疗款时，对于应向门急诊病人收取的部分，按照门急诊病人实际支付或应付未付的医疗款金额，借记“库存现金”、“银行存款”、“应收账款——应收医疗款——门急诊病人欠费”等科目，对于应由医疗保险机构等负担的部分，按照依有关规定计算确定的应收医保款金额，借记“应收账款——应收医疗款——应收医保款”科目，按照依有关规定计算确定的门急诊病人医疗款金额，贷记本科目（门急诊收费）。

（二）病人住院期间，基层医疗卫生机构因提供医疗服务确认待结算医疗款时，按照依有关规定计算确定的住院病人医疗款金额，借记“应收账款——应收在院病人医疗款”科目，贷记本科目（住院收费）。

（三）基层医疗卫生机构与住院病人结算医疗款时，住院病人应付医疗款金额大于其预交金额的，按照预收住院病人医疗款金额，借记“预收账款——预收医疗款——住院预收款”科目，按照病人实际补付或应付未付金额，借记“库存现金”、“银行存款”、“应收账款——应收医疗款——出院病人欠费”等科目，按照依有关规定计算的应由医疗保险机构等负担的医疗保险金额，借记“应收账款——应收医疗款——应收医保款”科目，按照已经确认的应收在院病人医疗款金额，贷记“应收账款——应收在院病人医疗款”科目。

住院病人应付医疗款金额小于其预交金额的，按照预收住院病人医疗款金额，借记“预收账款——预收医疗款——住院预收款”科目，按照依有关规定计算的应由医疗保险机构等负担的医疗保险金额，借记“应收账款——应收医疗款——应收医保款”科目，按照退还给住院病人的金额，贷记“库存现金”、“银行存款”等科目，按照已经确认的应收在院病人医疗款金额，贷记“应收账款——应收在院病人医疗款”科目。

（四）基层医疗卫生机构与医疗保险机构等结算时，按照实际收到的金额，借记“银行存款”科目，按照应收医保款的金额，贷记“应收账款——应收医疗款——应收医保款”科目，按照借贷方之间的差额，借记或贷记本科目（门急诊收费——门急诊结算差额）或本科目（住院收费——住院结算差额）。

（五）在期末或规定的上缴时间，基层医疗卫生机构按照依有关规定确定的金额，借记本科目，按照依有关规定确定的上缴同级财政部门的金额，贷记“银行存款”等科目，按照依有关规定确定留用的金额，贷记“事业收入——医疗收入”科目。

四、本科目期末贷方余额，反映基层医疗卫生机构期末待结算医疗款。

二、关于在新制度相关一级科目下设置明细科目

（一）基层医疗卫生机构应当在新制度规定的“1212 应收账款”科目下设置如下明细科目：

1. “121201 应收在院病人医疗款”科目，核算基层医疗卫生机构因提供医疗服务应向在院病人收取的医疗款，应当按照在院病人进行明细核算。

2. “121202 应收医疗款”科目，核算基层医疗卫生机构因提供医疗服务应向医疗保险机构、门急诊病人、出院病人等收取的医疗款，应当按照医疗保险机构、门急诊病人、出院病人等进行明细核算。基层医疗卫生机构应当在本科目下设置如下明细科目：

（1）“12120201 应收医保款”科目，核算基层医疗卫生机构因提供医疗服务而应向医疗保险机构等收取的医疗款。

（2）“12120202 门急诊病人欠费”科目，核算门急诊病人应付未付医疗款。

（3）“12120203 出院病人欠费”科目，核算出院病人应付未付医疗款。

3. “121203 其他应收账款”科目，核算基层医疗卫生机构除应收在院病人医疗款、应收医疗款以外的其他应收账款，如基层医疗卫生机构因提供科研教学等服务、按合同或协议约定应向接受服务单位收取的款项。

（二）基层医疗卫生机构应当在新制度规定的“1219 坏账准备”科目下设置如下明细科目：

1. “121901 应收账款坏账准备”科目，核算未按“收支两条线”管理的基层医疗卫生机构按规定对除应收在院病人医疗款以外的应收账款和其他应收款提取的坏账准备，以及按“收支两条线”管理的基层医疗卫生机构按规定对除应收在院病人医疗款、应收医疗款外的应收账款和其他应收款提取的坏账准备。

2. “121902 其他应收款坏账准备”科目，核算基层医疗卫生机构按规

定对其他应收款提取的坏账准备。

（三）基层医疗卫生机构应当在新制度规定的“1302 库存物品”科目下设置“130201 药品”、“130202 卫生材料”、“130203 低值易耗品”和“130204 其他材料”明细科目。

基层医疗卫生机构应当在“130201 药品”科目下设置“13020101 西药”、“13020102 中成药”和“13020103 中药饮片”明细科目；在“13020101 西药”科目下设置“1302010101 西药”和“1302010102 疫苗”明细科目。

基层医疗卫生机构应当在“130202 卫生材料”科目下设置“13020201 血库材料”、“13020202 医用气体”、“13020203 影像材料”、“13020204 化验材料”和“13020205 其他卫生材料”明细科目。

（四）基层医疗卫生机构应当在新制度规定的“2305 预收账款”科目下设置如下明细科目：

1. “230501 预收医疗款”科目，核算基层医疗卫生机构预收医疗保险机构等预拨的医疗保险金和预收病人的预交金。基层医疗卫生机构应当在本科目下设置如下明细科目：

（1）“23050101 预收医保款”科目，核算基层医疗卫生机构预收医疗保险机构等预拨的医疗保险金。

（2）“23050102 门急诊预收款”科目，核算基层医疗卫生机构预收门急诊病人的预交金。

（3）“23050103 住院预收款”科目，核算基层医疗卫生机构预收住院病人的预交金。

2. “230502 其他预收账款”科目，核算基层医疗卫生机构除预收医疗款以外的其他预收账款，如基层医疗卫生机构因提供科研教学等服务、按合同或协议约定预收接受服务单位的款项。

（五）基层医疗卫生机构应当在新制度规定的“3001 累计盈余”科目下设置如下明细科目：

1. “300101 医疗盈余”科目，核算基层医疗卫生机构开展医疗活动产生的累计盈余。

2. “300102 公共卫生盈余”科目，核算基层医疗卫生机构开展公共卫生活动产生的累计盈余。

3. “300103 科教盈余”科目，核算基层医疗卫生机构开展科研教学活动产生的累计盈余。

4. “300104 新旧转换盈余”科目，核算基层医疗卫生机构执行新制度前形成的、除新旧转换时转入医疗盈余、公共卫生盈余和科教盈余外的累计盈余。

（六）基层医疗卫生机构应当在新制度规定的“3101 专用基金”科目下设置如下明细科目：

1. “310101 职工福利基金”科目，核算基层医疗卫生机构根据有关规定、按照财务会计下相关数据计算提取的职工福利基金。

2. “310102 医疗风险基金”科目，核算基层医疗卫生机构根据相关规定、按照财务会计下相关数据计算提取并列入费用的医疗风险基金。

3. “310103 奖励基金”科目，核算基层医疗卫生机构根据相关规定、按照财务会计下相关数据计算提取的奖励基金。

（七）基层医疗卫生机构应当在新制度规定的“3301 本期盈余”科目下设置如下明细科目：

1. “330101 医疗盈余”科目，核算基层医疗卫生机构本期医疗活动产生的各项收入、费用相抵后的余额。

2. “330102 公共卫生盈余”科目，核算基层医疗卫生机构本期公共卫生活动产生的各项收入、费用相抵后的余额。

3. “330103 科教盈余”科目，核算基层医疗卫生机构本期科研教学活动产生的各项收入、费用相抵后的余额。

（八）基层医疗卫生机构应当在新制度规定的“3302 本年盈余分配”科目下设置“330201 提取职工福利基金”、“330202 提取奖励基金”、“330203 转入累计盈余”明细科目。

年末，基层医疗卫生机构在按照规定提取专用基金后，应当将“本年盈余分配”科目余额转入累计盈余，借记“本年盈余分配——转入累计盈余”科目，贷记“累计盈余——医疗盈余”科目。

（九）基层医疗卫生机构应当在新制度规定的“4001 财政拨款收入”科目下设置如下明细科目：

1. “400101 财政基本拨款收入”科目，核算基层医疗卫生机构取得的用于基本支出的财政拨款收入。基层医疗卫生机构应当在本科目下设置如下明细科目：

（1）“40010101 医疗收入”科目，核算基层医疗卫生机构取得的与医疗活动相关的财政基本拨款收入。

（2）“40010102 公共卫生收入”科目，核算基层医疗卫生机构取得的与公共卫生活动相关的财政基本拨款收入。

2. “400102 财政项目拨款收入”科目，核算基层医疗卫生机构取得的用于项目支出的财政拨款收入。基层医疗卫生机构应当在本科目下设置如下明细科目：

（1）“40010201 医疗收入”科目，核算基层医疗卫生机构取得的与医疗活动相关的财政项目拨款收入。

（2）“40010202 公共卫生收入”科目，核算基层医疗卫生机构取得的与公共卫生活动相关的财政项目拨款收入。

（3）“40010203 科教收入”科目，核算基层医疗卫生机构取得的与科研教学活动相关的财政项目拨款收入。

（十）基层医疗卫生机构应当在新制度规定的“4101 事业收入”科目下设置如下明细科目：

1. “410101 医疗收入”科目，核算基层医疗卫生机构开展医疗服务活动实现的收入。基层医疗卫生机构应当在本科目下设置如下明细科目：

（1）“41010101 门急诊收入”科目，核算基层医疗卫生机构为门急诊病人提供医疗服务所实现的收入，包括按“收支两条线”管理的基层医疗卫生机构按规定留用的待结算医疗款，以及收到的同级财政部门返还的上缴门急诊收费。

基层医疗卫生机构应当在“41010101 门急诊收入”科目下设置“4101010101 挂号收入”、“4101010102 诊察收入”、“4101010103 检查收入”、“4101010104 化验收入”、“4101010105 治疗收入”、“4101010106 手术收入”、“4101010107 卫生材料收入”、“4101010108 药品收入”、“4101010109 一般诊疗费收入”和“4101010110 其他门急诊收入”明细科目（未按“收支两条线”管理的基层医疗卫生机构还应当设置“4101010111 门急诊结算差额”明细科目）。

基层医疗卫生机构应当在“4101010108 药品收入”科目下设置“410101010801 西药”、“410101010802 中成药”和“410101010803 中药饮片”明细科目；在“410101010801 西药”科目下设置“41010101080101 西

药”、“41010101080102 疫苗”明细科目。

“4101010111 门急诊结算差额”科目，核算未按“收支两条线”管理的基层医疗卫生机构同医疗保险机构等结算时，因基层医疗卫生机构按照医疗服务项目收费标准计算确定的应收医疗款金额与医疗保险机构等实际支付金额之间的差异而产生的需要调整基层医疗卫生机构医疗收入的差额，但不包括基层医疗卫生机构因违规治疗等管理不善原因被医疗保险机构等拒付的金额。

（2）“41010102 住院收入”科目，核算基层医疗卫生机构为住院病人提供医疗服务所实现的收入，包括按“收支两条线”管理的基层医疗卫生机构按规定留用的待结算医疗款，以及收到的同级财政部门返还的上缴住院收费。

基层医疗卫生机构应当在“41010102 住院收入”科目下设置“4101010201 床位收入”、“4101010202 诊察收入”、“4101010203 检查收入”、“4101010204 化验收入”、“4101010205 治疗收入”、“4101010206 手术收入”、“4101010207 护理收入”、“4101010208 卫生材料收入”、“4101010209 药品收入”、“4101010210 一般诊疗费收入”和“4101010211 其他住院收入”明细科目（未按“收支两条线”管理的基层医疗卫生机构还应当设置“4101010212 住院结算差额”明细科目）。

基层医疗卫生机构应当在“4101010209 药品收入”科目下设置“410101020901 西药”、“410101020902 中成药”和“410101020903 中药饮片”明细科目；在“410101020901 西药”科目下设置“41010102090101 西药”、“41010102090102 疫苗”明细科目。

“4101010212 住院结算差额”科目，核算未按“收支两条线”管理的基层医疗卫生机构同医疗保险机构等结算时，因基层医疗卫生机构按照医疗服务项目收费标准计算确定的应收医疗款金额，与医疗保险机构等实际支付金额之间的差异而产生的需要调整基层医疗卫生机构医疗收入的差额，但不包括基层医疗卫生机构因违规治疗等管理不善原因被医疗保险机构等拒付的金额。

2. “410102 公共卫生收入”科目，核算基层医疗卫生机构开展公共卫生活动实现的收入。

3. “410103 科教收入”科目，核算基层医疗卫生机构开展科研教学活动实现的收入。

基层医疗卫生机构应当在“410103 科教收入”科目下设置“41010301 科研收入”、“41010302 教学收入”明细科目。

基层医疗卫生机构因开展科研教学活动从非同级政府财政部门取得的财政拨款，应当在“事业收入——科教收入——科研收入”和“事业收入——科教收入——教学收入”科目下单设“非同级财政拨款”明细科目进行核算。

（十一）基层医疗卫生机构应当在新制度规定的“4601 非同级财政拨款收入”科目下设置“460101 医疗收入”和“460102 公共卫生收入”明细科目。

（十二）基层医疗卫生机构应当在新制度规定的“5001 业务活动费用”科目下设置“500101 医疗费用”、“500102 公共卫生费用”和“500103 科教费用”明细科目。

1. “500101 医疗费用”科目，核算基层医疗卫生机构开展医疗活动发生的各项费用。基层医疗卫生机构应当在“500101 医疗费用”科目下设置“人员费用”、“药品费”、“专用材料费”、“维修费”、“计提专用基金”、“固定资产折旧”、“无形资产摊销”、“其他医疗费用”等明细科目；在“人员费用”明细科目下设置“工资福利费用”、“对个人和家庭的补助费用”明细科目；在“药品费”明细科目下设置“西药”、“中成药”、“中药饮片”明细科目，在“西药”明细科目下设置“西药”、“疫苗”明细科目；在“专用材料费”明细科目下设置“卫生材料费”、“低值易耗品”、“其他材料费”明细科目，在“卫生材料费”明细科目下设置“血库材料”、“医用气体”、“影像材料”、“化验材料”和“其他卫生材料”明细科目。

2. “500102 公共卫生费用”科目，核算基层医疗卫生机构开展公共卫生活动发生的各项费用。基层医疗卫生机构应当在“500102 公共卫生费用”科目下设置“人员费用”、“药品费”、“专用材料费”、“维修费”、“其他公共卫生费用”等明细科目；在“人员费用”明细科目下设置“工资福利费用”、“对个人和家庭的补助费用”明细科目；在“药品费”明细科目下设置“西药”、“中成药”、“中药饮片”明细科目，在“西药”明细科目下设置“西药”、“疫苗”明细科目；在“专用材料费”明细科目下设置“卫生材料费”、“低值易耗品”、“其他材料费”明细科目，在“卫生材料费”明细科目下设置“血库材料”、“医用气体”、“影像材料”、“化验材料”和“其他卫生材料”明细科目。

3. “500103 科教费用”科目，核算基层医疗卫生机构开展科研教学活动发生的各项费用。基层医疗卫生机构应当在“500103 科教费用”科目下设置“科研费用”、“教学费用”明细科目。

（十三）基层医疗卫生机构应当在新制度规定的“5101 单位管理费用”科目下设置“人员费用”、“商品和服务费用”、“固定资产折旧”、“无形资产摊销”等明细科目；在“人员费用”明细科目下设置“工资福利费用”、“对个人和家庭的补助费用”明细科目。

（十四）基层医疗卫生机构应当在新制度规定的“6101 事业预算收入”科目下设置如下明细科目：

1. “610101 医疗预算收入”科目，核算基层医疗卫生机构开展医疗活动取得的现金流入。

基层医疗卫生机构应当在“610101 医疗预算收入”科目下设置“61010101 门急诊预算收入”、“61010102 住院预算收入”明细科目。

2. “610102 公共卫生预算收入”科目，核算基层医疗卫生机构开展公共卫生活动取得的现金流入。

3. “610103 科教预算收入”科目，核算基层医疗卫生机构开展科研教学活动取得的现金流入。

基层医疗卫生机构应当在“610103 科教预算收入”科目下设置“61010301 科研项目预算收入”、“61010302 教学项目预算收入”明细科目，并单设“非同级财政拨款”明细科目进行核算。

（十五）基层医疗卫生机构应当在新制度规定的“8301 专用结余”科目下设置如下明细科目：

1. “830101 职工福利基金”科目，核算基层医疗卫生机构职工福利基金资金的变动和滚存情况。

2. “830102 奖励基金”科目，核算基层医疗卫生机构奖励基金资金的变动和滚存情况。

基层医疗卫生机构执行新制度新增会计科目的情况详见附表1。

三、关于报表及编制说明

基层医疗卫生机构应当按月度和年度编制财务报表和财政拨款预算收入支出表，至少按年度编制财务报表附注、预算收入支出表和预算结转结余变动表。

基层医疗卫生机构除按照新制度和本规定编制财务报表和预算会计报表外，还应当按照本规定按月度和年度编制待结算医疗款明细表（详见附表3）和医疗及公共卫生收入费用明细表（详见附表5）。

（一）资产负债表

1. 新增项目。

基层医疗卫生机构应当在资产负债表中增加以下项目（详见附表2）：

（1）在“应缴财政款”和“应付职工薪酬”项目之间增加“待结算医疗款”项目。

（2）在“累计盈余”项目下增加“其中：医疗盈余”、“公共卫生盈余”、“科教盈余”、“新旧转换盈余”项目。

2. 新增项目的内容和填列方法。

（1）“待结算医疗款”项目，反映按“收支两条线”管理的基层医疗卫生机构期末待结算医疗收费。本项目应当根据“待结算医疗款”科目的期末余额填列。

（2）“累计盈余”项目下“医疗盈余”项目，反映基层医疗卫生机构开展医疗活动产生的累计盈余。本项目应当根据“累计盈余——医疗盈余”科目的期末余额填列。

“累计盈余”项目下“公共卫生盈余”项目，反映基层医疗卫生机构开展公共卫生活动产生的累计盈余。本项目应当根据“累计盈余——公共卫生盈余”科目的期末余额填列。

“累计盈余”项目下“科教盈余”项目，反映基层医疗卫生机构开展科研教学活动产生的累计盈余。本项目应当根据“累计盈余——科教盈余”科目的期末余额填列。

“累计盈余”项目下“新旧转换盈余”项目，反映基层医疗卫生机构执行新制度前形成的、除新旧转换时转入医疗盈余、公共卫生盈余和科教盈余外的累计盈余。本项目应当根据“累计盈余——新旧转换盈余”科目的期末余额填列。

（二）待结算医疗款明细表

1. 本表适用于按“收支两条线”管理的基层医疗卫生机构，反映按“收支两条线”管理的基层医疗卫生机构在某一会计期间内的各项医疗收费情况。

2. 本表各项目金额应当根据“待结算医疗款”科目相关明细科目的本期贷方发生额填列；“门急诊结算差额”和“住院结算差额”项目，应当根据“待结算医疗款”科目相关明细科目的本期净发生额填列，净发生额为借方数的，以“-”号填列。

编制月度报表时，本表“本月数”栏反映各项目的本月贷方实际发生数（“门急诊结算差额”、“住院结算差额”项目为本月净发生额，下同），本表“本年累计数”栏反映各项目自年初至报告期期末的累计贷方实际发生数。

编制年度报表时，应当将本表的“本月数”栏改为“本年数”，反映本年度各项目的贷方实际发生数；将本表的“本年累计数”栏改为“上年数”，反映上年度各项目的贷方实际发生数，“上年数”栏应当根据上年年度待结算医疗款明细表中“本年数”栏内所列数字填列。

如果本年度待结算医疗款明细表规定的项目名称和内容同上年度不一致，应当对上年度待结算医疗款明细表项目名称和数字按照本年度的规定进行调整，将调整后的金额填入本年度待结算医疗款明细表的“上年数”栏内。

（三）关于净资产变动表

1. 调整项目。

基层医疗卫生机构应当将净资产变动表中“其中：从预算收入中提取”行项目调整为“其中：从财务会计相关收入中提取”，将“从预算结余中提取”行项目调整为“从本期盈余中提取”。

2. 调整项目的内容和填列方法。

（1）“从财务会计相关收入中提取”行，反映基层医疗卫生机构本年从财务会计相关收入中提取专用基金对净资产的影响。本行“专用基金”项目应当通过对“专用基金”科目明细账记录的分析，根据本年按有关规定从财务会计相关收入中提取专用基金的金额填列。

（2）“从本期盈余中提取”行，反映基层医疗卫生机构本年根据有关规定从本年度盈余中提取专用基金对净资产的影响。本行“累计盈余”、“专用基金”项目应当通过对“专用基金”科目明细账记录的分析，根据本年按有关规定从本期盈余中提取专用基金的金额填列；本行“累计盈余”项目以“-”号填列。

（四）收入费用表

1. 新增项目。

基层医疗卫生机构应当在收入费用表中增加以下项目（详见附表4）：

（1）在“其中：政府性基金收入”项目后增加“其中：财政基本拨款收入”、“财政项目拨款收入”项目，在“其中：财政基本拨款收入”项目下增加“其中：医疗收入”、“公共卫生收入”项目，在“财政项目拨款收入”项目下增加“其中：医疗收入”、“公共卫生收入”、“科教收入”项目。

（2）在“（二）事业收入”项目下增加“其中：医疗收入”、“公共卫生收入”、“科教收入”项目。

（3）在“（六）非同级财政拨款收入”项目下增加“其中：医疗收入”、“公共卫生收入”项目。

（4）在“（一）业务活动费用”项目下增加“其中：医疗费用”、“公共卫生费用”、“科教费用”项目。

（5）在“三、本期盈余”项目下增加“其中：医疗盈余”、“公共卫生盈余”、“科教盈余”项目。

2. 新增项目的内容和填列方法。

（1）“财政基本拨款收入”项目，反映基层医疗卫生机构本期取得的财政基本拨款收入。本项目应当根据“财政拨款收入——财政基本拨款收入”科目的本期发生额填列。

“财政基本拨款收入”项目下“医疗收入”项目，反映基层医疗卫生机构本期开展医疗活动取得的财政基本拨款收入。本项目应当根据“财政拨款收入——财政基本拨款收入——医疗收入”科目的本期发生额填列。

“财政基本拨款收入”项目下“公共卫生收入”项目，反映基层医疗卫生机构本期开展公共卫生活动取得的财政基本拨款收入。本项目应当根据“财政拨款收入——财政基本拨款收入——公共卫生收入”科目的本期发生额填列。

“财政项目拨款收入”项目，反映基层医疗卫生机构本期取得的财政项目拨款收入。本项目应当根据“财政拨款收入——财政项目拨款收入”科目的本期发生额填列。

“财政项目拨款收入”项目下“医疗收入”项目，反映基层医疗卫生机构本期开展医疗活动取得的财政项目拨款收入。本项目应当根据“财政拨款收入——财政项目拨款收入——医疗收入”科目的本期发生额填列。

“财政项目拨款收入”项目下“公共卫生收入”项目，反映基层医疗卫生机构本期开展公共卫生活动取得的财政项目拨款收入。本项目应当根据“财政拨款收入——财政项目拨款收入——公共卫生收入”科目的本期发生额填列。

“财政项目拨款收入”项目下“科教收入”项目，反映基层医疗卫生机构本期开展科研教学活动取得的财政项目拨款收入。本项目应当根据“财政拨款收入——财政项目拨款收入——科教收入”科目的本期发生额填列。

(2)“事业收入”项目下“医疗收入”项目，反映基层医疗卫生机构本期开展医疗业务活动实现的收入。本项目应当根据“事业收入——医疗收入”科目的本期发生额填列。

“事业收入”项目下“公共卫生收入”项目，反映基层医疗卫生机构本期开展公共卫生活动实现的收入。本项目应当根据“事业收入——公共卫生收入”科目的本期发生额填列。

“事业收入”项目下“科教收入”项目，反映基层医疗卫生机构本期开展科研教学活动实现的收入。本项目应当根据“事业收入——科教收入”科目的本期发生额填列。

(3)“非同级财政拨款收入”项目下“医疗收入”项目，反映基层医疗卫生机构本期开展医疗业务活动取得的非同级财政拨款收入。本项目应当根据“非同级财政拨款收入——医疗收入”科目的本期发生额填列。

“非同级财政拨款收入”项目下“公共卫生收入”项目，反映基层医疗卫生机构本期开展公共卫生活动取得的非同级财政拨款收入。本项目应当根据“非同级财政拨款收入——公共卫生收入”科目的本期发生额填列。

（4）“业务活动费用”项目下“医疗费用”项目，反映基层医疗卫生机构本期为提供医疗服务所发生的各项费用。本项目应当根据“业务活动费用——医疗费用”科目本期发生额填列。

“业务活动费用”项目下“公共卫生费用”项目，反映基层医疗卫生机构本期为开展公共卫生服务活动所发生的各项费用。本项目应当根据“业务活动费用——公共卫生费用”科目本期发生额填列。

“业务活动费用”项目下“科教费用”项目，反映基层医疗卫生机构本期为开展科研教学活动所发生的各项费用。本项目应当根据“业务活动费用——科教费用”科目本期发生额填列。

（5）“本期盈余”项目下“医疗盈余”项目，反映基层医疗卫生机构本期医疗活动相关收入扣除医疗活动相关费用后的净额。本项目应当根据本表中“财政基本拨款收入”项目下“医疗收入”、“财政项目拨款收入”项目下“医疗收入”、“事业收入”项目下“医疗收入”、“上级补助收入”、“附属单位上缴收入”、“经营收入”、“非同级财政拨款收入”项目下“医疗收入”、“投资收益”、“捐赠收入”、“利息收入”、“租金收入”、“其他收入”项目金额合计数减去“业务活动费用”项目下“医疗费用”、“单位管理费用”、“经营费用”、“资产处置费用”、“上缴上级费用”、“对附属单位补助费用”、“所得税费用”、“其他费用”项目金额合计数后的金额填列；如相减后金额为负数，以“-”号填列。

“本期盈余”项目下“公共卫生盈余”项目，反映基层医疗卫生机构本期公共卫生活动相关收入扣除公共卫生活动相关费用后的净额。本项目应当根据本表中“财政基本拨款收入”项目下“公共卫生收入”、“财政项目拨款收入”项目下“公共卫生收入”、“事业收入”项目下“公共卫生收入”、“非同级财政拨款收入”项目下“公共卫生收入”项目金额合计数减去“业务活动费用”项目下“公共卫生费用”项目金额后的金额填列；如相减后金额为负数，以“-”号填列。

“本期盈余”项目下“科教盈余”项目，反映基层医疗卫生机构本期科研教学活动相关收入扣除科研教学活动相关费用后的净额。本项目应当根据本表中“财政项目拨款收入”项目下“科教收入”、“事业收入”项目下“科教收入”项目金额合计数减去“业务活动费用”项目下“科教费用”项目金额后的金额填列。

（五）医疗及公共卫生收入费用明细表

1. 本表反映基层医疗卫生机构在某一会计期间内发生的医疗和公共卫生活动相关的收入、费用的详细情况。

2. 本表“本月数”栏反映各项目的本月实际发生数。编制年度医疗及公共卫生收入费用明细表时，应当将本栏改为“本年数”，反映本年度各项目的实际发生数。

本表“本年累计数”栏反映各项目自年初至报告期期末的累计实际发生数。编制年度医疗及公共卫生收入费用明细表时，应当将本栏改为“上年数”，反映上年度各项目的实际发生数，“上年数”栏应当根据上年年度医疗及公共卫生收入费用明细表中“本年数”栏内所列数字填列。

如果本年度医疗及公共卫生收入费用明细表规定的项目名称和内容同上年度不一致，应当对上年度医疗及公共卫生收入费用明细表项目名称和数字按照本年度的规定进行调整，将调整后的金额填入本年度医疗及公共卫生收入费用明细表的“上年数”栏内。

如果本年度基层医疗卫生机构发生了因前期差错更正、会计政策变更等调整以前年度盈余的事项，还应当对年度医疗及公共卫生收入费用明细表中“上年数”栏中的有关项目金额进行相应调整。

3. 本表“（一）医疗收入”项目及所属明细项目应当根据“事业收入——医疗收入”科目及相关明细科目的本期发生额填列，“（二）公共卫生收入”项目应当根据“事业收入——公共卫生收入”科目的本期发生额填列。

本表“（一）医疗费用”项目及所属明细项目应当根据“业务活动费用——医疗费用”科目及相关明细科目的本期发生额填列，“（二）公共卫生费用”项目及所属明细项目应当根据“业务活动费用——公共卫生费用”科目及相关明细科目的本期发生额填列。

本表“三、单位管理费用”项目及所属明细项目应当根据“单位管理费用”科目及相关明细科目的本期发生额填列。

（六）关于财务报表附注

1. 基层医疗卫生机构除按新制度规定按照债务人类别披露应收账款信息外，还应当按照应收项目类别披露应收账款信息，具体格式如下：

应收账款类别	期末余额	年初余额
应收在院病人医疗款：		
应收医疗款：		
应收医保款		
门急诊病人欠费		
住院病人欠费		
其他应收账款		
合计		

2. 基层医疗卫生机构应当按照存货种类披露存货信息，具体披露格式如下：

存货种类	期末余额	年初余额
药品		
西药		
其中：疫苗		
中成药		
中药饮片		
卫生材料		
血库材料		
医用气体		
影像材料		
化验材料		
其他卫生材料		
低值易耗品		
其他材料		
合计		

四、关于坏账准备的计提范围

未按“收支两条线”管理的基层医疗卫生机构应当对除应收在院病人医疗款以外的应收账款和其他应收款提取坏账准备。

按“收支两条线”管理的基层医疗卫生机构应当对除应收在院病人医疗款、应收医疗款外的应收账款和其他应收款提取坏账准备。

五、关于运杂费的会计处理

基层医疗卫生机构为取得库存物品单独发生的运杂费等，能够直接计入业务成本的，计入业务活动费用，借记“业务活动费用”科目，贷记“库存现金”、“银行存款”等科目；不能直接计入业务成本的，计入单位管理费用，借记“单位管理费用”科目，贷记“库存现金”、“银行存款”等科目。

六、关于固定资产折旧年限

通常情况下，基层医疗卫生机构应当按照本规定附表 6 确定应计提折旧的固定资产的折旧年限。

七、关于本期盈余结转的账务处理

期末，基层医疗卫生机构应当将财政基本拨款收入和财政项目拨款收入中的医疗收入、事业收入中的医疗收入、上级补助收入、附属单位上缴收入、经营收入、非同级财政拨款收入中的医疗收入、投资收益、捐赠收入、利息收入、租金收入、其他收入的本期发生额转入本期盈余，借记“财政拨款收入——财政基本拨款收入——医疗收入”、“财政拨款收入——财政项目拨款收入——医疗收入”、“事业收入——医疗收入”、“上级补助收入”、“附属单位上缴收入”、“经营收入”、“非同级财政拨款收入——医疗收入”、“投资收益”、“捐赠收入”、“利息收入”、“租金收入”、“其他收入”科目，贷记“本期盈余——医疗盈余”科目；将业务活动费用中的医疗费用、单位管理费用、经营费用、资产处置费用、上缴上级费用、对附属单位补助费用、所得税费用、其他费用的本期发生额转入本期盈余，借记“本期盈余——医疗盈余”科目，贷记“业务活动费用——医疗费用”、“单位管理费用”、“经营费用”、“资产处置费用”、“上缴上级费用”、“对附属单位补助费用”、“所得税费用”、“其他费用”科目。

期末，基层医疗卫生机构应当将财政基本拨款收入和财政项目拨款收入中的公共卫生收入、事业收入中的公共卫生收入、非同级财政拨款收入中的公共卫生收入的本期发生额转入本期盈余，借记“财政拨款收入——财政基本拨款收入——公共卫生收入”、“财政拨款收入——财政项目拨款收入——公共卫生收入”、“非同级财政拨款收入——公共卫生收入”科目，贷记“本期盈余——公共卫生盈余”科目；将业务活动费用中的公共卫生费用的本期发生额转入本期盈余，借记“本期盈余——公共卫生盈余”科目，贷记“业务活动费用——公共卫生费用”科目。

期末，基层医疗卫生机构应当将财政项目拨款收入中的科教收入、事业收入中的科教收入的本期发生额转入本期盈余，借记“财政拨款收入——财政项目拨款收入——科教收入”、“事业收入——科教收入”科目，贷记“本期盈余——科教盈余”科目；将业务活动费用中的科教经费的本期发生额转入本期盈余，借记“本期盈余——科教盈余”科目，贷记“业务活动费用——科教费用”科目。

年末，完成上述结转后，“本期盈余——医疗盈余”科目为贷方余额的，基层医疗卫生机构应当将“本期盈余——医疗盈余”科目余额转入“本年盈余分配”科目，借记“本期盈余——医疗盈余”科目，贷记“本年盈余分配”科目；“本期盈余——医疗盈余”科目为借方余额的，基层医疗卫生机构应当将“本期盈余——医疗盈余”科目余额转入累计盈余对应明细科目，借记“累计盈余——医疗盈余”科目，贷记“本期盈余——医疗盈余”科目。基层医疗卫生机构应当将“本期盈余——公共卫生盈余”、“本期盈余——科教盈余”科目余额转入累计盈余对应明细科目，借记或贷记“本期盈余——公共卫生盈余”、“本期盈余——科教盈余”科目，贷记或借记“累计盈余——公共卫生盈余”、“累计盈余——科教盈余”科目。

八、关于本年盈余分配的账务处理

年末，基层医疗卫生机构在按照规定提取专用基金后，应当将“本年盈余分配”科目余额转入累计盈余，借记“本年盈余分配——转入累计盈余”科目，贷记“累计盈余——医疗盈余”科目。

九、关于弥补医疗亏损的账务处理

年末，基层医疗卫生机构“累计盈余——医疗盈余”科目为借方余额的，基层医疗卫生机构应当按照有关规定确定的用于弥补医疗亏损的金额，借记“累计盈余——新旧转换盈余”科目，贷记“累计盈余——医疗盈余”科目。

十、关于事业收入（医疗收入）的确认和计量

未按“收支两条线”管理的基层医疗卫生机构应当在提供医疗服务并收讫价款或取得收款权利时，按照规定的医疗服务项目收费标准计算确定的金额确认事业收入（医疗收入）。基层医疗卫生机构给予病人或其他付费方折扣的，按照折扣后的实际金额确认事业收入（医疗收入）。基层医

疗卫生机构同医疗保险机构等结算时，因基层医疗卫生机构按照医疗服务项目收费标准计算确定的应收医疗款金额与医疗保险机构等实际支付金额之间的差额（不包括基层医疗卫生机构因违规治疗等管理不善原因被医疗保险机构等拒付的金额）应当调整事业收入（医疗收入）。基层医疗卫生机构因违规治疗等管理不善原因被医疗保险机构等拒付的金额，应当冲减坏账准备。

按“收支两条线”管理的基层医疗卫生机构应当在收到财政返还的医疗款时，按照实际返还医疗款的金额确认事业收入（医疗收入）。基层医疗卫生机构按规定留用待结算医疗款时，应当按照批准留用的医疗款金额确认事业收入（医疗收入）。

十一、关于医事服务费和药事服务费的会计处理

未按“收支两条线”管理、执行医事服务费的基层医疗卫生机构应当通过“事业收入——医疗收入——门急诊收入——诊察收入”和“事业收入——医疗收入——住院收入——诊察收入”科目核算医事服务收入。基层医疗卫生机构在实现医事服务收入时，应当借记“库存现金”、“银行存款”、“应收账款”等科目，属于门急诊收入的，贷记“事业收入——医疗收入——门急诊收入——诊察收入”科目，属于住院收入的，贷记“事业收入——医疗收入——住院收入——诊察收入”科目。

未按“收支两条线”管理的、执行药事服务费的基层医疗卫生机构应当通过“事业收入——医疗收入——门急诊收入——其他门急诊收入”和“事业收入——医疗收入——住院收入——其他住院收入”科目核算药事服务收入。基层医疗卫生机构在实现药事服务收入时，应当借记“库存现金”、“银行存款”、“应收账款”等科目，属于门急诊收入的，贷记“事业收入——医疗收入——门急诊收入——其他门急诊收入”科目，属于住院收入的，贷记“事业收入——医疗收入——住院收入——其他住院收入”科目。

按“收支两条线”管理的基层医疗卫生机构关于医事服务费、药事服务费的会计处理，参见本规定关于“2308 待结算医疗款”科目的说明。

十二、关于未按“收支两条线”管理的基层医疗卫生机构与医疗保险机构等结算医疗款的账务处理

未按“收支两条线”管理的基层医疗卫生机构同医疗保险机构等结算

医疗款时，应当按照实际收到的金额，借记“银行存款”科目，按照基层医疗卫生机构因违规治疗等管理不善原因被医疗保险机构等拒付的金额，借记“坏账准备”科目，按照应收医疗保险机构等的金额，贷记“应收账款——应收医疗款——应收医保款”科目，按照借贷方之间的差额，借记或贷记“事业收入——医疗收入——门急诊收入——门急诊结算差额”或“事业收入——医疗收入——住院收入——住院结算差额”科目。

基层医疗卫生机构预收医疗保险机构等医保款的，在同医疗保险机构等结算医疗款时，还应冲减相关的预收医保款。

十三、关于按合同完成进度确认科教收入

基层医疗卫生机构以合同完成进度确认科教收入时，应当根据业务实质，选择累计实际发生的合同成本占合同预计总成本的比例、已经完成的合同工作量占合同预计总工作量的比例、已经完成的时间占合同期限的比例、实际测定的完工进度等方法，合理确定合同完成进度。

十四、生效日期

本规定自2019年1月1日起施行。

附表1　　　　基层医疗卫生机构执行新制度新增会计科目表

科目编码	科目名称	备注
1212	应收账款	
121201	应收账款\应收在院病人医疗款	
121202	应收账款\应收医疗款	
12120201	应收账款\应收医疗款\应收医保款	
12120202	应收账款\应收医疗款\门急诊病人欠费	
12120203	应收账款\应收医疗款\出院病人欠费	
121203	应收账款\其他应收账款	
1219	坏账准备	
121901	坏账准备\应收账款坏账准备	
121902	坏账准备\其他应收款坏账准备	
1302	库存物品	
130201	库存物品\药品	
13020101	库存物品\药品\西药	
1302010101	库存物品\药品\西药\西药	
1302010102	库存物品\药品\西药\疫苗	
13020102	库存物品\药品\中成药	
13020103	库存物品\药品\中药饮片	
130202	库存物品\卫生材料	
13020201	库存物品\卫生材料\血库材料	
13020202	库存物品\卫生材料\医用气体	
13020203	库存物品\卫生材料\影像材料	
13020204	库存物品\卫生材料\化验材料	
13020205	库存物品\卫生材料\其他卫生材料	
130203	库存物品\低值易耗品	
130204	库存物品\其他材料	
2305	预收账款	
230501	预收账款\预收医疗款	
23050101	预收账款\预收医疗款\预收医保款	
23050102	预收账款\预收医疗款\门急诊预收款	
23050103	预收账款\预收医疗款\住院预收款	
230502	预收账款\其他预收账款	

续表

科目编码	科目名称	备注
2308	待结算医疗款	
230801	待结算医疗款\门急诊收费	
23080101	待结算医疗款\门急诊收费\挂号收费	
23080102	待结算医疗款\门急诊收费\诊察收费	核算医事服务收费
23080103	待结算医疗款\门急诊收费\检查收费	
23080104	待结算医疗款\门急诊收费\化验收费	
23080105	待结算医疗款\门急诊收费\治疗收费	
23080106	待结算医疗款\门急诊收费\手术收费	
23080107	待结算医疗款\门急诊收费\卫生材料收费	
23080108	待结算医疗款\门急诊收费\药品收费	
2308010801	待结算医疗款\门急诊收费\药品收费\西药收费	
230801080101	待结算医疗款\门急诊收费\药品收费\西药收费\西药	
230801080102	待结算医疗款\门急诊收费\药品收费\西药收费\疫苗	
2308010802	待结算医疗款\门急诊收费\药品收费\中成药收费	
2308010803	待结算医疗款\门急诊收费\药品收费\中药饮片收费	
23080109	待结算医疗款\门急诊收费\一般诊疗费收费	
23080110	待结算医疗款\门急诊收费\其他门急诊收费	核算药事服务收费
23080111	待结算医疗款\门急诊收费\门急诊结算差额	
230802	待结算医疗款\住院收费	
23080201	待结算医疗款\住院收费\床位收费	
23080202	待结算医疗款\住院收费\诊察收费	核算医事服务收费
23080203	待结算医疗款\住院收费\检查收费	
23080204	待结算医疗款\住院收费\化验收费	
23080205	待结算医疗款\住院收费\治疗收费	
23080206	待结算医疗款\住院收费\手术收费	
23080207	待结算医疗款\住院收费\护理收费	
23080208	待结算医疗款\住院收费\卫生材料收费	
23080209	待结算医疗款\住院收费\药品收费	
2308020901	待结算医疗款\住院收费\药品收费\西药收费	

续表

科目编码	科目名称	备注
230802090101	待结算医疗款\门急诊收费\药品收费\西药收费\西药	
230802090102	待结算医疗款\门急诊收费\药品收费\西药收费\疫苗	
2308020902	待结算医疗款\住院收费\药品收费\中成药收费	
2308020903	待结算医疗款\住院收费\药品收费\中药饮片收费	
23080210	待结算医疗款\住院收费\一般诊疗费收费	
23080211	待结算医疗款\住院收费\其他住院收费	核算药事服务收费
23080212	待结算医疗款\住院收费\住院结算差额	
3001	累计盈余	
300101	累计盈余\医疗盈余	
300102	累计盈余\公共卫生盈余	
300103	累计盈余\科教盈余	
300104	累计盈余\新旧转换盈余	
3101	专用基金	
310101	专用基金\职工福利基金	
310102	专用基金\医疗风险基金	
310103	专用基金\奖励基金	
3301	本期盈余	
330101	本期盈余\医疗盈余	
330102	本期盈余\公共卫生盈余	
330103	本期盈余\科教盈余	
3302	本年盈余分配	
330201	本年盈余分配\提取职工福利基金	
330202	本年盈余分配\提取奖励基金	
330203	本年盈余分配\转入累计盈余	
4001	财政拨款收入	
400101	财政拨款收入\财政基本拨款收入	
40010101	财政拨款收入\财政基本拨款收入\医疗收入	
40010102	财政拨款收入\财政基本拨款收入\公共卫生收入	
400102	财政拨款收入\财政项目拨款收入	

续表

科目编码	科目名称	备注
40010201	财政拨款收入\财政项目拨款收入\医疗收入	
40010202	财政拨款收入\财政项目拨款收入\公共卫生收入	
40010203	财政拨款收入\财政项目拨款收入\科教收入	
4101	事业收入	对“非同级财政拨款”进行明细核算
410101	事业收入\医疗收入	
41010101	事业收入\医疗收入\门急诊收入	
4101010101	事业收入\医疗收入\门急诊收入\挂号收入	
4101010102	事业收入\医疗收入\门急诊收入\诊察收入	核算医事服务收入
4101010103	事业收入\医疗收入\门急诊收入\检查收入	
4101010104	事业收入\医疗收入\门急诊收入\化验收入	
4101010105	事业收入\医疗收入\门急诊收入\治疗收入	
4101010106	事业收入\医疗收入\门急诊收入\手术收入	
4101010107	事业收入\医疗收入\门急诊收入\卫生材料收入	
4101010108	事业收入\医疗收入\门急诊收入\药品收入	
410101010801	事业收入\医疗收入\门急诊收入\药品收入\西药	
41010101080101	事业收入\医疗收入\门急诊收入\药品收入\西药\西药	
41010101080102	事业收入\医疗收入\门急诊收入\药品收入\西药\疫苗	
410101010802	事业收入\医疗收入\门急诊收入\药品收入\中成药	
410101010803	事业收入\医疗收入\门急诊收入\药品收入\中药饮片	
4101010109	事业收入\医疗收入\门急诊收入\一般诊疗费收入	
4101010110	事业收入\医疗收入\门急诊收入\其他门急诊收入	核算药事服务收入
4101010111	事业收入\医疗收入\门急诊收入\门急诊结算差额	
41010102	事业收入\医疗收入\住院收入	
4101010201	事业收入\医疗收入\住院收入\床位收入	
4101010202	事业收入\医疗收入\住院收入\诊察收入	核算医事服务收入

续表

科目编码	科目名称	备注
4101010203	事业收入\医疗收入\住院收入\检查收入	
4101010204	事业收入\医疗收入\住院收入\化验收入	
4101010205	事业收入\医疗收入\住院收入\治疗收入	
4101010206	事业收入\医疗收入\住院收入\手术收入	
4101010207	事业收入\医疗收入\住院收入\护理收入	
4101010208	事业收入\医疗收入\住院收入\卫生材料收入	
4101010209	事业收入\医疗收入\住院收入\药品收入	
410101020901	事业收入\医疗收入\住院收入\药品收入\西药	
41010102090101	事业收入\医疗收入\门急诊收入\药品收入\西药\西药	
41010102090102	事业收入\医疗收入\门急诊收入\药品收入\西药\疫苗	
410101020902	事业收入\医疗收入\住院收入\药品收入\中成药	
410101020903	事业收入\医疗收入\住院收入\药品收入\中药饮片	
4101010210	事业收入\医疗收入\住院收入\一般诊疗费收入	
4101010211	事业收入\医疗收入\住院收入\其他住院收入	核算药事服务收入
4101010212	事业收入\医疗收入\住院收入\住院结算差额	
410102	事业收入\公共卫生收入	
410103	事业收入\科教收入	
41010301	事业收入\科教收入\科研收入	
41010302	事业收入\科教收入\教学收入	
4601	非同级财政拨款收入	
460101	非同级财政拨款收入\医疗收入	
460102	非同级财政拨款收入\公共卫生收入	
5001	业务活动费用	

续表

科目编码	科目名称	备注
500101	业务活动费用\医疗费用	按照“人员费用”、“药品费”、“专用材料费”、“维修费”、“计提专用基金”、“固定资产折旧”、“无形资产摊销”、“其他医疗费用”等进行明细核算
500102	业务活动费用\公共卫生费用	按照“人员费用”、“药品费”、“专用材料费”、“维修费”、“其他公共卫生费用”等进行明细核算
500103	业务活动费用\科教费用	按照“科研费用”、“教学费用”等进行明细核算
5101	单位管理费用	按照“人员费用”、“商品和服务费用”、“固定资产折旧”、“无形资产摊销”等进行明细核算
6101	事业预算收入	对“非同级财政拨款”进行明细核算
610101	事业预算收入\医疗预算收入	
61010101	事业预算收入\医疗预算收入\门急诊预算收入	

续表

科目编码	科目名称	备注
61010102	事业预算收入\医疗预算收入\住院预算收入	
610102	事业预算收入\公共卫生预算收入	
610103	事业预算收入\科教预算收入	
61010301	事业预算收入\科教预算收入\科研项目预算收入	
61010302	事业预算收入\科教预算收入\教学项目预算收入	
8301	专用结余	
830101	专用结余\职工福利基金	
830102	专用结余\奖励基金	

附表 2

资产负债表

会政财 01 表

编制单位：__________　　____年__月__日　　单位：元

资产	期末余额	年初余额	负债和净资产	期末余额	年初余额
流动资产：			流动负债：		
货币资金			短期借款		
短期投资			应交增值税		
财政应返还额度			其他应交税费		
应收票据			应缴财政款		
应收账款净额			待结算医疗款		
预付账款			应付职工薪酬		
应收股利			应付票据		
应收利息			应付账款		
其他应收款净额			应付政府补贴款		
存货			应付利息		
待摊费用			预收账款		
一年内到期的非流动资产			其他应付款		
其他流动资产			预提费用		
流动资产合计			一年内到期的非流动负债		
非流动资产：			其他流动负债		
长期股权投资			**流动负债合计**		
长期债券投资			**非流动负债：**		

续表

资产	期末余额	年初余额	负债和净资产	期末余额	年初余额
固定资产原值			长期借款		
减：固定资产累计折旧			长期应付款		
固定资产净值			预计负债		
工程物资			其他非流动负债		
在建工程			**非流动负债合计**		
无形资产原值			受托代理负债		
减：无形资产累计摊销			**负债合计**		
无形资产净值					
研发支出					
公共基础设施原值					
减：公共基础设施累计折旧（摊销）					
公共基础设施净值			**净资产：**		
政府储备物资			累计盈余		
文物文化资产			其中：医疗盈余		
保障性住房			公共卫生盈余		
减：保障性住房累计折旧			科教盈余		
保障性住房净值			新旧转换盈余		
长期待摊费用			专用基金		
待处理财产损溢			权益法调整		
其他非流动资产			无偿调拨净资产*		
非流动资产合计			本期盈余*		
受托代理资产			**净资产合计**		
资产总计			**负债和净资产总计**		

附表3　　　　**待结算医疗款明细表**　　　　会政财01表附表01

编制单位：__________　　　　____年__月　　　　单位：元

项　　目	本月数	本年累计数
待结算医疗款		
（一）门急诊收费		
挂号收费		
诊察收费		
其中：医事服务费		
检查收费		
化验收费		
治疗收费		
手术收费		
卫生材料收费		
药品收费		
其中：西药收费		
其中：疫苗		
中成药收费		
中药饮片收费		
一般诊疗费收费		
其他门急诊收费		
其中：药事服务费		
门急诊结算差额		
（二）住院收费		
床位收费		
诊察收费		
其中：医事服务费		
检查收费		
化验收费		
治疗收费		
手术收费		
护理收费		
卫生材料收费		
药品收费		
其中：西药收费		
其中：疫苗		
中成药收费		
中药饮片收费		
一般诊疗费收费		

续表

项　目	本月数	本年累计数
其他住院收费		
其中：药事服务费		
住院结算差额		

附表 4　　**收入费用表**　　会政财 02 表

编制单位：__________　　____年__月　　单位：元

项　目	本月数	本年累计数
一、本期收入		
（一）财政拨款收入		
其中：政府性基金收入		
其中：财政基本拨款收入		
其中：医疗收入		
公共卫生收入		
财政项目拨款收入		
其中：医疗收入		
公共卫生收入		
科教收入		
（二）事业收入		
其中：医疗收入		
公共卫生收入		
科教收入		
（三）上级补助收入		
（四）附属单位上缴收入		
（五）经营收入		
（六）非同级财政拨款收入		
其中：医疗收入		
公共卫生收入		
（七）投资收益		
（八）捐赠收入		
（九）利息收入		
（十）租金收入		
（十一）其他收入		

续表

项　　目	本月数	本年累计数
二、本期费用		
（一）业务活动费用		
其中：医疗费用		
公共卫生费用		
科教费用		
（二）单位管理费用		
（三）经营费用		
（四）资产处置费用		
（五）上缴上级费用		
（六）对附属单位补助费用		
（七）所得税费用		
（八）其他费用		
三、本期盈余		
其中：医疗盈余		
公共卫生盈余		
科教盈余		

附表 5　　医疗及公共卫生收入费用明细表　　会政财 02 表附表 01

编制单位：__________　　____年__月　　单位：元

项　　目	本月数	本年累计数
一、医疗及公共卫生收入		
（一）医疗收入		
1. 门急诊收入		
挂号收入		
诊察收入		
其中：医事服务收入		
检查收入		
化验收入		
治疗收入		
手术收入		
卫生材料收入		

续表

项　　目	本月数	本年累计数
药品收入		
其中：西药		
其中：疫苗		
中成药		
中药饮片		
一般诊疗费收入		
其他门急诊收入		
其中：药事服务收入		
门急诊结算差额		
2. 住院收入		
床位收入		
诊察收入		
其中：医事服务收入		
检查收入		
化验收入		
治疗收入		
手术收入		
护理收入		
卫生材料收入		
药品收入		
其中：西药		
其中：疫苗		
中成药		
中药饮片		
一般诊疗费收入		
其他住院收入		
其中：药事服务收入		
住院结算差额		
（二）公共卫生收入		
二、医疗及公共卫生费用		
（一）医疗费用		
人员费用		

续表

项　　目	本月数	本年累计数
工资福利费用		
对个人和家庭的补助费用		
药品费		
西药		
其中：疫苗		
中成药		
中药饮片		
专用材料费		
卫生材料费		
血库材料		
医用气体		
影像材料		
化验材料		
其他卫生材料		
低值易耗品		
其他材料费		
维修费		
计提专用基金		
其中：计提医疗风险基金		
固定资产折旧		
无形资产摊销		
其他医疗费用		
（二）公共卫生费用		
人员费用		
工资福利费用		
对个人和家庭的补助费用		
药品费		
西药		
其中：疫苗		
中成药		
中药饮片		
专用材料费		

续表

项　目	本月数	本年累计数
卫生材料费		
血库材料		
医用气体		
影像材料		
化验材料		
其他卫生材料		
低值易耗品		
其他材料费		
维修费		
其他公共卫生费用		
三、单位管理费用		
人员费用		
工资福利费用		
对个人和家庭的补助费用		
商品和服务费用		
固定资产折旧		
无形资产摊销		

附表 6　　基层医疗卫生机构固定资产折旧年限表

固定资产类别	折旧年限（年）	固定资产类别	折旧年限（年）
一、房屋及构筑物		医用电子仪器	5－10
业务及管理用房		医用超声仪器	6－10
钢结构	50	医用高频仪器设备	5－10
钢筋混凝土结构	50	物理治疗及体疗设备	5－10
砖混结构	30	高压氧舱	6－10
砖木结构	30	中医仪器设备	5－10
简易房	8	医用磁共振设备	6－10
房屋附属设施	8	医用 X 线设备	6－10
构筑物	8	高能射线设备	8－10
二、通用设备		医用核素设备	6－10
计算机设备	6	临床检验分析仪器	5－10
通信设备	5	体外循环设备	5－10

续表

固定资产类别	折旧年限（年）	固定资产类别	折旧年限（年）
办公设备	6	手术急救设备	5 – 10
车辆	10	口腔设备	6 – 10
图书档案设备	5	病房护理设备	5 – 10
机械设备	10	消毒设备	6 – 10
电气设备	5	其他	5 – 10
雷达、无线电和卫星导航设备	10	光学仪器及窥镜	6 – 10
广播、电视、电影设备	5	激光仪器设备	5 – 10
仪器仪表	5	四、家具、用具及装具	
电子和通信测量设备	5	家具	15
计量标准器具及量具、衡器	5	用具、装具	5
三、专用设备			

附录6 关于基层医疗卫生机构执行《政府会计制度——行政事业单位会计科目和报表》的衔接规定

财会〔2018〕25号 2018年8月31日

我部于2017年10月24日印发了《政府会计制度——行政事业单位会计科目和报表》（财会〔2017〕25号，以下简称新制度）。目前执行《基层医疗卫生机构会计制度》（财会〔2010〕26号，以下简称原制度）的基层医疗卫生机构，自2019年1月1日起执行新制度，不再执行原制度。为了确保新旧会计制度顺利过渡，现对基层医疗卫生机构执行新制度及《关于基层医疗卫生机构执行〈政府会计制度——行政事业单位会计科目和报表〉的补充规定》（以下简称补充规定）的有关衔接问题规定如下：

一、新旧制度衔接总要求

（一）自2019年1月1日起，基层医疗卫生机构应当严格按照新制度及补充规定进行会计核算、编制财务报表和预算会计报表。

（二）基层医疗卫生机构应当按照本规定做好新旧制度衔接的相关工作，主要包括以下几个方面：

1. 根据原账编制2018年12月31日的科目余额表，并按照本规定要求，编制原账的部分科目余额明细表（参见附表1、附表2）。

2. 按照新制度及补充规定设立2019年1月1日的新账。

3. 按照本规定要求，登记新账的财务会计科目余额和预算结余科目余额，包括将原账科目余额转入新账财务会计科目、按照原账科目余额登记新账预算结余科目（基层医疗卫生机构新旧会计制度转账、登记新账科目对照表见附表3），将未入账事项登记新账科目，并对相关新账科目余额进行调整。原账科目是指按照原制度规定设置的会计科目。

4. 按照登记及调整后新账的各会计科目余额，编制2019年1月1日的科目余额表，作为新账各会计科目的期初余额。

5. 根据新账各会计科目期初余额，按照新制度及补充规定编制2019

年1月1日资产负债表。

（三）及时调整会计信息系统。基层医疗卫生机构应当按照新制度及补充规定要求对原有会计信息系统进行及时更新和调试，实现数据正确转换，确保新旧账套的有序衔接。

二、财务会计科目的新旧衔接

（一）将2018年12月31日原账会计科目余额转入新账财务会计科目

1. 资产类。

（1）“库存现金”、“银行存款”、“其他货币资金”、“财政应返还额度”、“固定资产”、“无形资产”科目。新制度设置了“库存现金”、“银行存款”、“其他货币资金”、“财政应返还额度”、“无形资产”科目，其核算内容与原账的上述相应科目的核算内容基本相同。转账时，基层医疗卫生机构应当将原账的上述科目余额直接转入新账的相应科目。其中，还应当将原账的“库存现金”、“银行存款”科目余额中属于新制度规定受托代理资产的金额转入新账的“库存现金”、“银行存款”科目下“受托代理资产”明细科目。

（2）“应收医疗款”科目。新制度设置了“应收账款”科目，该科目包含了原账的“应收医疗款”科目的核算内容。转账时，基层医疗卫生机构应当将原账的“应收医疗款”科目余额转入新账的“应收账款”科目。

（3）“其他应收款”科目。新制度设置了“其他应收款”科目，该科目的核算内容与原账的“其他应收款”科目的核算内容基本相同。转账时，基层医疗卫生机构应当将原账的“其他应收款”科目余额转入新账的“其他应收款”科目。

新制度设置了“在途物品”科目，基层医疗卫生机构在原账的“其他应收款”科目中核算已经付款或开出商业汇票、尚未收到物资的款项，应当将原账的“其他应收款”科目余额中已经付款或开出商业汇票、尚未收到物资的金额转入新账的“在途物品”科目。

基层医疗卫生机构在原账的“其他应收款”科目中核算了属于新制度规定的预付账款的，应当将原账的“其他应收款”科目余额中属于预付账款的金额转入新账的“预付账款”科目。

基层医疗卫生机构在原账的“其他应收款”科目中核算了尚未按照相

关规定完成批准程序的待处理财产损溢的，转账时，应当将原账的“其他应收款”科目余额中属于待处理财产损溢的金额，转入新账的“待处理财产损溢”科目。

（4）“库存物资”科目。新制度设置了“库存物品”、“加工物品”科目，原制度设置了“库存物资”科目。转账时，基层医疗卫生机构应当将原账的“库存物资”科目余额中属于在加工存货的金额，转入新账的“加工物品”科目；将原账的“库存物资”科目余额减去属于在加工存货金额后的差额，转入新账的“库存物品”科目。

基层医疗卫生机构在原账的“库存物资”科目中核算了属于新制度规定的工程物资、受托代理物资（如受托保管的政府储备物资）的，应当将原账的“库存物资”科目余额中属于工程物资、受托代理物资的金额，分别转入新账的“工程物资”、“受托代理资产”科目。

（5）“在建工程”科目。新制度设置了“在建工程”和“预付账款——预付备料款、预付工程款”科目，原制度设置了“在建工程”科目。转账时，基层医疗卫生机构应当将原账的“在建工程”科目余额（基建“并账”后的金额，下同）中属于预付备料款、预付工程款的金额，转入新账“预付账款”科目相关明细科目；将原账的“在建工程”科目余额减去预付备料款、预付工程款金额后的差额，转入新账的“在建工程”科目。

基层医疗卫生机构在原账“在建工程”科目中核算了按照新制度规定应当记入“工程物资”科目内容的，应当将原账“在建工程”科目余额中属于工程物资的金额，转入新账的“工程物资”科目。

（6）“零余额账户用款额度”、“待摊支出”科目。由于原账的“零余额账户用款额度”、“待摊支出”科目年末无余额，无需进行转账处理。

2. 负债类。

（1）“借入款”科目。新制度设置了“短期借款”和“长期借款”科目，原制度设置了“借入款”科目。转账时，基层医疗卫生机构应当将原账的“借入款”科目余额中属于短期借款［期限不超过1年（含1年）］的金额转入新账的“短期借款”科目；将原账的“借入款”科目余额中属于长期借款［期限超过1年（不含1年）］的金额转入新账的“长期借款”

科目。

（2）“待结算医疗款”科目。补充规定设置了“待结算医疗款”科目，该科目的核算内容与原账的“待结算医疗款”科目核算的内容基本相同。转账时，基层医疗卫生机构应当将原账的“待结算医疗款”科目余额转入新账的“待结算医疗款”科目。

（3）“应缴款项”科目。新制度设置了“应缴财政款”科目，该科目的核算内容与原账的“应缴款项”科目核算的内容基本相同。转账时，基层医疗卫生机构应当将原账的“应缴款项”科目余额转入新账的“应缴财政款”科目。

（4）“应付账款”科目。新制度设置了“应付账款”、“长期应付款”科目，原账设置了“应付账款”科目。转账时，基层医疗卫生机构应当将原账的“应付账款”科目余额中属于应付账款［期限不超过1年（含1年）］的金额转入新账的“应付账款”科目，将原账的“应付账款”科目余额中属于长期应付款［期限超过1年（不含1年）］的金额转入新账的“长期应付款”科目。

（5）“预收医疗款”科目。新制度设置了“预收账款”科目，该科目包含了原账的“预收医疗款”科目的核算内容。转账时，基层医疗卫生机构应当将原账的“预收医疗款”科目余额转入新账的“预收账款”科目。

（6）“应付职工薪酬”、“应付社会保障费”科目。新制度设置了“应付职工薪酬”科目，原账设置了“应付职工薪酬”和“应付社会保障费”科目。转账时，基层医疗卫生机构应当将原账的“应付职工薪酬”、“应付社会保障费”科目余额转入新账的“应付职工薪酬”科目。

（7）“应交税费”科目。新制度设置了“应交增值税”和“其他应交税费”科目，原账设置了“应交税费”科目。转账时，基层医疗卫生机构应当将原账的“应交税费”科目余额中属于应交增值税的金额转入新账的“应交增值税”科目，将原账的“应交税费”科目余额减去属于应交增值税金额后的差额转入新账的“其他应交税费”科目。

（8）“其他应付款”科目。新制度设置了“其他应付款”科目，该科目的核算内容与原账的“其他应付款”科目的核算内容基本相同。转账时，基层医疗卫生机构应当将原账的“其他应付款”科目余额，转入新账的“其他应付款”科目。其中，基层医疗卫生机构在原账的“其他应付款”科目中核算了属于新制度规定的长期应付款的，应当将原账的“其他应付款”科目余额中属于长期应付款的金额转入新账的“长期应付款”科目；在原账的“其他应付款”科目中核算了属于新制度规定的应付利息的，应当将原账的“其他应付款”科目余额中属于应付利息的金额转入新账的“应付利息”科目；在原账的“其他应付款”科目中核算了属于新制度规定的受托代理负债的，应当将原账的“其他应付款”科目余额中属于受托代理负债的金额转入新账的“受托代理负债”科目。

3. 净资产类。

（1）“固定基金”科目。依据新制度，无需对原制度中“固定基金”科目对应内容进行核算。转账时，基层医疗卫生机构应当将原账的“固定基金”科目余额转入新账的“累计盈余——医疗盈余”科目。

（2）“事业基金”科目。新制度及补充规定设置了“累计盈余”科目及相关明细科目，“累计盈余”科目的核算内容包含了原账“事业基金”科目的核算内容。转账时，基层医疗卫生机构应当将原账的“事业基金”科目余额转入新账的“累计盈余——新旧转换盈余”科目。

（3）“专用基金”科目。新制度设置了“专用基金”科目，该科目的核算内容与原账“专用基金”科目的核算内容基本相同。转账时，基层医疗卫生机构应当将原账的“专用基金”科目余额转入新账的“专用基金”科目。

（4）“财政补助结转（余）”、“其他限定性用途结转（余）”科目。新制度及补充规定设置了“累计盈余”科目及相关明细科目，“累计盈余”科目的核算内容包含了原账“财政补助结转（余）”和“其他限定性用途结转（余）”科目的核算内容。转账时，基层医疗卫生机构应当对原账的“财政补助结转（余）”、“其他限定性用途结转（余）”科目余额进行分析，将属于公共卫生活动形成结转（余）的余额转入新账的“累计盈余——公共卫生盈余”科目，将属于科教项目形成结转（余）的余额转入新账的“累计盈余——科教盈余”科目，将剩余金额转入新账的“累计盈余——医疗盈余”科目。

（5）“结余分配”科目。新制度设置了“本年盈余分配”科目，该科目的核算内容与原账的“结余分配”科目的核算内容基本相同。新制度规定“本年盈余分配”科目余额最终转入“累计盈余”科目，如果原账的

“结余分配”科目有借方余额，转账时，基层医疗卫生机构应当将原账的“结余分配”科目借方余额转入新账的“累计盈余——新旧转换盈余”科目借方。

（6）“本期结余”科目。由于原账的“本期结余”科目年末无余额，无需进行转账处理。

4. 收入类、支出类。

由于原账中收入类、支出类科目年末无余额，无需进行转账处理。自2019年1月1日起，基层医疗卫生机构应当按照新制度设置收入类、费用类科目并进行账务处理。

基层医疗卫生机构存在其他本规定未列举的原账科目余额的，应当比照本规定转入新账的相应科目。新账的科目设有明细科目的，应将原账中对应科目的余额加以分析，分别转入新账中相应科目的相关明细科目。

基层医疗卫生机构在进行新旧衔接的转账时，应当编制转账的工作分录，作为转账的工作底稿，并将转入新账的对应原科目余额及分拆原科目余额的依据作为原始凭证。

（二）将原未入账事项登记新账财务会计科目

1. 受托代理资产。

医院在新旧制度转换时，应当将2018年12月31日前未入账的受托代理资产按照新制度规定记入新账。登记新账时，按照确定的受托代理资产入账成本，借记“受托代理资产”科目，贷记“受托代理负债”科目。

2. 盘盈资产。

基层医疗卫生机构在新旧制度转换时，应当将2018年12月31日前未入账的盘盈资产按照新制度规定记入新账。登记新账时，按照确定的盘盈资产及其成本，分别借记有关资产科目，按照盘盈资产成本的合计金额，贷记“累计盈余——新旧转换盈余”科目。

3. 预计负债。

基层医疗卫生机构在新旧制度转换时，应当将2018年12月31日前按照新制度规定确认的预计负债记入新账。登记新账时，按照确定的预计负债金额，借记“累计盈余——新旧转换盈余”科目，贷记“预计负债”

科目。

4. 应付质量保证金。

基层医疗卫生机构在新旧制度转换时，应当将2018年12月31日前未入账的应付质量保证金按照新制度规定记入新账。登记新账时，按照确定未入账的应付质量保证金金额，借记“累计盈余——新旧转换盈余”科目，贷记“其他应付款”科目［扣留期在1年以内（含1年）］、“长期应付款”科目［扣留期超过1年］。

基层医疗卫生机构存在2018年12月31日前未入账的其他事项的，应当比照本规定登记新账的相应科目。

基层医疗卫生机构对新账的财务会计科目补记未入账事项时，应当编制记账凭证，并将补充登记事项的确认依据作为原始凭证。

（三）对新账的相关财务会计科目余额按照新制度规定的会计核算基础进行调整

1. 计提坏账准备。

新制度要求对单位收回后无需上缴财政的应收账款和其他应收款提取坏账准备。在新旧制度转换时，未按“收支两条线”管理的基层医疗卫生机构应当按照2018年12月31日除应收在院病人医疗款以外的应收账款和其他应收款的余额计算应计提的坏账准备金额，借记“累计盈余——新旧转换盈余”科目，贷记“坏账准备”科目；按“收支两条线”管理的基层医疗卫生机构应当按照2018年12月31日除应收在院病人医疗款、应收医疗款外的应收账款和其他应收款的余额计算应计提的坏账准备金额，借记“累计盈余——新旧转换盈余”科目，贷记“坏账准备”科目。

2. 补提折旧。

基层医疗卫生机构在原账中尚未计提固定资产折旧的，应当全面核查截至2018年12月31日的固定资产的预计使用年限、已使用年限、尚可使用年限等，并于2019年1月1日对尚未计提折旧的固定资产补提折旧，按照应计提的折旧金额，借记“累计盈余——医疗盈余”科目，贷记“固定资产累计折旧”科目。

3. 补提摊销。

基层医疗卫生机构在原账中尚未计提无形资产摊销的，应当全面核查截至2018年12月31日无形资产的预计使用年限、已使用年限、尚可使用年限等，并于2019年1月1日对前期尚未计提摊销的无形资产补提摊销，按照应计提的摊销金额，借记“累计盈余——医疗盈余”科目，贷记“无形资产累计摊销”科目。

4. 确认长期借款期末应付利息。

基层医疗卫生机构应当按照新制度规定于2019年1月1日补记长期借款的应付利息金额，对其中资本化的部分，借记“在建工程”科目，对其中费用化的部分，借记“累计盈余——新旧转换盈余”科目，按照全部长期借款应付利息金额，贷记“长期借款”科目［到期一次还本付息］或“应付利息”科目［分期付息、到期还本］。

基层医疗卫生机构对新账的财务会计科目期初余额进行调整时，应当编制记账凭证，并将调整事项的确认依据作为原始凭证。

三、预算会计科目的新旧衔接

（一）“财政拨款结转”和“财政拨款结余”科目及对应的“资金结存”科目余额

新制度设置了“财政拨款结转”、“财政拨款结余”科目及对应的“资金结存”科目。在新旧制度转换时，基层医疗卫生机构应当对原账的“财政补助结转（余）”科目余额中结转资金的金额进行逐项分析，加上各项结转转入的支出中已经计入支出尚未支付财政资金（如发生时列支的应付账款）的金额，减去已经支付财政资金尚未计入支出（如购入的库存物资等）的金额，按照增减后的金额登记新账的“财政拨款结转”科目及其明细科目贷方；按照原账的“财政补助结转（余）”科目余额中结余资金的金额登记新账的“财政拨款结余”科目及其明细科目贷方。

基层医疗卫生机构应当按照原账“财政应返还额度”科目余额登记新账“资金结存——财政应返还额度”科目的借方；按照新账“财政拨款结转”和“财政拨款结余”科目贷方余额合计数减去新账“资金结存——财政应返还额度”科目借方余额后的差额，登记新账“资金结存——货币资金”科目的借方。

（二）“非财政拨款结转”科目及对应的“资金结存”科目余额

新制度设置了“非财政拨款结转”科目及对应的“资金结存”科目。在新旧制度转换时，基层医疗卫生机构应当对原账的“其他限定性用途结转（余）”科目余额中结转资金的金额进行逐项分析，加上各项结转（余）转入的支出中已经计入支出尚未支付非财政补助专项资金（如发生时列支的应付账款）的金额，减去已经支付非财政补助专项资金尚未计入支出（如购入的库存物资等）的金额，按照增减后的金额登记新账的“非财政拨款结转”科目及其明细科目贷方；同时，按照相同的金额登记新账“资金结存——货币资金”科目的借方。

（三）“专用结余”科目及对应的“资金结存”科目余额

新制度设置了“专用结余”科目及对应的“资金结存”科目。在新旧制度转换时，基层医疗卫生机构应当按照原账“专用基金”科目余额中通过非财政补助结余分配形成的金额，借记新账的“资金结存——货币资金”科目，贷记新账的“专用结余”科目。

（四）“非财政拨款结余”科目及对应的“资金结存”科目余额

1. 登记“非财政拨款结余”科目余额。

新制度设置了“非财政拨款结余”科目对应的“资金结存”科目。在新旧制度转换时，基层医疗卫生机构应当按照原账“事业基金”科目的余额，借记新账的“资金结存——货币资金”科目，贷记新账的“非财政拨款结余”科目。

基层医疗卫生机构原账“结余分配——待分配结余”有借方科目余额的，应当借记新账的“非财政拨款结余”科目，贷记新账的“资金结存——货币资金”科目。

2. 对新账“非财政拨款结余”科目及“资金结存”科目余额进行调整。

（1）调整应收医疗款对非财政拨款结余的影响。基层医疗卫生机构应当按照原账的“应收医疗款”科目余额，借记“非财政拨款结余”科目，贷记“资金结存——货币资金”科目。

（2）调整其他应收款对非财政拨款结余的影响。基层医疗卫生机构按照新制度规定将原账其他应收款中的预付款项计入支出的，应当对原账的“其他应收款”科目余额进行分析，区分其中预付款项的金额（将来很可能列支）和非预付款项的金额，并对预付款项的金额划分为财政补助资金预付的金额、非财政补助专项资金预付的金额和非财政补助非专项资金预付的金额，按照非财政补助非专项资金预付的金额，借记“非财政拨款结余”科目，贷记“资金结存——货币资金”科目。

（3）调整库存物资对非财政拨款结余的影响。基层医疗卫生机构应当对原账的“库存物资”科目余额进行分析，区分购入的库存物资金额和非购入的库存物资金额。对购入的库存物资金额划分出其中使用财政补助资金购入的金额、使用非财政补助专项资金购入的金额和使用非财政补助非专项资金购入的金额，按照使用非财政补助非专项资金购入的金额，借记“非财政拨款结余”科目，贷记“资金结存——货币资金”科目。

（4）调整借入款对非财政拨款结余的影响。基层医疗卫生机构应当按照原账的“借入款”科目余额，借记“资金结存——货币资金”科目，贷记“非财政拨款结余”科目。

（5）调整应付账款对非财政拨款结余的影响。基层医疗卫生机构应当对原账的“应付账款”科目余额进行分析，区分其中发生时计入支出的金额和未计入支出的金额。将计入支出的金额划分为财政补助资金应付的金额、非财政补助专项资金应付的金额和非财政补助非专项资金应付的金额，按照非财政补助非专项资金应付的金额，借记“资金结存——货币资金”科目，贷记“非财政拨款结余”科目。

（6）调整预收医疗款对非财政拨款结余的影响。基层医疗卫生机构应当按照原账的“预收医疗款”科目余额，借记“资金结存——货币资金”科目，贷记“非财政拨款结余”科目。

（7）调整专用基金对非财政拨款结余的影响。基层医疗卫生机构应当对原账的“专用基金”科目余额进行分析，划分出提取时列支的专用基金余额，按照提取时列支的专用基金余额，借记“资金结存——货币资金”科目，贷记“非财政拨款结余”科目。

3. 基层医疗卫生机构按照前述1、2两个步骤难以准确调整出“非财政拨款结余”科目及对应的“资金结存”科目余额的，在新旧制度转换时，可以在新账的“库存现金”、“银行存款”、“其他货币资金”、“财政应返还额度”科目借方余额合计数基础上，对不纳入单位预算管理的资金进行调整（如减去新账中货币资金形式的受托代理资产、应缴财政款、已收取将来需要退回资金的其他应付款等，加上已支付将来需要收回资金的其他应收款等），按照调整后的金额减去新账的“财政拨款结转”、“财政拨款结余”、“非财政拨款结转”、“专用结余”科目贷方余额合计数，登记新账的“非财政拨款结余”科目贷方；同时，按照相同的金额登记新账的“资金结存——货币资金”科目借方。

（五）“经营结余”科目

新制度设置了“经营结余”科目。在新旧制度转换时，无需对“经营结余”科目进行新账年初余额登记。

（六）“其他结余”、“非财政拨款结余分配”科目

新制度设置了“其他结余”和“非财政拨款结余分配”科目。由于这两个科目年初无余额，在新旧制度转换时，基层医疗卫生机构无需对“其他结余”和“非财政拨款结余分配”科目进行新账年初余额登记。

（七）预算收入类、预算支出类会计科目

由于预算收入类、预算支出类会计科目年初无余额，在新旧制度转换时，基层医疗卫生机构无需对预算收入类、预算支出类会计科目进行新账年初余额登记。

基层医疗卫生机构自 2019 年 1 月 1 日起，应当按照新制度设置预算收入类、预算支出类科目并进行账务处理。

基层医疗卫生机构存在 2018 年 12 月 31 日前需要按照新制度预算会计核算基础调整预算会计科目期初余额的其他事项的，应当比照本规定调整新账的相应预算会计科目期初余额。

基层医疗卫生机构对预算会计科目的期初余额登记和调整，应当编制记账凭证，并将期初余额登记和调整的依据作为原始凭证。

四、财务报表和预算会计报表的新旧衔接

（一）编制 2019 年 1 月 1 日资产负债表

基层医疗卫生机构应当根据 2019 年 1 月 1 日新账的财务会计科目余额，按照新制度及补充规定编制 2019 年 1 月 1 日资产负债表（仅要求填列各项目“年初余额”）。

（二）2019 年度财务报表和预算会计报表的编制

基层医疗卫生机构应当按照新制度及补充规定编制 2019 年财务报表和预算会计报表。在编制 2019 年度收入费用表、医疗及公共卫生收入费用明细表、净资产变动表、现金流量表和预算收入支出表、预算结转结余变动

表时，不要求填列上年比较数。

基层医疗卫生机构应当根据2019年1月1日新账财务会计科目余额，填列2019年净资产变动表各项目的“上年年末余额”；根据2019年1月1日新账预算会计科目余额，填列2019年预算结转结余变动表的“年初预算结转结余”项目和财政拨款预算收入支出表的“年初财政拨款结转结余”项目。

五、其他事项

（一）截至2018年12月31日尚未进行基建“并账”的基层医疗卫生机构，应当首先参照《新旧事业单位会计制度有关衔接问题的处理规定》（财会〔2013〕2号），将基建账套相关数据并入2018年12月31日原账中的相关科目余额，再按照本规定将2018年12月31日原账相关会计科目余额转入新账相应科目。

（二）2019年1月1日前执行新制度及补充规定的基层医疗卫生机构，应当按照本规定做好新旧制度衔接工作。

附表1　　基层医疗卫生机构原会计科目余额明细表一

科目编码	科目名称	金额	备注
库存现金	库存现金		
	其中：受托代理现金		
银行存款	银行存款		
	其中：受托代理银行存款		
其他应收款	预付账款		按照合同规定预先支付的款项（包括定金）
	在途物品		已经付款，尚未收到物资
	待处理财产损溢		
	其他		

续表

科目编码	科目名称	金额	备注
库存物资	受托代理资产		
	加工存货		
	工程物资		
	其他		
在建工程	在建工程		
	工程物资		
	预付工程款等		
借入款	短期借款		
	长期借款		
应交税费	应交增值税		
	其他应交税费		
应付账款	应付账款		
	长期应付款		
其他应付款	长期应付款		
	应付利息		
	受托代理负债		
	其他		
财政补助结转（余）	公共卫生活动形成结转（余）		
	科教项目形成结转（余）		
	其他		
其他限定性用途结转（余）	公共卫生活动形成结转（余）		
	科教项目形成结转（余）		
	其他		

附表 2　　基层医疗卫生机构原会计科目余额明细表二

总账科目	明细分类	金额	备注
其他应收款	预付款项		如预付账款、职工预借的差旅费等
	其中：财政补助资金预付		
	非财政补助专项资金预付		
	非财政补助非专项资金预付		
	需要收回及其他		如支付的押金、应收为职工垫付的款项等
库存物资（扣除属于受托代理资产的物资）	购入库存物资		
	其中：使用财政补助资金购入		
	使用非财政补助专项资金购入		
	使用非财政补助非专项资金购入		
	非购入库存物资		如接受捐赠的物资等
应付账款	发生时不计入支出		
	发生时计入支出		
	其中：财政补助资金应付		
	非财政补助专项资金应付		
	非财政补助非专项资金应付		
专用基金	从非财政补助结余分配中提取		
	从收入中列支提取		
	其他		

附表 3　基层医疗卫生机构新旧会计制度转账、登记新账科目对照表

序号	新制度科目		原制度科目	
	编号	名称	编号	名称
一、资产类				
1	1001	库存现金	101	库存现金
2	1002	银行存款	102	银行存款
3	1011	零余额账户用款额度	103	零余额账户用款额度
4	1021	其他货币资金	104	其他货币资金
5	1201	财政应返还额度	111	财政应返还额度
6	1212	应收账款	112	应收医疗款

续表

序号	新制度科目		原制度科目	
	编号	名称	编号	名称
7	1218	其他应收款	114	其他应收款
8	1301	在途物品		
9	1214	预付账款		
10	1902	待处理财产损溢		
11	1302	库存物品	121	库存物资
12	1303	加工物品		
13	1611	工程物资		
14	1891	受托代理资产		
15	1601	固定资产	131	固定资产
16	1613	在建工程	133	在建工程
17	1611	工程物资		
18	1214	预付账款		
19	1701	无形资产	141	无形资产
二、负债类				
20	2001	短期借款	201	借入款
21	2501	长期借款		
22	2308	待结算医疗款	202	待结算医疗款
23	2103	应缴财政款	203	应缴款项
24	2302	应付账款	206	应付账款
25	2502	长期应付款		
26	2305	预收账款	207	预收医疗款
27	2201	应付职工薪酬	208	应付职工薪酬
			210	应付社会保障费
28	2101	应交增值税	211	应交税费
29	2102	其他应交税费		
30	2307	其他应付款	221	其他应付款
31	2304	应付利息		
32	2502	长期应付款		
33	2901	受托代理负债		

续表

序号	新制度科目		原制度科目	
	编号	名称	编号	名称
三、净资产类				
34	3001	累计盈余	301	固定基金
			302	事业基金
			305	财政补助结转（余）
			306	其他限定用途结转（余）
			308	结余分配－待分配结余
35	3101	专用基金	303	专用基金
四、预算结余类				
36	8101	财政拨款结转	305	财政补助结转（余）
37	8102	财政拨款结余		
38	8201	非财政拨款结转	306	其他限定用途结转（余）
39	8202	非财政拨款结余	302	事业基金
			308	结余分配—待分配结余（借方）
40	8301	专用结余	303	专用基金
41	8001	资金结存（借方）	305	财政补助结转（余）
			306	其他限定用途结转（余）
			302	事业基金
			303	专用基金
			308	结余分配—待分配结余（借方）

附录 7　关于科学事业单位执行《政府会计制度——行政事业单位会计科目和报表》的补充规定

财会〔2018〕23 号　2018 年 8 月 20 日

根据《政府会计准则——基本准则》，结合行业实际情况，现就科学事业单位[①]执行《政府会计制度——行政事业单位会计科目和报表》（以下简称新制度）做出如下补充规定：

一、关于在新制度一级科目下设置明细科目

（一）科学事业单位应当在新制度规定的“4101 事业收入”科目下设置“410101 科研收入”、“410102 非科研收入”明细科目。

1. “410101 科研收入”明细科目核算科学事业单位开展科研活动及其辅助活动实现的收入。

2. “410102 非科研收入”明细科目核算科学事业单位开展科研活动以外的其他业务活动及其辅助活动实现的收入，包括技术活动收入、学术活动收入、科普活动收入、试制产品活动收入、教学活动收入等。

技术活动收入是指科学事业单位对外提供技术咨询、技术服务等活动实现的收入。

学术活动收入是指科学事业单位开展学术交流、学术期刊出版等活动实现的收入。

科普活动收入是指科学事业单位开展科学知识宣传、讲座和科技展览等活动实现的收入。

试制产品活动收入是指科学事业单位试制中间试验产品等活动实现的收入。

教学活动收入是指科学事业单位开展教学活动实现的收入。

（二）科学事业单位应当在新制度规定的“5001 业务活动费用”科目下设置“500101 科研活动费用”、“500102 非科研活动费用”明细

① 其他主要从事科学研究活动的事业单位可参照执行本规定。

科目。

1. “500101 科研活动费用”明细科目核算科学事业单位开展科研活动及其辅助活动发生的各项费用。

2. “500102 非科研活动费用”明细科目核算科学事业单位开展科研活动以外的其他业务活动及其辅助活动发生的各项费用，包括技术活动费用、学术活动费用、科普活动费用、试制产品活动费用和教学活动费用等。

技术活动费用是指科学事业单位对外提供技术咨询、技术服务等活动发生的各项费用。

学术活动费用是指科学事业单位开展学术交流、学术期刊出版等活动发生的各项费用。

科普活动费用是指科学事业单位开展科学知识宣传、讲座和科技展览等活动发生的各项费用。

试制产品活动费用是指科学事业单位试制中间试验产品等活动发生的各项费用。

教学活动费用是指科学事业单位开展教学活动发生的各项费用。

（三）科学事业单位应当在新制度规定的“6101 事业预算收入”科目下设置“610101 科研预算收入”、“610102 非科研预算收入”明细科目。

1. “610101 科研预算收入”明细科目核算科学事业单位开展科研活动及其辅助活动取得的现金流入。

2. “610102 非科研预算收入”明细科目核算科学事业单位开展科研活动以外的其他业务活动及其辅助活动取得的现金流入，包括技术活动预算收入、学术活动预算收入、科普活动预算收入、试制产品活动预算收入、教学活动预算收入等。

技术活动预算收入是指科学事业单位对外提供技术咨询、技术服务等活动取得的现金流入。

学术活动预算收入是指科学事业单位开展学术交流、学术期刊出版等活动取得的现金流入。

科普活动预算收入是指科学事业单位开展科学知识宣传、讲座和科技展览等活动取得的现金流入。

试制产品活动预算收入是指科学事业单位试制中间试验产品等活动取

得的现金流入。

教学活动预算收入是指科学事业单位开展教学活动取得的现金流入。

（四）科学事业单位应当在新制度规定的“7201 事业支出”科目下设置“720101 科研支出”、“720102 非科研支出”、“720103 管理支出”明细科目。

1. “720101 科研支出”明细科目核算科学事业单位开展科研活动及其辅助活动发生的各项现金流出。

2. “720102 非科研支出”明细科目核算科学事业单位开展科研活动以外的其他业务活动及其辅助活动发生的各项现金流出，包括技术活动支出、学术活动支出、科普活动支出、试制产品活动支出和教学活动支出等。

技术活动支出是指科学事业单位对外提供技术咨询、技术服务等活动发生的各项现金流出。

学术活动支出是指科学事业单位开展学术交流、学术期刊出版等活动发生的各项现金流出。

科普活动支出是指科学事业单位开展科学知识宣传、讲座和科技展览等活动发生的各项现金流出。

试制产品活动支出是指科学事业单位试制中间试验产品等活动发生的各项现金流出。

教学活动支出是指科学事业单位开展教学活动发生的各项现金流出。

3. “720103 管理支出”明细科目核算科学事业单位行政及后勤管理部门开展管理活动发生的各项现金流出，包括单位行政及后勤管理部门发生的人员经费、公用经费，以及由单位统一负担的离退休人员经费、工会经费、诉讼费、中介费等现金流出。

二、关于报表及编制说明

（一）关于收入费用表

1. 新增项目。

科学事业单位应当在收入费用表的“（二）事业收入”项目下增加“其中：科研收入”、“非科研收入”项目，在“（一）业务活动费用”项目下增加“其中：科研活动费用”、“非科研活动费用”项目，详见附表 1。

2. 新增项目的内容和填列方法。

（1）“其中：科研收入”项目，反映科学事业单位本期开展科研活动及其辅助活动实现的收入。本项目应当根据“事业收入——科研收入”科目的本期发生额填列。

(2)“非科研收入”项目，反映科学事业单位本期开展科研活动以外的其他业务活动及其辅助活动实现的收入。本项目应当根据“事业收入——非科研收入”科目的本期发生额填列。

(3)“其中：科研活动费用”项目，反映科学事业单位本期开展科研活动及其辅助活动发生的各项费用。本项目应当根据“业务活动费用——科研活动费用”科目的本期发生额填列。

(4)“非科研活动费用”项目，反映科学事业单位本期开展科研活动以外的其他业务活动及其辅助活动发生的各项费用。本项目应当根据“业务活动费用——非科研活动费用”科目的本期发生额填列。

(二) 关于预算收入支出表

1. 新增项目。

科学事业单位应当在预算收入支出表的“(二)事业预算收入”项目下增加“其中：科研预算收入”、“非科研预算收入”项目，在“(二)事业支出”项目下增加“其中：科研支出”、“非科研支出”、“管理支出”项目，详见附表2。

2. 新增项目的内容和填列方法。

(1)“其中：科研预算收入”项目，反映科学事业单位本期开展科研活动及其辅助活动取得的现金流入。本项目应当根据“事业预算收入——科研预算收入”科目的本期发生额填列。

(2)“非科研预算收入”项目，反映科学事业单位本期开展科研活动以外的其他业务活动及其辅助活动取得的现金流入。本项目应当根据“事业预算收入——非科研预算收入”科目的本期发生额填列。

(3)“其中：科研支出”项目，反映科学事业单位本期开展科研活动及其辅助活动发生的各项现金流出。本项目应当根据“事业支出——科研支出”科目的本期发生额填列。

(4)“非科研支出”项目，反映科学事业单位本期开展科研活动以外的其他业务活动及其辅助活动发生的各项现金流出。本项目应当根据“事业支出——非科研支出”科目的本期发生额填列。

(5)“管理支出”项目，反映科学事业单位本期行政及后勤管理部门开展管理活动发生的各项现金流出，以及由单位统一负担的其他现金流出。本项目应当根据“事业支出——管理支出”科目的本期发生额填列。

（三）关于附注

科学事业单位应当在财务报表附注中披露以下信息：

1. 收入费用表有关项目的说明。

（1）关于“非科研收入”项目，披露“技术活动收入”、“学术活动收入”、“科普活动收入”、“试制产品活动收入”和“教学活动收入”等构成项目的金额。

（2）关于“非科研活动费用”项目，披露“技术活动费用”、“学术活动费用”、“科普活动费用”、“试制产品活动费用”和“教学活动费用”等构成项目的金额。

2. 预算收入支出表有关项目的说明。

（1）关于“非科研预算收入”项目，披露“技术活动预算收入”、“学术活动预算收入”、“科普活动预算收入”、“试制产品活动预算收入”和“教学活动预算收入”等构成项目的金额。

（2）关于“非科研支出”项目，披露“技术活动支出”、“学术活动支出”、“科普活动支出”、“试制产品活动支出”和“教学活动支出”等构成项目的金额。

三、关于合作项目款的账务处理

本规定所称合作项目款是指科学事业单位从非同级政府财政部门取得的，需要与其他单位合作完成的科技项目（课题）款项。科学事业单位对合作项目款核算的账务处理如下：

（一）从付款方预收款项时，在财务会计下，按照收到的款项金额，借记“银行存款”等科目，贷记“预收账款”科目；同时，在预算会计下，按照相同的金额，借记“资金结存——货币资金”科目，贷记“事业预算收入”科目。

（二）按照合同规定将合作项目款转拨合作单位时，在财务会计下，按照实际转拨的金额，借记“预收账款”科目，贷记“银行存款”等科目；同时，在预算会计下，按照相同的金额，借记“事业预算收入”科目［转拨当年收到的合作项目款］或“非财政拨款结转”科目［转拨以前年度收到的合作项目款]，贷记“资金结存——货币资金”科目。

（三）按照合同完成进度确认本单位科研收入时，按照计算确认收入的金额，借记“预收账款”科目，贷记“事业收入”科目。

（四）发生因科技项目（课题）终止等情形，需按照规定将项目剩余资金退回项目（课题）立项部门时，对本单位承担项目使用的剩余资金，在财务会计下，按照实际退回的金额，借记“预收账款”科目［尚未确认收入］或“事业收入”科目［已经确认收入］，贷记“银行存款”等科目；同时，在预算会计下，按照相同的金额，借记“事业预算收入”科目［本年度取得的合作项目款］或“非财政拨款结转”科目［以前年度取得的合作项目款］，贷记“资金结存——货币资金”科目。

对合作单位承担项目使用的剩余资金，于收回时按照收回的金额，借记“银行存款”等科目，贷记“其他应付款”科目；转退回给项目（课题）立项部门时，借记“其他应付款”科目，贷记“银行存款”等科目。

四、关于计提和使用项目间接费用或管理费的账务处理

（一）科学事业单位按规定从科研项目收入中计提项目间接费用或管理费时，除按新制度规定借记“单位管理费用”科目外，也可根据实际情况借记“业务活动费用”等科目。

（二）科学事业单位使用计提的项目间接费用或管理费购买固定资产、无形资产的，在财务会计下，按照固定资产、无形资产的成本金额，借记“固定资产”、“无形资产”科目，贷记“银行存款”等科目；同时，按照相同的金额，借记“预提费用——项目间接费用或管理费”科目，贷记“累计盈余”科目。在预算会计下，按照相同的金额，借记“事业支出”等科目，贷记“资金结存”科目。

五、关于按合同完成进度确认事业收入

科学事业单位以合同完成进度确认事业收入时，应当根据业务实质，选择累计实际发生的合同成本占合同预计总成本的比例、已经完成的合同工作量占合同预计总工作量的比例、已经完成的时间占合同期限的比例、实际测定的完工进度等方法，合理确定合同完成进度。

六、生效日期

本规定自2019年1月1日起施行。

附表1：　　收入费用表　　会政财02表

编制单位：＿＿＿＿＿　　＿＿年＿月　　单位：元

项　　目	本月数	本年累计数
一、本期收入		
（一）财政拨款收入		
其中：政府性基金收入		
（二）事业收入		
其中：科研收入		
非科研收入		
（三）上级补助收入		
（四）附属单位上缴收入		
（五）经营收入		
（六）非同级财政拨款收入		
（七）投资收益		
（八）捐赠收入		
（九）利息收入		
（十）租金收入		
（十一）其他收入		
二、本期费用		
（一）业务活动费用		
其中：科研活动费用		
非科研活动费用		
（二）单位管理费用		
（三）经营费用		
（四）资产处置费用		
（五）上缴上级费用		
（六）对附属单位补助费用		
（七）所得税费用		
（八）其他费用		
三、本期盈余		

附表 2：

预算收入支出表

会政财 01 表

编制单位：__________　　　　____年__月　　　　单位：元

项　　目	本年数	上年数
一、本年预算收入		
（一）财政拨款预算收入		
其中：政府性基金收入		
（二）事业预算收入		
其中：科研预算收入		
非科研预算收入		
（三）上级补助预算收入		
（四）附属单位上缴预算收入		
（五）经营预算收入		
（六）债务预算收入		
（七）非同级财政拨款预算收入		
（八）投资预算收益		
（九）其他预算收入		
其中：利息预算收入		
捐赠预算收入		
租金预算收入		
二、本年预算支出		
（一）行政支出		
（二）事业支出		
其中：科研支出		
非科研支出		
管理支出		
（三）经营支出		
（四）上缴上级支出		
（五）对附属单位补助支出		
（六）投资支出		
（七）债务还本支出		
（八）其他支出		
其中：利息支出		
捐赠支出		
三、本年预算收支差额		

附录 8　关于科学事业单位执行《政府会计制度——行政事业单位会计科目和报表》的衔接规定

财会〔2018〕23 号　2018 年 8 月 20 日

我部于 2017 年 10 月 24 日印发了《政府会计制度——行政事业单位会计科目和报表》（财会〔2017〕25 号，以下简称新制度）。目前执行《科学事业单位会计制度》（财会〔2013〕29 号，以下简称原制度）的科学事业单位，自 2019 年 1 月 1 日起执行新制度，不再执行原制度。为了确保新旧会计制度顺利过渡，现对科学事业单位执行新制度及《关于科学事业单位执行〈政府会计制度——行政事业单位会计科目和报表〉的补充规定》（以下简称补充规定）的有关衔接问题规定如下：

一、新旧制度衔接总要求

（一）自 2019 年 1 月 1 日起，科学事业单位应当严格按照新制度及补充规定进行会计核算、编制财务报表和预算会计报表。

（二）科学事业单位应当按照本规定做好新旧制度衔接的相关工作，主要包括以下几个方面：

1. 根据原账编制 2018 年 12 月 31 日的科目余额表，并按照本规定要求，编制原账的部分科目余额明细表（参见附表 1、附表 2）。

2. 按照新制度及补充规定设立 2019 年 1 月 1 日的新账。

3. 按照本规定要求，登记新账的财务会计科目余额和预算结余科目余额，包括将原账科目余额转入新账财务会计科目、按照原账科目余额登记新账预算结余科目（科学事业单位新旧会计制度转账、登记新账科目对照表见附表 3），将未入账事项登记新账科目，并对相关新账科目余额进行调整。原账科目是指按照原制度规定设置的会计科目。

4. 按照登记及调整后新账的各会计科目余额，编制 2019 年 1 月 1 日的科目余额表，作为新账各会计科目的期初余额。

5. 根据新账各会计科目期初余额，按照新制度编制 2019 年 1 月 1 日资产负债表。

（三）及时调整会计信息系统。科学事业单位应当按照新制度及补充规定要求对原有会计信息系统进行及时更新和调试，实现数据正确转换，确保新旧账套的有序衔接。

二、财务会计科目的新旧衔接

（一）将2018年12月31日原账会计科目余额转入新账财务会计科目

1. 资产类。

（1）“库存现金”科目。新制度设置了“库存现金”科目。转账时，科学事业单位应当将原账的“库存现金”科目余额直接转入新账的“库存现金”科目。其中，还应当将原账的“库存现金”科目余额中属于新制度规定受托代理资产的金额，转入新账“库存现金”科目下的“受托代理资产”明细科目。

（2）“银行存款”科目。新制度设置了“银行存款”和“其他货币资金”科目，原制度设置了“银行存款”科目。转账时，科学事业单位应当将原账“银行存款”科目中核算的属于新制度规定的其他货币资金的金额，转入新账“其他货币资金”科目；将原账“银行存款”科目余额减去其中属于其他货币资金余额后的差额，转入新账的“银行存款”科目。其中，还应当将原账的“银行存款”科目余额中属于新制度规定受托代理资产的金额，转入新账“银行存款”科目下的“受托代理资产”明细科目。

（3）“财政应返还额度”、“短期投资”、“应收票据”、“应收账款”、“预付账款”、“无形资产”、“固定资产”科目。新制度设置了“财政应返还额度”、“短期投资”、“应收票据”、“应收账款”、“预付账款”、“无形资产”、“固定资产”科目，其核算内容与原账的上述相应科目的核算内容基本相同。转账时，科学事业单位应当将原账的上述科目余额直接转入新账的相应科目。

新制度设置了“受托代理资产”科目，科学事业单位在原账上述科目中核算了属于新制度规定受托代理资产的，应当将原账上述科目余额中属于新制度规定受托代理资产的金额转入新账“受托代理资产”科目。

（4）“其他应收款”科目。新制度设置了“其他应收款”科目，该科目的核算内容与原账“其他应收款”科目的核算内容基本相同。转账时，科学事业单位应当将原账的“其他应收款”科目余额，转入新账的“其他应收款”科目。

新制度设置了“在途物品”科目，科学事业单位在原账“其他应收款”科目中核算了已经付款或开出商业汇票、尚未收到物资的，应当将原账的“其他应收款”科目余额中已经付款或开出商业汇票、尚未收到物资的金额，转入新账的“在途物品”科目。

（5）“库存材料”科目。新制度设置了“库存物品”、“加工物品”科目，原制度设置了“库存材料”科目。转账时，科学事业单位应当将原账的“库存材料”科目余额中属于在加工材料的金额，转入新账的“加工物品”科目；将原账的“库存材料”科目余额减去属于在加工材料的金额后的差额，转入新账的“库存物品”科目。

（6）“科技产品”科目。新制度设置了“库存物品”、“加工物品”科目，原制度设置了“科技产品”科目。转账时，科学事业单位应当将原账的“科技产品”科目中“生产成本”明细科目余额转入新账的“加工物品”科目；将原账的“科技产品”科目中“产成品”明细科目余额转入新账的“库存物品”科目。

（7）“长期投资”科目。新制度设置了“长期股权投资”和“长期债券投资”科目，原制度设置了“长期投资”科目。转账时，科学事业单位应当将原账的“长期投资”科目余额中属于股权投资的金额，转入新账的“长期股权投资”科目及其明细科目；将原账的“长期投资”科目余额中属于债券投资的金额，转入新账的“长期债券投资”科目及其明细科目。

（8）“累计折旧”科目。新制度设置了“固定资产累计折旧”科目，该科目的核算内容与原账的“累计折旧”科目的核算内容基本相同。已经计提了固定资产折旧的科学事业单位，转账时，应当将原账的“累计折旧”科目余额转入新账的“固定资产累计折旧”科目。

（9）“在建工程”科目。新制度设置了“在建工程”和“预付账款——预付备料款、预付工程款”科目，原制度设置了“在建工程”科目。转账时，科学事业单位应当将原账的“在建工程”科目余额（基建“并账”后的金额，下同）中属于预付备料款、预付工程款的金额，转入新账“预付账款”科目相关明细科目；将原账的“在建工程”科目余额减去预付备料款、预付工程款金额后的差额，转入新账的“在建工程”

科目。

科学事业单位在原账“在建工程”科目中核算了按照新制度规定应当记入“工程物资”科目内容的，应当将原账“在建工程”科目余额中属于工程物资的金额，转入新账的“工程物资”科目。

（10）“累计摊销”科目。新制度设置了“无形资产累计摊销”科目，该科目的核算内容与原账“累计摊销”科目的核算内容基本相同。已经计提了无形资产摊销的科学事业单位，转账时，应当将原账的“累计摊销”科目余额转入新账的“无形资产累计摊销”科目。

（11）“待处置资产损溢”科目。新制度设置了“待处理财产损溢”科目，该科目的核算内容与原账“待处置资产损溢”科目的核算内容基本相同。转账时，科学事业单位应当将原账的“待处置资产损溢”科目余额，转入新账的“待处理财产损溢”科目。

（12）“零余额账户用款额度”科目。由于原账的“零余额账户用款额度”科目年末无余额，该科目无需进行转账处理。

2. 负债类。

（1）“短期借款”、“应付职工薪酬”、“应付票据”、“应付账款”、“预收账款”、“长期借款”、“长期应付款”科目。新制度设置了“短期借款”、“应付职工薪酬”、“应付票据”、“应付账款”、“预收账款”、“长期借款”、“长期应付款”科目，这些科目的核算内容与原账的上述相应科目的核算内容基本相同。转账时，科学事业单位应当将原账的上述科目余额直接转入新账的相应科目。

（2）“应缴税费”科目。新制度设置了“应交增值税”和“其他应交税费”科目，原制度设置了“应缴税费”科目。转账时，科学事业单位应当将原账的“应缴税费——应缴增值税”科目余额转入新账“应交增值税”科目中的相关明细科目；将原账的“应缴税费”科目余额减去属于应缴增值税余额后的差额，转入新账的“其他应交税费”科目。

（3）“应缴国库款”、“应缴财政专户款”科目。新制度设置了“应缴财政款”科目，原制度设置了“应缴国库款”、“应缴财政专户款”科目。转账时，科学事业单位应当将原账的“应缴国库款”、“应缴财政专户款”科目余额转入新账的“应缴财政款”科目。

（4）“其他应付款”科目。新制度设置了“其他应付款”科目，该科目的核算内容与原账“其他应付款”科目的核算内容基本相同。转账时，科学事业单位应当将原账的“其他应付款”科目余额转入新账的“其他应付款”科目。其中，科学事业单位在原账的“其他应付款”科目中核算了属于新制度规定的受托代理负债的，应当将原账的“其他应付款”科目余额中属于受托代理负债的余额，转入新账的“受托代理负债”科目。

3. 净资产类。

（1）“事业基金”科目。新制度设置了“累计盈余”科目，该科目的核算内容包含了原账“事业基金”科目的核算内容。转账时，科学事业单位应当将原账的“事业基金”科目余额转入新账的“累计盈余”科目。

（2）“非流动资产基金”科目。依据新制度，无需对原制度中“非流动资产基金”科目对应内容进行核算。转账时，科学事业单位应当将原账的“非流动资产基金”科目余额转入新账的“累计盈余”科目。

（3）“专用基金”科目。新制度设置了“专用基金”科目，该科目的核算内容与原账“专用基金”科目的核算内容基本相同。转账时，科学事业单位应当将原账的“专用基金”科目余额转入新账的“专用基金”科目。

（4）“财政补助结转”、“财政补助结余”、“非财政补助结转”科目。新制度设置了“累计盈余”科目，该科目的余额包含了原账的“财政补助结转”、“财政补助结余”、“非财政补助结转”科目的余额内容。转账时，科学事业单位应当将原账的“财政补助结转”、“财政补助结余”、“非财政补助结转”科目余额，转入新账的“累计盈余”科目。

（5）“经营结余”科目。新制度设置了“本期盈余”科目，该科目的核算内容包含了原账“经营结余”科目的核算内容。新制度规定“本期盈余”科目余额最终转入“累计盈余”科目，如果原账的“经营结余”科目有借方余额，转账时，科学事业单位应当将原账的“经营结余”科目借方余额，转入新账的“累计盈余”科目借方。

（6）“事业结余”、“非财政补助结余分配”科目。由于原账的“事业结余”、“非财政补助结余分配”科目年末无余额，这两个科目无需进行转账处理。

4. 收入类、支出类。

由于原账中收入类、支出类科目年末无余额，无需进行转账处理。自2019年1月1日起，科学事业单位应当按照新制度设置收入类、费用类科目并进行账务处理。

科学事业单位存在其他本规定未列举的原账科目余额的，应当比照本规定转入新账的相应科目。新账的科目设有明细科目的，应将原账中对应科目的余额加以分析，分别转入新账中相应科目的相关明细科目。

科学事业单位在进行新旧衔接的转账时，应当编制转账的工作分录，作为转账的工作底稿，并将转入新账的对应原科目余额及分拆原科目余额的依据作为原始凭证。

（二）将原未入账事项登记新账财务会计科目

1. 应收股利。

科学事业单位在新旧制度转换时，应当将2018年12月31日前未入账的应收股利按照新制度规定记入新账。登记新账时，按照确定的应收股利金额，借记“应收股利”科目，贷记“累计盈余”科目。

2. 研发支出。

科学事业单位在新旧制度转换时，应当将2018年12月31日前未入账的自行研究开发项目开发阶段的费用按照新制度规定记入新账。登记新账时，按照确定的开发阶段费用金额，借记“研发支出”科目，贷记“累计盈余”科目。

3. 受托代理资产。

科学事业单位在新旧制度转换时，应当将2018年12月31日前未入账的受托代理资产按照新制度规定记入新账。登记新账时，按照确定的受托代理资产入账成本，借记“受托代理资产”科目，贷记“受托代理负债”科目。

4. 盘盈资产。

科学事业单位在新旧制度转换时，应当将2018年12月31日前未入账的盘盈资产按照新制度规定记入新账。登记新账时，按照确定的盘盈资产及其成本，分别借记有关资产科目，按照盘盈资产成本的合计金额，贷记“累计盈余”科目。

5. 预计负债。

科学事业单位在新旧制度转换时，应当将2018年12月31日按照新制度规定确认的预计负债记入新账。登记新账时，按照确定的预计负债金额，借记“累计盈余”科目，贷记“预计负债”科目。

6. 应付质量保证金。

科学事业单位在新旧制度转换时，应当将2018年12月31日前未入账的应付质量保证金按照新制度规定记入新账。登记新账时，按照确定未入账的应付质量保证金金额，借记“累计盈余”科目，贷记“其他应付款”科目[扣留期在1年以内（含1年）]、“长期应付款”科目[扣留期超过1年]。

科学事业单位存在2018年12月31日前未入账的其他事项的，应当比照本规定登记新账的相应科目。

科学事业单位对新账的财务会计科目补记未入账事项时，应当编制记账凭证，并将补充登记事项的确认依据作为原始凭证。

（三）对新账的相关财务会计科目余额按照新制度规定的会计核算基础进行调整

1. 计提坏账准备。

新制度要求对单位收回后无需上缴财政的应收账款和其他应收款提取坏账准备。在新旧制度转换时，科学事业单位应当按照2018年12月31日无需上缴财政的应收账款和其他应收款的余额计算应计提的坏账准备金额，借记“累计盈余”科目，贷记“坏账准备”科目。

2. 按照权益法调整长期股权投资账面余额。

对按照新制度规定应当采用权益法核算的长期股权投资，在新旧制度转换时，科学事业单位应当在“长期股权投资”科目下设置“新旧制度转换调整”明细科目，依据被投资单位2018年12月31日财务报表的所有者权益账面余额，以及科学事业单位持有被投资单位的股权比例，计算应享有或应分担的被投资单位所有者权益的份额，调整长期股权投资的账面余额，借记或贷记“长期股权投资——新旧制度转换调整”科目，贷记或借记“累计盈余”科目。

3. 确认长期债券投资期末应收利息。

科学事业单位应当按照新制度规定于2019年1月1日补记长期债券投资应收利息，按照长期债券投资的应收利息金额，借记“长期债券投资”科目[到期一次还本付息]或“应收利息”科目[分期付息、到期还本]，贷记“累计盈余”科目。

4. 补提折旧。

科学事业单位在原账中尚未计提固定资产折旧的，应当全面核查截至2018年12月31日的固定资产的预计使用年限、已使用年限、尚可使用年限等，并于2019年1月1日对尚未计提折旧的固定资产补提折旧，按照应计提的折旧金额，借记“累计盈余”科目，贷记“固定资产累计折旧”科目。

5. 补提摊销。

科学事业单位在原账中尚未计提无形资产摊销的，应当全面核查截至2018年12月31日无形资产的预计使用年限、已使用年限、尚可使用年限等，并于2019年1月1日对前期尚未计提摊销的无形资产补提摊销，按照应计提的摊销金额，借记“累计盈余”科目，贷记“无形资产累计摊销”科目。

6. 确认长期借款期末应付利息。

科学事业单位应当按照新制度规定于2019年1月1日补记长期借款的应付利息金额，对其中资本化的部分，借记“在建工程”科目，对其中费用化的部分，借记“累计盈余”科目，按照全部长期借款应付利息金额，贷记“长期借款”科目［到期一次还本付息］或“应付利息”科目［分期付息、到期还本］。

科学事业单位对新账的财务会计科目期初余额进行调整时，应当编制记账凭证，并将调整事项的确认依据作为原始凭证。

三、预算会计科目的新旧衔接

（一）“财政拨款结转”和“财政拨款结余”科目及对应的“资金结存”科目余额

新制度设置了“财政拨款结转”、“财政拨款结余”科目及对应的“资金结存”科目。在新旧制度转换时，科学事业单位应当对原账的“财政补助结转”科目余额进行逐项分析，加上各项结转转入的支出中已经计入支出尚未支付财政资金（如发生时列支的应付账款）的金额，减去已经支付财政资金尚未计入支出（如购入的库存材料、科技产品成本中支付的款项、预付账款等）的金额，按照增减后的金额，登记新账的“财政拨款结转”科目及其明细科目贷方；按照原账“财政补助结余”科目余额，登记新账的“财政拨款结余”科目及其明细科目贷方。

按照原账“财政应返还额度”科目余额登记新账的“资金结存——财政应返还额度”科目借方；按照新账的“财政拨款结转”和“财政拨款结余”科目贷方余额合计数，减去新账的“资金结存——财政应返还额度”科目借方余额后的差额，登记新账“资金结存——货币资金”科目借方。

（二）“非财政拨款结转”科目及对应的“资金结存”科目余额

新制度设置了“非财政拨款结转”科目及对应的“资金结存”科目。在新旧制度转换时，科学事业单位应当对原账的“非财政补助结转”科目余额进行逐项分析，加上各项结转转入的支出中已经计入支出尚未支付非财政补助专项资金（如发生时列支的应付账款）的金额，减去已经支付非财政补助专项资金尚未计入支出（如购入的库存材料、科技产品成本中支付的款项、预付账款等）的金额，加上各项结转转入的收入中已经收到非财政补助专项资金尚未计入收入（如预收账款）的金额，减去已经计入收入尚未收到非财政补助专项资金（如应收账款）的金额，按照增减后的金额，登记新账的“非财政拨款结转”科目及其明细科目贷方；同时，按照相同的金额登记新账的“资金结存——货币资金”科目借方。

（三）“专用结余”科目及对应的“资金结存”科目余额

新制度设置了“专用结余”科目及对应的“资金结存”科目。在新旧制度转换时，科学事业单位应当按照原账“专用基金”科目余额中通过非财政补助结余分配形成的金额，借记新账的“资金结存——货币资金”科目，贷记新账的“专用结余”科目。

（四）“经营结余”科目及对应的“资金结存”科目余额

新制度设置了“经营结余”科目及对应的“资金结存”科目。如果原账的“经营结余”科目期末有借方余额，在新旧制度转换时，科学事业单位应当按照原账的“经营结余”科目余额，借记新账的“经营结余”科目，贷记新账的“资金结存——货币资金”科目。

（五）“非财政拨款结余”科目及对应的“资金结存”科目余额

1. 登记“非财政拨款结余”科目余额。

新制度设置了“非财政拨款结余”科目及对应的“资金结存”科目。在新旧制度转换时，科学事业单位应当按照原账的“事业基金”科目余额，借记新账的“资金结存——货币资金”科目，贷记新账的“非财政拨款结余”科目。

2. 对新账“非财政拨款结余”科目及“资金结存”科目余额进行调整。

（1）调整短期投资对非财政拨款结余的影响。科学事业单位应当按照原账的“短期投资”科目余额，借记“非财政拨款结余”科目，贷记“资金结存——货币资金”科目。

（2）调整应收票据、应收账款对非财政拨款结余的影响。科学事业单位应当对原账的“应收票据”、“应收账款”科目余额进行分析，区分其中发生时计入收入的金额和没有计入收入的金额。对发生时计入收入的金额，再区分计入专项资金收入的金额和计入非专项资金收入的金额，按照计入非专项资金收入的金额，借记“非财政拨款结余”科目，贷记“资金结存——货币资金”科目。

（3）调整预付账款对非财政拨款结余的影响。科学事业单位应当对原账的“预付账款”科目余额进行分析，区分其中由财政补助资金预付的金额、非财政补助专项资金预付的金额和非财政补助非专项资金预付的金额，按照非财政补助非专项资金预付的金额，借记“非财政拨款结余”科目，贷记“资金结存——货币资金”科目。

（4）调整其他应收款对非财政拨款结余的影响。科学事业单位应当对原账的“其他应收款”科目余额进行分析，区分其中预付款项的金额（将来很可能列支）和非预付款项的金额，并对预付款项的金额划分为财政补助资金预付的金额、非财政补助专项资金预付的金额和非财政补助非专项资金预付的金额，按照非财政补助非专项资金预付的金额，借记“非财政拨款结余”科目，贷记“资金结存——货币资金”科目。

（5）调整库存材料对非财政拨款结余的影响。科学事业单位应当对原账的“库存材料”科目余额进行分析，区分购入的库存材料金额和非购入的库存材料金额。对购入的库存材料金额划分出其中使用财政补助资金购入的金额、使用非财政补助专项资金购入的金额和使用非财政补助非专项资金购入的金额，按照使用非财政补助非专项资金购入的金额，借记“非财政拨款结余”科目，贷记“资金结存——货币资金”科目。

（6）调整科技产品对非财政拨款结余的影响。科学事业单位应当对原账的“科技产品”科目余额进行分析，区分其中已经支付资金的金额。对科技产品成本中已经支付资金的金额划分出其中使用非财政补助专项资金支付的金额和使用非财政补助非专项资金支付的金额，按照使用非财政补助非专项资金支付的金额，借记“非财政拨款结余”科目，贷记“资金结存——货币资金”科目。

（7）调整长期股权投资对非财政拨款结余的影响。科学事业单位应当对原账的“长期投资”科目余额中属于股权投资的余额进行分析，区分其中用现金资产取得的金额和用非现金资产及其他方式取得的金额，按照用现金资产取得的金额，借记“非财政拨款结余”科目，贷记“资金结存——货币资金”科目。

按照原制度核算长期投资、而且对应科目为“非流动资产基金——长期投资”的，不作此项调整。

（8）调整长期债券投资对非财政拨款结余的影响。科学事业单位应当按照原账的“长期投资”科目余额中属于债券投资的余额，借记“非财政拨款结余”科目，贷记“资金结存——货币资金”科目。

按照原制度核算长期投资、而且对应科目为“非流动资产基金——长期投资”的，不作此项调整。

（9）调整短期借款、长期借款对非财政拨款结余的影响。科学事业单位应当按照原账的“短期借款”、“长期借款”科目余额，借记“资金结存——货币资金”科目，贷记“非财政拨款结余”科目。

（10）调整应付票据、应付账款、应付职工薪酬、长期应付款对非财政拨款结余的影响。科学事业单位应当对原账的“应付票据”、“应付账款”、“应付职工薪酬”、“长期应付款”科目余额进行分析，区分其中发生时计入支出的金额和未计入支出的金额。将计入支出的金额划分出财政补助应付的金额、非财政补助专项资金应付的金额和非财政补助非专项资金应付的金额，按照非财政补助非专项资金应付的金额借记“资金结存——货币资金”科目，贷记“非财政拨款结余”科目。

（11）调整应缴增值税对非财政拨款结余的影响。科学事业单位应当对原账“应缴税费——应缴增值税”科目余额进行分析，划分出与非财政补助专项资金相关的金额和与非财政补助非专项资金相关的金额。按照与非财政补助非专项资金相关的金额，计算应调整非财政拨款结余的金额。

应调整金额如为正数，按照该金额借记“资金结存——货币资金”科目，贷记“非财政拨款结余”科目；如为负数，按照该金额借记“非财政拨款结余”科目，贷记“资金结存——货币资金”科目。

（12）调整其他应缴税费对非财政拨款结余的影响。科学事业单位应当对原账“应缴税费”科目余额中非增值税的其他应交税费金额进行分析，划分出财政补助应交金额、非财政补助专项资金应交金额和非财政补助非专项资金应交金额，按照非财政补助非专项资金应交金额，借记“资金结存——货币资金”科目，贷记“非财政拨款结余”科目。

（13）调整预收账款对非财政拨款结余的影响。科学事业单位应当按照原账的“预收账款”科目余额中预收非财政非专项资金的金额，借记“资金结存——货币资金”科目，贷记“非财政拨款结余”科目。

（14）调整其他应付款对非财政拨款结余的影响。科学事业单位应当对原账的“其他应付款”科目余额（扣除属于受托代理负债的金额）进行分析，区分其中支出类的金额（确认其他应付款时计入支出）和周转类的金额（如收取的押金、保证金等），并对支出类的金额划分为财政补助资金列支的金额、非财政补助专项资金列支的金额和非财政补助非专项资金列支的金额，按照非财政补助非专项资金列支的金额，借记“资金结存——货币资金”科目，贷记“非财政拨款结余”科目。

（15）调整专用基金对非财政拨款结余的影响。科学事业单位应当对原账的“专用基金”科目余额进行分析，划分出按照收入比例列支提取的专用基金，按照列支提取的专用基金的金额，借记“资金结存——货币资金”科目，贷记“非财政拨款结余”科目。

3. 科学事业单位按照前述1、2两个步骤难以准确调整出“非财政拨款结余”科目及对应的“资金结存”科目余额的，在新旧制度转换时，可以在新账的“库存现金”、“银行存款”、“其他货币资金”、“财政应返还额度”科目借方余额合计数基础上，对不纳入单位预算管理的资金进行调整（如减去新账中货币资金形式的受托代理资产、应缴财政款、已收取将来需要退回资金的其他应付款等，加上已支付将来需要收回资金的其他应收款等），按照调整后的金额减去新账的“财政拨款结转”、“财政拨款结余”、“非财政拨款结转”、“专用结余”科目贷方余额合计数，加上“经营结余”科目借方余额后的金额，登记新账的“非财政拨款结余”科目贷方；同时，按照相同的金额登记新账的“资金结存——货币资金”科目借方。

（六）“其他结余”、“非财政拨款结余分配”科目

新制度设置了“其他结余”和“非财政拨款结余分配”科目。由于这

两个科目年初无余额，在新旧制度转换时，科学事业单位无需对“其他结余”和“非财政拨款结余分配”科目进行新账年初余额登记。

（七）预算收入类、预算支出类会计科目

由于预算收入类、预算支出类会计科目年初无余额，在新旧制度转换时，科学事业单位无需对预算收入类、预算支出类会计科目进行新账年初余额登记。

科学事业单位应当自2019年1月1日起，按照新制度设置预算收入类、预算支出类科目并进行账务处理。

科学事业单位存在2018年12月31日需要按照新制度预算会计核算基础调整预算会计科目期初余额的其他事项的，应当比照本规定调整新账的相应预算会计科目期初余额。

科学事业单位对预算会计科目的期初余额登记和调整，应当编制记账凭证，并将期初余额登记和调整的依据作为原始凭证。

四、财务报表和预算会计报表的新旧衔接

（一）编制2019年1月1日资产负债表

科学事业单位应当根据2019年1月1日新账的财务会计科目余额，按照新制度编制2019年1月1日资产负债表（仅要求填列各项目“年初余额”）。

（二）2019年度财务报表和预算会计报表的编制

科学事业单位应当按照新制度及补充规定编制2019年财务报表和预算会计报表。在编制2019年度收入费用表、净资产变动表、现金流量表和预算收入支出表、预算结转结余变动表时，不要求填列上年比较数。

科学事业单位应当根据2019年1月1日新账财务会计科目余额，填列2019年净资产变动表各项目的“上年年末余额”；根据2019年1月1日新账预算会计科目余额，填列2019年预算结转结余变动表的“年初预算结转结余”项目和财政拨款预算收入支出表的“年初财政拨款结转结余”项目。

五、其他事项

（一）截至2018年12月31日尚未进行基建“并账”的科学事业单位，应当首先按照《新旧科学事业单位会计制度有关衔接问题的处理规定》（财会〔2014〕4号），将基建账套相关数据并入2018年12月31日原账中的相关科目余额，再按照本规定将2018年12月31日原账相关会计科目余额转入新账相应科目。

（二）2019 年 1 月 1 日前执行新制度及补充规定的科学事业单位，应当按照本规定做好新旧制度衔接工作。

附表 1：　　　　科学事业单位原会计科目余额明细表一

总账科目	明细分类	金额	备　注
库存现金	库存现金		
	其中：受托代理现金		
银行存款	银行存款		
	其中：受托代理银行存款		
	其他货币资金		
其他应收款	在途物品		已经付款或已开出商业汇票，尚未收到物资
	其他		
库存材料	在加工材料		
	非在加工材料		
科技产品	生产成本		
	产成品		
长期投资	长期股权投资		
	长期债券投资		
在建工程	在建工程		
	工程物资		
	预付工程款、预付备料款		
应缴税费	应交增值税		
	其他应交税费		
其他应付款	受托代理负债		
	其他		

附表 2：　　　　科学事业单位原会计科目余额明细表二

总账科目	明细分类	金额	备注
应收票据、应收账款	发生时不计入收入		如转让资产的应收票据、应收账款
	发生时计入收入		
	其中：专项收入		
	其他		
预付账款	财政补助资金预付		
	非财政补助专项资金预付		
	非财政补助非专项资金预付		
其他应收款	预付款项		如职工预借的差旅费等
	其中：财政补助资金预付		
	非财政补助专项资金预付		
	非财政补助非专项资金预付		
	需要收回及其他		如支付的押金、应收为职工垫付的款项等
库存材料、科技产品	购入存货		
	其中：使用财政补助资金购入		
	使用非财政补助专项资金购入		
	使用非财政补助非专项资金购入		
	非购入存货		
长期投资	长期股权投资		
	其中：用现金资产取得		
	用非现金资产或其他方式取得		
	长期债券投资		
应付票据、应付账款、应付职工薪酬、长期应付款	发生时不计入支出		
	发生时计入支出		
	其中：财政补助资金应付		
	非财政补助专项资金应付		
	非财政补助非专项资金应付		
预收账款	预收专项资金		
	预收非专项资金		
应缴税费——应缴增值税	非财政补助专项资金应交		
	非财政补助非专项资金应交		

续表

<table>
<tr><th>总账科目</th><th>明细分类</th><th>金额</th><th>备注</th></tr>
<tr><td rowspan="3">应缴税费——应缴其他税费</td><td>财政补助应交</td><td></td><td></td></tr>
<tr><td>非财政补助专项资金应交</td><td></td><td></td></tr>
<tr><td>非财政补助非专项资金应交</td><td></td><td></td></tr>
<tr><td rowspan="5">其他应付款</td><td>支出类</td><td></td><td rowspan="4">确认其他应付款时确认支出</td></tr>
<tr><td>其中：财政补助资金应付</td><td></td></tr>
<tr><td>非财政补助专项资金应付</td><td></td></tr>
<tr><td>非财政补助非专项资金应付</td><td></td></tr>
<tr><td>周转类</td><td></td><td>如收取的押金、保证金等</td></tr>
<tr><td rowspan="3">专用基金</td><td>从非财政补助结余分配中提取</td><td></td><td></td></tr>
<tr><td>从收入中列支提取</td><td></td><td></td></tr>
<tr><td>其他</td><td></td><td></td></tr>
</table>

附表 3　科学事业单位新旧会计制度转账、登记新账科目对照表

<table>
<tr><th rowspan="2">序号</th><th colspan="2">新制度科目</th><th colspan="2">原制度科目</th></tr>
<tr><th>编号</th><th>名称</th><th>编号</th><th>名称</th></tr>
<tr><td colspan="5">一、资产类</td></tr>
<tr><td>1</td><td>1001</td><td>库存现金</td><td>1001</td><td>库存现金</td></tr>
<tr><td>2</td><td>1002</td><td>银行存款</td><td rowspan="2">1002</td><td rowspan="2">银行存款</td></tr>
<tr><td>3</td><td>1021</td><td>其他货币资金</td></tr>
<tr><td>4</td><td>1101</td><td>短期投资</td><td>1101</td><td>短期投资</td></tr>
<tr><td>5</td><td>1201</td><td>财政应返还额度</td><td>1201</td><td>财政应返还额度</td></tr>
<tr><td>6</td><td>1211</td><td>应收票据</td><td>1211</td><td>应收票据</td></tr>
<tr><td>7</td><td>1212</td><td>应收账款</td><td>1212</td><td>应收账款</td></tr>
<tr><td>8</td><td>1214</td><td>预付账款</td><td>1213</td><td>预付账款</td></tr>
<tr><td>9</td><td>1218</td><td>其他应收款</td><td rowspan="2">1215</td><td rowspan="2">其他应收款</td></tr>
<tr><td>10</td><td>1301</td><td>在途物品</td></tr>
<tr><td>11</td><td>1302</td><td>库存物品</td><td rowspan="2">1301</td><td rowspan="2">库存材料</td></tr>
<tr><td>12</td><td>1303</td><td>加工物品</td></tr>
<tr><td>13</td><td>1302</td><td>库存物品</td><td rowspan="2">1302</td><td rowspan="2">科技产品</td></tr>
<tr><td>14</td><td>1303</td><td>加工物品</td></tr>
</table>

续表

序号	新制度科目		原制度科目	
	编号	名称	编号	名称
15	1501	长期股权投资	1401	长期投资
16	1502	长期债券投资		
17	1601	固定资产	1501	固定资产
18	1602	固定资产累计折旧	1502	累计折旧
19	1611	工程物资	1511	在建工程
20	1613	在建工程		
21	1214	预付账款		
22	1701	无形资产	1601	无形资产
23	1702	无形资产累计摊销	1602	累计摊销
24	1902	待处理财产损溢	1701	待处置资产损溢
二、负债类				
25	2001	短期借款	2001	短期借款
26	2101	应交增值税	2101	应缴税费
27	2102	其他应交税费		
28	2103	应缴财政款	2102	应缴国库款
29			2103	应缴财政专户款
30	2201	应付职工薪酬	2201	应付职工薪酬
31	2301	应付票据	2301	应付票据
32	2302	应付账款	2302	应付账款
33	2305	预收账款	2303	预收账款
34	2307	其他应付款	2305	其他应付款
35	2901	受托代理负债		
36	2501	长期借款	2401	长期借款
37	2502	长期应付款	2402	长期应付款
三、净资产类				
38	3001	累计盈余	3001	事业基金
39			3101	非流动资产基金
40	3101	专用基金	3201	专用基金
41	3001	累计盈余	3301	财政补助结转
42			3302	财政补助结余
43			3401	非财政补助结转

续表

序号	新制度科目		原制度科目	
	编号	名称	编号	名称
44	3001	累计盈余（借方）	3403	经营结余（借方）
四、预算结余类				
45	8101	财政拨款结转	3301	财政补助结转
46	8102	财政拨款结余	3302	财政补助结余
47	8201	非财政拨款结转	3401	非财政补助结转
48	8202	非财政拨款结余	3001	事业基金
49	8301	专用结余	3201	专用基金
50	8401	经营结余	3403	经营结余
51	8001	资金结存（借方）	3301	财政补助结转
52			3302	财政补助结余
53			3401	非财政补助结转
54			3001	事业基金
55			3201	专用基金
56			3403	经营结余

附录9 关于国有林场和苗圃执行《政府会计制度——行政事业单位会计科目和报表》的补充规定

财会〔2018〕11号 2018年7月12日

根据《政府会计准则——基本准则》，结合行业实际情况，现就国有林场和苗圃[①]（以下简称林场）执行《政府会计制度——行政事业单位会计科目和报表》（以下简称新制度）做出如下补充规定：

一、新增一级科目及其使用说明

（一）林场应当增设“1614 营林工程”和“1841 林木资产”一级科目。

（二）关于增设科目的使用说明

1614 营林工程

一、本科目核算林场发生的育苗、造林、抚育、管护各种林木和苗木的生产成本。

生产性林木资产达到正式投产可以采收林产品后，继续发生的管护费用，应当作为林产品的生产成本，通过“加工物品”科目核算。

二、本科目应当设置“苗木生产成本”、“林木生产成本”、“间接费用”等明细科目。在“林木生产成本”明细科目下，可按“消耗性林木成本”、“生产性林木成本”、“公益性林木成本”设置明细科目。

三、营林工程的主要账务处理如下：

（一）发生属于营林生产的费用时，按照可以直接计入营林成本的费用，借记本科目（苗木生产成本、林木生产成本），按照需要分摊计入营林成本的费用，借记本科目（间接费用），贷记“林木资产——苗木”、“库存物品”、“应付职工薪酬”、“财政拨款收入”、“零余额账户

① 本规定所指的国有林场和苗圃，是指中华人民共和国境内各级人民政府设立的，从事保护培育森林资源、维护国家生态安全、提供生态服务，不以营利为目的、独立核算的公益性事业单位性质国有林场和苗圃。

用款额度”、“银行存款”、“固定资产累计折旧”、“长期待摊费用”等科目。

（二）月末，将间接费用按照一定的分配方法计入营林成本，借记本科目（苗木生产成本、林木生产成本），贷记本科目（间接费用）。结转后，本科目的“间接费用”明细科目应无余额。

（三）期末，将竣工的营林工程发生的营林生产成本转入林木资产，借记“林木资产”科目，贷记本科目。

（四）采伐或处置未竣工的林木、苗木时，应当先将林木、苗木的生产成本转入林木资产账面余额。结转时，借记“林木资产”科目，贷记本科目。

四、本科目期末借方余额，反映林场尚未结转的营林工程发生的实际成本。

1841 林木资产

一、本科目核算林场营造管理的各种活立木资产和苗木资产的累计成本。

二、本科目应当设置“苗木”和“林木”两个明细科目，在“林木”明细科目下，可按“消耗性林木资产”、“生产性林木资产”、“公益性林木资产”设置明细科目。

三、林木资产的主要账务处理如下：

（一）林木资产取得时，应当按照其取得时的成本入账。

1. 自行营造形成的林木，期末按照该林木达到营林工程竣工标准发生的育苗、造林、抚育、管护成本，结转营林生产成本，借记本科目，贷记“营林工程”科目。

2. 购入或有偿调入的林木，按照购入或有偿调入的成本，借记本科目，贷记“财政拨款收入”、“零余额账户用款额度”、“银行存款”等科目。

3. 无偿调入的林木，按照该林木资产在调出方的账面价值加相关费用，借记本科目，按照发生的归属于调入方的相关费用，贷记“银行存款”等科目，按照其差额，贷记“无偿调拨净资产”科目。

（二）按规定采伐林木、自主出售成品苗木或造林时，应当减少相应林木资产的账面余额。

1. 更新采伐公益性林木资产时，按照被采伐林木的林木资产账面余额，借记“业务活动费用”、“库存物品”等科目，贷记本科目。

2. 采伐消耗性林木资产时，按照被采伐林木的林木资产账面余额，借记“业务活动费用”、“经营费用”、“库存物品”等科目，贷记本科目。

3. 自主出售成品苗木或造林时，按照该苗木的林木资产账面余额，借记“经营费用”等科目［出售］或“营林工程”科目［造林］，贷记本科目。

（三）生产性林木资产的账面余额，应当在林产品采收期限内逐期摊入林产品的成本，各期摊销时，借记“加工物品——林产品生产成本”科目，贷记本科目。

（四）按规定报经批准处置林木资产，应当分别以下情况处理：

1. 报经批准有偿转让林木资产（不含可自主出售的林木资产）时，按照被转让林木资产的账面余额，借记“资产处置费用”科目，贷记本科目。同时，按照收到的价款，借记“银行存款”等科目，按照处置过程中发生的相关费用，贷记“银行存款”等科目，按照收到的价款扣除相关费用后的差额，贷记“应缴财政款”科目；如果按照有关规定将林木资产转让净收入纳入本单位预算管理的，应当按照收到的价款扣除相关费用后的差额，贷记“其他收入”科目。

报经批准有偿转让林木的林地使用权，其林地附着的林木资产的账面余额及处置收入和费用，按照有偿转让林木资产进行账务处理。

2. 报经批准无偿调出林木资产时，按照调出林木资产的账面余额，借记“无偿调拨净资产”科目，贷记本科目。同时，按照无偿调出过程中发生的归属于调出方的相关费用，借记“资产处置费用”科目，贷记“银行存款”等科目。

3. 报经批准用林木资产投资时，参照新制度中关于置换换入相关资产的规定进行账务处理。

4. 因遭受自然灾害等致使林木资产发生损毁时，应当将被损毁林木资产的账面余额转入待处理财产损溢。结转时，借记“待处理财产损溢”科目，贷记本科目。

四、本科目期末借方余额，反映林场林木资产的累计成本。

二、关于报表及编制说明

（一）新增项目

林场应当在资产负债表“保障性住房净值”和“长期待摊费用”项目之间增加“林木资产”项目。

（二）新增项目的填列方法

林场在编制资产负债表时，应当按照“林木资产——苗木”和“林木资产——林木——消耗性林木资产”科目期末余额的合计数填列“存货”项目，按照“林木资产”科目其余的期末余额填列“林木资产”项目；按照“营林工程——苗木生产成本”和“营林工程——林木生产成本——消耗性林木成本”科目期末余额的合计数填列“存货”项目，按照“营林工程”科目其余的期末余额填列“林木资产”项目。

三、生效日期

本规定自2019年1月1日起施行。

附录10　关于国有林场和苗圃执行《政府会计制度——行政事业单位会计科目和报表》的衔接规定

财会〔2018〕11号　2018年7月12日

我部于2017年10月24日印发了《政府会计制度——行政事业单位会计科目和报表》（财会〔2017〕25号，以下简称新制度）。原执行《国有林场和苗圃会计制度（暂行）》（财农字〔1994〕第371号）和财政部有关事业单位会计核算、原国家林业局有关国有林场和苗圃会计核算的补充规定（以下简称原制度）的国有林场和苗圃[①]（以下简称林场），自2019年1月1日起执行新制度，不再执行原制度。为了确保新旧会计制度顺利过渡，现对林场执行新制度及《关于国有林场和苗圃执行〈政府会计制度——行政事业单位会计科目和报表〉的补充规定》（以下简称补充规定）的有关衔接问题规定如下：

一、新旧制度衔接总要求

（一）自2019年1月1日起，林场应当严格按照新制度及补充规定进行会计核算、编报财务报表和预算会计报表。

（二）林场应当按照本规定做好新旧制度衔接的相关工作，主要包括以下几个方面：

1. 根据原账编制2018年12月31日的科目余额表，并按照本规定要求，编制原账的部分科目余额明细表（参见附表1、附表2）。

2. 按照新制度设立2019年1月1日的新账。

3. 按照本规定要求，登记新账的财务会计科目余额和预算结余科目余额，包括将原账科目余额转入新账财务会计科目、按照原账科目余额登记新账预算结余科目（林场新旧会计制度转账、登记新账科目对照表

---

① 本规定所指的国有林场和苗圃，是指中华人民共和国境内各级人民政府设立的，从事保护培育森林资源、维护国家生态安全、提供生态服务，不以营利为目的、独立核算的公益性事业单位性质国有林场和苗圃。

参见附表3），将未入账事项登记新账科目，并对相关新账科目余额进行调整。

原账科目是指按照原制度规定设置的会计科目，以及按照财政部有关事业单位会计核算、原国家林业局有关国有林场和苗圃会计核算补充规定增设的会计科目。

4. 按照登记及调整后新账的各会计科目余额，编制2019年1月1日的科目余额表，作为新账各会计科目的期初余额。

5. 根据新账各会计科目期初余额，按照新制度编制2019年1月1日资产负债表。

（三）及时调整会计信息系统。林场应当按照新制度要求对原有会计信息系统进行及时更新和调试，实现数据正确转换，确保新旧账套的有序衔接。

二、财务会计科目的新旧衔接

（一）将2018年12月31日原账会计科目余额转入新账财务会计科目

1. 资产类

（1）“库存现金”（或“现金”）、“银行存款”、“其他货币资金”、“短期投资”、“财政应返还额度”、“应收票据”、“应收账款”、“预付账款”、“坏账准备”、“待摊费用”、“无形资产”、“待处理财产损溢”科目。

新制度设置了“库存现金”、“银行存款”、“其他货币资金”、“短期投资”、“财政应返还额度”、“应收票据”、“应收账款”、“预付账款”、“坏账准备”、“待摊费用”、“无形资产”、“待处理财产损溢”科目，其核算内容与原账的上述相应科目的核算内容基本相同。转账时，应当将原账的上述科目余额直接转入新账的相应科目。其中，还应当将原账的“库存现金”、“银行存款”科目余额中属于新制度规定受托代理资产的金额，分别转入新账“库存现金”、“银行存款”科目下的“受托代理资产”明细科目。

（2）“内部往来”科目。有的林场在原账中使用“内部往来”科目，作为本单位内部核算科目，核算本单位内部各单位之间的往来款项，不在本单位的会计报表中反映。新旧衔接时不对原账的“内部往来”科目余额进行处理。

（3）“其他应收款”科目。新制度设置了“其他应收款”科目，该科目的核算内容与原账的“其他应收款”科目的核算内容基本相同。转账时，应当将原账的“其他应收款”科目余额转入新账的“其他应收款”科目。如果原账的“其他应收款”科目余额有应收股利，还应当将原账的“其他应收款”科目余额中应收股利的金额，转入新账的“应收股利”科目。

（4）“库存物资”科目。有的林场在原账中使用“库存物资”科目，其核算内容包含了在途材料、材料、低值易耗品、产成品、分期收款发出商品等。新制度设置了“在途物品”、“库存物品”科目。转账时，应当将原账的“库存物资”科目余额中属于在途物品的金额转入新账的“在途物品”科目，将原账的“库存物资”科目余额减去在途物品金额后的差额转入新账的“库存物品”科目。

（5）“在途材料”、“材料”、“低值易耗品”、“产成品”、“分期收款发出商品”科目。有的林场在原账中使用“在途材料”、“材料”、“低值易耗品”、“产成品”、“分期收款发出商品”科目。新制度设置了“在途物品”、“库存物品”科目。转账时，应当在新账的“库存物品”科目下设置“发出物品”明细科目，将原账的“分期收款发出商品”科目余额转入新账的“库存物品——发出物品”科目，将原账的“在途材料”科目余额转入新账的“在途物品”科目，将原账的“材料”、“低值易耗品”、“产成品”科目余额转入新账的“库存物品”科目相关明细科目。

（6）“委托加工材料”科目。新制度设置了“加工物品”科目，该科目的核算内容与原账的“委托加工材料”科目的核算内容基本相同。转账时，应当将原账的“委托加工材料”科目余额转入新账的“加工物品”科目。

（7）“长期投资”科目。新制度设置了“长期股权投资”、“长期债券投资”和“应收利息”科目。原制度设置了“长期投资”科目。转账时，应当将原账的“长期投资”科目余额中属于股权投资的金额转入新账的“长期股权投资”科目及其明细科目；将原账的“长期投资”科目余额中属于债券投资的金额转入新账的“长期债券投资”科目，并将其中分期付息、到期还本的长期债券投资的应收利息金额，转入新账的“应收利息”科目。

（8）“拨付所属资金”科目。有的林场在原账中使用“拨付所属资金”科目。如果所属单位为企业，转账时应当将原账的“拨付所属资金”科目相应余额转入新账的“长期股权投资”科目［成本法］或“长期股权投资——成本”科目［权益法］；如果所属单位为事业单位，转账时应当将原账的“拨付所属资金”科目的相应余额转入新账的“累计盈余”科目借方。

（9）“固定资产”科目。新制度设置了“固定资产”科目，该科目的核算内容与原账的“固定资产”科目的核算内容基本相同。转账时，应当将原账的“固定资产”科目余额转入新账的“固定资产”科目。

林场在原账的“固定资产”科目中核算新制度规定的无形资产内容的，应当将原账的“固定资产”科目余额中属于新制度规定的无形资产的金额转入新账的“无形资产”科目。

（10）“累计折旧”科目。新制度设置了“固定资产累计折旧”科目，该科目的核算内容与原账的“累计折旧”科目的核算内容基本相同。转账时，应当将原账的“累计折旧”科目余额转入新账的“固定资产累计折旧”科目。

（11）“在建工程”科目。新制度设置了“在建工程”和“预付账款——预付备料款、预付工程款”科目，原制度设置了“在建工程”科目。转账时，林场应当将原账的“在建工程”科目余额中属于预付备料款、预付工程款的金额，转入新账的“预付账款”科目相关明细科目；将原账的“在建工程”科目余额减去预付备料款、预付工程款金额后的差额，转入新账的“在建工程”科目。

林场在原账“在建工程”科目中核算了按照新制度规定应当记入“工程物资”科目内容的，应当将原账的“在建工程”科目余额中属于工程物资的金额，转入新账的“工程物资”科目。

（12）“固定资产清理”科目。新制度设置了“待处理财产损溢”科目。转账时，应当将原账的“固定资产清理”科目余额，转入新账的“待处理财产损溢”科目。

（13）“累计摊销”科目。新制度设置了“无形资产累计摊销”科目，该科目的核算内容与原账的“累计摊销”科目的核算内容基本相同。转账时，应当将原账的“累计摊销”科目余额转入新账的“无形资产累计摊销”科目。

(14)“递延资产”科目。有的林场在原账中使用“递延资产”科目。新制度设置“长期待摊费用”科目，该科目的核算内容与原账的“递延资产”科目的核算内容基本相同。转账时，应当将原账的“递延资产”科目余额转入新账的“长期待摊费用”科目。

(15)“林木资产”、“苗木资产”科目。新制度补充规定对林场设置了“林木资产”科目，该科目的核算内容包含了原账的“林木资产”科目和“苗木资产”科目的核算内容。转账时，应当将原账的“林木资产”和“苗木资产”科目余额转入新账的“林木资产”科目相应明细科目。

(16)“零余额账户用款额度”科目。由于原账的“零余额账户用款额度”科目年末无余额，该科目无需进行转账处理。

2. 负债类。

(1)“短期借款”、“应付票据”、“应付职工薪酬”科目

新制度设置了“短期借款”、“应付票据”、“应付职工薪酬”科目，这些科目的核算内容与原账的上述相应科目的核算内容基本相同。转账时，应当将原账的上述科目余额直接转入新账的相应科目。

有的林场在原账中使用“应付工资”科目。转账时，应当将原账的“应付工资”科目余额转入新账的“应付职工薪酬”科目。

(2)“应付账款”科目。新制度设置了“应付账款”科目，该科目的核算内容与原账的“应付账款”科目核算内容基本相同。转账时，应当将原账的“应付账款”科目余额转入新账的“应付账款”科目。其中，如果原账的“应付账款”科目余额中有属于新制度规定的预收账款，应当将属于预收账款的金额转入新账的“预收账款”科目。

(3)“专项应付款”、“拨入事业费”科目。新制度设置了“累计盈余”科目。转账时，应当将原账的“专项应付款”、“拨入事业费”科目余额转入新账的“累计盈余”科目。

(4)“应缴款项”科目。新制度设置了“应缴财政款”科目，该科目的核算内容与原账的“应缴款项”科目核算内容基本相同。转账时，应当将原账的“应缴款项”科目余额转入新账的“应缴财政款”科目。

(5)“应付福利费”科目。新制度没有设置“应付福利费”科目。转账时，应当对原账的“应付福利费”科目余额进行分析，将其中属于职工

福利基金的金额转入新账的“专用基金”科目，将其他余额转入新账的“累计盈余”科目。

(6)“其他应付款”科目。新制度设置了“其他应付款”科目，该科目的核算内容包含了原账的“其他应付款”科目的核算内容。转账时，应当将原账的“其他应付款”科目余额转入新账的“其他应付款”科目。其中，如果在原账的“其他应付款”科目中核算属于新制度规定的受托代理负债，应当将原账的“其他应付款”科目余额中属于受托代理负债的金额转入新账的“受托代理负债”科目；如果在原账的“其他应付款”科目中核算属于新制度规定的应付社会保险费（如统筹退休金），应当将原账的“其他应付款”科目余额中属于应付社会保险费的金额转入新账的“应付职工薪酬”科目。

(7)“应交税金”科目。新制度设置了“应交增值税”和“其他应交税费”科目，这两个科目的核算内容包含了原账的“应交税金”科目的核算内容。转账时，应当将原账的“应交税金”科目余额中属于应缴增值税的金额转入新账的“应交增值税”科目，将原账的“应交税金”科目余额减去属于应缴增值税金额后的差额转入新账的“其他应交税费”科目。

(8)“预提费用”科目。新制度设置了“预提费用”科目。转账时，应当将原账的“预提费用”科目余额中属于预提短期借款应付未付利息的金额转入新账的“应付利息”科目，将原账的“预提费用”科目余额减去预提短期借款利息金额后的差额转入新账的“预提费用”科目。

(9)“其他应交款”科目。新制度没有设置“其他应交款”科目，原账的“其他应交款”科目核算内容分别在新制度的“应缴财政款”、“其他应交税费”、“其他应付款”科目中核算。转账时，应当将原账的“其他应交款”科目余额中属于应缴财政款的金额转入新账的“应缴财政款”科目，将属于其他应缴税费（如应缴的教育费附加）的金额转入新账的“其他应交税费”科目，将原账的“其他应交款”科目的其余余额转入新账的“其他应付款”科目。

(10)“长期借款”科目。新制度设置了“长期借款”科目。转账时，应当将原账的“长期借款”科目余额，转入新账的“长期借款”科目。其中，如果原账的“长期借款”科目余额中有分期付息、到期还本的长期借款应付利息，应当将原账的“长期借款”科目余额中属于分期付息、到期还本的长期借款应付利息金额转入新账的“应付利息”科目。

（11）“住房周转金”科目。新制度设置了“长期应付款”科目。转账时，应当将原账的“住房周转金”科目余额转入新账的“长期应付款”科目。

（12）“育林基金”科目。新制度设置了“专用基金”科目。转账时，应当将原账中“育林基金”科目的余额转入新账“专用基金——森林恢复基金”科目。

3. 净资产类。

（1）“事业基金”科目。新制度设置了“累计盈余”科目。该科目的余额包含了原账的“事业基金”科目的核算内容。转账时，应当将原账的“事业基金”科目余额转入新账的“累计盈余”科目。

（2）“专用基金”科目。新制度设置了“专用基金”科目。转账时，应当将原账“专用基金”科目的余额转入新账的“专用基金”科目相关明细科目。

（3）“林木资本”科目。新制度未设置“林木资本”科目。转账时，应当将原账的“林木资本”科目余额转入新账的“累计盈余”科目。

（4）“财政补助结转（余）”科目。新制度设置了“累计盈余”科目，该科目的余额包含了原账的“财政补助结转（余）”科目的余额内容。转账时，应当将原账的“财政补助结转（余）”科目余额转入新账的“累计盈余”科目。

（5）“上级拨入资金”科目。新制度没有设置“上级拨入资金”科目。原设置了“上级拨入资金”科目的林场，转账时，应当将原账的“上级拨入资金”科目余额转入新账的“累计盈余”科目。

（6）“实收资本”、“资本公积”、“盈余公积”、“利润分配”科目。有的林场在原账中使用“实收资本”、“资本公积”、“盈余公积”、“利润分配”科目，新制度没有设置这些科目。新制度设置了“累计盈余”科目。转账时，应当将原账的“实收资本”、“资本公积”、“盈余公积”、“利润分配”科目余额转入新账的“累计盈余”科目。

（7）“本年利润”、“本年结余”、“结余分配”科目。由于原账的“本年利润”、“本年结余”、“结余分配”科目年末无余额，这些科目无需进行转账处理。

4. 成本和收入、费用类。

（1）成本类。

新制度补充规定设置了“营林工程”科目。转账时，应当将原账的“生产成本”科目余额中营林成本部分转入新账的“营林工程”科目，其余部分转入“加工物品”、“库存物品”等科目。

由于原账除了“生产成本”科目，其他成本类科目年末无余额，无需进行转账处理。

（2）收入类、费用类。

由于原账的收入类、费用类各科目年末无余额，无需进行转账处理。

自 2019 年 1 月 1 日起，应当按照新制度设置收入类、费用类科目并进行账务处理。

5. 将原账的基建账科目余额并入原“大账”。

单独设置基建账（即按照《国有建设单位会计制度》设置的账套）、没有将原基建账相关科目余额并入原“大账”（即按照原制度及后来的补充规定设置的账套）科目余额的林场，应当在新旧衔接时先将原基建账各科目余额并入原“大账”相应科目余额（参见附表 4），再按照本规定进行财务会计科目余额的转账处理。并账的主要账务处理如下：

（1）按照原《国有建设单位会计制度》将原基建账的“交付使用资产”科目余额冲转原基建账的“基建拨款”等科目。

（2）将原基建账的资金运用类科目余额并入相对应“大账”的资产类科目。

（3）将原基建账的资金来源类科目余额并入相对应“大账”的负债类、净资产类科目。

（4）按照并入“大账”的原基建账资金运用类科目余额与资金来源类科目余额的差额，加上其他尚未并入“大账”的原基建账资金运用类科目余额与资金来源类科目余额的差额，贷记或借记原“大账”的“事业基金”科目。

基建账并账完成后，原基建账各科目无余额。

林场存在其他本规定未列举的原账科目余额的，应当比照本规定转入新账的相应科目。新账科目设有明细科目的，应将原账中对应科目的余额加以分析，分别转入新账中相应科目的相关明细科目。

林场在进行新旧衔接的转账时，应当编制转账的工作分录，作为转账的工作底稿，并将转入新账的对应原科目余额及分拆原科目余额的依据作为原始凭证。将原基建账各科目余额并入原“大账”相应科目余额的，还要将基建账各科目余额转入“大账”科目的依据（并账科目对应表）作为原始凭证。

（二）将原未入账事项登记新账财务会计科目

1. 应收股利。

林场在新旧制度转换时，应当将2018年12月31日前未入账的应收股利（宣告派发尚未收到的股利）按照新制度规定记入新账。登记新账时，按照确定的应收股利金额，借记“应收股利”科目，贷记“累计盈余”科目。

2. 无形资产。

林场在新旧制度转换时，应当将2018年12月31日前未入账的无形资产按照新制度规定记入新账。登记新账时，按照确定的无形资产金额，借记“无形资产”科目，按照截至2018年12月31日无形资产应当分期摊销的累计摊销金额，贷记“无形资产累计摊销”科目，按照两者的差额，贷记“累计盈余”科目。

3. 受托代理资产。

林场在新旧制度转换时，应当将2018年12月31日前未入账（含仅记录备查账）的代储政府储备物资按照新制度规定记入新账。登记新账时，按照确定的代储政府储备物资金额，借记“受托代理资产”科目，贷记“受托代理负债”科目。

4. 预计负债。

林场在新旧制度转换时，应当将2018年12月31日按照新制度规定确认的预计负债记入新账。登记新账时，按照确定的预计负债金额，借记“累计盈余”科目，贷记“预计负债”科目。

林场存在2018年12月31日前未入账的其他事项的，应当比照本规定登记新账的相应科目。

林场对新账的财务会计科目补记未入账事项时，应当编制记账凭证，并将补充登记事项的确认依据作为原始凭证。

（三）对新账的相关财务会计科目余额按照新制度规定的核算基础进

行调整

1. 按照权益法调整长期股权投资账面余额。

对按照新制度规定应当采用权益法核算的长期股权投资，在新旧制度转换时，林场应当在“长期股权投资”科目下设置“新旧制度转换调整”明细科目，依据被投资单位2018年12月31日财务报表的所有者权益账面余额，以及林场持有被投资单位的股权比例，计算应享有或应分担的被投资单位所有者权益的份额，调整长期股权投资的账面余额，借记或贷记“长期股权投资——新旧制度转换调整”科目，贷记或借记“累计盈余”科目。

2. 确认长期借款期末应付利息。

林场按照新制度规定于2019年1月1日补记长期借款的应付利息金额，对其中资本化的部分，借记“在建工程”科目，对其中费用化的部分，借记“累计盈余”科目，按照全部长期借款应付利息金额，贷记“长期借款”科目［到期一次还本付息］或“应付利息”科目［分期付息、到期还本］。

林场对新账的财务会计科目期初余额进行调整时，应当编制记账凭证，并将调整事项的确认依据作为原始凭证。

三、预算会计科目的新旧衔接

（一）“财政拨款结转”和“财政拨款结余”科目及对应的“资金结存”科目余额

新制度设置了“财政拨款结转”、“财政拨款结余”科目及对应的“资金结存”科目。在新旧制度转换时，林场应当对原账的“财政补助结转（余）”科目余额中结转资金的金额进行逐项分析，加上各项结转转入的支出中已经计入支出尚未支付财政资金（如发生时列支的应付账款）的金额，减去已经支付财政资金尚未计入支出（如预付账款、固定资产和无形资产的净值等）的金额，按照增减后的金额登记新账的“财政拨款结转”科目及其明细科目贷方；按照原账的“财政补助结转（余）”科目余额中结余资金的金额登记新账的“财政拨款结余”科目及其明细科目贷方。

原账的“拨入事业费”科目有余额的，对余额中属于同级财政拨款资金的，按照原账的“财政补助结转（余）”科目余额处理方式处理。

按照原账“财政应返还额度”科目余额登记新账“资金结存——财政

应返还额度”科目的借方。按照新账“财政拨款结转”和“财政拨款结余”科目贷方余额减去新账“资金结存——财政应返还额度”科目借方余额后的差额，登记新账“资金结存——货币资金”科目的借方。

（二）“非财政拨款结转”科目及对应的“资金结存”科目余额

新制度设置了“非财政拨款结转”科目及对应的“资金结存”科目。在新旧制度转换时，林场应当对原账的“专项应付款”科目余额经过调整［加上支出中已经计入支出尚未支付非财政专项资金（如发生时列支的应付账款）的金额，减去已经支付非财政专项资金尚未计入支出（如预付账款、固定资产和无形资产的净值等）的金额，加上收入中已经收到非财政补助专项资金尚未计入收入（如预收账款）的金额，减去已经计入收入尚未收到非财政补助专项资金（如应收账款）的金额］后，登记新账的“非财政拨款结转”科目及其明细科目贷方；同时，按照相同的金额登记新账“资金结存——货币资金”科目的借方。

（三）“专用结余”科目及对应的“资金结存”科目余额

新制度设置了“专用结余”科目及对应的“资金结存”科目。在新旧制度转换时，林场应当按照原账“专用基金”科目余额中通过非财政补助结余分配形成的金额，借记新账的“资金结存——货币资金”科目，贷记新账的“专用结余”科目。

（四）“非财政拨款结余”科目及对应的“资金结存”科目余额

1. 登记“非财政拨款结余”科目余额

按照原账“事业基金”科目的余额，登记新账的“非财政拨款结余”科目贷方，同时，按照相同的金额登记新账的“资金结存——货币资金”科目的借方。

原账的“拨入事业费”科目有余额的，按照原账的“拨入事业费”科目余额中非同级财政拨款的金额，登记新账的“非财政拨款结余”科目贷方，同时，按照相同的金额登记新账的“资金结存——货币资金”科目的借方。

原账的“育林基金”科目有余额的，按照原账的“育林基金”科目余额，登记新账的“非财政拨款结余”科目贷方，同时，按照相同的金额登记新账的“资金结存——货币资金”科目的借方。

2. 对新账“非财政拨款结余”科目及“资金结存”科目余额进行追

溯调整。

（1）调整短期投资对非财政拨款结余的影响。按照原账的“短期投资”科目余额，借记“非财政拨款结余”科目，贷记“资金结存——货币资金”科目。

（2）调整应收票据、应收账款对非财政拨款结余的影响。对原账的“应收票据”、“应收账款”科目余额进行分析，区分其中发生时计入收入的金额和没有计入收入的金额。对发生时计入收入的金额，再区分计入专项资金收入的金额和计入非专项资金收入的金额，按照计入非专项资金收入的金额，借记“非财政拨款结余”科目，贷记“资金结存——货币资金”科目。

（3）调整预付账款对非财政拨款结余的影响。对原账的“预付账款”科目余额进行分析，区分其中由财政补助资金预付的金额、非财政补助专项资金预付的金额和非财政补助非专项资金预付的金额，按照非财政补助非专项资金预付的金额借记“非财政拨款结余”科目，贷记“资金结存——货币资金”科目。

（4）调整其他应收款对非财政拨款结余的影响。按照新制度规定将原账其他应收款中的预付款项列入预算支出的，应当对转账前原账的“其他应收款”科目余额进行分析，区分其中预付款项的金额（将来很可能列支）和非预付款项的金额，并对预付款项的金额划分为财政补助资金预付的金额、非财政补助专项资金预付的金额和非财政补助非专项资金预付的金额，按照非财政补助非专项资金预付的金额，借记“非财政拨款结余”科目，贷记“资金结存——货币资金”科目。

（5）调整库存物资、生产成本等对非财政拨款结余的影响。对原账的“库存物资”、“生产成本”科目余额进行分析，区分已经支付资金的金额和未支付资金购入的金额。对已经支付资金的库存物资和生产成本金额划分出其中使用财政补助资金支付的金额、使用非财政补助专项资金支付的金额、使用非财政补助非专项资金购入的金额，按照使用非财政补助非专项资金支付的金额，借记“非财政拨款结余”科目，贷记“资金结存——货币资金”科目。

（6）调整长期股权投资对非财政拨款结余的影响。对原账的“长期投资”科目余额中属于股权投资的余额进行分析，区分其中用现金资产取得的金额和用非现金资产及其他方式取得的金额，按照用现金资产取得的金额，借记“非财政拨款结余”科目，贷记“资金结存——货币资金”科目。

（7）调整长期债券投资对非财政拨款结余的影响。按原账的“长期投资”科目余额中属于债券投资成本的余额，借记“非财政拨款结余”科目，贷记“资金结存——货币资金”科目。

（8）调整固定资产、无形资产对非财政拨款结余的影响。对原账的“固定资产”、“无形资产”科目余额进行分析，区分出其中使用财政补助资金支付的金额、使用非财政补助专项资金支付的金额、使用非财政补助非专项资金购入的金额，按照使用非财政补助非专款资金比例计算的固定资产净值和无形资产净值的金额，借记“非财政拨款结余”科目，贷记“资金结存——货币资金”科目。

（9）调整在建工程对非财政拨款结余的影响。对原账的“在建工程”科目余额进行分析，划分出其中使用财政补助资金支付的金额、使用非财政补助专项资金支付的金额、使用非财政补助非专项资金购入的金额，按照使用非财政补助非专款资金的金额，借记“非财政拨款结余”科目，贷记“资金结存——货币资金”科目。

（10）调整短期借款、长期借款对非财政拨款结余的影响。按照原账的“短期借款”、“长期借款”科目余额中借款本金的金额，借记“资金结存——货币资金”科目，贷记“非财政拨款结余”科目。

（11）调整应付票据、应付账款对非财政拨款结余的影响。对原账的“应付票据”、“应付账款”科目余额进行分析，区分其中发生时计入支出的金额和未计入支出的金额。将计入支出的金额划分出财政补助应付的金额、非财政补助专项资金应付的金额和非财政补助非专项资金应付的金额，按照非财政补助非专项资金应付的金额，借记“资金结存——货币资金”科目，贷记“非财政拨款结余”科目。

（12）调整预收账款对非财政拨款结余的影响。对原账的“预收账款”科目余额进行分析，区分其中预收非财政专项资金的金额和预收非财政非专项资金的金额。按照预收非财政非专项资金的金额，借记“资金结存——货币资金”科目，贷记“非财政拨款结余”科目。

（13）调整专用基金对非财政拨款结余的影响。对原账“专用基金”科目余额进行分析，区分通过非财政补助结余分配形成的金额和其他金额，按照其他金额，借记“资金结存——货币资金”科目，贷记“非财政拨款结余”科目。

3. 林场按照前述1、2两个步骤难以准确调整出“非财政拨款结余”科目及对应的“资金结存”科目余额的，在新旧制度转换时，可以在新账的“库存现金”、“银行存款”、“其他货币资金”、“财政应返还额度”科目借方余额合计数基础上，对不纳入单位预算管理的资金进行调整（如减去新账中货币资金形式的受托代理资产、应缴财政款、已收取将来需要退回资金的其他应付款等，加上已支付将来需要收回资金的其他应收款等），按照调整后的金额减去新账的“财政拨款结转”、“财政拨款结余”、“非财政拨款结转”、“专用结余”科目贷方余额合计数，登记新账的“非财政拨款结余”科目贷方；同时，按照相同的金额登记新账的“资金结存——货币资金”科目借方。

（五）“其他结余”和“非财政拨款结余分配”科目

新制度设置了“其他结余”和“非财政拨款结余分配”科目，按照新制度规定这两个科目年初无余额，在新旧衔接时，无需对“其他结余”和“非财政拨款结余分配”科目进行新账年初余额登记。

（六）预算收入类、预算支出类会计科目

由于预算收入类、预算支出类会计科目年初无余额，在新旧衔接时，无需对预算收入类、预算支出类会计科目进行新账年初余额登记。

林场应当自2019年1月1日起，按照新制度设置预算收入类、预算支出类科目并进行账务处理。

林场存在2018年12月31日需要按照新制度预算会计核算基础调整预算会计科目期初余额的其他事项，应当比照本规定调整新账的相应预算会计科目期初余额。

林场对预算会计科目的期初余额登记和调整，应当编制记账凭证，并将期初余额登记和调整的依据作为原始凭证。

四、财务报表和预算会计报表的新旧衔接

（一）编制2019年1月1日资产负债表

林场应当根据2019年1月1日新账的财务会计科目余额，按照新制度编制2019年1月1日资产负债表（仅要求填列各项目“年初余额”）。

（二）2019年度财务报表和预算会计报表的编制

林场应当按照新制度规定编制2019年财务报表和预算会计报表。在编制2019年度收入费用表、净资产变动表和预算收入支出表、预算结转结余变动表时，不要求填列上年比较数。

林场应当根据2019年1月1日新账财务会计科目余额，填列2019年净资产变动表各项目的“上年年末余额”；根据2019年1月1日新账预算会计科目余额，填列2019年预算结转结余变动表的“年初预算结转结余”项目和财政拨款预算收入支出表的“年初财政拨款结转结余”项目。

附表1　　林场原会计科目余额明细表一

总账科目	明细分类	金额	备注
库存现金、现金	库存现金		
	其中：受托代理现金		
银行存款	银行存款		
	其中：受托代理银行存款		
其他应收款	应收股利		
	其他		
库存物资	在途物品		
	分期收款发出商品		
	其他库存物资		
长期投资	长期股权投资		
	长期债券投资		
	分期付息的债券投资应收利息		
拨付所属资金	拨付所属事业单位		
	拨付所属企业		
固定资产	固定资产		
	无形资产		
在建工程	在建工程		
	工程物资		
	预付工程款、预付备料款		
应交税金	应交增值税		
	其他应交税金		

续表

总账科目	明细分类	金额	备注
应付账款	应付账款		
	预收账款		
其他应付款	受托代理负债		代管款项等
	应付社会统筹工资		
	其他		
其他应交款	应缴财政款		
	应缴政府性收费		
	其他		
长期借款	分期付息的应付利息		
	其他		
长期应付款	住房周转金		
	其他		

附表 2　　林场原会计科目余额明细表二

总账科目	明细分类	金额	备注
应收票据、应收账款	发生时不计入收入		如转让资产的应收票据、应收账款
	发生时计入收入		
	其中：专项收入		
	其他		
预付账款	财政补助资金预付		
	非财政补助专项资金预付		
	非财政补助非专项资金预付		
其他应收款	预付款项		如职工预借的差旅费等
	其中：财政补助资金预付		
	非财政补助专项资金预付		
	非财政补助非专项资金预付		
	需要收回及其他		如支付的押金、应收为职工垫付的款项等

续表

总账科目	明细分类	金额	备注
库存物资、苗木资产、林木资产、生产成本	支付资金：		
	其中：使用财政补助资金支付		
	使用非财政补助专项资金支付		
	使用非财政补助非专项支付		
	非支付资金		如无偿调入的库存物资等
长期投资	长期股权投资		
	其中：用现金资产取得		
	用非现金资产或其他方式取得		
	长期债券投资		
固定资产净值、无形资产净值	支付资金取得		
	其中：使用财政补助资金		
	使用非财政补助专项资金		
	使用非财政补助非专项资金		
	非支付资金取得		如换入、无偿调入的固定资产等
在建工程	使用财政补助资金		
	使用非财政补助专项资金		
	使用非财政补助非专项资金		
应付票据、应付账款	发生时不记入支出		
	发生时记入支出		
	其中：财政拨款资金应付		
	非财政拨款专项资金应付		
	非财政拨款非专项资金应付		
预收账款	预收专项资金		
	预收非专项资金		
拨入事业费	拨入本级财政资金		
	其中：财政补助结转资金		
	财政补助结余资金		
	拨入其他资金		

附表 3　　　　林场新旧会计制度转账、登记新账科目对照表

<table>
<tr><th rowspan="2">序号</th><th colspan="2">新制度科目</th><th colspan="2">原制度科目</th></tr>
<tr><th>编号</th><th>名称</th><th>编号</th><th>名称</th></tr>
<tr><td colspan="5">一、资产类</td></tr>
<tr><td>1</td><td>1001</td><td>库存现金</td><td>101</td><td>现金</td></tr>
<tr><td>2</td><td>1001</td><td>库存现金</td><td>1001</td><td>库存现金</td></tr>
<tr><td>3</td><td>1002</td><td>银行存款</td><td>1002</td><td>银行存款</td></tr>
<tr><td>4</td><td>1021</td><td>其他货币资金</td><td>1004</td><td>其他货币资金</td></tr>
<tr><td>5</td><td>1101</td><td>短期投资</td><td>1101</td><td>短期投资</td></tr>
<tr><td>6</td><td>1201</td><td>财政应返还额度</td><td>1201</td><td>财政应返还额度</td></tr>
<tr><td>7</td><td>1211</td><td>应收票据</td><td>1211</td><td>应收票据</td></tr>
<tr><td>8</td><td>1212</td><td>应收账款</td><td>1212</td><td>应收账款</td></tr>
<tr><td>9</td><td>1214</td><td>预付账款</td><td>1213</td><td>预付账款</td></tr>
<tr><td>10</td><td>1215</td><td>应收股利</td><td rowspan="2">1215</td><td rowspan="2">其他应收款</td></tr>
<tr><td>11</td><td>1218</td><td>其他应收款</td></tr>
<tr><td>12</td><td>1219</td><td>坏账准备</td><td>1221</td><td>坏账准备</td></tr>
<tr><td>13</td><td>1301</td><td>在途物品</td><td rowspan="2">1301</td><td rowspan="2">库存物资</td></tr>
<tr><td>14</td><td>1302</td><td>库存物品</td></tr>
<tr><td>15</td><td>1301</td><td>在途物品</td><td>121</td><td>在途材料</td></tr>
<tr><td>16</td><td rowspan="4">1302</td><td rowspan="4">库存物品</td><td>123</td><td>材料</td></tr>
<tr><td>17</td><td>129</td><td>低值易耗品</td></tr>
<tr><td>18</td><td>137</td><td>产成品</td></tr>
<tr><td>19</td><td>138</td><td>分期收款发出商品</td></tr>
<tr><td>20</td><td>1303</td><td>加工物品</td><td>132</td><td>委托加工材料</td></tr>
<tr><td>21</td><td>1841</td><td>林木资产</td><td>1303</td><td>苗木资产</td></tr>
<tr><td>22</td><td>1401</td><td>待摊费用</td><td>139</td><td>待摊费用</td></tr>
</table>

续表

<table>
<tr><th rowspan="2">序号</th><th colspan="2">新制度科目</th><th colspan="2">原制度科目</th></tr>
<tr><th>编号</th><th>名称</th><th>编号</th><th>名称</th></tr>
<tr><td>23</td><td>1501</td><td>长期股权投资</td><td rowspan="3">1501</td><td rowspan="3">长期投资</td></tr>
<tr><td>24</td><td>1502</td><td>长期债券投资</td></tr>
<tr><td>25</td><td>1216</td><td>应收利息</td></tr>
<tr><td>26</td><td>1501</td><td>长期股权投资</td><td rowspan="2"></td><td rowspan="2">拨付所属资金</td></tr>
<tr><td>27</td><td>3001</td><td>累计盈余（借方）</td></tr>
<tr><td>28</td><td>1601</td><td>固定资产</td><td rowspan="2">151</td><td rowspan="2">固定资产</td></tr>
<tr><td>29</td><td>1701</td><td>无形资产</td></tr>
<tr><td>30</td><td>1602</td><td>固定资产累计折旧</td><td>155</td><td>累计折旧</td></tr>
<tr><td>31</td><td>1902</td><td>待处理财产损溢</td><td>156</td><td>固定资产清理</td></tr>
<tr><td>32</td><td>1611</td><td>工程物资</td><td rowspan="3">159</td><td rowspan="3">在建工程</td></tr>
<tr><td>33</td><td>1613</td><td>在建工程</td></tr>
<tr><td>34</td><td>1214</td><td>预付账款</td></tr>
<tr><td>35</td><td>1901</td><td>长期待摊费用</td><td>171</td><td>递延资产</td></tr>
<tr><td>36</td><td>1701</td><td>无形资产</td><td>161</td><td>无形资产</td></tr>
<tr><td>37</td><td>1702</td><td>无形资产累计摊销</td><td>1802</td><td>累计摊销</td></tr>
<tr><td>38</td><td>1902</td><td>待处理财产损溢</td><td>181</td><td>待处理财产损溢</td></tr>
<tr><td>39</td><td>1841</td><td>林木资产</td><td>191</td><td>林木资产</td></tr>
<tr><td colspan="5">二、负债类</td></tr>
<tr><td>40</td><td>2001</td><td>短期借款</td><td>2001</td><td>短期借款</td></tr>
<tr><td>41</td><td>2103</td><td>应缴财政款</td><td>2101</td><td>应缴款项</td></tr>
<tr><td>42</td><td>2301</td><td>应付票据</td><td>2201</td><td>应付票据</td></tr>
<tr><td>43</td><td>2302</td><td>应付账款</td><td rowspan="2">2202</td><td rowspan="2">应付账款</td></tr>
<tr><td>44</td><td>2305</td><td>预收账款</td></tr>
<tr><td>45</td><td rowspan="2">3001</td><td rowspan="2">累计盈余</td><td>206</td><td>专项应付款</td></tr>
<tr><td>46</td><td>207</td><td>拨入事业费</td></tr>
<tr><td>47</td><td>3101</td><td>专用基金</td><td>208</td><td>育林基金</td></tr>
<tr><td>48</td><td>2201</td><td>应付职工薪酬</td><td>2204</td><td>应付职工薪酬</td></tr>
<tr><td>49</td><td>2201</td><td>应付职工薪酬</td><td>211</td><td>应付工资</td></tr>
<tr><td>50</td><td>3001</td><td>累计盈余</td><td rowspan="2">214</td><td rowspan="2">应付福利费</td></tr>
<tr><td>51</td><td>3101</td><td>专用基金</td></tr>
</table>

续表

序号	新制度科目		原制度科目	
	编号	名称	编号	名称
52	2307	其他应付款	2207	其他应付款
53	2201	应付职工薪酬		
54	2901	受托代理负债		
55	2101	应交增值税	2206	应交税金
56	2102	其他应交税费		
57	2304	应付利息	2209	预提费用
58	2401	预提费用		
59	2103	应缴财政款	222	其他应交款
60	2102	其他应交税费		
61	2307	其他应付款		
62	2501	长期借款	2301	长期借款
63	2304	应付利息		
64	2502	长期应付款	2241	住房周转金
三、净资产类				
65	3001	累计盈余	3001	事业基金
66	3101	专用基金	3101	专用基金
67	3001	累计盈余	302	林木资本
68			3401	财政补助结转（余）
69	3001	累计盈余	301	实收资本
70			311	资本公积
71			313	盈余公积
72			322	利润分配
73	3001	累计盈余		上级拨入资金
五、成本类				
74	1614	营林工程	401	生产成本
75	1302	库存物品		
76	1303	加工物品		

附表 4　　林场原“大账”与基建账会计科目对照表

“大账”会计科目		基建账会计科目	
编号	名称	编号	名称
一、资产类			
1001	库存现金	233	现金
1002	银行存款	232	银行存款
1003	零余额账户用款额度	234	零余额账户用款额度
1201	财政应返还额度	235	财政应返还额度
1101	短期投资	281	有价证券
1501	长期投资		
1212	应收账款	251	应收有偿调出器材及工程款
1211	应收票据	253	应收票据
1215	其他应收款	252	其他应收款
		261	拨付所属投资借款
151	固定资产	201	固定资产
155	累计折旧	202	累计折旧
159	在建工程	101	建筑安装工程投资
		102	设备投资
		103	待摊投资
		104	其他投资
		211	器材采购
		212	采购保管费
		213	库存设备
		214	库存材料
		218	材料成本差异
		219	委托加工器材
1213	预付账款	241	预付备料款
		242	预付工程款
156	固定资产清理	203	固定资产清理
181	待处理财产损溢	271	待处理财产损失
二、负债类			
2101	应缴款项	362	应交基建包干节余（应交财政部分）
		363	应交基建收入（应交财政部分）
		364	其他应交款（应交财政部分）

续表

<table>
<tr><th colspan="2">“大账”会计科目</th><th colspan="2">基建账会计科目</th></tr>
<tr><th>编号</th><th>名称</th><th>编号</th><th>名称</th></tr>
<tr><td>221</td><td>应交税金</td><td>361</td><td>应交税金</td></tr>
<tr><td>211</td><td>应付工资</td><td>341</td><td>应付工资</td></tr>
<tr><td>214</td><td>应付福利费</td><td>342</td><td>应付福利费</td></tr>
<tr><td rowspan="3">2202</td><td rowspan="3">应付账款</td><td>331</td><td>应付器材款</td></tr>
<tr><td>332</td><td>应付工程款（1 年以内[注1]偿还的）</td></tr>
<tr><td>351</td><td>应付有偿调入器材及工程款</td></tr>
<tr><td>2201</td><td>应付票据</td><td>353</td><td>应付票据</td></tr>
<tr><td rowspan="4">2207</td><td rowspan="4">其他应付款</td><td>352</td><td>其他应付款</td></tr>
<tr><td>362</td><td>应交基建包干节余（非应交财政部分）</td></tr>
<tr><td>363</td><td>应交基建收入（非应交财政部分）</td></tr>
<tr><td>364</td><td>其他应交款（非应交财政部分）</td></tr>
<tr><td rowspan="3">222</td><td rowspan="3">其他应交款［未设“应缴款项”科目的］</td><td>362</td><td>应交基建包干节余</td></tr>
<tr><td>363</td><td>应交基建收入</td></tr>
<tr><td>364</td><td>其他应交款</td></tr>
<tr><td>261</td><td>长期应付款</td><td>332</td><td>应付工程款（超过 1 年[注2]偿还的）</td></tr>
<tr><td rowspan="3">2001</td><td rowspan="3">短期借款</td><td>304</td><td>基建投资借款（1 年以内偿还）</td></tr>
<tr><td>305</td><td>上级拨入投资借款（1 年以内偿还）</td></tr>
<tr><td>306</td><td>其他借款（1 年以内偿还）</td></tr>
<tr><td rowspan="3">241</td><td rowspan="3">长期借款</td><td>304</td><td>基建投资借款（1 年以上偿还）</td></tr>
<tr><td>305</td><td>上级拨入投资借款（1 年以上偿还）</td></tr>
<tr><td>306</td><td>其他借款（1 年以上偿还）</td></tr>
<tr><td colspan="4">三、净资产类</td></tr>
<tr><td rowspan="2">3401</td><td rowspan="2">财政补助结转（余）</td><td>301</td><td>基建拨款（余额中属于同级财政拨款的剩余资金）</td></tr>
<tr><td>401</td><td>留成收入（属于同级财政拨款形成的部分）</td></tr>
<tr><td rowspan="2">206</td><td rowspan="2">专项应付款</td><td>301</td><td>基建拨款（余额中属于非同级财政拨款的剩余资金）</td></tr>
<tr><td>401</td><td>留成收入（属于非同级财政拨款形成的部分）</td></tr>
</table>

注 1：含 1 年，以下同。

注 2：不含 1 年，以下同。